明清汉语语法研究丛书
丛书主编　石锓

◦ 国家社会科学基金重大项目"类型学视角下的明清汉语语法研究"（15ZDB098）

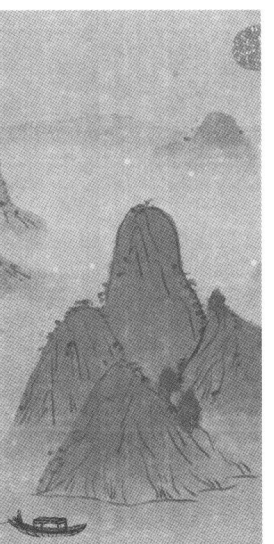

明代南方官话语法研究

邱庆山　邓　雅 ◎著

华中科技大学出版社
http://press.hust.edu.cn
中国·武汉

◎丛书主编

石锓 男，湖南临澧人。文学博士，博士生导师，湖北大学文学院二级教授，湖北大学"沙湖学者计划"领军教授。公开出版学术专著6部（含合著），主编、协助主编和参与撰写教材多部。在华中科技大学出版社主编"明清汉语语法研究系列丛书"。主持并完成国家社会科学基金重大项目1项（首席专家）、国家社会科学基金一般项目2项。曾获得第六届高等学校科学研究优秀成果奖（人文社会科学）二等奖、第十四届北京大学王力语言学奖二等奖、第六届湖北省社会科学优秀成果奖三等奖、第十届湖北省社会科学优秀成果奖二等奖、第十二届湖北省社会科学优秀成果奖三等奖。曾获得"湖北省有突出贡献中青年专家"称号、湖北省第二届"楚天园丁奖"。

◎作者简介

邱庆山 男，湖北枣阳人，武汉大学汉语言文字学专业博士，湖北大学副教授、博士生导师、文学院副院长，兼任国家语言文字推广基地（湖北大学）副主任、湖北省楹联学会教育研究委员会副主任，主要从事词汇语义学研究，主持国家社科基金项目3项（含国家社科基金重大项目子课题1项），出版学术著作3部、发表学术论文三十余篇，曾获湖北大学优秀共产党员、优秀教师、十佳班主任等荣誉称号。

邓雅 女，山西长治人，武汉大学汉语言文字学专业博士，湖北大学讲师，主要研究方向为汉语词汇和语法、社会语言学、语言政策与语言规划等，发表论文十余篇，多篇咨询报告被教育部语言文字信息管理司采用。

总 序

Introduction

　　"明清汉语语法研究丛书"是国家社会科学基金重大项目"类型学视角下的明清汉语语法研究"（项目编号：15ZDB098）的结项成果，由《基于类型学视角的明清汉语连动式研究》《基于类型学视角的明清汉语交互表达研究》《基于类型学视角的明清汉语焦点结构研究》《基于类型学视角的明清汉语并列标记研究》《基于类型学视角的明清汉语"V得"致使构式研究》《明代南方官话语法研究》《汉语历时语法与词汇研究》七部著作组成。

　　《基于类型学视角的明清汉语连动式研究》通过对明清时期大规模历时语料的调查、分析，从类型学的角度考察了汉语连动式的性质和范围，制定了具有可操作性的判定标准，并在此基础上探讨了明清汉语连动式的跨语言共性特征及个性特征。通过对明清汉语连动式的使用情况与历时发展情况进行细致考察，本书分析和讨论了其发展趋势与动因机制。从使用面貌来看，明清汉语连动式的发展已较为成熟，结构形式和语义表达丰富多样。从区域特征来看，明清时期北方官话连动式相较南方官话连动式在结构形式上更为复杂，分布态势更为成熟，南北区域存在各自特有的句式。从共时的层面看，汉语连动式广泛存在，与并列和主从形成三足鼎立的局面。从汉语连动式自身的发展来看，连动式内部具有"并列—连动—主从"的演变规律。本书力图通过对明清汉语连动式的描写与解释，起到抛砖引玉的作用，从而推动更多相关研究的出现。

　　《基于类型学视角的明清汉语交互表达研究》以表达交互义的核心要素为线索，从交互标记、指代交互、言语交互、空间交互和行为交互五个方面，全面综合地描写了明清交互词语的使用情况。通过广泛细致地分析各核心要素的交互表达理据，本书发现普遍存在的交互范畴可以从施受关系、共事关系和客观时空关系三个方面进行描写和判定，并依次制定了与以往不同的更全面的交互判定标准。通过细致的考察，本书揭示了"相"与"互"交互义的来源差异以及由此带来的用法上的差异，发现并揭示了比较范畴中的交互表达的典型性斜坡，发现并揭示了"彼此"的交互表达功能源于它的指代性。交互范畴是语言中的显性范畴，本书力图通过对明清汉语交互词语的描写与解释，以期能起到抛砖引玉的作用，从而推动更多相关研究的出现。

《基于类型学视角的明清汉语焦点结构研究》以明清汉语焦点结构为研究对象，考察了明清汉语焦点结构的使用情况与整体特征，重点探究了明清汉语中特有的"×的是、×便是"以及"是、只、就、才、连"字结构、重动句和分裂结构在这一时期的使用，对它们的句法和语义特征进行了详尽的描写。本书在共时层面上提出了全新的焦点结构分类方法，根据焦点结构所处的逻辑位置将焦点结构分为前置型焦点结构、后置型焦点结构、连接型焦点结构以及背景标记型焦点结构。前置型焦点结构在句法上具有浮动性，在语义上表示排他或者限定；后置型焦点结构在句法上常位于句末，在语义上暗含取舍；连接型焦点结构在句法上连接两个成分，在语义上则存在多种类型；背景标记型焦点结构存在提示句中某项作为背景的成分。本书在历时层面上探讨了各类焦点结构的来源及其演变，前置型焦点结构最早产生，连接型焦点结构随后，后置型焦点结构在元明汉语中产生并出现了结构替换，背景标记型焦点结构则是在近代汉语中产生。本书对部分结构的来源及演变提出了新的看法，其中包含了前置型焦点结构"是"的产生历程，前置型焦点结构（限定副词）"就"来源于纵予连词"就"等相关研究。

《基于类型学视角的明清汉语并列标记研究》以明清汉语为研究时段，以"并列聚合"下的并列、承接、递进、选择四类连词为具体切入点，在系统描写的基础上，着重从历时性角度对汉语并列标记的来源、发展、演变及其内部动因进行了系统性的探讨。明清时期单语素并列连词仍占重要地位，主要承担句内连接的作用。这一时期，框架式并列连词集中出现并臻于成熟，填补了汉语句际并列连词的缺失。明清时期单语素承接连词衰萎，双音承接连词占主导地位，并且单语素双音节两类连词语法功能上的分工更加明显。单语素承接连词主要用于句内连接，没有句际分句或句子之间的用法，双音承接连词则一般用在句际分句，基本没有句内用法。明清时期通过同义复合、词组凝定、词汇黏合等方式新生一批双音递进连词，否定词和限止副词跨层黏合而成的"不但"类与否定词和言说动词黏合而成的"不说"类，在这一时期表现出强大的能产性和类推性。明清时期新生选择连词构成这一时期选择连词系统的主体，结构式的连词化是选择连词生成的重要方式。本书较为完整地描写了明清时期并列结构的概貌，并通过与共同语乃至其他地区的方言进行比较，从而弄清共同语和不同方言区之间并列标记的共性和个性，为更准确、科学地勾勒近代汉语语法提供了材料及理论支撑。

《基于类型学视角的明清汉语"V得"致使构式研究》以明清汉语"V得"致使构式为研究对象，在类型学视角与构式语法框架下，从构件特点、各子构式的形式与语义特点、构式在时间和空间上的特征等角度对该构式进行了全面、详尽的描写。同时基于构式层级互动与构式网络理论，研究了该构式内部、外部的互动，构建其所在的汉语致使构式网络，并从历时演变角度探讨了该构式在网络中作为节点的出现及其演变路径。基于相关研究，本书得出了主要结论：明清该构式各类子构式在形式结构、语义特征上都存在明显区别；该构式处于致使连续统的最右侧，是间接致使；其构式内部和构式外部存在互动关系和承继链接，其与英语into-致使构式存在特殊联系；从明清到现代汉语，该构式谓词性致使者趋多，无生命致使者趋多，特殊子构式种类增多，多结果类"V得"致使子构式趋少；该构式在南北官话中存在不同特征。本书提出了汉语"V得"致使构式新的分类方法，并基于构式语法层级互动理论，探讨了"V得"致使构式内部、外部的互动。此外，本书结合语义地图与致使连续统理论，简略绘制出了汉语致使构式网络，分析了其在汉语致使构式网络中的地位及作用，考察了该构式与英语into-致使构式的异同，为完善世界语言致使构式网络提供了类型学支撑。

《明代南方官话语法研究》以《初刻拍案惊奇》和《二刻拍案惊奇》（合称《二拍》）作为明代南方官话的代表语料，立足于《二拍》的文本语言事实，从语言类型学理论的思路和视角，对《二拍》的词类和句法现象进行描写和解释。由于涉及"明代南方官话"这个比较大的概念，《明代南方官话语法研究》采用了点面结合、以点带面的撰写原则，既关注描写范围的广度，也对重要的语法点进行专题阐释，关注描写内容的深度。本书坚持的基本研究价值观是描写出明代南方官话语法的基本面貌和重点语法现象的语言学特征，并进行合理的解释。本书的词类部分，主要描写了代词、数量词、介词、连词、助词等语法问题。本书的句法部分，主要阐释了动补结构、双宾语结构、被动结构、疑问句、"比"字比较句、致使结构、处置式等七个重要的句法现象。本书对明代南方官话句法部分的阐释，兼顾了已有的相关研究，同时根据语言类型学的基本原理和理念，结合现代语言学跨学科的价值取向和数据人文研究方法，在对句法现象和句法特征进行具体描写的过程中，融入了新的思考。

《汉语历时语法与词汇研究》基于典型、可靠的文献语料，借鉴语法化、认知语言学等的理论方法，重点对一系列明清时期的语法、词汇现象进行了研究，分析语言成分的典型意义、扩展功能和边缘功能，讨论其历时来源、演变过程和相应的机制与动因。本书所涉及的研究对象，大多是方所词或与方所词有历史关联的语言成分。全书的主要内容包括：样态（或情态）助词"家"的来源和形成以及后续变化；派生语素"家"的类型及其来源与形成；"里"由方位词到语气助词和情貌助词，以及词缀成分"里"的演变；方位词"后"是怎样变化为假设助词和语气助词的；方位语素"头"表示时间的类型、来源与形成；"×间""×/中间"表达时间和事件的类型及其关系；情状助词与词缀"生"的来源；指物名词"东西"的来源及形成；清代以来北京话副词"左不过""左不是"的来源与构成；约量助词"许"与数量形容词"少许"的来源和形成；量词"合"与"盒"之间的关系及其形成；"多""多么"的来源与形成；明清时期南方方言问数词"许多"和问数词"几化（×）"的来源以及功能变化等。结论是基于各章对问题的研究做一些理论或综合性的思考。

"明清汉语语法研究"丛书的出版，不仅得到了国家社会科学基金重大项目资金的资助，也得到了湖北大学文学院"双一流"学科建设经费的支持。在此，对支持本项目立项和结项的各位匿名专家表示衷心感谢，感谢你们一直以来关心和支持本项目的研究工作，并对本项目结项成果提出了宝贵的修改意见。同时，还要感谢湖北大学人文社会科学研究院和文学院领导对本项目的重视，并提供了部分资金支持。最后，感谢本丛书各位作者的努力研究和辛勤付出，以及华中科技大学出版社各位领导和周晓方、宋焱编辑对本丛书出版的大力支持。

石锓

2022 年 11 月于湖北大学文学院

前　言

Preface

本书把《初刻拍案惊奇》和《二刻拍案惊奇》（合称《二拍》）作为"明代南方官话"的代表语料，立足于《二拍》的文本语言事实，利用语言类型学理论的思路和视角，对《二拍》的词类和句法现象进行描写和解释。

全书共十二章。其中第1章至第5章，属于《二拍》的词类部分，主要描写了代词、数量词、介词、连词、助词。在细致描写的基础上，我们对明代南方官话代词的活用问题、复数标记词"们、众、等、诸"的数量特征、介词"在"与相关成分组合时的语序问题等进行了较为深入的分析阐释。

本书的第6章至第12章，属于《二拍》的句法部分，主要描写、阐释了动补结构、双宾语结构、被动结构、疑问句、"比"字比较句、致使结构、处置式等七个重要的句法现象。本书对明代南方官话句法部分的描写、阐释，兼顾了已有的相关研究，同时根据语言类型学的基本原理和理念，结合现代语言学跨学科的价值取向和数据人文研究方法，在对句法现象和句法特征进行具体描写的过程中，融入了新的思考。主要内容可以归结为以下六个方面：

第一，《二拍》中动补结构的类别和功能非常丰富，这也说明动补结构具有极大的语言学价值，这也是语言学界用动补结构来判定汉语类型的原因，因为动补结构复杂，本身蕴涵着多种性质的事件结构类型，已经涵盖了大部分的语法结构，是汉语语法结构的基础性结构。

第二，《二拍》中双宾语结构存在一些变体式，即"动词＋指物宾语＋介词（与）＋指人宾语"结构式。变体式双宾语结构的语例尽管不多，但是值得解释。本书利用结构主义语言学的标记理论和依存距离与人脑工作记忆之间的关系原理来解释双宾语的变体式在句法语义上的语言学价值。

第三，《二拍》中的被动结构类型主要有被字式、于字式、为字式、与字式、吃字式等几种。《二拍》中的处置式的类型有肯定性处置式和否定性处置式。本书以"被字句"和"把字句"为代表，采取数据驱动的研究方法，从数据人文的角度详细考察了"被字句"和"把字句"各自的单句体形特征和句间关系特征，从一个全新的视角重新审视句子结构本身的一些内在特征和规律。在对《初刻拍案惊奇》中的"被字句"和"把字句"各自的体形信息进行数据统计分析的过程中，我们不仅从数据的角度验证了"被字句"和"把字句"各自已有的结论和观点，并且发现了一些新的特点和规律。

第四，按照传统的分类法，本书考察了《初刻拍案惊奇》中的特指问句、选择问句、正反问句、是非问句。从语言标记理论的视角探讨了不同类型的疑问句之间的共性与差异，呈现了明代南方官话时期汉语疑问句的相关特征。

第五，比较句的典型代表是"比"字比较句，这是一种有形式标记的比较句，它自身携带有丰富的比较句的句法语义与语用信息，是深度考察比较句的理想句型。本书基于对以《二拍》为代表的明代南方官话语料中的全部"比"字比较句的穷尽性统计分析，发现在明代南方官话中，表比较义的比字句除了众多的差比型比字句以外，还有一些等比型比字句，没有发现极比型比字句。本书比较明代汉语和现代汉语有关语料，对比阐释了"不比句、不如句、不象（像）句"之间的异同。

第六，致使范畴是人类概念化中基本的认知范畴之一，而且每一种语言都有表达致使范畴的手段。作为一种基本的认知范畴，致使范畴研究是研究人类语言共性和类型差异的理想、便捷的入口，具有极大的语言类型学价值。本书以《二拍》中的"让"字致使结构为例，详细描写说明了《二拍》中"让"字致使结构的形式类型、句法特征、语义性质和语义机制。

由于涉及"明代南方官话"这个比较大的概念，本书采用了点面结合、以点带面的撰写原则，既关注描写范围的广度，也对重要的语法点进行专题阐释，关注描写内容的深度。描写出明代南方官话语法的基本面貌和重点语法现象的语言学特征并进行合理的解释，是本书坚持的基本研究价值观。

目 录
Contents

第 1 章
代词

代词通常具有指示、称代功能。汉语的代词系统一般由三种基本形式构成：人称代词、指示代词、疑问代词。人称代词是指代人或事物的代词，指示代词是用来区别人或事物的代词，疑问代词是用来表示疑惑而提问的代词。代词的语法功能与所指代的语言单位的语法功能基本一致。本章对《初刻拍案惊奇》（简称《初刻》）和《二刻拍案惊奇》（简称《二刻》）（二者合称《二拍》）中的代词系统以及代词的相关用法进行考察。

1.1　人　称　代　词

1.1.1　第一人称代词

《二拍》中第一人称代词主要有"我、吾、俺、咱"等及相应的复数形式，除此之外，个别词语在功能用法上也与第一人称代词相似，如"人家""某""妾"等。

1.1.1.1　我、我们（每）、我家、我等、我辈

我

"我"是出现频率最高的第一人称代词，多用于单数，有时也用作复数。

（一）用作单数时，指代说话者自己，在句中可充当主语、宾语、兼语、定语等。例如：

（1）我受那卫家狗奴的气，无处出豁，他又不肯出屋还我，怎得个计较摆布他便好？（初刻·卷十五）

（2）我送不来，我输东道，请你众位；我送了来，你众位输东道，请我。（初刻·卷九）

（3）今日至于此地，先生有何高见可以救我？（二刻·卷十九）

（4）而今我引得这小哥来，明该让我与他乐乐，不为过分。（初刻·卷二十六）

（5）快拿出我的银子来，不然，我就打你，咬你的肉，泄我的恨！（初刻·卷十四）

"我"作定语时，其与中心语之间可以不用结构助词"的"，直接构成"我＋NP"，其中 NP 多为表称谓的词，也可以是"指示代词＋名词"短语。例如：

（6）我相公是今年贡元，上京廷试的。（二刻·卷四）

（7）我这五字真言，乃是主夜神咒。（二刻·卷三十九）

（8）我那老爷是个多心的人，性子又不好，若后日知道你我去访他，他必仇恨。（初刻·卷三十一）

（二）用作复数时，相当于现代汉语的"我们"，有以下两种情况。

第一种情况是，"我"常与表复数的名词性短语连用，构成同位语。例如：

（9）你那时被妖法摄起半空，我两个老人家赶来，已飞过墙了。（初刻·卷二十四）

（10）师傅若有用着我四人处，我们水火不避，报答师傅。（初刻·卷三十一）

（11）我田家人苦积勤趱了一世，只有些零星碎银，自不见这样大锭，你却从何处得来？（二刻·卷十九）

（12）两个秀才道："怎见得我云南人只要嫖老的？"（二刻·卷四）

第二种情况是，"我"在句中单独使用表示复数，这时前后语境中往往有表第一人称复数的"我们"等与之共现。例如：

（13）众道嚷道："我们几曾有人跟来？这是你串同了白日撞偷了我帽子去了。我们帽子几两一顶结的，决不与你干休！"（二刻·卷三十九）

（14）（柯陈大官人）与同兄弟柯陈二、柯陈三等会集，商议道：

"这个官府甚有吾每体面，他既以礼相待，我当以礼接他。而今吾每办了果盒，带着羊酒，结束鲜明，一路迎将上去。一来见我每有礼体，二来显我每弟兄有威风。看他举止如何，斟酌待他的厚薄就是了。"（二刻·卷二十七）

该例前后语境中出现了"吾每、我每"，均为第一人称复数形式，因而"我当以礼接他"中的"我"也应当是复数。

（三）"我＋的"可构成名词性词组。例如：

（15）放着这件衣服，日后怕不是我的，却买他？（初刻·卷十三）

（16）你若不收我的，我也不好再住了。（二刻·卷二十六）

我们（每）

"我们（每）"是"我"对应的第一人称代词复数形式，从语义功能上可以分为排除式和包括式两种。

（一）排除式，即只指说话者一方，不包括听话者，这时"我们"与"你们"对立。在句中可作主语、宾语、兼语、定语、同位语。

（1）史大哥，我们新来这里做买卖，人面上不熟。（二刻·卷四）

（2）小衙内是你负着，怎到来问我们？（二刻·卷五）

（3）朝奉叫我们来坐在这里，等兑还了银子方去。（初刻·卷十五）

（4）怪哉！怪哉！我们的帽子多在那里去了？（二刻·卷三十九）

（5）如此，且在我们家里坐一坐，等他来便了。（初刻·卷十六）

（6）我女儿嫁个读书人，尽也使得。但我们妇人家，又不晓得文字，目今提学要到台州岁考，待官人考了优等，就出吉帖便是。（初刻·卷十）

"我每"的排除式用法同此。

（7）此处尽多名妓，我每各寻一个消遣则个。（二刻·卷四）

（8）特请亲家到来，做个见人，与我每画个字儿。（初刻·卷三十三）

（9）除非招入我每家里做个赘婿，这才使得。（二刻·卷六）

（10）朝奉叫我每陈家去讨银子，准房之事，不要说起了。（初刻·卷十五）

例（10）"我每"与"陈家"形成同位语，共同作所在句子的兼语。

（二）包括式，既包括说话者，也包括听话者。在句中可作主语、宾语、定语。

（11）于良等道："好了。好了。有此赃物，便可报官定罪，了这海上浮尸的公案。若只是阴魂鬼话，万一后边本人醒了，阴魂去了，我们难替他担错。"（初刻·卷十四）

（12）昨夜他们也不捉破我们，今若去炒，便是我们不是，须要伤了和气。（二刻·卷三十四）

（13）女巫道："……明日我每只把雨期约得远些，天气晴得久了，好歹多少下些；有一两点洒洒便算是我们功德了。……弄得他们不耐烦。我们做个天气，只是撇着要去，不肯再留，那时只道恼了我们性子，攀留不住。自家只好忙乱，那个还来议我们的背后不成？"天师道："有理，有理。他既十分敬重我们，料不敢拿我们破绽，只是老着脸皮做便了。"商量已定。（初刻·卷三十九）

例（13）是女巫与天师一起商议的对话内容，前后语境中"我们（每）"多次在二人话语中出现，其中的"我们"均包含对话双方。"我每"的包括式用法同此。

（14）大官人、大娘子多吃了晚饭，我守他收拾睡了才来的。我每不要点灯，开了角门，趁着明月悄悄去罢。（二刻·卷九）

（15）宜笑姐道："我两个炒进去，也不好推拒得我每。"（二刻·卷三十四）

我家

表示第一人称单数，指说话者自称，相当于"我"。

兴哥道："这关系重大，不好阻碍你。只是你去了，万一不到我这里来了，教我家枉自盼望。"（二刻·卷四）

我等

表示第一人称复数，在句中作主语、（介词）宾语、兼语、同位语。

（1）只见两个轿夫来讨钱道："我等打轿去接夫人，夫人已先来了。我等虽不抬得，却要赁轿钱与脚步钱。"（初刻·卷二十七）

（2）快与我等拆了面前短壁，拦着十分郁闷。（初刻·卷二十）

（3）有干无干，当官折辨，不关我等心上，只要打发我等起身！（二刻·卷一）

（4）柯陈兄弟推辞道："我等草泽小人，承蒙恩府不弃，……岂敢上叨赐宴？"（二刻·卷二十七）

我辈

表示第一人称复数，在句中主要作主语。

（1）我辈俱是孔门子弟，以文艺相知，彼此爱重，岂不有趣？（二刻·卷十七）

（2）众美叹息，对夜珠道："我辈皆是人身，岂甘做这妖人野偶？……"（初刻·卷二十四）

1.1.1.2　吾、吾们（每）、吾等、吾辈

吾

《二拍》中"吾"和"我"的用法基本相同，只是"吾"是文言形式，使用频率远小于"我"。

（一）"吾"多用于单数，在句中一般作主语、宾语、兼语、定语。

（1）明日等你上场时节，吾手里拿着糖糕叫你猜，你一猜就着。（初刻·卷三十九）

（2）今且归去习法，如欲见吾，但至心叩石，自当有人应门，与你相见。（初刻·卷三十一）

（3）若使吾得似李三，也在里头厮混得一场，死也甘心！（二刻·卷八）

（4）庸奴！不听吾言，今日虽然幸免，到底难逃刑戮，非吾徒也。（初刻·卷三十一）

"吾"作定语修饰中心语时，后面一般不加结构助词"的"，如例（4）。

（二）"吾"用作复数时，相当于现代汉语的"我们"，后面一般紧跟表复数的名词性短语，形成同位语。例如：

（5）今日天与其便，只吾两人在此，正好恣意欢乐，遂平生之愿。（初刻·卷三十二）

（6）小弟说，仁兄见吾二人中了，未必不进京来。（二刻·卷十七）

（7）抽马道："吾夫妇目下当受此杖，……两位是必见许则个。"（二刻·卷三十三）

吾们（每）

"吾们（每）"是"吾"对应的第一人称代词复数形式，在句中多作主语、

（介词）宾语、宾语等。其语义上也分为排除式和包括式两种。例如：

(1) 门上人道："……等他出来，你自走过来觌面见他，须与吾们无干。"（二刻·卷二十四）

该例为排除式，只指说话者一方，前文语境中出现了听话者"你"，后文指出其与说话者一方无关。

(2) 他看见是吾每的好友，自不敢轻……（二刻·卷八）

(3) 铁里虫道："……撩得莫家母子恼躁起来，吾每只一个钱白纸告他一状，这就是五百两本钱了。"四个拍手道："妙，妙！事不宜迟，快去！快去！"（二刻·卷十）

该二例为包括式，例（3）铁里虫言毕，其余四个人表示同意，因而铁里虫话语中的"吾每"既包括他自己，还包括听话者四人。

吾等

表示第一人称复数，在句中作主语、（介词）宾语、兼语。例如：

(1) 萧状元终日在此来往，吾等见了坐立不安，可为吾等筑一堵短壁儿，在堂子前遮蔽遮蔽。（初刻·卷二十）

(2) 使君与吾两人最相厚善，故此辈见吾等走过，不敢怠慢。（二刻·卷八）

(3) 都是正经法门，当初前辈神仙遗下美话，做吾等榜样的。（初刻·卷十七）

吾辈

表示第一人称复数，在句中作主语、（介词）宾语、兼语。

(1) 足下前日之银，吾辈得来随手费尽，无可奉偿。今山东有一大姓，也请吾辈烧炼，已有成约。（初刻·卷十八）

(2) 尔亦有缘，得见吾辈。（初刻·卷三十二）

(3) 丁戍自做差了事，害了好汉，须与吾辈无干。（初刻·卷十四）

(4) 若吾辈去看他，他是极喜的。大官人虽不曾相会，有吾辈同往，只说道钦慕高雅，愿一识荆。（二刻·卷八）

1.1.1.3　俺、俺们

俺

第一人称代词，以表示单数为主，在句中作主语、宾语、兼语、定语、同位语。

6

（1）兄弟，俺到酒坊中坐下。你去看那锦衣花帽的，与我赚将一个来者。（二刻·卷四十）

（2）你那东西，肯都与俺了，俺再加你一个那等的，也不打紧。（初刻·卷一）

该二例中"俺"分别作主语、宾语、主语，表示说话者自己。例（1）文后还有"我"与"俺"互文同指。

（3）那个人道："俺的主人，也姓郑，河间府人，是个世袭指挥。只因进京来讨职事做，叫俺拿银子来使用。不知是昨日失了，今日却得小哥还俺。俺明日做事停当了，同小哥去见俺家主，说小哥这等好意，必然有个好处。"（初刻·卷二十一）

该例中，相继出现的五个"俺"分别在句中作定语、兼语、宾语、主语、定语，均指说话人自己。

（4）俺老两口儿百年之后，在那里埋葬便好？（初刻·卷三十八）

（5）俺宋江不到东京看灯，怎晓得御屏上写下名字？亏得俺柴进兄弟取了出来。（二刻·卷四十）

该二例中，同样是"俺＋NP"结构，"俺老两口儿"和"俺宋江"中的"俺"与NP同指，形成同位语；而"俺柴进兄弟"则为定中结构，"俺"作定语，修饰中心语"柴进兄弟"，从理解上来说中间可以插入"的"。

俺们

"俺们"是第一人称代词"俺"对应的复数形式，相当于现代汉语的"我们"。仅见3例，在句中作主语、同位语。在此具体列举两例：

（1）他的服色号衣，多在这里，你等他醒来，交付还他。俺们自去了。（二刻·卷四十）

（2）昔年俺们众兄弟在顺城门店中，闻卿自夸手段天下无敌。（初刻·卷三）

1.1.1.4　咱、咱家、咱们

咱

"咱"表示第一人称代词复数，其用法为包括式，既包括说话者，也包括听话者。在句中可作主语、宾语、定语。

（1）徐德一日对莫大姐道："咱辛辛苦苦了半世，挣得有碗饭吃

7

了，也要装些体面，不要被外人笑话便好。"（二刻·卷三十八）

（2）小人但有些小富贵，也会斋僧布施，盖寺建塔，修桥补路，惜孤念寡，敬老怜贫，上圣可怜见咱！（初刻·卷三十五）

（3）多蒙列位作成了。只这一颗，拿到咱国中，就值方才的价钱了；其余多是尊惠。（初刻·卷一）

咱家

"咱家"表示第一人称复数，相当于"咱"，在句中作主语。仅见两例。

（1）中大人道："令郎哥儿是咱家遇着携见圣上的，咱家也有个薄礼儿，做个记念。"（二刻·卷五）

（2）是月正月，二十六日，大郊走来对杨化道："今日鳌山卫集，好不热闹，我要去趁赶，同你去耍耍来。"杨化道："咱家也坐不过，要去走走。"（初刻·卷十四）

咱们

"咱们"表示第一人称复数，其用法也有排除式和包括式两种。

（1）那伙人不来分说，一拥将来，团团把幼谦围住了，道："我们是湖北帅府，特来报秀才高捷的。快写赏票！"……报的人道："咱们是府上来，见说秀才在此，方才也曾着人禀过知县相公的。这是好事，知县相公料不嗔怪。"（初刻·卷二十九）

（2）却说杨化与于大郊到鳌山集上，看了一回，觉得有些肚饥了，对大郊道："咱们到酒店上呷碗烧刀子去。"大郊见说，就拉他到卫城内一个酒家尹三家来饮酒。（初刻·卷十四）

例（1）为排除式，只指来报秀才高捷的人，不包括听话人幼谦。例（2）为包括式，既包括说话者杨化，也包括听话者于大郊。

1.1.1.5　某、某等

"某"和"某等"并非典型的第一人称代词，不过在明清时期它们多用来自称，因而具有一定的指代性质。

某

第一人称单数，用于说话者自称时，是一种谦称的表达，主要作主语、定语、兼语。如：

（1）自实道："一发好笑，某乃山东郡人，布衣贱士，生世四十，目不知书。……"（二刻·卷二十四）

（2）张生拱手伏输道："客艺果高，非某敌手。增饶一子，方可再请教。"（二刻·卷二）

（3）昨日副大使酒间，命某召他客助饮。（初刻·卷三十）

某等

表示第一人称复数，相当于"我们"，不包含听话者，同样具有谦逊色彩，主要作主语、（介词）宾语、定语等。

（1）正在商量处，只见路旁有一簇人，老少不等，手里各拿着物件，走近前来迎喏道："某等是村野小人，不曾识认财主贵人之面。今日难得公子贵步至此，谨备瓜果鸡黍、村酒野菜数品，聊献从者一饭。"（二刻·卷二十二）

（2）对僧道："且烦师父与某等同往，访这女子则个。"（初刻·卷三十）

（3）侍郎的郎君有件紧要事干，要一千贯钱来用，托某等寻觅，故此商量寻个头主。（初刻·卷四十）

1.1.2　第二人称代词

《二拍》中第二人称代词主要有"你、汝、尔"等及相应的复数形式。

1.1.2.1　你、你们（每）、你等

你

《二拍》中"你"是使用频率最高的第二人称代词，其用法和现代汉语基本一致，有时表单数，有时表复数。

（一）用作单数时，指代听话者，在句中主要作主语、（介词）宾语、兼语、定语。

（1）李秀才，你又来鬼厮搅，打断我姊妹们兴头！（二刻·卷八）

（2）一过去了，就好成事体，我也就来回复你的，不必挂念！（二刻·卷二十二）

（3）今日晚了，明早府前相会，我自有话对你说。（初刻·卷十三）

（4）有这些人随着，便要来催你东去西去，不得自由。（二刻·卷八）

(5) 当初只为不听你的好言，忒看得钱财容易，致今日受那徽狗这般呕气。（初刻·卷十五）

"你"作定语时，其与中心语之间可以不用结构助词"的"，直接构成"你＋NP"，其中 NP 多为表称谓的词，也可以是"指示代词＋名词"短语。例如：

(6) 你姐姐固是绝代佳人，小生也不愧今时才子。就相见一面，也不辱没了你姐姐！（二刻·卷九）

(7) 元来你这骨头，也属了俺刘家了。（初刻·卷三十八）

(8) 你那合同文书安在？（初刻·卷三十三）

需要注意的是，有些"你＋NP"形式并非定中结构，而是同位结构。如：

(9) 我为你这冤家，儿子都舍了，不要忘了我。（初刻·卷十七）

(10) 你这秀才有甚么事干？在这门前探头探脑的，莫不是奸细么？（二刻·卷六）

(二)"你"有时也用作复数，相当于现代汉语的"你们"。有两种情况：其一，"你"与表复数的名词性短语连用，构成同位语。

(11) 诸王道："前日闻得你两人比试，是妙观赢了，今日何反如此说？"（二刻·卷二）

(12) 许公就叫玄玄子起来，先把气拍一敲道："你这伙人死有余辜！你药死甄廷诏，待要怎的？"（二刻·卷十八）

这几例中，"你"均与后面的 NP 同指，形成同位语，指的是包括听话者在内的多人："两人""这伙人"，因此"你"为复数。

其二，"你"在句中单独使用表示复数。

(13) 众盗大惊，一齐下马跪在路傍，告求饶命。文元喝道："留下东西，饶你命去罢！"（二刻·卷二十七）

(14) 两个秀才坐定，问店主人道："此间有个杨金事，住在何处？"店主人伸伸舌头："这人不是好惹的，你远来的人，有甚要紧，没事问他怎么？"（二刻·卷四）

根据前后语境，该二例中"你"分别指"众盗""两个秀才"，因而表示复数。

(三)"你＋的"可构成名词性词组。例如：

(15) 如今小梅这妮子腹怀有孕，明日或儿或女，得一个，只当是你的。（初刻·卷三十八）

10

（16）我到要买你的，可惜是个不全之物。你且将你那纸篦儿来看！（二刻·卷三）

你们（每）

"你们（每）"是第二人称代词"你"的主要复数形式，在句中作主语、（介词）宾语、兼语、定语、同位语等。

（1）你们出去，切不可张扬。若违我言，拿来重责。（初刻·卷十一）

（2）我自当好看待你们，决不有负。（初刻·卷三十一）

（3）且替你们说说看，只要事成后，谢我多些儿。（二刻·卷十五）

（4）在我家里，怎么叫你们破费？是何道理？（初刻·卷三十一）

（5）我叫的是你们的轿，如何又有甚人的轿先去接着？（初刻·卷二十七）

（6）你们两人既是棋中国手，也不错了配头。（二刻·卷二）

"你每"用法同此。

（7）店小二道："秀才官人，你每受了寒了。吃杯酒不好？"（初刻·卷三十五）

（8）我有件机密事要你每两个做去。（二刻·卷四）

（9）闻得你云南人只要嫖老的，我每敢此不中你每的意？（二刻·卷四）

"你们＋的"还可以构成名词性词组。如：

（10）王妻应道："我店里只是腐酒，没有荤菜。"做公的道："又不白吃了你们的，为何不肯？"（二刻·卷二十一）

（11）我还是吃用自家的，不吃用你们的。（二刻·卷二十六）

你等

表示第二人称复数，在句中作主语、（介词）宾语。共 5 例。在此具体列举两例：

（1）明日我若有所指挥，你等须要一一依我而行，不管有甚歹是非，我身自当之，你们不可迟疑落后了。（初刻·卷三十九）

（2）好兄弟，你是县君心腹人儿，我怎敢把你等闲厮觑！放心饮酒。（二刻·卷十四）

1.1.2.2　汝、汝等、汝辈

汝

第二人称单数，带有文言色彩，在句中多作主语、宾语、定语、兼语。

（1）任道元，诸神保护汝许久，汝乃不谨香火，贪淫邪行，罪在不赦！（初刻·卷十七）

（2）汝父有掩骸之仁，阴德可纪，故我就与配合生汝，以报其恩。此皆生前之注定也。（二刻·卷三十）

（3）前见汝苦恼不过，故使汝梦中快活。（二刻·卷十九）

汝等

第二人称复数，在句中可作主语、（介词）宾语。共4例。在此具体列举两例：

（1）修容母子随至一道院，老姬指一个神像道："汝等可躲在他耳中。"（初刻·卷四）

（2）众女道："主翁与汝等通家，故彼此各无避忌。如何带了他家少年来搀预我良人之会？"（二刻·卷八）

汝辈

第二人称复数，在句中可作主语、（介词）宾语、兼语等。

（1）明法人等诸畜吃罢，分付道："汝辈已得偿了些债。莫贺咄身命已尽，一听汝辈取偿。今放屈突仲任回家，为汝辈追福，令汝辈多得人身。"（初刻·卷三十七）

（2）今查仲任未合即死，须令略还，叫他替汝辈追造福因，使汝辈各舍畜生业，尽得人身，再不为人杀害，岂不至妙？（初刻·卷三十七）

例（1）中"汝辈"依次作主语、主语、介词宾语、兼语；例（2）中"汝辈"依次作介词宾语、兼语。

1.1.2.3　尔、尔等、尔辈

尔

第二人称单数，具有文言色彩，在句中可作主语、（介词）宾语、定语。

（1）金光洞主将手拍着冯相背上道："容膝庵中，尔是何人？"（初刻·卷二十八）

（2）天下有如此不平之事！恶妇何在？我为尔除之。（初刻·卷三）

（3）如此才人，是为快婿。尔女已是覆水难收，何不宛转成就了他？（初刻·卷二十九）

尔等

第二人称复数，在句中可作宾语、兼语。共 2 例。

（1）"……今将拣个好日子分与尔等，每人一对，做个镇家之宝。"四子喜谢，尽欢而散。（初刻·卷一）

（2）（石察院）轻轻分付道："……待本院廉访得实，当有移文至彼知会，关取尔等到此明冤，万万不可泄漏！"（二刻·卷四）

尔辈

第二人称复数，在句中作宾语，是间接宾语。仅 1 例。

亦且假窃声号，妄自尊大，请得他来，徒增尔辈一番骚扰，不能有益。（初刻·卷三十九）

1.1.3　第三人称代词

《二拍》中第三人称代词主要有"他"及其复数形式，还有"其""之"等。

1.1.3.1　他、他们（每）、他家

他

"他"是《二拍》中表达第三人称的主要形式，有时可表单数，有时可表复数。

（一）用作单数时，在句中主要作主语、（介词）宾语、兼语、定语。

（1）他有个妻侄，姓梁名鲲，也好学这法术。（初刻·卷十七）

（2）只因王生不该自己使性动手打他，所以到底为此受累。（初刻·卷十一）

（3）父母见他年长，要替他娶妻。（二刻·卷二）

（4）扈老从中好言劝开。兄弟与儿子又劝他回去。（初刻·卷十六）

（5）你只说前夫刘念嗣身死，他的家事怎么样了？（二刻·卷十三）

"他"作定语时，其与中心语之间可以不用结构助词"的"，直接构成"他＋NP"，其中 NP 多为表称谓的词，也可以是"指示代词＋名词"短语。例如：

（6）他父亲在时，曾许下在城陈家小官人。（二刻·卷三）

（7）因急赶了他这头骏骡，到了下处，解开囊来一看，内有缯缣百余匹。（初刻·卷三十）

（8）我彼时一来认不得家里，二来怕他那杀人手段，……（二刻·卷二叙）

需要注意的是，有些"你＋NP"形式并非定中结构，而是同位结构。例如：

（9）他这人慷慨好义，虽系草窃之徒，多曾与我们官府往来。（二刻·卷二十七）

（二）用作复数时，相当于现代汉语的"他们"，其用法与第一、二人称代词"我"、"你"的用法类似。

其一，"他"与表复数的名词性短语连用，构成同位语。

（10）他两个都不愿做仙人，愿做宰相，以至堕落。（初刻·卷二十八）

（11）而今因为气不过引孙做财主，只得去接了他母子来家。（初刻·卷三十八）

（12）那店中先前看他这些人，都笑将起来。（初刻·卷四）

其二，"他"在句中单独使用表示复数，前后语境中往往已经有提示复数的其他成分出现。

（13）纪老三道："多承两位不弃，足感盛情。待明日看了货，完了正事，另治个薄设，从容请教，就此结义何如？"两个同声应道："妙，妙。"当夜纪老三送他在客房歇宿，正是红花场庄上房。（二刻·卷四）

（14）有个纱王三，乃是王织纱第三个儿子，平日与众道士相好，常合伴打平火。众道士嫌他惯讨便宜，且又使酒难堪，这番务要瞒着了他。不想纱王三已知道此事，恨那道士不来约他，却寻懒龙商量，要怎生败他游兴。懒龙应允，即闪到白云房，将众道常戴板巾尽取了来。纱王三道："何不取了他新帽，要他板巾何用？"懒龙道："若他失去了新帽，明日不来游山了，有何趣味？你不要管，看我明日消遣他。"（初刻·卷三十九）

例（14）沙王三和懒龙在商议对话中的"他"均指前文提及的众道士，所以表示复数。

（三）"他＋的"构成名词性词组。

（15）大嫂休斗我耍，孩儿说你拿了他的。（初刻·卷三十三）

（16）你不拿他的便好，拿了他的，已似有肯意了。（二刻·卷二十八）

他们（每）

"他们（每）"是第三人称代词"他"的主要复数形式，在句中作主语、宾语、兼语、定语、同位语。

（1）若是后日有得还时，他每也不是这般讨得紧了。　（初刻·卷三）

（2）切勿惊散了他们，便不妙了。（二刻·卷八）

（3）走去对门相见，十八兄也不甚与他们言笑，大是倨傲。（初刻·卷三）

（4）千万早些叫他们来，我自有重谢。（初刻·卷二）

（5）枕席之事，三分四路，怎能勾满得他们的意，尽得他们的兴？（二刻·卷三十四）

（6）落了他们圈套，这人家不经折的。（二刻·卷十）

（7）他们翁婿、夫妻、郎舅之间，你敬我爱，做生意过日。（初刻·卷八）

例（7）"他们"与"翁婿夫妻郎舅"同指，形成同位语。
"他每"用法同此。

（8）他每巴不得你去的，自然不寻究。（初刻·卷三十八）

（9）只是要引进内里去，还须得他每领路。我如今备些礼物去酬谢前晚之酌，若是他二人先在，不必说了；若是不在，料得必来，好歹在那里等他每为是。（二刻·卷八）

"他们＋的"还可组成名词性词组。

（10）有此三个女儿轮转供养，勾过了残年了。只是白吃他们的，心里不安。（二刻·卷二十六）

他家

表示第三人称单数，相当于"他"。

（1）问倒问着了，果然去年在汤家嫖的正是。只是依他家说起来，竟自不曾往京哩！（二刻·卷四）

（2）他家动不动吃了药做事，好不爽利煞人！（二刻·卷十八）

1.1.3.2　其、之

代词"其、之"既可以指人，也可以指物，但它们在指人时使用频率更高，因此我们将其归入第三人称代词。

其

"其"既可作第三人称代词，也可作指示代词。

（一）用作第三人称代词时，相当于"他"，在句中主要作定语。

（1）只说唐时有个妇人狄氏，家世显宦，其夫也是个大官，称为夫人。（初刻·卷六）

（2）众人道是一番天样大、火样急的事，怎知襄敏公看得等闲，声色不动，化做一杯雪水。众人不解其意，只得到帷中禀知夫人。（二刻·卷五）

（3）诗成，写在一张笺纸上了，要寄进去与翠翠看，等他知其心事。（二刻·卷六）

（二）用作指示代词时，指代相关的事物或事件。

（4）韦十一娘以手指道："此是云冈，小庵在其上。"（初刻·卷四）

（5）程元玉见他说话有些尴尬，不解其故，只得把名姓说了。（初刻·卷四）

之

相当于"他"，带有文言色彩，在句中主要作定语、宾语。

（1）事虽怪异，想着母亲之言，句句有头有尾。鹤龄自叹道："读尽稗官野史，今日若非身为之子，随你传闻，岂肯即信也！"（二刻·卷三十）

（2）元来这丁生少年才俊，却有个僻性，酷好的是赌博。在家时先曾败掉好些家资，被父亲锁闭空室，要饿死他。其家中有妪怜之，破壁得逃。（二刻·卷八）

1.1.4　其他人称代词

1.1.4.1　反身代词

反身代词一般用来指代某个人或某些人自身，其形式主要有"自、自己、自家、自身"等。

自

"自"一般用来回指前文已提到的人，在句中多作主语。

（1）富翁听罢，知是有意，却不敢造次闯进去。又只听里边关门响，只得自到书房睡了，以待天明。（初刻·卷十八）

大多情况下，"自"紧跟在指人名词或其他人称代词之后，共同充当所在句子的主语。例如：

（2）岂有此理！你自走你的路，不要管我！（二刻·卷三十九）

（3）我自采花，他不知那里走将来，撞见了，反说我偷他的花，被我抢白了一场。（二刻·卷九）

（4）老僧将素斋与他主仆吃用，收拾房卧安顿好，老僧自入定去了。（二刻·卷六）

自己

相当于"自"，其用法比"自"丰富，在句中可作主语、宾语、定语等。

（1）（刘德远）急忙下岭来叫人报了县里，自己却走去报了仇大姓。（初刻·卷二十四）

（2）方知俞氏初时必欲守至三年，不肯先葬其夫者，专为等待自己。（二刻·卷三十一）

（3）我寻自己的公公，不来寻你。（初刻·卷三十三）

（4）妙观直引他到自己卧房里头坐下了。（二刻·卷二）

"自己"也常紧跟在指人名词或其他人称代词后，在句中共同充当主语、宾语、定语等。

（5）今我们自己来接，是必原到我每各家来住住。（二刻·卷二十六）

（6）况且当时只说是姊姊，他心里并不曾晓得是妻身自己，也不是哄他了。（二刻·卷十七）

（7）……只得付与公差，仍带到赵大自己家里来。（二刻·卷二十八）

"自己＋的"还可以组成名词性词组。例如：

（8）你我各守着自己的，亦无别味。（初刻·卷三十二）

自家

相当于"自己"，用法与"自己"类似，在句中可作主语、定语。

（1）忽一日，家僮莫贺咄病死，仲任没了个帮手，只得去寻了个小时节乳他的老婆婆来守着堂屋，自家仍去独自个做那些营生。（初刻·卷三十七）

（2）自家的东西尚无福，何须尊惠！（初刻·卷一）

（3）崔县尉一见，乃是自家妻子，惊得如醉里梦里。（初刻·卷二十六）

"自家"紧跟在指人名词或其他人称代词后共同作句子成分的用例有：

（4）此年张郎自家做主，偏要先到张家祖坟上去。（初刻·卷三十八）

（5）智圆道："我们强主张不放，须防干系。而今是这娘子自家主意，说道：'可以住得的。'我们就放心得下了。"（初刻·卷二十六）

"自家＋的"也可组成名词性词组。

（6）自家的，歹争做好；别人的，好争做歹。（初刻·卷二十二）

自身

相当于"自己"，在句中作主语、（介词）宾语。

（1）一日，行修在族人处赴婚礼喜筵，就在这家歇宿。晚间忽做一梦，梦见自身再娶夫人。（初刻·卷二十三）

（2）岂有今日仇已死了，反为要脱自身，重简父尸之理？（二刻·卷三十一）

（3）我也为自身要脱离此处，趁此机会，如何好改得口？（初刻·卷二）

"自身"紧跟在指人名词或其他人称代词后共同作句子成分的用例有：

（4）史、魏两人道："二哥自身没甚事，便去见见不妨。"（二刻·卷四）

（5）若不说出来，你家里族人又不肯干休于我，我自身也理不直，冤仇何时而报？（初刻·卷六）

（6）兄前日只认是他令姐，原未尝属意他自身。（二刻·卷十七）

（7）官府押我出来，我自身也难保。你做了事，须自家当去，我替了你不成？（二刻·卷二十一）

例（7）"自身"与"自家"分别与上下文互文，前者回指说话者"我"，后者指代听话者"你"。

1.1.4.2　旁称代词

别（一）个

指代其他人，相当于现代汉语中的"别人"，在句中作主语、（介词）宾语、定语。

（1）别个有了银子，自然千方百计要寻出便益来，……（初刻·卷十五）

（2）府尹道："你还有别的儿子，或是过继的否？"吴氏道："并无别个。"（初刻·卷十七）

（3）王秀才所许东西，止是对你说得，并不曾与别个讲。（二刻·卷二十）

（4）老道不耐烦，便去搂着别个妇女去适兴了。（初刻·卷二十四）

"别一个"用法同此。仅 2 例。

（5）地方也说道："邻里中也只晓杨二郎是奸夫，别一个不见说起。"（二刻·卷三十八）

（6）只为张生也是妙观门下出色弟子，故此还挣得来，若是别一个，须动手不得，看来只是小道人高得紧了。（二刻·卷二）

旁人

"旁人"指别人，在句中作主语、宾语、兼语。

（1）当下刘元普说到此处，放声大哭。旁人俱各悲凄。（初刻·卷二十）

（2）自家愚昧，解说不出。遍问旁人，再无能省悟。（初刻·卷十九）

（3）大鹏飞在梧桐上，自有旁人说短长。（二刻·卷四十）

人家

"人家"既可以指第一人称，也可以指第三人称，有时还可以与"自己"相对，泛指对话双方以外的人。

（一）用作第一人称时，指代说话者自己，相当于"我"。

（1）宗王道："可晓得那讨你的是那一家？便好挨查。"真珠姬心里还护着那主翁，回言道："人家便认得，却是不晓得姓名，也不晓得地方，……"（二刻·卷五）

（2）这里莫妈性定，抱怨儿子道："那小业种来时，为甚么就认了他？"大郎道："……不知把人家折到那里田地！……"（二刻·卷十）

例（1）为宗王与真珠姬之间的对话，"人家"指代真珠姬自己，例（2）"人家"指代大郎自己。

（二）用作第三人称时，具体指代第三个人，相当于"他"。

（3）何况人家弟兄们争着祖、父的遗产，不肯相让一些，情愿大块的东西作成别个得去了？（二刻·卷十）

（4）那日还是七月十二日，有一个大户人家，差人来庵里，请师父们念经，做功果。庵主道："……人家去做功果，我自然推不得。……"（初刻·卷三十四）

（三）用来泛指时，表示无法说出或者不用说出的对象。

（5）闻得歹人拐人家小厮去，有擦瞎眼的，有斫掉脚的，……（二刻·卷五）

（6）又还一件可恨处：见人家有病人来求他，他先前只说：救不得！直到拜求恳切了，……不知弄人家费多少钱钞，伤多少性命！（初刻·卷三十九）

（7）这却不是笑话！怎他说时，原来人家讨媳妇多是儿子自己出钱？（初刻·卷十三）

（8）且说那叫赵尼姑这个谎子打扮的人，姓卜名良，乃是婺州城里一个极淫荡不长进的，看见人家有些颜色的妇人，便思勾搭上场，不上手不休……（初刻·卷六）

1.1.4.3 统称代词

各

指代前文所指范围中的每一成员，在句中作状语。

(1) 两边你赖我，我赖你，争个不清。各写一状，告到县里。（初刻·卷二十六）

(2) 元来防御合家在坟上辛苦了一日，又各带了些酒意，进得门，便把门关了，收拾睡觉。（初刻·卷二十三）

(3) 众人正自各道心事，哀伤不已。忽见猴形人传来道："洞主回来了。"（初刻·卷二十四）

(4) 座客吃罢，各赏些钱钞或是酒食之类，众女子得了，就去纳在鸨婆处，鸨婆又嫌多道少，打那讨得少的。（二刻·卷七）

(5) 太守也有些疑心，不好再问。酒罢各散，东老自向公馆中歇宿去了。（二刻·卷七）

各各

相当于"各"，不同的是，"各各"在句中作主语、同位语。

(1) 这些领他本钱的贾客，没有一个不受尽他累的。各各吞声忍气，只得受他。（初刻·卷二十二）

(2) 众美叹息，对夜珠道："我辈皆是人身……"言罢各各泪下如雨。（初刻·卷二十四）

(3) 满生又请文姬出来，交拜行礼，各各相谢。（二刻·卷十一）

(4) 鹤龄痛哭失声，韩母与易氏各各垂泪，惟有韩生不十分在心上，他是惯了的，道夜静击芙，原自可会。（二刻·卷三十）

(5) 大将阇门多到棚上去，女眷们各各盛妆斗富，惟有赵娘子衣衫褴褛。（初刻·卷二十九）

(6) 诸人各各流涕，恋恋不舍。（初刻·卷二十）

例 (4) — (6) "各各"紧跟在所指人物后面，与"韩母与易氏""女眷们""诸人"同指，构成同位语。

各自

在句中作主语、同位语。

(1) 唐卿在船等侯，只见纷纷嚷乱，各自分头去报喜。（初刻·卷三十二）

（2）程宰与兄各自在一间房中，拥被在床，想要就枕。（二刻·卷三十七）

各人

在句中作主语、同位语。

（1）正寅请沈公坐客位，沈婆、赛儿坐主位，正寅打横坐，沈公不肯坐。正寅说："不必推辞。"各人多依次坐了。（初刻·卷三十一）

（2）当下派定张三往东，李四往西。各人认路，茶坊酒肆，凡有众人团聚面生可疑之处，即便留心，挨身体看，各自去讫。（二刻·卷五）

（3）你只多把些赏赐分送与我家里人了，我去调开了他每。他每各人心照，自然躲开去了，任你出入，就有撞见的也不说破了。（二刻·卷十四）

例（2）中后文有另一代词"各自"，与"各人"搭配使用，用法相同。

大家

指一定范围内的所有人，在句中作主语、同位语。可分为以下两种情况。

（一）指某一范围的所有人，但不包括听话者。

（1）妙观道："偶尔戏言，并无甚么文书约契，怎算得真？"周国能道："诸王殿下多在面上作证，大家认做保亲，还要甚文书约契？"（二刻·卷二）

（2）张大道："……待我们大家计较，多少凑些出来助你，将就置些东西去也好。"文若虚便道："谢厚情，只怕没人如兄肯周全小弟。"（初刻·卷一）

（3）窦二道："我们兴高得紧，管你耐烦不耐烦？我们大家扯了去！"（二刻·卷九）

这几例中，根据上下文语境，均可判断"大家"不包括听话者，特别是例（2）和例（3），还出现了指代听话者的"你"，与"大家"相对。

（二）指某一范围的所有人，无一例外。

（4）皆因世上官宦，起初未经发际变泰，身居贫贱时节，亲戚、朋友、宗族、乡邻，那一个不望他得了一日，大家增光？（二刻·卷四）

（5）美酒嘉肴，珍羞百味，歌的歌，舞的舞，大家尽欢。（二刻·卷十九）

（6）张善急披了衣服，跳将起来，口里一面喊道："前面有甚么响动？大家起来看看!"（二刻·卷二十一）

（7）餐花姨姨道："就是不做，姐妹情分，只是帮衬些为妙。"宜笑姐道："姨姨说得是。"大家哄笑而散。（二刻·卷三十四）

彼此

指代两方，在句中主要作主语、宾语、定语等。具体有两种情况。

（一）指"互相"，在句中多作主语、同位语。

（1）主翁与汝等通家，故彼此各无避忌。（二刻·卷八）

（2）只有一个书生，年方弱冠，尚未娶妻，曾到妾家往来，彼此相爱。（二刻·卷七）

（3）那刘氏勤俭作家，甚是贤慧，夫妻彼此相安。（初刻·卷十一）

（二）指"你我"，在句中多作主语、宾语。

（4）怎奈是这日一去，彼此分散，无路可通。（二刻·卷九）

（5）休分彼此，说是你的我的。（二刻·卷二十六）

（6）一霎时，不分彼此，竟大家着他在里面搦了。（二刻·卷八）

1.2　指示代词

《二拍》中指示代词主要有近指指示代词、远指指示代词、性状指示代词以及部分其他指代词。

1.2.1　近指指示代词

《二拍》中近指代词主要有"这""此"等以及相关的复合形式。

1.2.1.1　"这"及复合形式

这

《二拍》中"这"的用法与现代汉语基本一致，常用在"这＋NP"结构中，充当修饰成分，明确指代某一较近的人或事物。

（1）为是严家夫妻养娇了这孩儿，到得大来，就便目中无人，天王也似的大了。（初刻·卷十三）

（2）那女眷且是生得美貌，打听来是<u>这客人</u>的爱妾。（初刻·卷十八）

（3）兵巡看状，见了柯陈大等名字，已自心里虚怯。对<u>这汪秀才</u>道："这不是好惹的……"（二刻·卷二十七）

（4）老夫有誓言在先：有能探访女儿消息来报者，磬赔家产，将女儿与他为妻。<u>这话</u>人人晓得。（初刻·卷二十四）

（5）<u>这洞庭湖</u>八百里，万山环列，连着三江，乃是盗贼渊薮。（二刻·卷三十七）

（6）酷吏锻罪，只<u>这笔尖上边</u>几个字，断送了多多少少人？（二刻·卷一）

以上六例中，前三例指人，后三例指事物。

当"这"后面的 NP 是数量短语修饰的名词性成分时，整个格式可以直接省略为"这＋数词＋量词"；当数词为"一"时，也可直接省略为"这＋量词＋名词"或"这＋量词"。

（7）这四句诗，乃是国朝唐伯虎解元所作。世上有<u>这一伙烧丹炼汞之人</u>，专一设立圈套，神出鬼没，哄那贪夫痴客道：能以药草炼成丹药，铅铁为金，死汞为银。（初刻·卷十八）

（8）张三翁见不是头，晓得有<u>这一班小人</u>，料想好言不入，再不开口了。（二刻·卷二十二）

（9）<u>这三个</u>是你侄儿，你该受拜。（二刻·卷十五）

（10）难得<u>这个机会</u>，同在一个房中，也是一生缘分。（初刻·卷二十三）

（11）果应着马氏独造牌坊之谶。<u>这个缢死</u>，可不是死得有用的了？（二刻·卷三十五）

例（7）—（8）"这"后面为数量短语修饰的名词性词组，例（9）省略了"三个"后面修饰的名词，例（10）—（11）中的数词均为"一"，这里分别省略了数词"一"和"这个"后面的名词。我们后面提到的远指代词"那"也具有同样特点。

需要注意的是，"这"有时可以单独作主语，这时它不再具有指别功能，而是具有称代作用。

（12）<u>这</u>是"掌书仙"的故事，乃是倡家第一个好门面话柄。（初刻·卷二十五）

（13）<u>这</u>是蜀多才女，有如此奇奇怪怪的妙话。（二刻·卷十七）

这里

指代处所，在句中作主语、宾语、定语、状语。

　　（1）这里有个唐某当为此地女主，尔当辅之！（初刻·卷三十一）

　　（2）叔叔可为我致此意于二亲：若要相见，须亲自到这里来乃可，我却去不得。（初刻·卷三十）

　　（3）汉州又远，料那边多是孤寡之人，谁管得到这里的事？（二刻·卷七）

　　（4）你本不姓张，也不是这里人氏。（初刻·卷三十三）

　　（5）使君忙忙跳过船来，这里孺人也不躲闪。（二刻·卷七）

也经常用在人物名词或人称代词后面，指称其所在场所。例如：

　　（6）我疑心是兄弟取来的，怎不送到母亲这里，却放在我的房中？（二刻·卷三）

　　（7）那妈妈且是熟分肯做，他在家里不象意，我们这里正少个人相帮。（初刻·卷十六）

这边

指代处所，在句中作主语、定语、状语。

　　（1）这边没了梯子，又下来不得，……（二刻·卷三十四）

　　（2）这边的官司既未问理，我们正好做手脚。（二刻·卷十七）

　　（3）这边养娘们问他来历、缘故及遇虎根由，那女子只不则声，凭他说来说去，竟不肯答应一句。（初刻·卷五）

还可用在人称代词后而，称代某人所在的处所。

　　（4）觑个丫鬟走了去，连忙走过县君这边来，……（二刻·卷十四）

这里头

指代处所，在句中作主语、（介词）宾语。共 15 例。在此具体列举 3 例：

　　（1）这里头先有这几个妇女在内，却是同类之人，被他摄在洞奸宿的，也来相劝。（初刻·卷二十四）

　　（2）银子在这里头，但到家时开看，即有取银之处了。（二刻·卷二十一）

　　（3）士人看那人时，是一个美貌少年，不知为何先伏在这里头。（二刻·卷三十四）

这里边

相当于"这里头"。仅1例。

只是凤郎得中，自然说是凤家下礼，如何只说金家？这里边有些不明。（二刻·卷九）

这厢

相当于"这里"。仅1例。

自不见有这样凑趣帮衬的事，那怕方妈妈住在外边过了年回来。这厢不题。（二刻·卷三十五）

这些

表示复数的近指代词，可以指人，也可指物，在句中作定语。

（1）这些出家人毕竟心性古撇，此房有何秘密，直得转手关门？（初刻·卷二十六）

（2）大尹咬牙切齿，拍案大骂道："这些贼男女，死有余辜！"（二刻·卷五）

（3）商客心中原晓得白乐天是白侍郎的号，便把这些去处光景，一一记着。（初刻·卷二十八）

（4）那解药合成，尚少一味，须在明日一同这些药料买去。（二刻·卷十八）

这厮

指代较近的人，略带贬义色彩。在句中作主语、介词宾语，还常与前面的人物名词同指，构成同位关系。这时通常表达一种憎恨的情绪。共8例。在此具体列举4例：

（1）那程元玉只贪路近，又见这厮是个长路人，信着不疑，把适间妇人所言惊恐都忘了。（初刻·卷四）

（2）你夫妻们和李某且各回家去，把这厮下在牢中，改日严刑审问。（初刻·卷三十三）

（3）女人不打紧，只怕申春这厮未睡得稳，却是利害。（初刻·卷十九）

（4）郁盛这厮，有名习钻，天理不容，也该败了。（二刻·卷三十八）

例 (3) — (4) 中，"这厮" 分别与前面的 "申春""郁盛" 同指，作同位语。

这样

"这样" 有两种用法：

(一) 指示某一较近的人或事物，用来修饰名词，作定语。

　　(1) 这样轻薄无知的人！书生得了科名，难道不该归来会一会宗族邻里？（二刻·卷十一）

　　(2) 你每做这样没天理的事，又要把没天理的东西赃污我。（二刻·卷十六）

　　(3) 我是清白汉子，不吃这样不义无名之酒。（二刻·卷十六）

(二) 指代某一情况，作宾语、状语。

　　(4) 太守道："若是亲操井臼的手，决不是这样，所以可恶！"（二刻·卷十二）

　　(5) 早知这样，懊悔岛边泊船时节也不去走走，或者还有宝贝，也不见得。（初刻·卷一）

　　(6) 说话的，依你这样说起来，人多不消得读书勤学，只靠着命中福分罢了。（初刻·卷四十）

这等

用法与 "这样" 类似。

(一) 指示某一较近的人或事物，用来修饰名词，作定语。

　　(1) 不知邻家有这等美貌女子！不晓得他姓甚名谁？（二刻·卷九）

　　(2) 这等一个孩儿，与他一贯钞忒少。（初刻·卷三十五）

　　(3) 偏生这等时运，正是：时来风送滕王阁，运退雷轰荐福碑。（初刻·卷三十五）

(二) 指代某一情况，作主语、宾语、状语。

　　(4) 老媪笑道："这等却好。他不忘你的美情，必有好处到你，带挈老身也兴头则个。"（二刻·卷二）

　　(5) 既是这等了，外边不可走漏一毫风信。（二刻·卷四）

　　(6) 这等说起来，敢是我聘定的，就是你家姐姐？（二刻·卷九）

1.2.1.2　"此" 及复合形式

此

"此" 的用法与 "这" 类似，指代较近的人或事。常用在 "此＋NP" 结构中，充当修饰成分，作定语。

（1）此书是张忠父得了家信，央求主人写来的。（初刻·卷二十九）

（2）张果看见皇帝如此，也不放在心上，慢慢的说道："此儿多口过，不谪治他，怕败坏了天地间事。"（初刻·卷七）

（3）公子看此光景，与众客马上拍手大笑道："天下之乐，无如今日矣！"（二刻·卷二十二）

"此"还可以单独作主语、（介词）宾语。

（4）不可杀！不可杀！此是仙鹿，已满千岁。（初刻·卷七）

（5）小人孤身在此，途路上那里是藏匿得的所在？（二刻·卷二十一）

（6）小庵不远，且到庵中一饭，就在此寄宿罢了。（初刻·卷四）

当"此"后面的 NP 是数量短语修饰的名词性成分时，也可进行省略，与"这"类似。例如：

（7）今日小子先说此一段异事，见得人生只有这个情字至死不泯的。（初刻·卷二十三）

（8）极知此段良缘，出于先人成命，但媒妁未通，礼仪未备，奈何？（二刻·卷三十）

（9）……何不将此件到城中寻个识古董人家，当他些米粮且度一岁？（二刻·卷一）

（10）此二字笔势非凡，有恁样高手在此，何待小生操笔？（二刻·卷二）

例（8）省略了数词"一"，例（9）省略了数量短语后面的名词，例（10）省略了量词。

此等

相当于"这样、这等"，在句中作定语，修饰名词性成分。

（1）素梅姐姐生得标致，有此等大福！（二刻·卷九）

（2）此等宝物，岂止此价钱！（初刻·卷一）

此辈

相当于"这样的人、这些人"，在句中作主语、宾语、定语。

（1）此辈乃小人，今到一处，即便供帐备具，奉承公子，胜于君王。（二刻·卷二十二）

（2）不杀尽此辈，何以为人！（初刻·卷六）

（3）东老道："震亨从来不曾到大府这里，何由得与此辈相接？"（二刻·卷七）

（4）我是松江潘某，元非此辈同党。（初刻·卷十八）

此间

"此间"有两种用法。

（一）指示或称代处所，相当于"这里"，在句中可作主语、（介词）宾语、定语等。

（1）此间有一条小路，斜抄去二十里，直到河水湾，再二十里，就是镇上。（初刻·卷四）

（2）如今伏侍个山东梁客人，是燕南、河北第一个有名的财主，来此间做买卖。（二刻·卷四十）

（3）今此骸无主，吾在此间开馆，既为吾所见，即是吾责了。（二刻·卷三十）

（4）老者道："老汉姓姚，是此间渔人。……"（二刻·卷一）

（二）指代较近的人，相当于"这位"，主要作主语、定语。

（5）好教列位得知，此间是贫道的主人，一向承其厚款，无以为答。（二刻·卷十八）

（6）今此间李官人有钱，情愿成约。（初刻·卷四十）

1.2.2 远指指示代词

《二拍》中远指代词主要有"那""彼"及相关的复合形式。

1.2.2.1 "那"及复合形式

那

"那"是《二拍》中最主要的远指代词，用法与"这"类似，常用在"那＋NP"结构中。

（1）若论琴家，是那司马相如与卓文君，只为琴心相通，临邛夜奔，这是人人晓得的，小子不必再来敷演。（二刻·卷二）

（2）所以古人会择婿的，偏拣着富贵人家不肯应允，却把一个如花似玉的爱女，嫁与那酸黄齑、烂豆腐的秀才，没有一人不笑他呆痴。（初刻·卷十）

（3）韩生看那鹤龄模样，俨然与王玉英相似，情知是他儿子。（二刻·卷三十）

（4）就是只准那六百两，我也还道过分了些，你们众位怎说这样话？（初刻·卷十五）

（5）那月色一发明朗如昼，照得潞州城中纤毫皆见。（初刻·卷七）

（6）岂知事不可料，冤家路窄，那一盏红纱灯笼偏生生地向那亭子上来。（二刻·卷三十四）

以上 6 例中，前 3 例指人，后 3 例指物。

当"那"后面的 NP 是数量短语修饰的名词性成分时，部分成分可以省略，该用法与"这"类似。

（7）就不还得银子，还我那两件全东西也好。（二刻·卷四）

（8）那个主爵的官人，是内官田令孜的收纳户，百灵百验。（初刻·卷二十二）

（9）这个女子便是张孝纯席上所遇的那一个。（二刻·卷七）

（10）翰林如痴似醉，把桌上东西这件闻闻，那件嗅嗅，好不伎痒。（二刻·卷三）

例（8）省略了数词"一"，例（9）省略了数量短语后面的名词，例（10）省略了数词和数量短语后面的名词。

当"那"直接作主语时，它只具有称代功能。例如：

（11）元来滴珠虽然嫁了丈夫两月，那是不在行的新郎，不曾得知这样趣味。（初刻·卷二）

（12）那是此间去的便道，到得那里，我接你上去住了，打发了这两只船。（二刻·卷七）

那里

指称较远的处所，在句中作（介词）宾语。

（1）我先要董天然、王小玉你两个，只扮做家里人模样，到那里务要小心在意，随机应变。（初刻·卷三十一）

（2）若是不在，料得必来，好歹在那里等他每为是。（二刻·卷八）

也经常用在人物名词或人称代词后面，指称其所在场所。例如：

（3）若是兄弟取至，怎不送到母亲那里去，却放在我的席上？（二刻·卷三）

（4）我要把你寄在他庄上，在他那里分娩，托他一应照顾。（初刻·卷三十八）

那边

相当于"那里"，在句中作主语、宾语、状语、定语。

（1）汉州又远，料那边多是孤寡之人，谁管得到这里的事？（二刻·卷七）

（2）官人若果要做，我也不到那边去，再走坏这样闲步了。（初刻·卷四十）

（3）那边狄氏别了慧澄，再把珠子细看，越看越爱。（初刻·卷六）

（4）那边的坟，知他是那家？（初刻·卷三十八）

还可用在人称代词后而，称代某人所在的处所。

（5）张贡生道："此项东西必要亲身往取的，叫人去，他那边不肯发。"（二刻·卷四）

有时还可指代人。例如：

（6）船上水手听依分付，即把两船紧紧贴着住了。……看那对船时节，舱里小窗虚掩。使君在对窗咳嗽一声，那边把两扇小窗一齐开了。月光之中，露出身面，正是孺人独自个在那里。使君忙忙跳过船来，这里孺人也不躲闪。（二刻·卷七）

这里"那边"用来指代对面船上的人。又如：

（7）及至闻俊卿抬起眼来，那边又闪了进去。（二刻·卷十七）

那厢

称代较远的处所，相当于"那里"，作主语、（介词）宾语、兼语等。

（1）那厢又不是街路，死得蹊跷！这小厮必定知情。（二刻·卷三十五）

（2）这到不消，小生还有个兄弟在那厢等候。只是适间的话，可是确的么？（二刻·卷四）

（3）两个承差叩头道："凭爷分付，那厢使用，水火不辞!"（二刻·卷四）

那边厢

用法与"那边"或"那厢"类似，仅1例，作定语。

待要嫁人，那边厢人闻得他妖淫之名，没人敢揽头，故此肯嫁与外方，才嫁这个董元广。（二刻·卷七）

那些

表示复数的近指代词，可以指人，也可指物。用在名词或名词性词组前作定语，指示所说范围内的所有人或事物。

（1）只便宜了那些卖杂货的店家，吹打的乐人，服侍的喜娘，抬轿的脚夫，赞礼的傧相。（初刻·卷十）

（2）妾身虽在烟花之中，那些浮浪子弟，未尝倾心交往。（二刻·卷七）

（3）……那些船上风水，当艄拿舵之事，尽晓得些。（初刻·卷二十二）

（4）……自家仍去独自个做那些营生。（初刻·卷三十七）

那样

用来指代事物的性状、情态、程度、方式等，仅1例，作定语。

却也无休无歇，随你铁铸的，也怎有那样本事？（二刻·卷三十四）

那等

用法与"那样"类似，仅1例，作定语。

有那等眼光浅、心不足的，目中就着不得，不由得不妒忌起来。（二刻·卷十五）

1.2.2.2 彼

仿古用法，既可用作远指指示代词，也可用作第三人称代词。

（一）作远指指示代词时，相当于"那"，作（介词）宾语、定语。

（1）今可一同到彼，汝母必来相见。前日所约，原自如此。（二刻·卷三十）

（2）小婿在彼守丧，今已服除，完了殡葬之事。（二刻·卷二十三）

（3）盖自石晋以来，以燕云一十六州让与彼国了，从此渐染中原教化，百有余年。（二刻·卷二）

（二）作第三人称代词时，相当于"他"或"他的"，在句中作主语、介词宾语、兼语、定语。

（4）但彼是富人，料挝他不倒，莫要听了人教唆赖他人命，致将我尸首简验，粉骨碎身。（二刻·卷三十一）

（5）且说拜住在家，闻得此变，情知小姐为彼而死。（初刻·卷九）

（6）儿非见利忘仇，若非如此，父骨不保。儿所以权听其处分，使彼绝无疑心也。（二刻·卷三十一）

有时"彼"还常与近指指示代词"此"对举使用，前后呼应。例如：

（7）一呼百诺，顾盼生辉。此送彼迎，尊荣莫并。（二刻·卷二十二）

（8）此贪彼爱不同情，你醉我醒皆妙境。（二刻·卷三十八）

1.2.3　性状指示代词

性状指示代词通常用来指代人或事物的某种性状和程度。

1.2.3.1　这般、如此

这般

用于指较近的性状。在句中可作定语修饰名词性成分，也可作状语修饰谓词性成分。

（1）蜚娥必是女人，故此想着，难道有这般善射的女子不成？（二刻·卷十七）

（2）不想他赚得我这两件东西，下这般狠毒之计！（初刻·卷十一）

（3）若是后日有得还时，他每也不是这般讨得紧了。（初刻·卷十三）

（4）总是一般的人，别人那等富贵奢华，偏我这般穷苦！（初刻·卷三十五）

如此

相当于"这般"，两者用法类似。

（1）太守笑道："如此美事，岂可不许我费一分乎？"（二刻·卷七）

（2）如此好容颜，到底付之何人也？（二刻·卷三）

（3）州将见县间如此勤恳，只得自去拜望天师，求他一行。（初刻·卷三十九）

（4）他们如此算计我，则为着这些浮财。我何苦空积攒着做守财虏，倒与他们受用！（初刻·卷三十八）

"这般"有时还跟"如此"重复配合使用，用丁为他人出主意或提建议，但出于某种原因不能在文中详细说明具体内容时，便使用此类代词予以替代。例如：

（5）卜良毕竟要说明，赵尼姑便附耳低言：如此如此，这般这般，"你道好否？"（初刻·卷六）

1.2.3.2 "恁"及复合形式

恁

相当于"这么、那么"，在句中多作状语，用来表示程度之高，带感叹意味。

（1）今日如何归得恁早？（初刻·卷十七）

（2）其余多是常瓜，只有这颗，不知为何恁大。（二刻·卷二十八）

（3）此即梦中之人也！煞恁奇怪！（二刻·卷二十一）

恁地

作状语，表示程度之高。

（1）看娘子如此英雄，举止恁地贤明，怎么尊卑分上觉得欠些个？（初刻·卷三）

（2）崔生道："娘子恁地精细！"接将钗来，袋在袖里了。（初刻·卷二十三）

（3）难得他恁地喜欢高兴，不要请个人不凑趣，弄出事来。（初刻·卷三十）

（4）功父奉着寡母过日，靠着贾家姐姐、姐夫恁地扶持，渐渐家事丰裕起来。（二刻·卷二十）

前两例修饰形容词性成分，后两例修饰动词性成分。

恁等

强调程度高，作状语。共 4 例。在此具体列举两例：

(1)　抽马道："何事恁等慌张？"（二刻·卷三十三）

(2)　小姐恁等识人，难道这样眼钝？（二刻·卷十七）

恁般

强调程度高，作状语。

(1)　恁般强横，今日又将我家人收留了，谋死了他！（初刻·卷十五）

(2)　我守着老实，不敢窥探一些，岂知如此就里？元来岳丈恁般费心！（二刻·卷二十二）

(3)　老爷一向极有正经，而今到恁般老没志气。（初刻·卷二十）

(4)　恁般心性泼刺！且等他娘家住，不要去接他采他，看他待要怎的？（初刻·卷二）

恁样

修饰名词性成分，作定语。

(1)　此二字笔势非凡，有恁样高手在此，何待小生操笔？却为何不写完了？（二刻·卷二）

(2)　强将之下无弱兵。恁样的姐姐，须得恁样的梅香姐方为厮称。（二刻·卷九）

1.2.4　其他指示代词

1.2.4.1　旁指代词

旁指代词指代某一范围之外的人或事物，主要有"别"和"另"。

别

可作定语修饰名词性成分。如：

(1)　吾神试点检他平日所为，虽是不见别的善事，却是穷养父母，也是有的。（初刻·卷三十五）

(2)　妻子与女儿另在别村去买一所房子住了，买些瓶罐之类，摆在门前，做些小经纪。（二刻·卷六）

(3)　别位小姐都在门背后缝里张着，看见拜住一表非俗，个个称美。（初刻·卷九）

(4)　除非过继到别家去，却又性急里没一个去处。（初刻·卷三十四）

（5）又有那上了疏未曾勾销的，今要往别处去走走，讨这些布施。（初刻·卷三十五）

也可作状语修饰动词性成分。如：

（6）公公常是要娶婆婆，何不就与这妈妈成了这事？省得又去别寻头脑，费了银子。（初刻·卷十六）

（7）相公请免愁烦，虽是年纪将暮，筋力未衰，妾身纵不能生育，当别娶少年为妻，子嗣尚有可望，徒悲无益。（初刻·卷二十）

（8）这些东西能近得多少利息，何不别做些什么生意？（二刻·卷六）

还经常修饰"无"，"别无"有成词倾向。

（9）别无他事，久慕宝房清德，少备香火之资，特来随喜。（初刻·卷六）

（10）达生叩头道："其实别无缘故，多是小的不是。"（初刻·卷十七）

（11）此外别无甚人到此，不妨，不妨！（二刻·卷九）

另

在句中常作状语，因而也经常被看作副词。

（1）来时慌忙，不曾备得，另差人送来。（初刻·卷三十一）

（2）另与脚夫说过，叫他跟来。（初刻·卷三十四）

（3）小生随父游学，两年归家，谁知罗家不记前言，竟自另许了辛家。（初刻·卷二十九）

（4）遂于屋后另筑一小院，收拾静室一间，送方氏进去住了。（二刻·卷十）

有时也可修饰名词，只限于"另日""另眼"等用法，整体充当状语。例如：

（5）当下别过众尼，自到真州宁家，另日赴京补官。（初刻·卷二十七）

（6）今日多蒙大恩人另眼相看，谁知命寒时乖，果然做了他乡之鬼。（初刻·卷三十三）

（7）侍郎与夫人看见人物标致，更加礼义齐备，心下喜欢，另眼看待。（二刻·卷十五）

1.2.4.2 逐指代词

每

逐指代词指代某一范围内的所有成员，主要有"每"，一般用来修饰量词。

(1) 每月盘费连房钱银十两，逐月交付。（初刻·卷二）

(2) 就与何举人约了，每题各做一篇，又在书坊中寻刻的好文，参酌改定。（初刻·卷四十）

(3) 此后每夜便开小门放滕生进来，并无虚夕。（初刻·卷六）

(4) 世名把这三十亩田所收花利，每岁藏贮封识，分毫不动。（二刻·卷三十一）

(5) 王良不合曾借了他本银二两，每年将来修上利，积了四五年，还过他有两倍了。（二刻·卷三十一）

偶尔也可修饰名词性成分。如：

(6) 高愚溪不耐烦起来，走进房中，去了一会，手中拿出三包银子来，每包十两，每一个女儿与他一包。（二刻·卷二十六）

1.3 疑 问 代 词

《二刻》反映当时汉语面貌的疑问代词有"谁"、"那（哪）"及其复合形式、"甚"、"甚么"、"什么"、"何"及其复合形式、"怎"及其复合形式，以及仿古的"安"和"焉"。

1.3.1 指人疑问代词

谁

（一）询问人，用作主语、（介词）宾语、定语等。

(1) 许公道："六人之中，谁为最爱？"希贤道："二妾已有年纪，四女轮侍，春花最爱。"（二刻·卷十八）

(2) 东逃西窜。你道那人是谁？正是一年前来卖姜的湖州吕客人。（初刻·卷十一）

(3) 那里说起？我好耽耽坐在这里，却与谁有约来？（二刻·卷三十五）

（4）翰林走出堂前来，问道："谁人在此罗唣？"（二刻·卷三）

（二）表示反问，用作主语、（介词）宾语、定语。

（5）当时王府中赏帖、开封府榜文，谁不知道？（二刻·卷五）

（6）杀人的不是他是谁？（初刻·卷六）

（7）两个秀才道："清平世界，难道杀了人不要偿命的？"店主人道："他偿谁的命？去年也是一个云南人，……至今冤屈无伸，那见得要偿命来？……"（二刻·卷四）

（8）千金重利，一纸足凭。乃朱三赤贫，贷则谁与？ （二刻·卷十）

例（8）中疑问代词"谁"作前置宾语，"贷则谁与"即"贷则与谁"。

（三）表示虚指，不明确指代某一具体的人，多用于"谁知……""谁想……"等固定句式中。

（9）今日多蒙大恩人另眼相看，谁知命寒时乖，果然做了他乡之鬼。（初刻·卷三十三）

（10）昨晚老夫见贤婿不能勾就到，道是决赶不上今日这吉期，谁想有此神奇之事，把小女竟送到尊舟？（初刻·卷五）

（11）谁料乐极悲来，快活不上一年，撞着元政失纲，四方盗起。（二刻·卷六）

1.3.2 指物疑问代词

《二刻》中询问事物（包括处所）的疑问代词有"那"、"那里"、"那边"，"甚"、"甚么"、"什么"，"何"及仿古的"安"和"焉"。

1.3.2.1 那、那里

那

（一）表示疑问，后跟数量词或省略了数词的量词。

（1）有的道："你我都在，又是那一个抱去！"（二刻·卷五）

（2）媒人问："是那个要娶？"说来便是他自己。 （初刻·卷二十四）

（二）表示反问，相当于"哪里"。

（3）……又见日逐往来甚密，无非是关着至亲的勾当，那管其中

就里？（二刻·卷七）

（4）况且从来只有大家占小人的，那曾见有小人谋大家的？（二刻·卷十二）

那里

（一）表示疑问，用来询问处所、方位等。

（1）两个秀才道："游伯伯是甚么人？住在那里？这却是你每晓得的。"（二刻·卷四）

（2）这是我的儿子，你却如何抱在此间！我家娘子那里去了？（二刻·卷三十八）

（二）表示反问。

（3）众人那里听他？只是推他出去为净。（二刻·卷三十）

（4）富翁此时兴已勃发，那里还顾什么丹炉不丹炉！（初刻·卷十八）

1.3.2.2　甚、甚么（什么）

甚

相当于"什么"。

（一）询问事物，作定语。

（1）六老问道："今日为甚事忙？"（初刻·卷十三）

（2）宣教道："这又有一说，这是一个故事在里头。"小童道："甚故事？"（二刻·卷十四）

（二）询问原因，常与介词"为""因"等连用，作其宾语。

（3）妈妈何来？为甚这般苦楚？可对我们说知则个。（初刻·卷十六）

（4）双荷道："为甚孩子也要他着个字？"朱三道："夺得家事是孩子的，怎不叫他着字？"（二刻·卷十）

（5）娘子是何家宅眷？因甚独自歇轿在此？（二刻·卷五）

（三）表示反问，作宾语、定语。

（6）那德庆也不是我家乡，还去做甚？（二刻·卷二十）

（7）杜子中是个聪明人，有甚省不得的事？（二刻·卷十七）

（四）表示虚指，用于陈述句中。

（8）我女流之辈，也没甚提掇你处。（初刻·卷十五）

（9）我们城中各处走遍了，况且尘嚣嘈杂，没甚景趣。（二刻·卷八）

甚么（什么）

用法与"甚"类似，"甚么"的使用频率远多于"什么"。

（一）询问事物，作宾语、定语。

（1）门子道："在这里这几日，做些甚么？"小沙弥道："不晓得做些什么。……"（初刻·卷二十六）

（2）太守道："那个书生姓甚么？"（二刻·卷七）

（3）吴氏叫住问他道："你叫甚么名字？"道童道："小道叫做太清。"（初刻·卷十七）

（4）你可走到崔家郎船上去看看，与他同来的是什么人？（初刻·卷二十三）

（二）询问原因，常与介词"为"连用，作其宾语。

（5）看官听说：元来是本事不济的，专好男风。你道为甚么？（初刻·卷二十六）

（6）须史，县宰笑嘻嘻的踱进牢来，见众人尚拥住幼谦不放，县宰喝道："为甚么如此？"（初刻·卷二十九）

（7）不瞒姐姐说，连日惯了的，为甚么不来？（二刻·卷三十四）

（三）表示反问。

（8）两个你欢我爱，亦且不晓得些利害，有甚么不肯？（初刻·卷二十九）

（9）媒妈领命，竟到金家来说亲。金家父母见说了，惭愧不敢当，回复媒妈道："我家甚么家当，敢去扳他？"（二刻·卷六）

（10）虽是不知姓名地方，有此暗记，还怕什么？（二刻·卷五）

（11）此乃李将军所葬刘生与翠翠兄妹两人之坟，那有什么房子来？敢是见鬼了！（二刻·卷六）

（四）表示虚指，用于陈述句中。

（12）我自不愿见这两个老货，也没甚么罪过。（初刻·卷三十）

（13）况且寺中并无歹人，又不曾招接甚么游客住宿，有何盗情干涉？（二刻·卷一）

（14）官人含糊不决，必有什么事故，但有见托，无不尽力。（初刻·卷六）

（15）姐姐今日只如常时，不必提起什么，等他们不问便罢，若问时，我便乘机兜他在里面做事便了。（二刻·卷三十四）

1.3.2.3　安、焉

安

表示疑问或反问，作状语，为仿古用法。

（1）娘子道："计将安出？"（初刻·卷六）

（2）卜良道："妙计安在？我当筑坛拜将。"（初刻·卷六）

（3）若是当年非君厚德，义还妾身，今日安能到此地位？（二刻·卷十五）

（4）足下高谊如此，天意必然相佑，终有完全之日。吾安敢强逼？（初刻·卷二十七）

前二例表示疑问，后二例表示反问。

焉

表示反问，作状语，为仿古用法。

（1）岂有此理！你乃宦家之女，偶遭挫折，焉可贱居下流？（初刻·卷二十）

（2）爷爷青天在上，念小的焉敢悖伦胡行？（初刻·卷十三）

（3）今若果有心于妾，妾焉敢自外？（二刻·十二）

1.3.2.4　"何"及相关的复合形式

何

（一）表示疑问，相当于"什么"，可作定语、介词宾语、状语等。

（1）刘氏子且把被遮着女人，问道："有何异事？"（初刻·卷九）

（2）富自何来？每见贪酷小人，惟利是图，不过使这几家治下百姓卖儿贴妇，充其囊橐，此真狼心狗行之徒！（初刻·卷二十）

（3）保正问道："秀才官人何来？"崔生道："小生是扬州府崔公之子。"（初刻·卷二十三）

（二）询问原因，常常作介词"为""因"的宾语。

（4）玄宗方悟道："先生为何改了名姓？"（初刻·卷七）

（5）既然有意，为何不受你珠子！（二刻·卷十四）

（6）今年又着人去看，庵中鬼影也无，正自思念你，没个是处，你因何得到此地位！（初刻·卷三十四）

（7）先生那里人氏？姓甚名谁？因何就肯卖了这孩儿？（初刻·卷三十五）

（三）表示反问。

（8）此是你夫家之物，今你已死，我留之何益？（初刻·卷二十三）

（9）适才仇某所言姻事，众口一词，此美事也，有何不可？（初刻·卷二十四）

（10）韩侍郎道："此皆足下阴功浩大，以致圣主宠眷非常，得此殊典，老夫何功之有？"（二刻·卷十五）

该例为仿古固定格式"何……之有"，其中"何功"为宾语前置。

"何"表示反问时，还经常出现在"何不……"格式中。

（11）内中一个婆子道："何不去寻苏大商量？"（初刻·卷十二）

（12）元来如此。李兄何不早说？（初刻·卷十五）

（13）龙香道："官人何不写封书与我姐姐？"（二刻·卷九）

（14）官人何不把房迁了下来？与奴相近，晚间便好相机同宿了。（二刻·卷十四）

如何

（一）询问状况，可以作定语修饰名词性成分。

（1）庆娘问道："你见他如何模样？"（初刻·卷二十三）

（2）不知如何罪业，遂至殄绝祖宗之祀？（初刻·卷二十）

也可以直接作谓语。如：

（3）郎君点头未答，且目视店主人与那个人，做个手势道："此话如何？"（初刻·卷四十）

（4）他就要娶你在此间住下，你心下如何？（初刻·卷二）

（5）毛家儿子道："见家父光景如何？有甚说话否？"（二刻·卷十六）

有时还可作补语，对补语进行提问。如：

（6）断事问道："你妻子生得如何？"井庆道："也有几分颜色的。"（初刻·卷二十六）

（7）安人拽他手过来，问庵主道："我说的如何？"（初刻·卷三十四）

（二）询问方式，在句中作状语，修饰动词性成分。

（8）果然如此，官人如何谢我？（二刻·卷十四）

（9）许公道："你且说他如何不孝？"（二刻·卷十八）

（三）询问原因，相当于"为什么"，作状语。

（10）陈德甫接过手，看了道："是倒是了，既是你家的，如何却在贾家？"（初刻·卷三十五）

（11）他分明卖与徽州商人做妾了，如何却嫁得与韩相公？（二刻·卷十五）

（12）若说是无情，如何两次三番许我会面，又留酒，又肯相陪？若说是有情，如何眉梢眼角不见些些光景？（二刻·卷十四）

（四）表示反问，作状语。

（13）他是个在行的，知轻识重，如何不晓得？（初刻·卷二）

（14）员外好笑，员外也在这里，我也在这里，大家都不知道的，我如何晓得？倒来问我？（初刻·卷三十六）

（15）这样顽皮赖骨，私下问他，如何肯说！（二刻·卷二十五）

何等

（一）表示疑问，相当于"什么"，作定语。

（1）五客多笑道："要与你些富贵也不难，只是你所求何等事？"（二刻·卷三十六）

（2）因寻其旁居民问道："此是何等人家，有福分葬此吉地？"（二刻·卷十二）

（3）你道轿中是何等人？元来是穿宫的高品近侍中大人。（二刻·卷五）

例（3）为说话者设问，自问自答。

（二）表示感叹，可以作定语修饰名词性成分，也可作状语修饰形容词性成分。

（4）他平日何等一个精细爽利的人，今日为何却失张失智到此地位？真是难解。（初刻·卷三十）

（5）看官，你想当时这蔡京太师，何等威势，何等法令！（二刻·卷三十四）

（6）何不到洛阳成亲之后，那时凭刘老爷差人埋葬，何等容易！（初刻·卷二十）

何为

"为"是动词，"何"作"为"宾语，相当于"做什么"，在句中作谓语。

（1）说这些被害众生，如牛、马、驴、骡、猪、羊、獐、鹿、雉、兔，以至刺猬、飞鸟之类，不可悉数，凡数万头，共作人言道："召我何为？"（初刻·卷三十七）

（2）吾父以子侄之礼待你，留置书房，你乃敢于深夜诱我至此，将欲何为？（初刻·卷二十三）

（3）说这国能葛巾野服，扮做了道童模样，父母吃了一惊，问道："儿如此打扮，意欲何为？"（二刻·卷二）

何必

表示反问，作状语。

（1）汝妻虽病，今日已做了婆婆了，只消自去，何必烦劳二位嫂子？（初刻·卷十六）

（2）老嬷指着桌上物件道："谢礼已多在此了，收明便是，何必再问！"（二刻·卷二）

（3）抽马道："本意只求货二万钱，得此已勾，何必又费酒肴之惠？"（二刻·卷三十三）

何曾

表示反问，作状语。

（1）有这许多好说话。这些说话，何曾不是正理？就是炼丹，何曾不是仙法？（初刻·卷十八）

（2）不必口强！我在外面宿时，他何曾在自家家里宿？你何曾独自宿了？（初刻·卷三十二）

（3）那法轮本在深山中做住持，富足受用的僧人，何曾吃过这样苦？（二刻·卷三十六）

何如

用于句尾，询问某人对某事的看法。

（1）待明日看了货，完了正事，另治个薄设，从容请教，就此结义何如？（二刻·卷四）

（2）马绥道："我们捉破了他，赚些油水何如？"（初刻·卷三十一）

（3）张三翁道："果有此意，作成老汉做个媒人何如？"（二刻·卷二十二）

若何

表示询问，一般作谓语。

（1）老尼有一言相劝，未知尊意若何？（初刻·卷二十七）

（2）翰林道："姑娘病体若何？"桂娘道："觉道好些，方才睡去。"（二刻·卷三）

1.3.3　指事疑问代词

怎

在句中作状语。

（一）表示疑问，询问某人或事物的情况、缘由等。

（1）却是明日吉期，这等担阁怎了？（初刻·卷五）

（2）刺史不信道："怎见得是龙？须得吾见真形方可信。"（初刻·卷七）

（3）秀才家小小年纪，怎不苦志读书，倒来非礼之地频游，何也？（二刻·卷七）

（二）表示反问，一般置于谓词性成分之前。

（4）他辛辛苦苦养这小的与了员外为儿，专等员外与他些恩养钱回家做盘缠，怎这等要他？（初刻·卷三十五）

（5）这光棍牙婆见了银子，如苍蝇见血，怎还肯人心天理，分这一半与他？（初刻·卷二）

（6）薛妈见了是官府做主，怎敢有违？只得凄凄凉凉自去了。（二刻•卷七）

（7）况且不写得与他，他怎肯拿银子来应用？有这一纸安定他每的心，才肯尽力帮我。（二刻•卷十）

（三）表示感叹，通常还带有不满的否定情绪。

（8）我是个儒家子弟，怎把我这样凌辱！却是为何？（初刻•卷十一）

（9）高文明道："伯伯怎如此短见！姊妹们是女人家见识，与他认甚么真？"（二刻•卷二十六）

（10）员外怎如此斗人耍，你只是与他些恩养钱去，是正理。（初刻•卷三十五）

怎生

用法同"怎"，在句中作状语，有时也作定语。

（一）表示疑问。

（1）周秀才道："陈先生，怎生着我见他一面？"（初刻•卷三十五）

（2）你道怎生暗地用计？元来引姐有个堂分姑娘嫁在东庄，是与引姐极相厚的，每事心腹相托。（初刻•卷三十八）

（3）县令道："他怎生法儿养得这瓜恁大？唤他来，我要问他。"（二刻•卷二十八）

（4）两个秀才道："那云南人姓个甚么？怎生模样？"（二刻•卷四）

例（1）—（2）"怎生"作状语；例（3）—（4）"怎生"作定语，分别修饰名词性成分"法儿""模样"。

（二）表示反问。

（5）三百人一齐都跑入门里去，五六个人怎生拦得住？一搅入得门，就叫人把住城门。（初刻•卷三十一）

（6）他是个做家的人，怎生受得过？气得成病，一卧不起。（初刻•卷三十五）

（7）相与许久，如何舍得离别？相念时节，教小生怎生过得？（二刻•卷三十）

（8）只是他十分的好情，教我怎生放得下？（二刻•卷九）

（三）表示感叹。

（9）人在北，怎生不恨情堆积！（二刻·卷四十）

怎生样

表示疑问，作状语、定语。共 2 例。

（1）居民道："若说这家坟墓，多是欺心得来的，难道有好风水报应他不成？"晦翁道："怎生样欺心？"（二刻·卷十二）

（2）听得说父亲在酒店中，引得外方一个读书秀才来到，他便在里头东张西张，要看他怎生样的人物。（二刻·卷十一）

怎么

在句中作状语。

（一）表示疑问。

（1）士肃问道："怎么解？"院长道："男女们也试猜，未知端的。衙内要知备细，容打听的实来回话。"（二刻·卷十四）

（2）知州敲着气拍，故意问道："江溶怎么说？"（二刻·卷十五）

（二）表示反问。

（3）你又不曾认得他，若明说，你怎么肯？（初刻·卷六）

（4）你们是亲眷，来往了多番，怎么倒不晓得细底，却来问我们？（初刻·卷十六）

（5）这是我不仔细上害了他，心下怎么过得去？我也不要这性命了！（二刻·卷十五）

（6）这样气量浅陋之言，怎么在公子面前讲！公子是海内豪杰，岂把钱财放在眼孔上？（二刻·卷二十二）

怎样

在句中作状语，有时也作定语。

（一）表示疑问。

（1）你且说，前日小娘子怎样逃出去的？（初刻·卷三十六）

（2）许公道："怎样死了？"希贤道："闻是自缢死的。"（二刻·卷十八）

（3）而今不知杨二郎怎地在那里，我家里不见了人，又不知怎样光景？（二刻·卷三十八）

例（3）"怎样"在句中作定语，修饰后面的名词"光景"。

（二）表示感叹。

（4）何故苦苦贪私，思量独吃自疴，反把家里东西送与没些相干之人？不知驴心狗肺怎样生的！（二刻·卷四）

怎么样

表示疑问，可以直接修饰名词性成分，作定语。

（1）怎么样的一个小和尚，这等赞他？我便去寻他看看，有何不可？（初刻·卷二十六）

也可以直接作谓语，询问状况。

（2）今我下了山，正不知此物怎么样了。（二刻·卷十三）
（3）只是直秀才所见来的光景，是怎么样的？（二刻·卷十三）
（4）谁问你后夫！你只说前夫刘念嗣身死，他的家事怎么样了？（二刻·卷十三）

也可以作状语，修饰谓词性成分，用来询问方式。

（5）且问道："你儿子怎么样不孝？"（初刻·卷十七）
（6）县官先叫方妈妈，问道："你且说女儿怎么样死的？"（二刻·卷三十五）
（7）伯伯当初怎么样与他相处起的？（二刻·卷二十六）
（8）多是你做了牵头，牵出事来的。还不实说？是怎么样起头的？（初刻·卷二十九）

怎的（地）

(一) 表示疑问，可作谓语、状语，作状语时一般用来询问方式。

（1）玄玄子慌了道："老相公怎的了？"（二刻·卷十八）
（2）吾今夜当令壮士来取了去，看你怎地？（二刻·卷二十一）
（3）这个不为佳婿，还要怎的才佳么？（初刻·卷二十四）
（4）看见士人面貌生疏，俱各失惊道："怎的不是那一个了？"（二刻·卷三十四）
（5）秀才想了一会道："是曾写来，你怎地晓得？"（初刻·卷二十）

(二) 表示反问，作状语。

（6）父亲，何不好好入殓，怎的走到这个所在，如此作怪？（二刻·卷十三）

（7）宗仁道：“怎的就收场了？”春花道：“人多弄杀了，不收场怎的？”（二刻·卷十八）

（8）今既是押司的，我认了悔气，还你罢了，怎的还要赖我甚么娘子！（二刻·卷三十八）

（9）今偶然见师父说着端的，也是一缘一会，天使其然。不然，小生怎地晓得他家姓名？（二刻·卷三）

例（7）中出现了两个“怎的”，其中第一个作状语表示说话者宗仁的疑问；第二个“人都弄杀了，不收场怎的？”相当于“人都弄杀了，怎的不收场？”其实还是作状语，但表示说话者春花的反问，意即应该收场。

怎得

用法同“怎的（地）”，多用于反问，作状语。

（1）那罗家是个富家，闺院深邃，怎得轻易出来？（初刻·卷二十九）

（2）我命本该穷苦，投靠了人家，尚且道是相法妨碍家主，平白无事赶了出来，怎得有福气受用这些物事？（初刻·卷二十一）

（3）小人是老爷旧役，从来老实，不会说谎，况此女是小人的首尾，小人怎得有差？（二刻·卷三十二）

1.3.4　指数、时间疑问代词

《二拍》中询问数目和时间的疑问代词主要有“几、几时、几曾、多少、几何”等。

几

询问数量。

（1）有大胆的走向前问他道：“这事有几年了？”（初刻·卷十四）

（2）又叫甄希贤问道：“你父亲房中有几人？”（二刻·卷十八）

几时

问时间，相当于“什么时候”或“多久”，主要有两种用法。

（一）询问时间，作状语、补语。

（1）既承吾丈不弃，我们几时起手？（初刻·卷十八）

（2）太尉几时回来的？这里是那里？（二刻·卷三十四）

（3）仲任道：“我死去几时了？”（初刻·卷三十七）

（二）表示反问，作定语、状语。

（4）拔出刀来，望脖子上只一刀，这娇怯怯的女子，能消得几时功夫？（初刻·卷三十六）

（5）而今斑斑点点，那个要他？这五百两不撩在水里了？似此做生意，几时能勾挣得好日回家？（二刻·卷三十七）

（6）他母子两个几时做了一路？若果然他要来，岂叫儿子先到？（初刻·卷十七）

几曾

表示反问，作状语。

（1）杨氏骂道："这个说谎的小弟子孩儿，我几曾见那文书来"？（初刻·卷三十三）

（2）孩子道："我几曾晓得有甚么银子？"（二刻·卷十）

（3）司法道："男子过了六十，还有生子之事，几曾见女人六十将到了，生得儿子出的？"（二刻·卷十）

多少

（一）表示疑问，询问数量，修饰名词性成分，作定语、谓语。

（1）元狩五年，是何甲子？到今多少年代了？（初刻·卷七）

（2）兴哥道："有多少东西？"张贡生道："有五百多两。"（二刻·卷四）

（3）尼姑见了，问道："姑娘今年尊庚多少？"妈妈答道："十二岁了，……"（初刻·卷三十四）

（4）许公道："庵内尼姑，年纪多少？生得如何？"（二刻·卷二十一）

（二）表示反问，表示"数量之少"。

（5）要甚么贵助？就贵助得来，能有多少？（初刻·卷一）

（6）就除下杨化的帽儿，塞住其口，把一只脚踏住其面，两手用力，将缰绳扯起来一勒，可怜杨化一个穷军，能有多少银子？今日死于非命！（初刻·卷十四）

（7）黄公道："今日这边所得束脩之仪多少？"郭信道："能有多少？每月千钱，不勾充身。图得个朝夕糊口，不去寻柴米就好了。"（二刻·卷二十二）

例（7）出现了两个"多少"，其中第一个表示说话者黄公的疑问，询问数量；而第二个则是郭信以反问的形式予以回答，指出数量不多。

（三）表示感叹，说明数量之多，作定语、宾语。

（8）我为这事费了多少心机，弄了多少年月，前日自家错过，指望今番是了，谁知又遭此一闪？（初刻·卷十八）

（9）往还多年，情非朝夕，即为儿子一事，费过多少精神！（二刻·卷三十）

（10）此是夫妇不愿成双的榜样，比似那生生世世愿为夫妇的差了多少！（二刻·卷六）

还有个别"多少"叠用的例子，在反问的同时带有感叹之意，表达数量之多。共 2 例。

（11）又如子产铸刑书，只是禁人犯法，流到后来，奸胥舞文，酷吏锻罪，只这笔尖上边几个字，断送了多多少少人？那些屈陷的鬼岂能不哭！（二刻·卷一）

（12）县官没法，只得做他不着，也不知打了多多少少。（二刻·卷二十五）

几何

询问数量，相当于"多少"，作谓语、宾语。

（1）徽商恻然道："所欠官银几何？"（二刻·卷十五）
（2）李兄何不早说？敢问所负彼家租价几何？（初刻·卷十五）
（3）剩下等没字白扇，是不坏的，能值几何？（初刻·卷一）

1.4　明代南方官话代词的活用问题

1.4.1　游动称代

当人称代词进入具体语境时，可以在某一特定人群范围内有所指，但不再指代具体的某个人，邢福义先生称之为"游动称代"①。例如：

（1）小和尚陪了杜氏，你看我，我看你，同走了进门。（初刻·卷二十六）

---

① 邢福义. 汉语语法学［M］. 北京：商务印书馆，2016：103.

（2）两个小伙子也不用帮闲，我陪你，你陪我，各寻一个雏儿，一个童小五，一个顾阿都，接在下处，大家那乐。（二刻·卷四）

"我"和"你"还经常组成"你 X 我 X"格式。

（3）行修走到店门边一看，只见一伙人团团围住一个老者，你扯我扯，你问我问，缠得一个头昏眼暗。（初刻·卷二十三）

（4）那时，辨悟只好按着，不能脱手去取，忙叫众人快快收着。众人也大家忙了手脚，你挨我挤，吆吆喝喝，磕磕撞撞，那里揎得着？（二刻·卷一）

（5）也有饶六七子的，也有饶四五子的，最少的也饶三子两子，并无一个对下的。诸王你争我嚷，各出意见，要逞手段。（二刻·卷二）

（6）夫妻两个，你恩我爱，不觉已过一年。（初刻·卷九）

1.4.2 单复数变易

第一人称复数形式"我们（每）"有时只指说话者自己，相当于"我"，不再作复数。这时"我们（每）"经常与"自家"连用，作同位语。例如：

（1）便把手去捥那碎处，王妻慌忙将手来遮掩道："不妨事，我们自家修罢！"（二刻·卷二十一）

（2）张贡生道："我每自家年纪不小，倒不喜欢那孩子心性的，是老成些的好。"（二刻·卷四）

该二例中，"我们（每）"都单指说话者自己。

其余人称代词单数形式"我、吾、你、他"等也可表示复数，在前文中已详细论述。

1.4.3 虚指

当文中没有明确而直接的交际对象时，人称代词"你"可以虚指作者假想的某位不确定的听话者或读者。例如：

（1）你道怎么？但见这两个道士：冰一般冷，石一样坚。（二刻·卷三十六）

（2）你道这糕为何这等利害？元来赵尼姑晓得巫娘子不吃酒，特地对付下这个糕。（初刻·卷六）

（3）到于是日，合乡村男妇儿童，无不毕赴，同观社火。你道如何叫得社火？（二刻·卷二）

人称代词"他"表示虚指时，可以用在"V＋他＋数（量）词＋NP"格式中，其中 V 通常为单音节动词，"他"无实义，只起强化语气的作用。

（4）后来靖了内难，乃登大宝，酬他一个三品京职。（初刻·卷二十一）

（5）何不往彼一游，寻个出头的国手较一较高低，也与中国吐一吐气，博他一个远乡异域的高名，传之不朽？（二刻·卷二）

人称代词的使用，一般都以说话者为中心，表达说话者的主观认识、态度和立场，因此其指称对象受交际环境和话语行为发出者的影响较大。有时，在各种交际原则的作用下，人们常常突破原有的语言规则，灵活选用不同的人称代词，从而产生特定的语用效果。因此，人称代词的变异是一种语用变异，是在语用中对人称代词的变异处理。这种现象作为人称代词的一种重要用法，很大程度上能反映其主要性质和功能，因而我们将其一并放在这里讨论。

有时疑问指示代词"那里"用在非问句当中也可表示虚指，指代无法说出的地方。例如：

（6）龙香道："我自采花，他不知那里走将来，撞见了，反说我偷他的花……"（二刻·卷九）

（7）元来甄监生二妾四婢，帷有春花是他新近宠爱的，……意思要与他私下在那里弄一个翻天覆地的快活。（二刻·卷十八）

1.5 《二拍》代词的表达系统

《二拍》代词表达系统基本上能较全面地反映明代南方官话的代词系统。主要特征如下：

（一）人称代词有单复数变易倾向，第一人称代词"我"既可表示单数，也可表示复数，复数"我们"同此。

（二）人称代词复数区分排除式和包括式，如"我们"既可指代说话者一方，排除听话者，也可同时指代说话者和听话者双方。

（三）人称代词有活用现象。如"你""我""他"有时表示虚指，而不指代某一个具体的人。

（四）指示代词"这""那"一般作定语修饰语，如"这孩儿""那月色"等，单独作主语时，具有称代作用。

（五）表性状的指示代词"这般""如此""恁""恁地"等一般用在感叹句中，表示程度之高。

（六）疑问代词系统中，询问人用"谁"，询问物用"那""甚""何"等及相关的复合形式，询问事用"怎"及复合形式，询问数目和时间用"几""几时""几曾""多少""几何"等，多数疑问词都可用在感叹句和反问句中。

《二拍》中的代词表达系统详见表 1-1。

表 1-1　《二拍》中的代词表达系统

人称代词	第一人称	我、我们（每）、我家、我等、我辈
		吾、吾们（每）、吾等、吾辈
		俺、俺们
		咱、咱家、咱们
		某、某等
	第二人称	你、你们（每）、你等
		汝、汝等、汝辈
		尔、尔等、尔辈
	第三人称	他、他们（每）、他家
		其、之
	反身代词	自、自己、自家、自身
	旁称代词	别（一）个、旁人、人家
	统称代词	各、各各、各自、各人、大家、彼此
指示代词	近指	这、这里、这边、这里头、这里边、这厢、这些、这厮、这样、这等
		此、此等、此辈、此间
	远指	那、那里、那边、那厢、那边厢、那些、那样、那等
		彼
	性状	这般、如此
		恁、恁地、恁等、恁般、恁样
	旁称	别、另
	逐指	每

续表

疑问代词	指人	谁
	指物	那、那里
		甚、甚么（什么）
		安、焉
		何、如何、何等、何为、何必、何曾、何如、若何
	指事	怎、怎生、怎生样、怎么、怎样、怎么样、怎的（地）、怎得
	指数、时间	几、几时、几曾、多少、几何

第 2 章
数量词

数词是指表示数目多少或顺序多少的词，一般分为基数词、序数词、概数词。量词是指表示人、事物或动作的数量单位的词。量词一般分为物量词和动量词两类。物量词表示人和事物的计算单位，动量词表示动作次数和发生的时间量。数词和量词一般需要合在一起用，但是有时候也可以各自单独使用。数词、量词和数量词有时候也可以叠用。这些情况在《二拍》中都有体现。本章我们首先针对《二拍》的数词和量词进行一个系统性的类别划分，同时也考察数量词的使用问题，然后对语法学价值较大的量词进行结构完型功能和认知语义功能的考察。

2.1 数　　词

2.1.1 基数

2.1.1.1 一

（一）当基数值在 10—20 之间时，如基数 15，可表示为"一十五"或"十五"。例如：

（1）戴指挥拿得马效良、戴德如，阵上许知县杀死康昭、王宪一十四人。（初刻·卷三十一）

（2）立议之时，到今一十八年，此女已是一十九岁，正当妙龄，不知成亲与未成亲。（二刻·卷三）

（3）此时小娥年已十四岁，方才与段居贞成婚。（初刻·卷十九）

（4）十八年后当来归。（二刻·卷三十）

（二）"一"有时不表示具体的数字，而表示"全、整"，用于遍指。

（5）花园遇虎，一路上如腾云驾雾，不知行了多少路，自拼必死，被虎放下地时，已自魂不附体了。（初刻·卷五）

（6）车马散了，滕生怏怏归来，整整想了一夜。（初刻·卷六）

（7）行修听罢，毛骨竦然，惊出一身冷汗，……（二刻·卷二十三）

这几例均为肯定句，其中"一路上""一夜""一身"分别表示"整条路上""整个夜晚""全身"。

有时"一"在否定句中表示否定，通过否定最少量来否定全部。

（8）你失去首叶，寺中无一人知道，珍藏到今。（二刻·卷一）

（9）见佛前长明灯有火点着，四下里一照，不见一个外人。（初刻·卷六）

（三）"一"用在动词之后时，表示动量，即修饰前面动作行为的量。

（10）翁婿相见，甚喜。见了女儿，又悲又喜，安慰了一番。（初刻·卷五）

（11）辨悟接了纸捻，照得满屋明亮，偶然抬头，带眼见壁间一幅字纸粘着，无心一看，吃了一惊，大叫道："怪哉！怪哉！"（二刻·卷一）

（四）"一"用在动词之前时，主要有以下几种情况。

其一，表示动量，修饰后面的动作行为。

（12）我有道理，拼得费钱把银子，请他到酒店中一坐，便看出他的行动来了。（初刻·卷八）

（13）直待归闽之时，石尤岭下再当一见。（二刻·卷三十）

（14）出庙下船，船里从容一秤，果有二十两重，分毫不少，韩生大喜。（二刻·卷三十）

这种情况下，"一"还经常出现在"V他一V"格式中，是动词重叠的标记。

（15）我见这些人信他，故意做这个光景耍他一耍，有甚么神道来？（初刻·卷三十九）

（16）今得了这个地步，还该去<u>见他一见</u>，才是忠厚。（初刻·卷二十一）

（17）魏妈妈前日来望过了你，你今日也去还<u>拜他一拜</u>才是。（二刻·卷三十八）

（18）烦你去<u>约他一约</u>，只叫他在后边粪场上走到楼窗下来，……（二刻·卷三十五）

其二，用在"一VP（，）VP"句式中，表示前后两个动作行为衔接紧密。

（19）一拥进去，只见方氏扑在地下。（二刻·卷十）

（20）五客教沈一来，与他道："此一囊金银器皿，尽以赏汝。然须到家始看，此处不可泄露！"（二刻·卷三十六）

（21）郑舍人一见了王部郎，连忙磕头下去。（二刻·卷二十一）

（22）一去一十五年，竟无消息回来。（二刻·卷二十三）

该例中"一十五年"相当于谓词性成分，具有陈述功能。

2.1.1.2 二、两

都可用来表示数量2，但用法有所不同。

（一）作为基数直接修饰名词时，一般用"二"。

（1）十一娘言笑自如，二女童运剑为彼此击刺之状。（初刻·卷四）

（2）律上禁止师巫邪术，其法甚严，也还加他"邪术"二字，要见还成一家说话。（初刻·卷三十九）

（3）又叫甄希贤问道："你父亲房中有几人？"希贤道："有二妾四女。"（二刻·卷十八）

只有修饰名词"人"时，可以用"二"，也可以用"两"。

（4）一日，二人在宫中下棋。（初刻·卷七）

（5）到了第三日，胡大郎早来两边邀请对局，两人多应允了。（二刻·卷二）

用在大于十的基数中，一般用"二"，不用"两"，如"二十、二百、二千"。

（6）且看你日前分上，宽汝二十日日期。（初刻·卷十七）

（7）此子之母，非今世人，乃二百年前贞女之魂也。（二刻·卷三十）

（8）王府里自出赏揭，报信者二千贯，竟无下落。（二刻·卷五）

有时也偶有用"两百、两千"的例子。

（9）抄化了多时，积得有两百来两银子，还少些个。（初刻·卷三十五）

（10）我便公道欺心，再要你多出两千也不为过。（二刻·卷十六）

（二）表示序数时，用"二"，不用"两"，如"第二"或"二月、二哥、二更"。

（11）第二日人家看见了字，方才简点家中，晓得失了贼。（二刻·卷三十九）

（12）如今二哥二嫂在那里？你既是刘安住，须有合同文字为照。（初刻·卷三十三）

（13）一个正月，又匆匆的过了，不觉又是二月初头，依先没有一些影响。（初刻·卷八）

例（13）"二月"是指一年中的第二个月，当表示两个月份时，只用"两"，不用"二"。

（三）表示成双成对或双方时，通常用"两"，不用"二"，如"两眼、两脚、两口儿、两手、两耳"。

（14）正德年间，松江府城有一富民姓严，夫妻两口儿过活。（初刻·卷十三）

（15）欲要推托，怎当他两手紧紧抱住。（初刻·卷六）

（16）也是天理合当败露，不意之中，猛抬头见了吕大，不觉两耳通红。（初刻·卷十一）

（四）与量词组成数量短语时，一般用"两"，不用"二"，如"两个、两只、两条"。

（17）狄县令立刻之间除了两个天师，左右尽皆失色。（初刻·卷三十九）

（18）小童急忙走去把索子头解开，松出两只手来。（二刻·卷十四）

（19）妙通摆上茶食，女子吃了两盏茶，起身作别而行。（二刻·卷三）

半

"半"是一个特殊的数词，常见的用法是"一半"，表示数量的二分之一，可以单独使用，也可直接修饰名词。

（1）张宾得了一半，两个侄儿得了一半，两个侄儿也无可争论。（二刻·卷四）

（2）银八百两，你取一半，我两人分一半做媒钱。（初刻·卷二）

（3）凭着我一半面皮，挨当他几十挑米，敢是有的。（二刻·卷一）

（4）……万一拗别起来，依着理断个平分，可不去了我一半家事？（二刻·卷四）

除了"一半"外，"半"不能跟别的数词连用，一般要用在量词之前，即"半＋量词（＋N）"格式。

（5）……这是半年一年后的事。（二刻·卷十）

（6）惟恐不时失误了宣召，那里敢移动半步？（二刻·卷十四）

（7）两口儿如鱼似水，你敬我爱，并无半句言语。（初刻·卷六）

偶有"半"用于数量词之后的情况，即"数＋量＋半"。

（8）不觉已是穿针过期，又值六月半盂兰盆大斋时节。（初刻·卷三十四）

（9）别后到了湖州，这一年半里边，又到别处做些生意。（初刻·卷十一）

"半"有时还用在"一＋量＋半＋量"或"一＋N$_1$＋半＋N$_2$"格式中，表示少数。后一格式中，N$_1$和N$_2$意义相关或相近。

（10）你们多来看看，这可是方才杀人的？血迹也有一点半点儿？（二刻·卷二十一）

（11）也强如一盏半盏的与别人论价钱。（二刻·卷二十八）

（12）若是令兄未死，院判早到这里一年半年，连姊姊也超脱去了。（初刻·卷二十五）

（13）……递将上来，却也有一篇半篇，先写在上了，用不着的。（初刻·卷四十）

（14）……或者生得一男半女，也是刘门后代。（初刻·卷二十）

（15）况且妻子又未免图他一官半职荣贵，耳边日常把些不入机的话来激聒，……（初刻·卷四十）

分数

《二拍》中表示分数的用例较少，一般用"X分之Y"表示。仅见1例。

公子自思宾客既少，要这许多马也没干，托着二人把来出卖，比原价只好十分之一二。（二刻·卷二十二）

该例中的"十分之一二"表示"十分之一"或"十分之二"等大概的数值，是概数的表示方法。

2.1.2　序数

（一）直接用基数词表示，特别是在时间顺序上，如"二更、三月"，还有亲属称谓中的排行，如"二哥、二嫂、三娘"等。

（1）京师有个风俗，每遇初一、十五、二十五日，谓之庙市，凡百般货物俱赶在城隍庙前，直摆到刑部街上来卖，挨挤不开，人山人海的做生意。（二刻·卷三）

（2）拜过，又指点他拜了二兄，以次至大嫂，二嫂，多叫拜见了。（二刻·卷十）

（二）在基数词前添加前缀"第"，如"第一、第二、第十"等。

（3）裴仆射有第三个儿子，曾做过蓝田县尉的，叫做裴越客。（初刻·卷五）

（4）赢得第三，方见第二；赢得第二，方见第一。（二刻·卷二）

（5）话且过，却说襄敏公有个小衙内，是他末堂最小的儿子，排行第十三，小名叫做南陔。（二刻·卷五）

（6）外人都道你是第一美色，据我所见，胡生之妻也不下于你，怎生得设个法儿到一到手？（初刻·卷三十二）

例（6）中的"第一"不单单表示序数，更侧重于说明美丽的程度之高。

2.1.3　概数

"概数"是大概的数目。可以用"几、一些、以下、余、多、来、左右、上下、成千、上万、三四"等来表示，如"几年、一些、三十以下、十余年、成千个、上万个、三四个、三十多、十来天、一百步左右、四十岁上下"；或者拿数词连用来表示，如"成千、上万、三四、三五、一两天、七八十"等。例如：

（1）其时是己卯初夏，有贩药材到辽东的，诸药多卖尽，独有黄柏、大黄两味卖不去，各剩下千来斤，此是贱物，所值不多。（二刻·卷三十七）

（2）须史之间，狼飧虎咽，算来吃勾有六七十斤的肉，倾尽了六七坛的酒，又教主人将酒肴送过对门楼上，与那末冠的人吃。（初刻·卷三）

（3）小弟申春，今日江上获得两个二十斤来重的大鲤鱼，不敢自吃，买了一坛酒，来与大哥同享。（初刻·卷十九）

2.1.3.1 数词连用

（一）两个连续的数词从小到大连用可以表示概数，如"三四、四五、五六"等；当大于十的数词连用时，可省略其中后一数词的位数，如用"十四五"，而不用"十四十五"。

（1）细看那镜，小小只有四五寸。（二刻・卷三十九）

（2）一往一回，却不便有八九倍利息，所以人都挤死走这条路。（初刻・卷一）

（3）只见指挥王宪押两个美貌女子，一个十八九岁的后生。（初刻・卷三十一）

（4）遍村走将来，并无一个对手，此时年才十五六岁，棋名已著一乡。（二刻・卷二）

当两个连续的大于（含等于）十且同一数级的数词连用时，可以省略前一数词的数级，如用"一二十"，不用"一十二十"。

（5）门下的人又要利落，又要逢迎，买下好马一二十匹，好弓三四十张。（二刻・卷二十二）

（6）王生与船家慌忙并叠，不及细看，约莫有二三百捆之数。（初刻・卷八）

（二）两个连续的数词从大到小连用，如"三两"。

（7）有三两个妇女在内，一同锁闭了一夜。（初刻・卷二十七）

（三）"千万""万千"等数词连用，表示数量较多的概数。

（8）家中货财千万，都是赃物。（初刻・卷十九）

（9）算来金生东奔西走，脚下不知有万千里路跑过来。（二刻・卷六）

2.1.3.2 借用概数专用词

表示概数时，可采用概数助词"余""多""来"等，详见"第五章中的概数助词"。除这些助词外，还有数词"几""数"，副词"近"也可以表示概数。

几

直接与量词或名词组合，表示概数，如"几日、几个、几行、几回"。

（1）盘桓了几日，等裱匠完工，果然裱得焕然一新。（二刻·卷一）

（2）劫盗姓名，小生还记得几个。（初刻·卷三十六）

（3）侄儿只会看几行书，不会做什么营生。（初刻·卷三十八）

也可以用在非个位的位数词之前表示概数，如"几十、几百、几千"。

（4）里面主人见说海客到了，连忙先发银子，唤厨户包办酒席几十桌。（初刻·卷一）

（5）一个大客商尸棺回去，难道几百两银子也没有的？（二刻·卷二十一）

（6）于大郊魂梦里也道此时死尸，不知漂去几千万里了。（初刻·卷十四）

数

直接与量词或名词组合，表示概数，如"数日、数人"。

（1）小弟揭巾一看，只见新人两眼通红，大如朱盏，牙长数寸，爆出口外两边。那里是个人形？（初刻·卷五）

（2）今爱妾仍归于我，落得与诸君游宴数日，备极欢畅，莫非结缘。（二刻·卷二十七）

（3）只见兴娘的魂语吩咐已罢，大哭数声，庆娘身体蓦然倒地。（二刻·卷二十三）

也可以用在非个位的位数词之前表示概数，如"数十、数百、数千"。

（4）家有肥田数十亩，耕牛数头，工作农夫数人。（二刻·卷十九）

（5）仍旧卒徒数百人簇拥来迎，一如前日梦里江上所见光景。（二刻·卷二十）

（6）到庚子岁，聚兵已有数千人了。（初刻·卷三十一）

近

表示概数时，还可在数量词前添加表测度的副词"近"。

（1）庵中有一道者号轩辕翁，年近百岁，是个有道之士。（二刻·卷二十四）

（2）今你寿近七十，前路几何？并无子息。（初刻·卷二十）

2.1.3.3　特殊数词的使用

用"百""千""百般""千般""万般"等不确定的数词，有时不仅仅表示数量之多，还意味着范围之广、程度之深。

（1）有了钱，百事可做，岂不闻崔烈五百万买了个司徒么？（初刻·卷二十二）

（2）我虽曾听见老爷与宾客们常说，真是千闻不如一见。（二刻·卷一）

（3）百般怪兽，尽皆舞爪张牙；千种奇禽，类各舒毛鼓翼。（初刻·卷三十七）

（4）眼见得一家受尽千般苦，可怎么十谒朱门九不开，委实难捱。（初刻·卷三十五）

（5）世上万般哀苦事，无非死别与生离。（二刻·卷三十七）

"百""千""万"等还可以组成"千X百X""千X万X"等格式，表示数量之多、品类多样或程度之高。

（6）……有擦瞎眼的，有斫掉脚的，千方百计摆布坏了，装做叫化的化钱。（二刻·卷五）

（7）随你朝打暮骂，千棰百拷，……（二刻·卷十二）

（8）谢别了都管，千欢万喜，载回寺中不题。（二刻·卷一）

（9）其中有千变万化，神鬼莫测之机。（二刻·卷二）

2.2 量　　词

2.2.1　名量词

名量词可分为个体量词、集合量词、度量衡量词和不定量词，有的名量词则是临时借用的。

2.2.1.1　个体量词

个

"个"是《二拍》中较为常见的个体量词，其用法主要有如下几种。

（一）"个"与数词组成数量短语，共同修饰名词性成分，或直接充当名词性中心词。

（1）笑嘻嘻地走进去，叫安童四人，托出四个盘来。（初刻·卷一）

（2）却说春秋时，郑国有一个大夫，叫做徐吾犯。（初刻·卷十）

（3）回到前边，叫了两个粗使的家人同到后边去，狠把门乱推乱踢。（二刻·卷十）

（4）两个同到观中，回了师父。（初刻·卷十七）

（5）老翁走去揭开一个来看，吃了一惊。（二刻·卷十八）

（6）三个女儿晓得老子有些在身边，争来亲热，一个赛一个的要好。（二刻·卷二十六）

前三例为数量短语作定语修饰语，后三例为数量短语直接作中心词。

（二）"个"在句中单独使用。

其一，用在动宾之间作定语，用来修饰宾语，可以补出数词"一"。

（7）且说国朝有个富人王甲，是苏州府人氏。（初刻·卷十一）

（8）你将二三百两与我，待我往南京走走，寻个机会，定要设法出来。（初刻·卷十一）

（9）吴兴地方有个老翁，姓莫，家资巨万，一妻二子，已有三孙。（二刻·卷十）

（10）朱三讨得容易，颇自得意，只不知讨了个带胎的老婆来。（二刻·卷十）

其二，用在动宾之间补充说明前面的动作行为，表示不确定的动量，相当于"V 一下"，这时"个"后面的名词往往是非个体名词。

（11）趁着众人都在舍下，做个证见，结此姻缘。（初刻·卷二十四）

（12）果然莫翁在莫妈面前，寻个头脑，故意说丫头不好，要卖他出去。（二刻·卷十）

（13）不如认个晦气，歇了帐罢！（二刻·卷四）

（14）我想朝廷设立一官，毕竟也有个用处。（二刻·卷二十六）

其三，有时"个"单独使用时，有引出补语的作用，无实义。例如：

（15）王老强纳在金老袖中，金老欲待摸出还了，一时摸个不着，面儿通红。（初刻·卷一）

（16）王生看了春景融和，心中欢畅，吃个薄醉，取路回家里来。（初刻·卷十一）

（17）两家争个不歇。叫中证问时，各人为着一边，也没个的据。（二刻·卷十二）

这几例的"个"都可去掉或换成"得"，即"摸不着""吃得薄醉""争得不歇"，用来补充说明前面动作行为的结果，其中"个"无实义，也无法补出数词"一"。

（三）与指示代词"这、那"组合，共同作定语，即"这个、那个"。

（18）这个老头儿，终日缠着这些媒人，央他仇家去说亲。（初刻·卷二十四）

（19）后人评论这个严蕊，乃是真正讲得道学的。（二刻·卷十二）

（20）那个马月溪是本处马少卿家里的人，领着主人本钱开着这个歇客商的大店。（二刻·卷二十九）

（21）那个寺院叫做太平禅寺，是个荒僻去处。（初刻·卷二十六）

只

用于手脚、动物等。

（1）小可生平两只手一张弓，拿尽绿林中人，也不记其数，并无一个对手。（初刻·卷三）

（2）把灯一照，吃了一惊，乃是一只死了的斑斓猛虎。（初刻·卷三）

（3）石丢儿一头烧着火，钱氏做饭，一头拿两只鸡来杀了，淘洗了，放在锅里煮。（初刻·卷三十一）

包括"只"在内的个体量词一般都能与指示代词"这、那"组合，共同作定语修饰中心语。

（4）我们便净了口，将这只脚烧化了，此事便泯然无迹。（初刻·卷十五）

条

用于长形条状物，或与人、生命等有关的事物。可与数词组成数量短语，共同修饰名词性成分。

（1）此间有一条小路，斜抄去二十里，直到河水湾，再二十里，就是镇上。（初刻·卷四）

（2）一条人命，难道只值得这些些银子？（初刻·卷十一）

（3）说来有因，小姐未病之前，曾在后园见一条小蛇缘在朴树上，从此心中恍惚得病起的。（二刻·卷三十三）

    （4）又把细软好物，装在一条布被里面打做个包儿。（二刻·卷三十九）

也可在句中单用，不与数词组合。

    （5）恐怕人追着，拣条僻巷躲去。住在人家门檐下，蹲了一夜。（初刻·卷六）

    （6）凤生走到门边，轻轻掇条凳子，把门再加顶住，要走进来温存素梅。（二刻·卷九）

或与指示代词"这、那"组合，共同作定语。

    （7）陈大郎此时也不知是何主意，总之，这条性命，一大半是阎家的了。（初刻·卷八）

    （8）只因一念敬奉观音，那条街上有一个观音庵，庵中有一个赵尼姑，时常到他家来走走。（初刻·卷六）

    （9）后来看见儿子会读了书，一发把这条门路绝了。（二刻·卷三十二）

片

用于片状之物、成片的东西，或范围、区域、心意、景象等。例如：

    （1）法善驾起两片彩云，稳如平地，不劳举步，已到人间。（初刻·卷七）

    （2）受寄多时，尽了一片心，不便是这样埋没了他的。（二刻·卷二十四）

    （3）到得店中，只见店家嚷成一片，说是王秀才被人杀了，却叫我家问了屈刑！（二刻·卷二十一）

    （4）忙将这片小毡揭将开来，正要藏身进去，猛可里一个人在洞里钻将出来，那一惊可也不小。（二刻·卷三十四）

首

用于诗词。

    （1）王氏问得明白，记了顾阿秀的姓名，就提笔来写一首词在屏上。（初刻·卷二十七）

    （2）又写了首词，封好了，一同拿去与他看。（初刻·卷二十九）

    （3）所以唐解元有这首诗，也是点明世人的意思。（初刻·卷十八）

面

用于镜子或旗帜等。

（1）譬如一面镜子能有多大？内中也着了无尽物像。（二刻·卷三十七）

（2）幼谦看那为头的肩下插着一面红旗，旗上挂下铜铃，上写"帅府捷报"。（初刻·卷二十九）

间

多用于房屋建筑。

（1）小小神像，他母子住在耳中，却象一间房中，毫不窄隘。（初刻·卷四）

（2）尚方匠人毛顺心，巧用心机，施逞技艺，结构彩楼三十余间，楼高一百五十尺，多是金翠珠玉镶嵌。（初刻·卷七）

句

用于言语。

（1）真珠姬慌慌张张，没口得分诉，一发说不出一句明白话来。（二刻·卷五）

（2）一日，也为有两句口角，走到娘家去，住了十来日。（初刻·卷二十六）

（3）及至杜氏起来了，老和尚还厚着脸撩拨他几句。（初刻·卷二十六）

件

用于衣服、事物、事件等。

（1）一件衣服在此，你要便买了，不要时便当几钱与我。（初刻·卷十三）

（2）到崔生身边经过，只听得地下砖上，铿的一声，却是轿中掉一件物事出来。（初刻·卷二十三）

（3）有此异样，理不可晓，诚然是件罕物！（二刻·卷十九）

（4）却是这件事，偏是天下一等聪明的，要落在圈套里，不知何故！（初刻·卷十八）

张

用于纸张、床、弓等。

（1）取出一张红单来，乃是第三名。（初刻·卷二十九）

（2）又且一件，锯将开来，一盖一板，各置四足，便是两张床，却不奇怪！（初刻·卷一）

（3）小可生平两只手一张弓，拿尽绿林中人，也不记其数，并无一个对手。（初刻·卷三）

卷

用于书卷。

（1）心中好生害怕，捏了两把汗，到得观察相公厅前，只见观察手持一卷书，笑容可掬，……（初刻·卷二十九）

（2）仔细听听，声在一箱中出，伸手取卷，每拾起一卷，耳边低低道："不是。"（初刻·卷四十）

块

用于块状物。

（1）拾起来看，却是一块瓦片。（初刻·卷十二）

（2）小师父把热茶冲上，吃了两口，又吃了几块糕，再冲茶来吃。（初刻·卷六）

场

用于雨雪、官司、笑话等。

（1）万望天师曲为周庇，宁使折尽下官福算，换得一场雨泽，救取万民，不胜感戴。（初刻·卷三十九）

（2）今日再说一个容貌厮象，弄出好些奸巧希奇的一场官司来。（初刻·卷二）

（3）这也是新婚人家一场大笑话，先说此一段做个笑本。（二刻·卷二十五）

纸

用于书信、诉状等。

（1）……自从父亲入京以后，并不曾见一纸家书、一个便信回来。（二刻·卷四）

（2）当下写就了一纸告词，竟到幽州路总管府来。（二刻·卷二）

辆

用于车辆。

（1）驾起一辆大车，装载行李，雇个脚夫推了前走。（二刻·卷三十六）

（2）计较已定，去雇起一辆车来，车户唤名李旺。（二刻·卷二十一）

2.2.1.2 集合量词

双

用于成双成对的事物。

（1）只见他一双媚眼，不住的把闻人生上下只顾看。（初刻·卷三十四）

（2）门阑上贴着两片不写字的桃符，坐墩边列着一双不吃食的狮子，虽非天上神仙府，自是人间富贵家。（二刻·卷六）

对

用于成双成对的事物。

（1）富翁急急走到家中，取了一对金钗，一双金手镯，……（初刻·卷十八）

（2）次日，陈祈写了一张黄纸，捧了一对烛，一股香，竟望东岳行宫而来。（二刻·卷十六）

副

用于成套的首饰。

（1）张廪生只得将出三百两现银，嵌宝金壶一把，缕丝金首饰一副，精工巧丽，价值颇多，权当二百两，他日备银取赎。（二刻·卷四）

（2）王惠号啕大哭了一场，急简点行李，已不见了银子八十两、金首饰二副。（二刻·卷二十一）

套

用于成套的衣物或话语。

（1）六老又去开箱，翻前翻后，检得两套衣服，一只金钗，当得六两银子，……（初刻·卷十三）

（2）看看吉时将及，只见刘元普教人捧出一套新郎衣饰，摆在堂中。（初刻·卷二十）

（3）轩辕翁说了一套随俗的吉利话，便问自实道：……（二刻·卷二十四）

2.2.1.3　度量衡量词

长度量词

寸

周围有八寸大小，雕镂着龙凤之文，又有篆书许多字，字形象符篆一般样，识不出的。（二刻·卷三十六）

尺

至期，于水边作一小坑，深才一尺，去江岸丈余，引江水入来。（初刻·卷七）

丈

（1）又升一个数丈的高坡，坡侧隐隐见有个丛林。（二刻·卷二十三）

（2）岭南多大蛇，长数十丈，专要害人。（初刻·卷三）

端

除了文若虚，每人送与缎子二端，……（初刻·卷一）

匹

吴氏到里边箱子里，取出白绢二匹与知观。（初刻·卷十七）

里

一二十年的事，三四千里的路，有甚查帐处？（二刻·卷三）

步（非标准单位）

只见数十步外有空地丈余，小小一扇便门也关着在那里。（初刻·卷十二）

容积量词

斗

这家学问却是后汉张角，能作五里雾，人欲学他的，先要五斗米为赞见礼，故叫做"五斗米道"。（初刻·卷十七）

升

美人又命取红玉莲花卮进酒。卮形绝大，可容酒一升。（二刻·卷三十七）

斛

你去年还欠谷若干斛，何为不还？（初刻·卷十三）

石

又每年到了亡日，设了斋供，夫妻啼哭，总算他眼泪也出了三石多了。（初刻·卷三十）

重量量词

两

次日，贾秀才起个清早，往库房中取天平，总勾了一百四十二两之数，着一个仆人跟了，径投李中外来。（初刻·卷十五）

斤

看那少年的弓，约有二十斤重，东山用尽平生之力，面红耳赤，不要说扯满，只求如初八夜头的月，再不能勾。（初刻·卷三）

面积量词

分

六老又去开箱，翻前翻后，检得两套衣服，一只金钗，当得六两银子，将四两买了二分地。（初刻·卷十三）

亩

世名把这三十亩田所收花利，每岁藏贮封识，分毫不动。（二刻·卷三十一）

顷

所有低洼田千顷，每遭大水淹没，反要赔粮，巴不得推与人了倒干净，凭人占去。（二刻·卷十九）

时间量词

日

说半日路程，去了就来，不知为何一去不来了。（二刻·卷四）

天

其夫听罢，才把一天疑心尽多消散。（二刻·卷十五）

月

我去得三月，你在家中做的事，那件不是，那件不是，某妻说甚么话，某仆做甚勾当。一一数来，件件不虚。（二刻·卷十三）

年

隔了一年，又是元宵之夜，弄出王家这件案来。（二刻·卷五）

岁

每岁服一九，可保一年无病。（初刻·卷四）

载

五载之内，世名已得游泮，做了秀才，妻俞氏又生下一儿。（二刻·卷三十一）

宵

既蒙娘子不弃，此时没人知觉，安心共寝一宵，明早即还尊府便了。（二刻·卷三十三）

年龄量词

岁

想老身出京之时，你只有两岁，如今长成得这般好了。（二刻·卷三）

货币量词

厘

媒婆道："三百两，忒重些。"江嬷嬷道："少一厘，我也不肯。"（二刻·卷十五）

分

那朝奉又是一个爱财的魔君，终是陈秀才的名头还大，卫朝奉不怕他还不起，遂将三百银子借与，三分起息。（初刻·卷十五）

钱

巫娘子与他约定日期到庵中，先把五钱银子与他做经衬斋供之费。（初刻·卷六）

两

因言王老好处，临行送银三两。满袖摸遍，并不见有，只说路中掉了。（初刻·卷一）

金

……只得又寻了王三，写了一纸票，又往褚员外家借了六十金，方得发迎会亲。（初刻·卷十三）

锭

周秀才就在匣中取出两锭银子，送与陈德甫，答他昔年两贯之费。（初刻·卷三十五）

文

他两个刻剥了这一生，自己的父母也不能勾近他一文钱钞，思量积攒来传授子孙为永远之计。（初刻·卷十三）

贯

当下李君又将两贯钱谢了店主人与那一个人，各各欢喜而别。（初刻·卷四十）

缗

当时一缗钱，就是今日的一两银子，宋时却叫做一贯了。（初刻·卷二十二）

2.2.1.4　不定量词

《二拍》中的不定量词主要是"些"及相关复合形式。

些

表示不定量，可以在句中单用，用于动宾之间。

（1）也不说破，吃了茶，凭他送了些酒钱罢了。（初刻·卷二）

（2）拿些姜汤灌他，他微微开口，咽下去了。（初刻·卷五）

也可与指示代词"这、那"组合成"这些、那些"，共同作定语修饰中心语。

（3）说着钱，便无缘。这些人好笑，说道你去，无不喜欢；说到助银，没一个则声。（初刻·卷一）

（4）那些看的人及他父母，明知是耕者再世，叹为异事。（初刻·卷十四）

些些

用来形容数量少，多作定语。

（1）一条人命，难道只值得这些些银子？今日凑巧，死在我船中，也是天与我的一场小富贵。一百两银子须是少不得的。（初刻·卷十一）

（2）多拜上县君，昨日承家厚款，些些小珠奉去添妆，不足为谢。（二刻·卷十四）

些儿

表示数量少，多作定语。

（1）殷家女子到百般好，只有些儿毛病。（初刻·卷十三）

（2）从此去，到宫闱，没些儿回避。（二刻·卷四十）

些个

表示不定量，多作补语。

（1）小侄在庙中不认得父母，冲撞了些个。（初刻·卷三十五）

（2）瑶月道："好姐姐彼此帮衬些个。"（二刻·卷三十四）

（3）可惜看得迟了些个，不然此时已被我们拿住。（二刻·卷三十九）

（4）意欲央嬷嬷私下与他说说，做个人情，让我些个。（二刻·卷二）

作定语修饰语的情况比较少。

（5）头一件是好利，但是风吹草动，有些个赚得钱的所在，他就钻的去了，所以囊钵充盈，经纪惯熟。（二刻·卷十六）

2.2.1.5　借用名量词

有时还可临时借用名词来作名量词。例如：

壶

又嫌杯小，问酒保讨个大碗，连吃了几壶，然后讨饭。（初刻·卷八）

碗

正在侥幸之际，只见一个笼头的小厮拿了四碗嘎饭，四碟小菜，一壶热酒送将来，……（二刻·卷十一）

杯

周秀才又念着店小二三杯酒，就在对门叫他过来，也赏了他一锭。（初刻·卷三十五）

瓶

明日，又见小童拿了几瓶精致小菜走过来道：……（二刻·卷十四）

车

一车骨头半车肉，都属了刘家，怎么叫我做"李妈妈"？（初刻·卷三十八）

纸

为是要写一纸休书，这村里人没一个通得文墨。（初刻·卷二十）

身

此人有一身好本事，弓马熟娴，发矢再无空落，人号他连珠箭。（初刻·卷三）

包

狱卒似信不信，免不得跑去一看，果然得了一包东西，约有二十余两。（二刻·卷三十九）

堆

又见有头发缠绕，掇起上格，底下一堆发髻，散在箱里。（二刻·卷三十九）

朵

　　巫娘两脸红得可爱，就如一朵醉海棠一般，越看越标致了。（初刻·卷六）

2.2.2　动量词

动量词同样也有专用动量词和借用动量词之分。当动量词用来表示动作行为延续的时间长短时，也可称作"时量词"，通常由时间量词充当，如"写了三天""走了两年"等，这里不作详述。

2.2.2.1　专用动量词

回

　　两人取笑了一回，各自散了。（初刻·卷六）

遍

　　店主、老嬷问其缘故，小道人将王府中与妙观对局赌胜的事说了一遍。（二刻·卷二）

声

　　如此者五年，直到后来刘秀才死了，养娘大叫一声，蓦然倒地，醒来仍旧如常。（二刻·卷十三）

觉

　　老厌物今夜偏要你去睡一觉！（初刻·卷二十六）

顿

　　有人在知县面前谤他恃力为盗，知县初到，不问的实，寻事打了他一顿。（二刻·卷二十七）

番

　　郎君可到他席前看一番，也使他阴魂晓得你来了。（初刻·卷二十三）

遭

　　待兄弟带领妻儿去走一遭。（初刻·卷三十三）

场

> 天瑞大哭一场,又得张员外买棺殡殓。(初刻·卷三十三)

2.2.2.2 借用动量词

个别名词可以被临时借用作动量词。

刀

> 又复一刀,就割下头来,提在手里。(初刻·卷三十一)

眼

> 却时时偷看他一眼,越看越媚,情不能禁。(初刻·卷三十二)

鞭

> 元椿叫声"惭愧",飞身上马,打一鞭,那马一道烟去了。 (初刻·卷三十一)

2.3 数量词的使用

2.3.1 数量词合用

数词和量词常常一起组合使用,构成数量短语。

(一)由名量词构成的数量短语通常在句中作定语,修饰名词性成分。可以位于中心语之前,例如:

> (1)拣了日子,雇下一只长路的航船,行李包裹多收拾停当。(初刻·卷八)

> (2)又把细软好物,装在一条布被里面打做个包儿。(二刻·卷三十九)

> (3)只见数十步外有空地丈余,小小一扇便门也关着在那里。(初刻·卷十二)

> (4)大家举哀了一场,将一杯水酒浇奠了,停柩在家。(初刻·卷十三)

> (5)今有一件公事,郎君会当来看看,请到府中走走。(二刻·卷二十)

也可位于中心语之后。例如：

(6) 过了一夜，凝结成冰，看来竟是桃花一枝。（二刻·卷十九）

(7) 这一番除了本钱五百两，分外足足撰了千金。（二刻·卷三十七）

(8) 推门进去，把火一照，只见床上里边玄玄子睡着，外边脱下里衣一件，却不见家主。（二刻·卷十八）（初刻·卷十五）

(9) 小弟先前曾有小房一所，在西湖口昭庆寺左侧，约值三百余金。（初刻·卷十五）

有时后面的名词性成分也可省略，由数量短语直接充当句子的中心语。

(10) 巫娘子取一块来吃，又软又甜，况是饥饿头上，不觉一连吃了几块。（初刻·卷六）

(11) 密地擒来，不曾脱了一个。（二刻·卷二十一）

(12) 话说国朝正德年间，陕西有兄弟二人，一个名唤王爵，一个名唤王禄。（二刻·卷二十一）

(二) 由动量词构成的数量短语在句中主要作补语、定语、谓语。

(13) 王生笑把适才戏写掷瓦，及一男子寻觅东西不见，长叹走去的事，说了一遍。（初刻·卷十二）

(14) 功父见他去了，叹息了一回，信步走出府门外来。（二刻·卷二十）

(15) 到得三更，只听一声锣响，火把齐明，睡梦里惊醒。（初刻·卷八）

(16) 领了家人，一头哭，一头走，赶进书房中揪着玄玄子，不管三七二十一，拳头脚尖齐上，先是一顿肥打。（二刻·卷十八）

(17) 此包中银十二两，可偿此处主人。（初刻·卷十五）

2.3.2　数量词分用

(一) 数词单用。

数词可以直接修饰名词表示物量，而不使用量词。

(1) 吴兴地方有个老翁，姓莫，家资巨万，一妻二子，已有三孙。（二刻·卷十）

(2) 偶在道上行走，忽见一人褴褛丐食。（初刻·卷二十二）

（3）只为成心上边，也曾错断了事，当日在福建崇安县知县事，有一小民告一状道："有祖先坟茔，……"（二刻·卷十二）

（4）这个不打紧，我有一策，大家可以省力。（二刻·卷二十二）

（二）量词单用。

量词可以单独使用，而不与数词组合，可以补出数词"一"。

（5）今夜换了个胜我十倍的瑶月夫人，你还不知哩！（二刻·卷三十四）

（6）只见中大人抱了个小孩子下犊车来。（二刻·卷五）

量词也可以单独与代词组合。

（7）那东廊僧没头没脑，吃了这场敲打，又监里坐了几时，才得出来。（初刻·卷三十六）

（8）金荣是此间保正，家道殷富，且是做人忠厚，谁不认得！（初刻·卷二十三）

（9）从此大郎夫妻年年到普陀进香，都是乌将军差人从海道迎送，每番多则千金，少则数百，必致重负而返。（初刻·卷八）

2.3.3　数量词重叠

（一）数词重叠。

数词可以重叠表示特定的语法意义，例如"一一"表示逐一；"两两"表示成双成对；"三三两两"多用来形容人，表示零星，人数不多，三个一群两个一伙；"千千万万"和"万万千千"表示数量极大。

（1）夫人果然把这些备细，<u>一一</u>与高公说了。（初刻·卷二十七）

（2）两人见他说得没头脑，<u>两两</u>相看，不解其意。（初刻·卷七）

（3）细访邻里街访，也多有<u>三三两两</u>说话。（二刻·卷三十八）

（4）却是在世为恶无比，所杀害生命<u>千千万万</u>，冤家多在。（初刻·卷三十七）

（5）如此行之多年，不知收拾净了<u>万万千千</u>的字纸。　（二刻·卷一）

（二）量词重叠。

量词也可以重叠表示逐一或每一、全部，如"个个、层层、件件、句句、朝朝、夜夜"等。

（6）一座之人猛然抬头见了，<u>个个</u>惊得屁滚尿流，有的逃躲不及。（初刻·卷九）

（7）且是<u>层层</u>捆得紧，剥了一尺多，里头还不尽。（二刻·卷三十九）

（8）琴棋书画，吹弹歌舞，<u>件件</u>粗通。（初刻·卷一）

（9）事虽怪异，想着母亲之言，<u>句句</u>有头有尾。（二刻·卷三十）

（10）果然是<u>朝朝</u>寒食，<u>夜夜</u>元宵。（初刻·卷十五）

（三）数量词重叠。

数词和量词组成数量短语后，也可以重叠使用，表示逐一或每一。例如"ABB"最为常见：一个个、一条条、一句句、一件件；有时也重叠为"ABAB"：一个一个、一层一层、一步一步。在句中主要作定语、状语。

（11）那些愚民，<u>一个个</u>信了。（初刻·卷十）

（12）相思曲，<u>一声声</u>是，怨红愁绿。（二刻·卷四十）

（13）心中正疑，鼻子中只闻得<u>一阵阵</u>血腥之气，甚是来得狠。（二刻·卷三十三）

（14）小娟方才到得家里，见了姊妹灵位，感伤其事，把司户寄来的东西，<u>一件件</u>摆在灵位前。（初刻·卷二十五）

（15）他就撇了这些朋友，也雇了一个驴，<u>一步步</u>赶将去，呆呆的尾着那妇人只顾看。（初刻·卷十六）

（16）便打开一捆来看，只见<u>一层一层</u>解到里边，……（初刻·卷八）

（17）他还怀着昨夜鬼胎，不敢进去，悄悄叫个小厮，<u>一步一步</u>挨到里头探听。（二刻·卷十四）

（18）众人看见<u>一节一节</u>缚着木板，……（二刻·卷三十四）

例（11）—（13）为数量词重叠作定语修饰中心语，例（14）—（18）为数量词重叠作状语，表示动作行为的方式或所呈现的状态。

2.4　"们、众、等、诸"复数标记词

《二拍》里"们"的使用一共873次，其中只有一次不是表示复数，这个语例是：甚么道理要哥哥这们价费心？（二刻·卷三十八）其他872次都跟在名词或者人称代词之后，均是表"复数"的语法意义。置于"们"前的名词和人称代词的词种数一共有81个，其中，人称代词6个，分别是：我、你、他、咱、

俺、吾。名词 75 个，分别是：儿子、孩儿、女儿、小儿、雏儿、哥儿、小人、小的、小主、小兄弟、老小、老爹、老妈、老客长、弟子、徒弟、弟兄、兄弟、养娘、夫人小姐、养娘妇女、妇女、姑娘、女娘、娘女、娘子、师父、后生、先生、外甥、喽罗、秀才、敝友、朋友、亲友、家僮、丫鬟、僮仆、大官、看官、奴才、官家、宾客、贤妹、长者、姐妹、姨姐、轿夫、媳妇、牢子、百姓、施主、仆人、主人、家人、从人、公人、夫人、官人、亲眷、内眷、家眷、女眷、夫妻、妻子、光棍、男女、野者、公子、相公、使臣、侍女、侍婢、使婢、应捕。

另外，《初刻》里还有一种与"们"有关的复数意义的表达，实际上是不合规则的。那就是人称代词和复数名词连用以后，再后加"们"来强调表示复数意义。例如：

（1）你夫妻们和李某且各回家去，把这厮下在牢中，改日严刑审问。（初刻·卷三十三）

例（1）中的"你夫妻们"这样的组合结构，用现代汉语的眼光来审视，还是需要进化发展的。在现代汉语中，"你夫妻们"应该表述为"你们夫妻"。原因主要是："你"是单数人称代词，和复数意义的名词"夫妻"不相匹配，"你夫妻"的组合不符合语义一致法则。笔者认为，这种组合甚至可以再啰唆一点，再添加一个"们"或者"俩"，表述为"你们夫妻们"或者"你们夫妻俩"，也是没有问题的，至少比"你夫妻们"在句法语义组合上更容易接受一些。

在表达名词的复数意义时，《初刻》里也用了前置"众"这样的语法手段。像"众人、众生员"等表达形式，在意义上等同"人们、生员们"等语法形式所表达的意义。这也就是说，前置"众"和后置"们"是具有内在一致性的语法手段，均可以表示相同的语法范畴——名词的复数意义。经全书检索，《初刻》和《二刻》里，"众"前置且表示复数语法范畴义的用例一共 627 例，其中"众"后面的词种数 68 个，大部分为名词性词语，分别是：

生员、秀才、童、学生、好朋友、朋友、夫人、妹妹、弟兄、兄弟、兄、同伴、父老、偷、盗、贼、贼汉、乡绅亲友、徽州人、人、家人、客、亲友、友、亲戚、亲、女眷、养娘、管事人、女婢、女子、女、侍女、姬、奶子、妇人、妇、美、美人、娇娥、僧、僧人、道流、道侣、道士、道、吏典、皂隶、奴汉、奴仆、从人、客、尼、皂、判官、做公的、儒、官、门客、应捕、捕、捕人、稳婆、粉头、商伙、原中、位、的从这些词种可以看出，置于表复数意义的"众"之后的词类，除了大部分都是名词以外，也包括量词和助词（如"位、的"），还包括形容词（如"美"）和动词（如"捕、偷"）。这和表复数的"们"之前的词类性质区别很大。"们"前的词类都是亲属和社会称谓名词或者人称代词，而"众"后的词类没有代词。

汉语不同于印欧语系的语言，汉语主要是通过添加词语而不是通过词形变化的手段来表达语法范畴意义的。而给一个词添加词语的句法位置只有两种，要么前置，要么后置。因此，《初刻》里就有前置"众"和后置"们"这样的语法现象，甚至有同时前置"众"和后置"们"来表示名词的复数意义的情况。例如：

（2）那日烧过了纸，众牢子们都去吃酒散福。（初刻·卷二十）

（3）众女春们憎嫌他妆饰弊陋，恐怕一同坐着，外观不雅。（初刻·卷二十九）

很显然，上面各例中的"众"和"们"所表达的语法意义相同，而且去掉任何一个都不影响句义的基本表达。唯一的变化是，去掉其中一个时，会略微降低名词复数意义的强调程度。

"们"做复数标记词只能后置，这让我们进一步思考：与"们"对等的复数标记词"众"是否只能前置？我们在《初刻》里找到了下面的例子：

（4）三藏使金刚神众押住一头，故举不起。（初刻·卷七）

这里的"金刚神众"在语义上等同于"金刚神们"，是指"金刚神"的复数意义。

"众"除了表示复数意义以外，还有"平凡"和"多"的义项。例如：

（5）他生得膂力过人，武艺出众。（初刻·卷三）

（6）直等兵快人众来救，方才苏醒。（初刻·卷二十四）

（7）待我去纠合本乡人在此处的十来个，做张呈子到太守处呈了，人众则公，亦且你有本县广缉滴珠文书可验，怕不立刻断还？（初刻·卷二）

上述三例中，"众"的意思分别是"平凡、多"的意思，具有实词的意义特征。这也说明，"众"的语法化过程没有彻底完成。

下面，我们把"众"和"们"在表示复数语法范畴意义时呈现的特点和相关原因归纳、解释如下：

第一，"们"在明代南方话中只具有虚词的功能，是典型的语法词，句法位置固定，功能唯一，只能置于人称代词或社会及亲属称谓名词之后表示复数的语法范畴义。"众"在明代南方话中不仅具有虚词的功能，还具有实词的功能，是语法词和词汇词的兼类，句法位置不固定，功能多样，即可置于相关词语之前表示复数的语法范畴义或者表示"众多"的词汇概念义（见例（8）和例（9）），也可置于相关词语之后表示复数的语法范畴义或者表示"平凡、人、凡人"等的词汇概念义（见例（4）和例（5））。

（8）座客吃罢，各赏些银钞或是酒食之类，众女子得了，就去纳在鞑婆处。（二刻·卷七）

（9）领了一同众多女子，在此日夜求讨酒钱食物。（二刻·卷七）

例（8）中的"众女子得了"，实质等同于"女子们得了"，这里的"众"不具有明确的计算数量多少的功能，而只是标记指明一个群体，是虚词，表达"复数"这一语义语法范畴义，其句法语义功能跟"们"相同，只是句法位置与"们"相对。可以与之比照分析的是例（9）中的"众多女子"这个结构。例（8）中的"众女子"是指一个范围的全部女子们，而不是指一个范围内的"众多女子"；与之相反，例（9）中的"众多女子"所表达的含义是"某范围内的很多女子"而非"某范围内的全部女子"。或者说，例（9）中的"众多女子"这样的结构表达，旨在表示一个范围内的"多量"含义，其手段是直接从"众"的多义项中选用一个具体义项"众多"。

总之，在明代南方官话中，"们"是一个典型的语法虚词，而"众"则是一个语法化（实词虚化）过程没有彻底完成的虚实兼类词。在表达语法虚词的句法语义功能上，二者相同，都表示复数的语法范畴义，但在语法虚词的句法位置分布上，二者同中有异，"众"既可以前置，也可以后置，而"们"只能后置。另外，二者在标记复数范畴义的目标词的词类性质上也有区别，"们"只能标记人称代词和称谓（主要是亲属称谓和社会称谓）名词；而"众"除了不能标记人称代词以外，能标记更广泛的名词（包括亲属称谓和社会称谓名词）。

第二，汉语在表达语法范畴意义时，常用的手段是语序和虚词，而虚词的分布位置在理论上一般有"前置"和"后置"两种。"们"和"众"在表示复数语义语法范畴意义时，二者的句法位置分布不同，尤其是"众"，可前可后。这就启示我们，在考察利用虚词添加手段表达语义语法范畴时，一定要注意两个问题：一个是虚词的词种数目问题，另一个是虚词的分布位置问题。比如研究"动态语法范畴"的表达手段时，一般都注意到了"着、了、过"等虚词问题，其实这些词都不是典型的语法虚词，都承载着词汇实词的概念义，跟"众"的性质有相似之处，跟"们"的性质相去甚远。我们认为，汉语表达"动态语法范畴"的虚词词种数应该不止"着、了、过"等几个，应该还有一些。在此基础上，表达"动态语法范畴义"的虚词的位置也不仅仅只有后置一种。我们看下面的例子：

（10）正吃<u>之间</u>，只见一个妇人，骑了驴儿，也到店前下了，走<u>将</u>进来。（初刻·卷四）

（11）只管念经完正事，竟忘了大娘<u>曾</u>吃饭未？（初刻·卷六）

例（10）中的"正吃之间"的"之间"和"走将进来"的"将"，在我们看来，都应该属于标记"动态语法范畴"的语法虚词。例（11）中的"曾吃饭未"的"曾"，也应该看作表"动态语法范畴义"的虚词，而且位置前置。这样一来，汉语表达"动态语法范畴义"的虚词词种数将会稍微增加，句法位置分布也更加均匀，而且语义语法范畴义的内部划分会更为细致。

"等、诸"表达复数范畴义的相关问题及其解释暂略。

2.5　《二拍》量词的表达系统

《二拍》量词的表达系统详见表 2-1。

表 2-1　《二拍》量词表达系统一览表

量词	名量词	专用名量词		个体量词	个、只、条、片、首、面、间、句、件、张、卷、块、场、纸、辆
				集合量词	双、对、副、套
			度量衡量词	长度量词	寸、尺、丈、端、匹、里、步
				容积量词	斗、升、斛、石
				重量量词	两、斤
				面积量词	分、亩、顷
				时间量词	日、天、月、年、岁、载、宵
				年龄量词	岁
				货币量词	厘、分、钱、两、金、锭、文、贯、缗

续表

量词	名量词	专用名量词	不定量词	些、些些、些儿、些个
		借用名量词		壶、碗、杯、瓶、车、纸、身、包、堆、朵
	动量词	专用动量词		回、遍、声、觉、顿、番、遭、场
		借用动量词		刀、眼、鞭

第 3 章
介词

介词常常修饰名词性成分，组成介词短语，即"介词+NP"，整体修饰、补充谓词性短语，表示与动作、性状相关的处所、方向、时间、方式、原因、目的、施事、受事、对象等。介词的语法学价值极大，是我们进行语法研究的重点。

3.1　《二拍》介词的类别与功能

3.1.1　引出处所、方向、时间

3.1.1.1　表示所在

这里主要指引出动作进行的处所，这些介词包括"在、于、向"。

在

引出动作行为进行的场所，"在+NP"可以修饰谓词性成分，作状语。

（1）那鲁元是汉高帝的公主，在彭城失散，后来复还的。（初刻·卷二）

（2）知府晓得其真性已回，问他一向知道甚么，说道："在家碾米，不知何故在此。"（初刻·卷十四）

（3）他自登甲第，在京师为官一载有余。（二刻·卷三）

（4）元广就在汉州娶了一个富家之女做了继室，带了妻女同到临安补官，得了房州竹山县令。（二刻·卷七）

也可用在动词性成分之后，作补语。

（5）忽见有家书回来，问是湖州寄来的，道两人见住在湖州了，真个是喜从天降！（二刻·卷六）

（6）史生夫妻二人感激吴太守，做个木主，供在家堂，奉祀香火不绝。（二刻·卷七）

（7）今有二竹箕留在君所，倘若相念及有甚么急事要相见，只把两箕相击，我当自至。（二刻·卷三十）

（8）又有白银五百两，寄在彼亲赖某家。（二刻·卷十三）

有时，"在"引出的介词短语后面还添加方位词，具体表示处所方位，即"在＋NP＋L（方位）"，在句中可以作状语。

（9）自己只是在家中广行善事，仗义疏财，挥金如土。（初刻·卷二十）

（10）今且在众亲友面前说明，好教他们看个明白。（初刻·卷五）

（11）你且在门房里坐一坐，我去报与将军知道。（二刻·卷六）

（12）稼轩适在楼上看见，大以为奇，遂与定交。（二刻·卷十二）

例（12）中的"上"已经虚化，与"在"一起构成"在……上"结构，共同表示动作行为的处所，而不再表示某个具体方位，还有许多同类"在＋NP＋L（方位）"均如此。

"在＋NP＋L（方位）"也可以作补语。

（13）王生只有这个女儿，夫妻欢爱，十分不舍，终日守在床边啼哭。（初刻·卷十一）

（14）凤生一心只打点欢会，住在书房中，巴不得到晚。（二刻·卷九）

（15）咱也不晓得那半扇盒儿要做甚用，所以摆在桌儿上，或者遇个主儿买去也不见得。（二刻·卷三）

（16）那女子拈着香，跪在佛前，对着上面，口里喃喃呐呐，低低微微，不知说着许多说话，没听得一个字。（二刻·卷三）

于

一般用于"于＋NP（＋L）＋VP"结构中作状语，引出所在。

（1）那徐峤小心谨慎，张果便随峤到东都，于集贤院安置行李，

乘轿入宫。（初刻·卷七）

（2）又于堂中掘地，埋几个大瓮在内，安贮牛马之肉，皮骨剥剔下来，纳在堂后大坑，或时把火焚了。（初刻·卷三十七）

（3）天师传命：就于祠前设立小坛停当。（初刻·卷三十九）

也可用于"VP＋于＋NP（＋L）"结构中作补语。

（4）最后有个岷江任生，客于长安，闻得此事，（初刻·卷二十五）

（5）愚溪道："我宁死于此，不到他三家去了。"（二刻·卷二十六）

（6）直到唐玄宗朝，隐于恒州中条山中。（初刻·卷七）

（7）两人如渴得浆，吃得尽欢，遂同宿于舟中。（二刻·卷二十七）

向

引出动作行为进行的场所，"向＋NP＋L"作状语。

（1）不向长安买钿盒，何从千里配蝉娟？（二刻·卷三）

（2）谢天香把汗巾递与王秀才，王秀才接在手中，向瓦盆中一蘸，写个"亭"字续上去。（二刻·卷二）

（3）走至房中转了一转，提着一个羊脂玉花樽到面前，向桌上一拟道："此瓶什千缗，只此作孤注，输赢在此一决。"（二刻·卷八）

（4）只见公子天佑走将过来，刘元普唤住，递宫花与他道："哥哥在京得第，特寄宫花与你……"公子欣然接了，向头上乱插，望着爹娘唱了两个深诺……（初刻·卷二十）

（5）闻俊卿后到，歇下了行李，叫闻龙妻子取出带来的山菜几件，放在碟内，向店中取了一壶酒，斟着慢吃。（二刻·卷十七）

也可用在动词之后作补语。

（6）任君用虽然出去了，索子还吊在树枝上，挂向外边，未及收拾，却被众人寻见了。（二刻·卷三十四）

3.1.1.2　表示终点

在

表示动作行为的最终点，可以与"到"相替换，用在"在＋NP"或"在＋NP＋L（方位）"格式中，通常在句中作补语。例如：

（1）……便将来包长包短，以致因而揩台抹桌，弃掷在地，扫置灰尘污秽中，……（二刻·卷一）

（2）张廪生没计奈何，只得住手，眼见得这一项银子抛在东洋大海里了。（二刻·卷四）

（3）夏良策就把一个粗麻布袋袋着一包东西，递与蒋生，蒋生收在袖中。（二刻·卷二十九）

（4）襄敏公分付一个家人王吉，驮在背上，随着内眷一起看灯。（二刻·卷五）

（5）不想遇着南陔叫喊，抱在轿中，进了大内。（二刻·卷五）

向

引出动作行为的终点，相当于"到"，用在"向＋NP（＋L）"格式中，可在句中作状语或补语。

（1）酒罢各散，东老自向公馆中歇宿去了。（二刻·卷七）

（2）慧空道："小僧何尝敢向宅上看一看？"（初刻·卷十五）

（3）看那小肚之下结起一个大疤，这一条行淫之具已丢向东洋大海里去了。（二刻·卷三十四）

（4）原来任君用但是进来了，便把索子取向墙内，恐防挂在外面有人瞧见，……（二刻·卷三十四）

比及

相当于"等到……时候"，后面一般接动词宾语或主谓结构，共同在句中作状语。

（1）比及刘同知同时，只是哭泣，并不晓得说一句说话。（初刻·卷十四）

（2）比及宅舍功完，得病不起。（初刻·卷三十五）

（3）比及陈祈去见时，丘大先自装腔了，问其告状本意，陈祈把实情告诉了一遍。（二刻·卷十六）

（4）比及天明客起，唤李旺来推车，早已不知所向，急简点行李物件，止不见了匣子一个。（二刻·卷二十一）

（5）比及大郎疑心了，便觉满生饮酒之间，没心没想，言语参差，好些破绽出来。（二刻·卷十一）

（6）比及众人散了，独自走到筑玉房中。（二刻·卷三十四）

至

引出时间终点，一般用于句首，后面可接表示时间的名词宾语或主谓结构，在句中共同作状语或补语。

（1）至十五晚上，赛儿就排筵宴来赏月。（初刻·卷三十一）

（2）老夫妇只生得此女，自从失去，几番哭绝，至今奄奄不欲生。（初刻·卷十二）

（3）真是事有不测。至正末年间，山东大乱，盗贼四起。（二刻·卷二十四）

（4）至晚妈妈竟不来家，两人索性放开肚肠，一床一卧，相偎相抱睡了。（二刻·卷三十五）

（5）是日卧师入定，过时不起，至黄昏始醒。（初刻·卷三十二）

（6）张氏送了馆约，约定明年正月元宵后到馆。至期，学中许多有名的少年朋友，一同送孟沂到张家来，连百禄也自送去。（二刻·卷十七）

（7）守至天大明了，才敢走至房前。（二刻·卷三十三）

比至

用法同"比及"，后面接主谓结构，相当于"等到……时候"。共 2 例。

（1）比至新人出轿，行起礼来，徐达没眼看得，一心只在新娘子身上。（二刻·卷二十五）

（2）比至酒散，谢翁见茶酒如此参前失后，心中不喜，要叫他来埋怨几句，早又不见。（二刻·卷二十五）

及至

后跟动词宾语或主谓结构，相当于"等到……时候"。

（1）及至走到窗前，只见满地多是尿屎，一路到门，是湿印的鞋迹。（初刻·卷十七）

（2）及至拆封看时，却是一张白纸。（初刻·卷二十）

（3）及至问起来，知是县间问过的，不肯改断，仍复照旧。（二刻·卷十六）

（4）及至到他家里坐着，只是泡些好清茶来，请他评品些茶味，说些空头话。（二刻·卷二十二）

（5）及至舞毕，问那些童子，毫厘不知。（二刻·卷三十三）

待

"待"后面接动词宾语或主谓结构，引出终到时间，表示某事件发生的时间背景。

（1）待取了青州，自当升赏重用。（初刻·卷三十一）

（2）待完成了事，我自当去，不来相扰。（初刻·卷十四）

（3）再等一会，待人静后没消息，老身去敲开门来问他就是。（二刻·卷二）

（4）不如不要提起，待我出些谢礼与你，求你把此尸载到别处抛弃了。（初刻·卷十一）

等

用法同"待"，表示时间背景。

（1）等他们送饭时，须好歹也有些及我。（初刻·卷十四）

（2）等他说得没理时，算计打他一顿。（初刻·卷三）

临

"临"后面一般接动词宾语，即"临＋VP"，表示某动作行为即将发生时，相当于不断靠近终点，一般作状语。

（1）诸人各各流涕，恋恋不舍。临行，又自再三下拜，感谢刘公夫妇盛德。（初刻·卷二十）

（2）临出门，叫应主人道："我们有急事回去了。"（初刻·卷十六）

（3）亡兄临终把此言对小可说了，又说娟娘许多好处，撺掇小可来会令姊与娟娘，就与娟娘料理其事，故此不远千里，到此寻问。（初刻·卷二十五）

（4）临别，惜惜执了幼谦的手，……（初刻·卷二十九）

"临＋VP"有时还可作定语。例如：

（5）程宰记得临别之言，慌忙向叔父告行。（二刻·卷三十七）

（6）思念父亲临死言词，不觉寸肠俱裂。（初刻·卷二十）

3.1.1.3 表示时间

在

表示事件发生的时间，后面一般接表示时间的名词宾语，共同在句中作状语。

（1）那解药合成，尚少一味，须在明日一同这些药料买去。（二刻·卷十八）

（2）此时你妻、舅还在家未动身哩！我在何时拐骗？如今四邻八舍都是证见，若是我十日内曾出门到那里，这便都算是我的缘故。（初刻·卷八）

也可用在动词后作补语。

（3）大胆的奸徒！你左道女巫，妖惑日久，撞在我手，当须死在今日。（初刻·卷三十九）

（4）今日小子说这有主意的人，便真是见识高强的。这件事也出在宋绍兴年间。（二刻·卷十）

（5）大姓深相敬服，是夜即兑银二千两，约在明日起火。（初刻·卷十八）

于

表示事件发生的某个时间点或时间段，后面接时间名词，共同在句中作状语。

（1）拆开看罢，方知是王氏于二十六日身故，灿若惊得呆了。（初刻·卷十六）

（2）今他于某月某日，替某人写了一纸休书，拆散了一家夫妇，上天鉴知，减其爵禄。（初刻·卷二十）

（3）吾父以子侄之礼待你，留置书房，你乃敢于深夜诱我至此！将欲何为？（初刻·卷二十三）

（4）小女兴娘薄命，为思念郎君成病，于两月前饮恨而终，已殡在郊外了。（二刻·卷二十三）

（5）妾于去年七月七日与君交接，腹已受妊，今当产了。（二刻·卷三十）

也可以作补语。

（6）此术非起于唐，亦不绝于宋。（初刻·卷四）

（7）养成于今日，后悔无及矣。（初刻·卷十三）

3.1.1.4　表示起点（包括时间、动作、范围）

自

（一）引出动作行为发生的起点，用在"自＋NP（＋L）＋VP"结构中。

（1）隔得十来月，有个内官叫做辅仙玉，奉差自蜀道回京。（初刻·卷七）

（2）法善道："这个不难。"将手指了一指，玉笛自云中坠下。（初刻·卷七）

（3）前日袁忠船自丹阳来到，盛统领即来相拜。（二刻·卷二十一）

（4）知县认得是邵文元，只道他来报仇，吃了一惊，问道："你自何来？"文元道："小人特来防卫相公入京，前途剧贼颇多，然闻了小人之名，无不退避的。"（二刻·卷二十七）

（二）引出事件发生时间起点，后面一般接表示时间的名词宾语、动词宾语或主谓结构。

（5）自此，那儿子当真守分孝敬二亲，后来却得善终。（初刻·卷十三）

（6）至今两川风俗，女人自小从师上学，与男人一般读书。（二刻·卷十七）

（7）小子自池上见了夫人，朝思暮想，看看等死，只要夫人救小子一命。（初刻·卷六）

（8）自与郎君相见，彼此倾心，欲以身从郎君，父母必然不肯。（二刻·卷二十九）

（9）幼谦自随父亲到湖北去，一路上触景伤心，自不必说。（初刻·卷二十九）

（10）自李御史这一来，闹动了太湖边上，把这事说了几日。（二刻·卷二十六）

有时也用在"自……起""自……后/之后""自……以来"等结构中。

（11）汪秀才听罢，越加高兴，接连百来巨觥，引满不辞，自日中起，直饮至半夜，方才告别下船。（二刻·卷二十七）

（12）灿若自王氏亡后，日间用度，箸长碗短，十分的不象意（初刻·卷十六）

（13）龙香姐，小生自那日惊散之后，有一刻不想你姐姐，也叫我天诛地灭！（二刻·卷九）

（14）自唐宋以来，俱重科名。（初刻·卷二十九）

（三）引出范围起点，多用在"自……至/到/直到……"结构中，表示空间或时间的范围区间。

（15）生是个聪明的人，在他门下，知高识低，温和待人，<u>自内至外</u>没一个不喜欢他的。（二刻·卷六）

（16）至正末年，张士诚气概弄得大了，<u>自江南江北、三吴两浙直拓至两广益州</u>，尽归掌握。（二刻·卷六）

（17）各家亦隔一日设宴还答，<u>自二月末至清明后</u>方罢，谓之"秋千会"。（初刻·卷九）

（18）故<u>自元朝到国朝</u>，竟不闻有此事。（初刻·卷四）

（19）<u>自青年铺直到灵口</u>，水泄不通。买卖船莫想得进。（初刻·卷八）

例（15）（16）（19）为引出空间范围的起点，例（17）（18）引出事件发生的时间范围起点。

向

"向"在现代汉语中表示动作行为的方向，与"从"的方向相反，不过在《二拍》中两者可以方向一致，均能表示动作行为的起点，可用在"向＋NP（＋L）"结构中，在句中可作状语和补语。

（1）言毕，即<u>向囊中</u>取出千金，放在案上。（初刻·卷三）

（2）只见那人接了酒盏放在桌上，<u>向衣袖</u>取出一对小小的银扎钩来，挂在两耳，将须毛分开扎起，拔刀切肉，恣其饮啖。（初刻·卷八）

（3）文若虚到了船上，先<u>向龟壳中</u>把自己包裹被囊取出了。（初刻·卷一）

（4）那二人听得，便怒从心上起，恶<u>向胆边</u>生。（初刻·卷十）

从

表示起点，这是介词"从"的主要用法，用法与"自"类似，用在"从＋NP（＋L）＋VP"结构中。

（一）引出动作行为发生的空间起点。

（1）偶<u>从东南</u>来此，暮夜无处投宿，因扣尊扃，多有惊动！（初刻·卷十六）

（2）小童<u>从里面</u>捧出攒盒酒菜来，摆设停当，摄张椅儿请宣教坐。（二刻·卷十四）

（3）就空中还到贺州，到了家里，原从屋上飞下，走入床中。（二刻·卷二十）

（4）吴氏见说罢，两点红直从耳根背后透到满脸，（初刻·卷十七）

（二）引出事件发生的时间起点。

（5）他从小颇看史鉴，晓得有此一种法木。（初刻·卷四）

（6）道元百拜乞命，愿从今改过自新。（初刻·卷十七）

（7）宋时，蔡州大吕村有个村童，姓周名国能，从幼便好下棋。（二刻·卷二）

（8）从日中哭起，直到日没，哭个不住。（初刻·卷十六）

有时"从"还用于"从……到/至……"固定结构中，表示空间或时间的范围区间。

（9）我家自从祖上到今，只是以渔钓为生计。（二刻·卷三十六）

（10）从前至后，已不知济过多少人了，四方无人不闻其名。（初刻·卷二十）

（11）自念冤债在身，从壮至老，心中长怀不安。（初刻·卷三十）

（12）金生拿到书房里去，从头至尾，逐封逐封备审来意，一一回答停当，将稿来与将军看。（二刻·卷六）

自从

（一）引出时间起点。

（1）自从十三日为始，十街九市，欢呼达旦。（二刻·卷五）

（2）妻自从十七岁上抛家相从，已得八载。（二刻·卷六）

（3）且说甄希贤自从把玄玄子送在监里了，归家来成了孝服。（二刻·卷十八）

有时用在"自从……后/之后/以后"等结构中。

（4）自从父亲亡后，即有吕使君来照管丧事，与同继母一路归川。（二刻·卷七）

（5）且说李春郎自从成婚葬父之后，一发潜心经史，希图上进，以报大恩。（初刻·卷二十）

（6）过了一年有余，张贡生两个秀才儿子在家，<u>自从父亲入京以后</u>，并不曾见一纸家书，一个便信回来。（二刻·卷四）

（二）引出范围，多用于"自从……到/至……"结构。

（7）吕大叫道："家长哥，<u>自从买我白绢、竹篮，一别直到今日</u>。这几时生意好么？"（初刻·卷十一）

（8）他<u>自离京中，到这个地位</u>，还不上三年。（初刻·卷二十一）

（9）我家<u>自从祖上到今</u>，只是以渔钓为生计。（二刻·卷三十六）

打从

引出动作行为的空间起点，用在"打从＋NP（＋L）＋VP"结构中。

（1）原来是徽州程朝奉，就是金朝奉的舅子，领着亲儿阿寿，<u>打从徽州来</u>，要与金朝奉合伙开当的。（初刻·卷十）

（2）小童进去禀知了，门响处，宣教望见县君<u>打从里面</u>从从容容走将出来。（二刻·卷十四）

（3）可进去通报一声，有个白大官<u>打从京中出来</u>的。（二刻·卷三）

3.1.1.5　表示方向

当介词表示方向时，意味着动作行为的主体朝着某个参照物方向，具体来说，两者之间又存在两种关系。第一种是，主体朝向参照物但基本保持原地不动，如"他向海边望着"；第二种是，主体朝向参照物并向参照物移动，如"他向海边行进"。《二拍》中表示方向的介词主要有"向""朝""照""往"等。

向

引出动作行为所对的方向，用在"向＋NP（＋L）＋VP"结构中作状语。

（1）家值走到船边，<u>向船内一望</u>，舱中悄然，不见一人。（二刻·卷二十三）

（2）那女子<u>向外边看了又看</u>，不敢一时就说。（二刻·卷七）

（3）今朝夫妇拜坟茔，他年谁<u>向坟茔拜</u>？（初刻·卷二十）

例（1）—（3）表示主体面向参照物，但其位置并未发生变动。

（4）蒋氏却在床下，看得亲切，战抖抖的走将出来，穿了衣服，<u>向丈夫尸首</u>嚎啕大哭。（初刻·卷十一）

（5）三人都不带得雨具，只得慌忙向前奔走，走得一个气喘。（初刻·卷十二）

（6）旁边又一鬼卒斟着一杯热酒，向真珠姬口边奉来。（二刻·卷五）

例（4）—（6）表示主体面向参照物并向其移动。

朝

表示动作行为所对的方向，多用于第一种情况，即主体朝向参照物但基本保持原地不动。例如：

（1）前日初聘的时节，金声朝天设誓，尤恐怕不足不信，复要金声写了亲笔婚约，张、李二生都是同议的。（初刻·卷十）

（2）轩辕翁起来开了门，将一张桌当门放了，点上两枝蜡烛，朝天拜了四拜。（二刻·卷二十四）

（3）赛儿就叫人拿着这角文书朝城上说："我们是莱阳县差捕衙里来下文书的。"（初刻·卷三十一）

有时也可与"着"组合表示方向，即"朝着"，共2例。

（4）走进书房中来，只见凤生朝着纸窗正在那里呆想。（二刻·卷九）

（5）起来慌忙再穿上衣服，床头拔出那口宝刀来，轻轻的掀开被来，尽力朝着赛儿项上剁下一刀来，连肩斫做两段。（初刻·卷三十一）

照

"照"表示方向时，通常引出动作行为所对的具体事物、部位或范围。

（1）孟德赶上，拔出刀来，照元椿喉咙，连搠上几刀，眼见得元椿不活了。（初刻·卷三十一）

（2）小牛掇得梯子来，步着阁儿口，走不到梯子两格上，正寅照小牛头上一棍打下来。（初刻·卷三十一）

（3）等钱氏走近来，伸出那一只长大的手来，撑起五指，照钱氏脸上一掌打将去。（初刻·卷三十一）

有时也可与"着"组合表示方向，即"照着"。

（4）忽然双手捧起来，照着三藏光头扑地合上去，三藏失声而走。（初刻·卷七）

（5）张贡生整肃衣冠，照着旧上司体统行个大礼，送了些土物为候敬。（二刻·卷四）

（6）在井旁掇起一块大石头来，照着井中叫声"下去！"（二刻·卷二十五）

往

表示动作行为发生的方向，主体向参照物移动。

（1）两个丫鬟领命，同老嬷三人共拿了礼物，径往对门来。（二刻·卷二）

（2）簇拥着这个老贡生竟往青楼市上去了。（二刻·卷四）

（3）这等，事不宜迟，星夜同兄弟往新都寻去。寻着了，再来相会。（二刻·卷四）

（4）今要往别处去走走，讨这些布施。（初刻·卷三十五）

（5）……乞爹爹把文书付我，须索带了骨殖，往东京走一遭去。（初刻·卷三十三）

3.1.1.6　表示经由

这类介词引出所经过的处所，该处所既非起点，也非终点，《二拍》中主要有"打、从、打从、沿"。

打

表示所经过的处所，"打＋NP"在句中作状语。

（1）定性想一想，只得打原来路上，一路寻到书房里去了。（二刻·卷三）

（2）明日，孟沂有意打那边经过，只见美人与丫鬟仍立在门首。（二刻·卷十七）

从

表示所经过的处所，"从＋NP"在句中作状语。

（1）此即汝母，汝从囟门入！（初刻·卷十四）

（2）城从水门而进，有那秦淮十里楼台之盛。（初刻·卷十五）

（3）不想知县已在外边，看见大门关上，两个承差是认得他家路径的，从侧边梯墙而入。（二刻·卷四）

（4）那官人慌了，脱得身子，顾不得甚么七长八短，急从后门逃了出去。（二刻·卷十四）

（5）一日，王生偶从那里经过，恰好妻子在那里搬运这些瓶罐，王生还有些旧情不忍（二刻·卷六）

打从

用法同"打"和"从"，表示所经过的处所，"打从＋NP"在句中作状语。

（1）……到夜来，我叫丫头打从树枝上登墙，将个竹梯挂在墙外来，张郎从梯上上墙，……（初刻·卷二十九）

（2）听得人说是蔡太师家的花园，士人伸了舌头出来，一时缩不进去，捏了一把汗，再不敢打从那里走过了。（二刻·卷三十四）

（3）打从一个小院门边经过，孺人用手指道："这里头就是你妹子的卧房。"（二刻·卷三）

沿

"沿"也可引出所经过的处所，不过更侧重于表示沿着，因此该处所通常为条带状，如街道、路途、河流等。

（1）一路无了盘缠，倚着头陀模样，沿途乞化回家。（初刻·卷十八）

（2）自此谢小娥沿街乞化，逢人便把这几句请问。（初刻·卷十九）

（3）拜罢起身，噙着一把眼泪，抱着一腔冤恨，忍着一身羞耻，沿街喊叫。（初刻·卷二十）

（4）不若你扮做道人，随我沿门化饭。访得的当，就便动手。（二刻·卷二十一）

（5）趁着月明，沿流放去，缓缓而行，要使舱中不觉。（二刻·卷二十七）

3.1.2 引出工具、方式、依据、条件

《二拍》中引出工具的介词主要是"用"，引出方式、依据、条件的介词主要有"按、照、依、据、凭、靠、趁、乘"等。

用

引出动作凭借的工具，用在"用＋NP＋VP"结构中作状语。

（1）我若用毒药之类暗算了他，外人必竟知道是我，……（二刻·卷四）

（2）……急将西珠十颗，用个沉香盒子盛了，取一幅花笺，写诗一首在上。（二刻·卷十四）

（3）须用白绢作一条桥在孝堂中，小道摄召亡魂渡桥来相会。（初刻·卷十七）

（4）小娥遂将剪子先将髻子剪下，然后用剃刀剃净了，穿了褐衣，……（初刻·卷十九）

按

引出某种标准、依据或法度等，"按+NP"在句中作状语。

（1）牛公取笔，请张生一一写出，按名捕捉，人赃俱获，没一个逃得脱的。（初刻·卷三十六）

（2）此壳有二十四肋，按天上二十四气，每肋中间节内有大珠一颗。（初刻·卷一）

（3）那百来个人多吃着公子，还要各人安家分倒，按月衣粮。（二刻·卷二十二）

（4）所有老爹爹在日给你的饭米衣服，我们照帐按月送过来与你，与在日一般。（二刻·卷十）

有时也作"按着"。

（5）甄监生就舞弄起来，按着方法，九浅一深，你呼我吸，弄勾多时。（二刻·卷十八）

（6）各家去派取，按着支系派去，也有几分的，也有上钱的，陆续零星讨将来。（初刻·卷十四）

照

表示"依据、依照"，"照+NP"在句中作状语。

（1）小娥又把李公佐所解之言，照前述了一遍。（初刻·卷十九）

（2）原赃照单给还失主。御史差人回复高公，就把赃物送到高公家来，交与崔县尉。（初刻·卷二十七）

（3）其时商妾长子幼年不育，第三个儿子唤名商懋，表字功父，照通族排来，行在第六十五。（二刻·卷二十）

（4）明日院中不见了人，照雪地行迹，寻将出来，见了个和尚，岂不把奸情事缠在身上来？（初刻·卷三十六）

（5）世名虽不受他礼物，却也像毫无嫌隙的，照常往来。（二刻·卷三十一）

有时也用作"照着"。例如：

（6）王甲去后，就取将下来，密唤一个绝巧的铸镜匠人，照着形模，另铸起一面来。（二刻·卷三十六）

（7）张贡生整肃衣冠，照着旧上司休统行十大礼，送了些土物为侯敬。（二刻·卷四）

《二拍》中还有"照依"用法。

（8）兄长一面将文卷简出来，小弟好照依数目打点，陆续奉还。（二刻·卷四十）

（9）过了几月，生了一子，遂到库中借此银盒，照依妇人所言，用魏十二家旧衣衬在底下，把所生儿子眠在盒子中间。（二刻·卷三十二）

（10）史生到得家里，照依太守说的话回复了父母。（二刻·卷七）

依

表示依据、根据某种标准、习俗或命令等，"依＋NP"在句中作状语。

（1）蒙寄新词，我当依韵和一首，以见我的心事。（初刻·卷二十九）

（2）依俗礼各割衫襟，彼此互藏，写下合同文字为定。（二刻·卷三十）

（3）吾们只是依法行事罢了。（二刻·卷三十一）

（4）兵马备知杨二郎顶缸坐监，有些屈衣里头，依地方处分，准徐德立了婚书，让与杨二郎为妻。（二刻·卷三十八）

（5）讨坐来与他坐了。兴儿那里肯坐？推逊了一回，只得依命坐了。（初刻·卷二十一）

后面还常接人的某种看法或说法。

（6）依你所言，下官俱已审详在此了。（初刻·卷二十九）

（7）依妾愚见，莫若趁着人未及知觉，先自双双逃去，在他乡外县居住了，深自敛藏，方可优游偕老，不致分离。（初刻·卷二十三）

（8）就依船家之言，凭他移船。（初刻·卷二十七）

有时也作"依着"。

（9）所以，今日依着本传，把此话文重新流传于世，使人简便好看。（初刻·卷十二）

（10）母子二人朝夕哭奠，过了七七之期，依着遗言，寄枢浮丘寺内。（初刻·卷二十）

（11）把好言语如风过耳，一毫不理，只依着自己性子行去不改。（二刻·卷二十二）

（12）依着愚见，文客官目下回去未得。（初刻·卷一）

（13）岂知丁生原为着自己功名要紧，故依着相士之言，改了前非。（二刻·卷八）

据

表示依据、根据。用法与"依"类似，"据＋NP"在句中作状语。

（1）所以小子要说冯当世的故事，先据正史，把父亲名字说明白了，免得看官每信着戏文上说话，千古不决。（初刻·卷二十八）

（2）据我胸中的学问，就是富贵人家把女儿匹配，也不免屈了他。（初刻·卷十）

（3）以致山中虎狼食人，川中波涛溺人，有冥数不该，不行分别误伤性命的，多一一诘责，据案部判。（二刻·卷二十）

后面常接人的某种看法或说法。

（4）此乐虽微，据我所见，虽玉印如霜，金印如斗，不足比之！（初刻·卷二十八）

（5）况且此恨难消，据轩辕翁所言神鬼如此之近，我阳世不忍杀他，何不寻个自尽到阴间告理他去？（二刻·卷二十四）

（6）众兄弟，据灯匠所言，京师十分好灯，我欲往看一遭。（二刻·卷四十）

有时也作"据着"。

（7）据着《三元记》戏本上，他父亲叫做冯商，是个做客的人，如何而今说是做官的？（初刻·卷二十八）

（8）若是据着公道评论，其实他分散了好些本钱，把这三家做了靠傍……（二刻·卷二十六）

凭

引进凭借对象，表示凭借、依靠。

（1）只凭我一个贫姑，秤起来，肉也不多几斤的。（初刻·卷六）

（2）这个事须凭爹妈做主，我女儿家怎开得口！（初刻·卷二十九）

（3）故连作怪之尸，并一干人等，多送到相公台前，凭相公发落。（二刻·卷十三）

（4）我阴间只凭这个，要甚么执照不执照！（二刻·卷十六）

（5）刘家并无翁姑伯叔之亲，只凭房氏作主。（二刻·卷十三）

有时也用作"凭着"。例如：

（6）凭着一味甜言媚语哄他，从此做了长相交也不见得。（初刻·卷六）

（7）爷爷，小人自来不曾认得侄儿，全凭着合同为证。（初刻·卷三十三）

（8）只凭着兄弟主张，就在临贺同住了。（二刻·卷二十）

（9）问刑官凭着自己的意思，认是这等了，坐在上面，只是敲打。（二刻·卷二十一）

靠

表示凭借。

（1）那屯溪潘氏虽是个旧姓人家，却是个破落户，家道艰难，外靠男子出外营生，内要女人亲操井臼，吃不得闲饭过日的了。（初刻·卷二）

（2）要把女儿嫁个人家，思量靠他过下半世，又高不凑，低不就。（二刻·卷十五）

（3）小妇人是个乐户，靠那取讨娼妓为生。（二刻·卷三十八）

（4）引孙是个读书之人，虽是寻得间破房子住下，不晓得别做生理，只靠伯父把得这些东西，且逐渐用去度日。（初刻·卷三十八）

也常作"靠着"。

（5）他的妻父是个钟陵大将，赵琮贫穷，只得靠着妻父度日。（初刻·卷二十九）

（6）话说唐乾符年间，上党铜鞮县山村有个樵夫，姓侯名元，家道贫穷，靠着卖柴为业。（初刻·卷三十一）

（7）所以说，钱财有分限，靠着赌博得来，便赢了也不是好事。（二刻·卷八）

趁

表示凭借、因乘，后面可接名词性宾语。

（1）我也为自身要脱离此处，趁此机会，如何好改得口？（初刻·卷二）

（2）今日说起来，也是春花缘法将尽，不该趁酒兴把这些话柄一盘托了出来。（二刻·卷十八）

也常接主谓词组。

（3）你快改了妆，趁他今日荣归吉日，我送你过门去罢！（二刻·卷十七）

（4）如今一身无靠，汴京到浙西也不多路，趁身边还有些东西，做了盘缠，到他家里去寻他。（初刻·卷十二）

（5）长安虽好，不是久恋之家。趁肚里不饿了，走回去罢。（二刻·卷十七）

（6）趁他行礼已完，外边只要上席，小人在里面一看，只见新人独坐在房中，小人哄他还要行礼。（二刻·卷二十五）

有时后面也接"着"，即"趁着"。如：

（7）赵尼姑趁着机会，扯着些闲言语，……（初刻·卷六）

（8）我每不要点灯，开了角门，趁着明月悄悄去罢。（二刻·卷九）

（9）我每趁着酒兴，斟杯热酒儿，到他那堆里浇他一浇，叫他晚间不要这等怪叫。（二刻·卷四）

（10）不则一日，早到京口，趁着东风过江。（初刻·卷八）

例（7）—（10）为"趁着"后面接名词宾语。

（11）带了剑，趁着星月微明，竟到观音庵来。（初刻·卷六）

（12）趁着张家女子尚未分娩，黑白未分，还好辞得他。（二刻·卷三十二）

（13）只见船家父子两人，趁着舱里无人，身子闲着，叫女儿看好了船，进城买货物去了。（初刻·卷三十二）

例（11）—（13）为"趁着"后面接主谓结构。

乘

表示利用某种有利条件或时机，用法与"趁"类似。

（1）这奶子是个不良的婆娘，专一哄诱他小娘子动了春心，做些不恰当的手脚，便好乘机拐骗他的东西。（初刻·卷三十六）

（2）今乘间脱逃，赤脚奔走，到此将有万里。（初刻·卷二）

（3）是这程某看上了小人妻子，乘小人不在，以买酒为由来强奸他。（二刻·卷二十八）

（4）众贼汉乘他昏迷，次第奸淫。可怜金枝玉叶之人，零落在狗党狐群之手。（二刻·卷五）

前两例"乘"后面接名词宾语，后两例接主谓结构。

有时用作"乘着"。

（5）我们乘着酒兴，三人共赌一回取乐何如？（二刻·卷八）

（6）因日常里走过，看见赛儿生得好，就要乘着这机会来骗他。（初刻·卷三十一）

3.1.3 引出比较对象

比

引进比较对象。

（一）表示差比。这时又分两种情况。

其一，形容词谓语差比句

一般情况下，"比"后面接名词性宾语，共同作状语修饰后面的形容词性谓语，即用在"比＋NP＋AP"结构中，表示比较主体在某一方面强于比较客体。

（1）如此甚好。但愿得就是他，这场喜比天还大。（二刻·卷九）

（2）好教官人得知，我每撞着的事，比你的还希奇哩。（二刻·卷十三）

（3）阴司比阳世间公道，使不得奸诈，分毫不差池。（二刻·卷十六）

（4）士真大喜，比昨日之情，更加款洽。（初刻·卷三十）

（5）这个后生，比这两个女子更又标致，献与赛儿。（初刻·卷三十一）

以上各例中，有的AP前面还加了"还、更、更加、又"等副词，表示程度的增加。

有的"比＋NP"除修饰形容词性谓语外，还能进一步添加差额成分，即用在"比＋NP＋Adj＋差额（数量成分）"结构中。

（6）进圃选择，果有一瓜，比常瓜大数倍。（二刻·卷二十八）

（7）一生被害，一生讨债，却就做了鬼来讨命，比前少了一番，又直捷些。（初刻·卷三十）

（8）连相待之意，比平日也冷淡了许多。（二刻·卷十二）

（9）……就嫁了本处一个姓幸的，叫做幸德，到比房氏小三五岁，少年美貌，……（二刻·卷十三）

（10）公子自思宾客既少，要这许多马也没干，托着二人把来出卖，比原价只好十分之一二。（二刻·卷二十二）

其二，动词谓语差比句。

有时"比＋NP"还可修饰动词性谓语，即"比＋NP＋VP"结构。

（11）而今说一件阳间赖了，阴间断了，仍旧阳间还了，比这事说来好听。（二刻·卷十六）

（12）那平章家择日下聘，比前番同金之礼更觉隆盛。（初刻·卷九）

（13）看他年貌比昔年已长大，更加标致了好些。（二刻·卷二十九）

（14）两个人比起来，又觉得杜子中同年所生，凡事仿佛些，模样也是他标致些，更为中意，比魏撰之分外说的投机。（二刻·卷十七）

以上两种差比句中"比"前面都可以由"更、略、已、多少"等副词修饰。

（15）即命侍女设馔进酒，欢谑笑谈，更比昨日熟分亲热了许多。（二刻·卷三十七）

（16）去年也结一颗，没有这样大，略比常瓜大些。（二刻·卷二十八）

（17）他家里前后用过医药之费，已比劫得的多过数倍了。（初刻·卷三十）

（18）轩辕翁着眼细看，此番的人多少比前差不远，却是打扮大不相同，尽是金冠玉佩之士。（二刻·卷二十四）

（二）表示异同。

"比"还可用在"X 比 Y 不同"结构中，表示所比较的两种事物不相同，相当于"X 和 Y 不相同"。这类句式中的"比"都可换用为引进比较对象的介词"与、和、跟"等。

（19）此番老身去，他说的话比前番不同，也是软软的了。（二刻·卷二）

（20）况且同是四川人，乡音惯熟，到比丈夫不同。（二刻·卷七）

（21）走到一个去处，比旧路绝然不同。（初刻·卷二十七）

（22）我也觉得有些异样，决比前几次不同。（二刻·卷十四）

例（20）—（22）中，"比"所在的结构还添加了"到""绝然""决"等副词。

比似

用法与"比"类似，仅 2 例。

（1）此是夫妇不愿成双的榜样，比似那生生世世愿为夫妇的差了多少！（二刻·卷六）

（2）其余土产货物、尺头礼仪之类甚多，真叫做满载而归。只这一番，比似先前自家做官时，倒有三四倍之得了。（二刻·卷二十六）

似

引进比较对象，多用于单音节形容词"强、胜"之后，构成"强似/胜似＋X"结构，表示差比。这类差比句中，比较对象有名词性成分，也有动词性成分。例如：

（1）浑家道："若与了人家，倒也强似冻饿死了，只要那人养的活，便与他去罢。"（初刻·卷三十五）

（2）……好歹也有几年缠帐了，也强似在家里嚼本。（二刻·卷十）

（3）痴心偏好，反言胜似妖饶；拗性酷贪，还是图他撒脱。（二刻·卷十四）

（4）相与日久，胜似夫妻。（二刻·卷六）

偶有其他单音节形容词用在该结构中，且后面还添加了差额成分。例如：

（5）世文年纪更小似陈氏两岁，未知房室之事。（二刻·卷三十五）

该例相当于"比陈氏更小两岁"，也表示差比。

需注意的是，当"强似/胜似＋X"后面出现"一般"等助词时，不再具有差比义，而表示平比，其中的"似"也不再为介词，而是比拟动词。例如：

（6）所以两下亲密，语话投机，胜似同胞一般。（二刻·卷十六）

还有一些单音节形容词也可构成"Adj＋似"结构，此时结构整体是否表示差比之义，需根据具体语义和前后文语境来判断。若表示差比，则"似"为差比介词；若表示平比，则"似"为比拟动词。例如：

（7）众人看见兄弟二人，相貌魁梧，又酷似刘元普模样，无不欢喜。（初刻·卷二十）

（8）适见郎君丰仪酷似长官，所以惊疑。（初刻·卷四十）

（9）竹林道："好教官人得知，我每撞着的事，比你的还希奇哩。"

直生道："难道还有<u>奇似我的</u>？"（二刻·卷十三）

以上三例中，例（7）（8）"酷似"均表示"和刘元普模样非常像""非常像长官"，所以表示平比，"似"为比拟动词；例（9）根据前文语境竹林所说"比你的还希奇"，可以判断直生话语中"奇似我的"应当指"比我的还奇"，因此表示差比，"似"为差比介词。

此外，"比"还可用在表递进的"一＋量＋Adj＋似＋一＋量"格式中，相当于"一＋量＋比＋一＋量＋Adj"。其中量词多为表示时间的时量词，如"年""月""日"等，形容词以单音节为主，偶尔使用双音节。该格式表示随着时间或条件的推移和变化，某种状态或情况的程度也随之不断累加。

（10）若是天性相近，一下手晓得走道儿便有非常仙着，着出来<u>一日高似一日</u>，直到绝顶方休。（二刻·卷二）

（11）女儿年纪<u>一年大似一年</u>，万一如姜太公八十岁才遇文王，那女儿不等做老婆婆了？（初刻·卷二十九）

（12）只见蒋生渐渐支持不过，<u>一日疲倦似一日</u>，自家也有些觉得了。（二刻·卷二十九）

（13）王甲虽然宝藏镜子，仍旧贫穷。那白水禅院只管<u>一日兴似一日</u>。（二刻·卷三十六）

（14）两人不伏输，狠将注头乱推，要博转来，<u>一注大似一注</u>。（二刻·卷八）

如例（11）表示"女儿年纪一年比一年大"，例（13）表示"白水禅院一日比一日更兴盛"。

如

多用于形容词"强""胜"之后，构成"强如/胜如＋X"格式，引出差比对象，意思是"比 X 强/胜"，后面的 X 可以是名词性成分，也可以是动词性成分。

（1）犬子虽则不才，也<u>强如那穷酸饿鬼</u>。（初刻·卷十）

（2）吴宣教急拣时样济楚衣服，打扮得齐整。真个赛过潘安，<u>强如宋玉</u>，眼巴巴只等小童到来，即去行事。（二刻·卷十四）

（3）萧萧一室，<u>强如庵寺坟堂</u>；寂寂数椽，不见露霜风雨。（二刻·卷二十二）

（4）除是转发在伙伴中，回他几百两中国货物，上去打换些土产珍奇，带转去，有大利钱，也<u>强如虚藏此银钱在身边</u>，无个用处。（初刻·卷一）

（5）及至女儿嫁得个女婿，分明是个异姓，无关宗支的，他偏要认做的亲，是件偏心为他，倒胜如丈夫亲子侄。（初刻·卷三十八）

（6）前蒙青丝之惠，小子紧系怀袖，胜如贴肉。（二刻·卷十四）

例（1）（4）（5）中，"强如""胜如"前面还受副词"也""倒"的修饰。该格式也可用在反问句中。例如：

（7）……且随缘度其日月，岂不强如做人婢妾，受今世的苦恼，结来世的冤家么？（初刻·卷二十七）

有时"强如＋X"后面还接表示差额的具体数量成分。如：

（8）强如守空房、做粗作、淘闲气万万倍了。（初刻·卷二）

需要注意的是，"如"还可以用在其他一些形容词之后，构成"Adj＋如＋NP"结构，其中"如"不再为介词，而是比拟动词，整个结构表示平比，相当于"和/像 NP 一样＋Adj"。例如：

（9）……待等县令站得脚定了，忽然一片黑云推将起来，大如车盖，恰恰把县令所立之处遮得无一点日光，四周日色尽晒他不着。（初刻·卷三十九）

（10）法善驾起两片彩云，稳如平地，不劳举步，已到人间。（初刻·卷七）

（11）夜珠慌忙之中，偷眼看那洞中，宽敞如堂。（初刻·卷二十四）

3.1.4 引出原因、目的

因

"因"表示原因时，后面可接名词性成分，这时"因"是介词；其后接谓词性成分时，"因"是连词（参看 4.1.5）。介词"因"的用例：

（1）他把投靠王家，因相被逐，一身无归，上项苦情，各细述了一遍。（初刻·卷二十一）

（2）我们三人同心之友，我两人喜得侥幸，方恨俊卿因病蹉跎，不得同登，不想又遭此家难。（二刻·卷十七）

（3）父亲闻参将已因兵道升去，保候在外了。（二刻·卷十七）

（4）那王杰虽不是小人陷他，其祸都因小人而起，实是不忍他含冤负屈，故此来到台前控诉，乞老爷笔下超生！（初刻·卷十一）

（5）而今更有一段话文，只因一句戏言，致得两边错认，得了一个老婆，全始全终，比前话更为完美。（初刻·卷十二）

（6）妾处深闺，常因太尉晏会，窥见先生丰采，渴慕已久。（二刻·卷三十四）

以上各例中，"因"均为介词，后面接名词性成分，表示原因。

有时"因"后面还接疑问代词"何""甚"等，对原因进行提问。如：

（7）先生，那里人氏？姓甚名谁？<u>因何</u>就肯卖了这孩儿？（初刻·卷三十五）

（8）我道象你，元来果然是你。却是<u>因何</u>在此？（初刻·卷十二）

（9）内中有老成人，摇手叫四旁人莫嚷，朗声问道："娘子是何家宅眷？<u>因甚</u>独自歇轿在此？"（二刻·卷五）

为

介词"为"既可引出原因，也可引出目的。

（一）引出原因。

表示原因的用法与"因"类似，既可作介词也可作连词（参看 4.1.5）。介词"为"的用例：

（1）赴宴归寓，见一鬼披发在马前哭道："我为你受祸了。"（初刻·卷四十）

（2）只为些些小事，被好人暗算，弄出天大一场祸来。（初刻·卷十一）

（3）他却不知我为他如此立志，只说我轻易许了人家，道我没信行的了，怎么好？（二刻·卷九）

（4）今为儿女之情，一时不能自禁，猖狂至此。（二刻·卷十一）

有时后面还常搭配"着"，组成"为着"一起使用。如：

（5）若果然其术有灵，我岂不能为着百姓屈己求他？（初刻·卷三十九）

（6）那尸却好流近湖房边来，陈秀才正为着卫朝奉一事踌躇，……（初刻·卷十五）

有时"为"后面还接疑问代词"何""甚""甚么""什么"等，对原因进行提问。如：

（7）你这那里来的秃驴？为何拐我女儿出来，杀死在此井中？（初刻·卷三十六）

（8）早知你有这一日，为甚把你送在庵里去？（初刻·卷三十四）

（9）他已自许允请小人吃酒了，小人为甚么反要杀他？（二刻·卷二十八）

（10）不瞒姐姐说，连日惯了的，为什么不来？（二刻·卷三十四）

（二）引出目的。

引出目的时，"为"也既可作介词，又可作连词（参看4.1.5）。介词"为"的用例：

（11）为此建斋筵，追荐心虔，亡魂超度意无牵。（初刻·卷十七）

（12）望乞爷台为顾某薄面周全则个。（二刻·卷十五）

（13）且说拜住在家，闻得此变，情知小姐为彼而死。（初刻·卷九）

（14）也有为义气上杀了人，借此躲难的。（初刻·卷八）

（15）天师既然肯为万姓，特地来此，还求至心祈祷，必求个应验，救此一方，如何做个劳而无功去了？（初刻·卷三十九）

有时，"为"后面常接人物名词或人称代词，这些人物往往是某事件的受益者，这时"为"的作用相当于"给"。

（16）小圣查得有曹州曹南周家庄上，他家福力所积，阴功三辈，为他拆毁佛地，一念差池，合受一时折罚。（初刻·卷三十五）

（17）亢旱必有旱魃，我今为你一面祈求雨泽，一面搜寻旱魃，保你七日之期，自然有雨。（初刻·卷三十九）

（18）天下有如此不平之事！恶妇何在？我为尔除之。（初刻·卷三）

（19）龌龊妖徒，哄骗愚民，诬妄神道，今日请为神明除之。（初刻·卷三十九）

有时后面常添加"着"，组成"为着"。

（20）所以宣这个话本，奉戒世人，切不可为着区区财产，伤了天性之恩。（初刻·卷三十三）

（21）只是人比他灵慧机巧些，便能以术相制，弄得驾牛络马，牵苍走黄，还道不足，为着一副口舌，不知伤残多少性命。（初刻·卷三十七）

（22）若果然其术有灵，我岂不能为着百姓屈己求他？（初刻·卷三十九）

或添加"了"，组成"为了"。

（23）今娘子主见如此，小生拼得受岳丈些罪责，为了娘子，也是甘心的。（二刻·卷二十三）

（24）今日为了父亲，就是杀身，也说不得，何惜其他？（初刻·卷二十）

（25）我原是衙中门官，为了些事逐了出来。今无处栖身，故此游来游去。（初刻·卷二十六）

缘

"缘"后常接疑问代词"何"，表示对原因进行提问。

（1）这人缘何在这船上？（初刻·卷十八）

（2）当初如此卖，今只如此赎，缘何平白地要增价银？（初刻·卷十五）

（3）娘子病重，缘何不早来对我说？（初刻·卷十六）

（4）你缘何得到此处？（二刻·卷五）

于

引出事件发生的原因，用于动词之后，即"V 于……"，后面可以接谓词性成分，也可以接名词性成分，表示某事件发生的原因、缘起。

（1）若非天道昭昭，险些儿死于非命。（初刻·卷十一）

（2）审得甄廷诏误用药而死于淫，春花婢醉泄事而死于悔。（二刻·卷十八）

（3）闻得令姐之死，起于妻妾相争。（二刻·卷二十）

（4）只是这样看起来，那妇人必死于恶僧之手了。（初刻·卷二十六）

（5）小娘子之事，失于不知，有愧！有愧！（二刻·卷二十七）

3.1.5　引出与事、对象

与

介词"与"在《二拍》中的使用非常广泛，主要有以下几种。

（一）引出协同对象，相当于"跟"，在"与＋NP"作状语修饰动作行为，后面修饰的 VP 通常涉及双方或多方。

（1）老汉无儿女，止有个老嬷缝纫度日，也与女棋师往来得好。（二刻·卷二）

（2）他与你丈夫有仇，我们都是晓得的。况且地方盗发，我们该报官。（初刻·卷十一）

（3）县官此时又惊又悔道："今日看起来，果然与你无干。"（二刻·卷三十八）

（4）五钱银子干什么事？况又去与媳妇商量，多分是水中捞月了。（初刻·卷十三）

（5）又且路见不平，专要与那瞒心昧已的人作对。（初刻·卷十五）

（6）新妆方罢，等龙香采花不来，开窗叫他，恰好与凤生打个照面。（二刻·卷九）

（二）引出比较对象，"与＋NP"作状语修饰动作行为，后面的 VP 多与比较义相关。

（7）同船之人，见他声口与先前不同，又说出这话来，晓得丁戍有负心之事，冤魂来索命了，各各心惊，共相跪拜，……（初刻·卷十四）

（8）挽到床上，弄将起来。这却与先前的情趣大不相同。（初刻·卷二十六）

（9）玄宗闪开龙目，只见灯影连亘数十里，车马骈阗，士女纷杂，果然与京师无异。（初刻·卷七）

（10）而今说着国朝一个人也为妻子随人走了，冤屈一个邻舍往来的，几乎累死，后来却得明白，与大庾这件事有些仿佛。（二刻·卷三十八）

（11）到得辽人，一般称帝称宗，以至官员职名大半与中国相参，衣冠文物，百工技艺，竟与中华无二。（二刻·卷二）

（三）引出服务对象，相当于"为""给""替"，表示为对方提供帮助或服务，"与＋NP"作状语修饰动作行为。

（12）乞妈妈与我访个相应的人家。（初刻·卷十）

（13）快与我等拆了面前短壁，拦着十分郁闷。（初刻·卷二十）

（14）官人曾于某月某日与别人代写休书么？（初刻·卷二十）

（15）富家子道："有不是处且慢讲，快与我开开门着。"（二刻·卷三十三）

（16）每年与家主挣下千来金利息，全亏他一个，若论家主这样贪暴，鬼也不敢来上门了。（二刻·卷四）

（四）引出关涉对象，相当于"对""跟""向"，表示动作行为作用的对象，"与＋NP"作状语修饰动作行为。

（17）宣徽忙走进去与三夫人说了，大家不信。（初刻·卷九）

（18）王生是虚心病的，慌了手脚，跑进房中与刘氏说知。（初刻·卷十一）

（19）此时天色将明，士人恐怕有人看见，惹出是非来，没奈何强打精神，一步一步挨了回来，不敢与人说知。（二刻·卷三十四）

（20）程宰夜间与美人说起，口中啧啧，称为罕见。（二刻·卷三十七）

（五）引出动作行为的接受者，"与＋NP"多用在动词短语 VP 之后作补语，其中"与"仍有较明显的给予义。

（21）郭庆春想要奉承他，故此出价钱买了这幅纸屏去献与他。（初刻·卷二十七）

（22）他不习女工针指，每日午饭已毕，便空身走去山里，寻几个獐鹿兽兔还家，腌腊起来，卖与客人，得几贯钱。（初刻·卷三）

（23）后来到宫中，传与杨太真，就名《霓裳羽衣曲》，流于乐府，为唐家希有之音，这是后话。（初刻·卷七）

（24）金氏夫妻见安平无事，不舍得把女儿嫁与穷儒，渐渐的懊悔起来。（初刻·卷十）

（25）如今说一个棋家在棋盘上赢了一个妻子，千里姻缘，天生一对，也是一段希奇的故事，说与看官每听一听。（二刻·卷二）

（26）莫大姐听见，私下教人递信与杨二郎，目下切不要到门前来露影。（二刻·卷三十八）

同

引出协同对象，"同＋NP"作状语修饰动作行为。

（1）妇人不好拗得，只得点着灯，同其夫走到徽商下处门首。（二刻·卷十五）

（2）江老道："老汉承提控活命之恩，今日同妻女三口登门拜谢。"（二刻·卷十五）

（3）张氏也怕起来，移了火，同儿子走出来。（二刻·卷十六）

（4）老者欣然治装，就同阮太始一路到余杭来。（初刻·卷十二）

（5）明早你写纸状词，同我们到官首告便是，今日且散。（初刻·卷十一）

（6）达生回家已此晚了，同娘吃了夜饭。（初刻·卷十七）

与同

引出协同对象，用法与"同"类似，"与同＋NP"作状语修饰动作行为。

（1）知观与同两个道童、火工道人，张挂三清众灵，铺设齐备，动起法器。（初刻·卷十七）

（2）但是出外去，只留小娥与妻蔺氏，与同一两个丫鬟看守，小娥自在外厢歇宿照管。（初刻·卷十九）

（3）是夜宾主两个，与同王赛儿行令作乐饮酒，愈加熟分有趣，吃得酩酊而散。（初刻·卷二十二）

（4）每日与同妻子棹着小舟，往来江上，撒网施罛。（二刻·卷三十六）

（5）知县写了口词，就差一个公人押了徐达，与同谢、郑两家人，快到井边来勘实回话。（二刻·卷二十五）

（6）自从父亲亡后，即有吕使君来照管丧事，与同继母一路归川。（二刻·卷七）

问

引出获取对象，相当于"向"，"向＋NP"作状语修饰动作行为，后面所接的 VP 一般都具有获得义，其中 NP 通常为人物名词或人称代词。

（1）……又嫌杯小，问酒保讨个大碗，连吃了几壶，然后讨饭。（初刻·卷八）

（2）当下差了一个心腹吏典，叫得宋喜，特来白水禅院问住持要借宝镜一看。（二刻·卷三十六）

（3）四个公差见不是头，晓得没甚大生意，且把遗下的破衣旧服乱卷掳在身边了，问众僧要了本房僧人在逃的结状，一同宋喜来回复提点。（二刻·卷三十六）

以上各例的动词"讨""要"均表示向对方求取之义。

有时，句中谓语动词虽无明显获得义，整个句子仍表现向对方索要或求取之义。例如：

（4）阮太史问蒋生出来接了老者。（初刻·卷十二）

（5）陈大郎便问酒保打了几角酒，回了一腿羊肉，又摆上些鸡鱼肉菜之类。（初刻·卷八）

（6）推官大喜，道是拿得倒一个富人，不肯假借，我声名就重了，立要问他抵命。（二刻·卷三十一）

替

引出服务对象（动作行为的受益者），"替＋NP"作状语修饰动作行为，其中 NP 一般为人物名词或人称代词。

（1）他就把白绢、竹篮支付与我做个证据，要我替他告官。（初刻·卷十一）

（2）我们看不过，常想与他性命相搏，替官人泄恨。（初刻·卷十五）

（3）只等你来，说个明白，替奴做主，死也瞑目。（初刻·卷六）

（4）却在知县面前只替毛烈说了一边的话，又替毛家送了些孝顺意思与知县了。（二刻·卷十六）

（5）到我国朝，初时三途并用，多有名公大臣不由科甲出身，一般也替朝廷干功立业，青史标名不朽。（初刻·卷二十九）

（6）今查仲任未合即死，须令略还，叫他替汝辈追造福因，使汝辈各舍畜生业，尽得人身，再不为人杀害，岂不至妙？（初刻·卷三十七）

有时，"替"后面的服务对象 NP 可以省略。例如：

（7）见官人经过，想必是个有才学的，因此相烦官人替写一写。（初刻·卷二十）

（8）七郎赏赐无算，那鸨儿又有做生日、打差买物事、替还债许多科分出来。（初刻·卷二十二）

前一例省略了"我"，后一例省略了"七郎"，均为接受服务的对象。

对

引出动作对象。

（一）表示言说行为时，引出言者交际的对象，"对"后面一般接名词宾语，多为人物名词或人称代词，"对＋NP"作状语修饰动作行为，后面的核心谓语动词通常是言说类动词，如"说、道、讲、说明"等。

（1）你可随船回去，对安人说声，不消记念！（初刻·卷三十四）

（2）朦胧之间，见个鬼使来对他道："阎君有勾。"（初刻·卷三十五）

（3）然后对员外一一说明，取你归来。（初刻·卷三十八）

（4）正在议论间，只见首先买十个的那一个人，骑了一匹青骢马，飞也似奔到船边，下了马，分开人丛，对船上大喝道："不要零卖！不要零卖！"（初刻·卷一）

（5）王对左右叹道："世上却有如此好人！须商议报答他。可检他来算。"（二刻·卷十六）

（6）王生对客人谢了个不是，讨些酒饭与他吃了，又拿出白绢一匹与他，权为调理之资。（初刻·卷十一）

（7）且说萧韶姐妹二人，来对王娇莲、陈鹦儿通知外边消息。（初刻·卷三十一）

（8）又对近侍夸称道："如此奇异儿子，不可令宫闱中人不见一见。"（二刻·卷五）

以上各例中，"说""道""说明""喝""叹""谢""通知""夸称"等动词均带有言说义。

（二）表示其他动作行为时，后面的宾语 NP 可以是普通名词性成分。如：

（9）又将一箭引满，正对东山之面，大笑道："东山晓事人，腰间骤马钱快送我罢，休得动手。"（初刻·卷三）

（10）那管门的老园公听见墙外有马铃响，走出来看，只见有一个骑马郎君呆呆地对墙里觑着。（初刻·卷九）

（11）那朝奉是情急的，就对天设起誓来，道："若有翻悔，就在台州府堂上受刑。"（初刻·卷十）

（12）襄敏又叩首对阙谢恩。（二刻·卷五）

（13）平日最信的是关圣灵签，梳洗毕，开个随身小匣，取出十个钱来，对空虔诚祷告，看与此女缘分如何。（二刻·卷十五）

有时也用作"对着"，用法不变。例如：

（14）只去对着自绣的菩萨哭告道："弟子有恨在心，望菩萨灵感报应则个。"（初刻·卷六）

（15）泼皮起来，从容穿了衣服，对着妇人叫声"聒噪"，摇摇摆摆竟自去了。（二刻·卷十四）

（16）妻子惊惶无计，对着神像只是叩头，又苦苦哀求庙巫，庙巫越把话来说得狠了。（初刻·卷三十九）

（17）小道人口里与老嬷说话，一心想着佳音，一眼对着对门盼望动静。（二刻·卷二）

向

引出动作对象，"向＋NP"在句中作状语修饰动作行为。可分为两种情况。

（一）引出言说对象，"向"后面的宾语多为交际对象，句中的动词也多为言说类动词。

（1）忙向兰孙小姐连称："得罪!"（初刻·卷二十）

（2）向冯相耳畔叫一声："咄!"（初刻·卷二十八）

（3）自己着人悄悄向东庄姑娘处说了，接了小梅家来。（初刻·卷三十八）

（4）丫鬟向嬷嬷道了万福，说道……（二刻·卷二）

（5）向东山拱手道："造次行途，愿问高姓大名。"（初刻·卷三）

（6）即向院主问施人的姓名，道是同县顾阿秀兄弟。（初刻·卷二十七）

（二）引出获取对象，即向对方获取某物，句中的动词多为求取类动词。

（7）已后父亲死了，张廪生恐怕分家，反向父妾要索取私藏。（二刻·卷四）

（8）杨生忽地向他借起钱来。（二刻·卷三十三）

（9）儿子向张客取债，他本利俱还，钱财尽多在身边，所以将钱数百万，勾干得此官。（初刻·卷二十二）

（10）尽有贫苦的书生，向富贵人家求婚，便笑他阴沟洞里思量天鹅肉吃。（初刻·卷十）

（11）座客见此光景，尽有不晓得详悉的，向高公请问根由。（初刻·卷二十七）

例（11）中的核心动词"请问"既是言说，同时也表示获取之义，即向高公请教询问，以获得事情缘由。

（12）儿以世缘未尽，特向夫人给假一年，来与崔郎了此一段姻缘。（二刻·卷二十三）

该例较为特殊，"给"本是与获取义相反的给予类动词，却用在了"向＋NP＋VP"结构中，根据该例具体语境来看，仍表示向夫人索取假期之义。

和

（一）引出协同对象，相当于"同、与"。

（1）今世不能和你相见了，便死也不忘记你。（初刻·卷二十）

（2）我前日与你说的，收拾了些家私，和你别处去过活，一向不得空便。（二刻·卷三十八）

（3）只见两个家童正和一个人门首喧嚷。（初刻·卷十一）

（4）我不是你什么大哥，我当初是赵廷玉，不合偷了你家五十多两银子，如今加上几百倍利钱，还了你家。俺和你不亲了。（初刻·卷三十五）

（二）引出言说对象，只是"和"不仅限于说话者单方面的言语输出，更侧重于交际双方之间的对话交流。

（5）原来那人认得赵尼姑的，说道："赵师父，我那处寻你不到，你却在此。我有话和你商量则个。"尼姑道："我别了这家大娘来和你说。"（初刻·卷六）

（6）且把船歇在此处，未要竟到门口，我还有话和你计较。（二刻·卷二十三）

（7）不说任君用巴天晚，且说筑玉夫人在下边看见如霞和墙外讲话，一句句多听得的。（二刻·卷三十四）

（8）适才白老孺人相请说话，待我见过了他，再来和相公细讲。（二刻·卷三）

（9）莫大姐道："等我去和那天杀的说个明白！"（二刻·卷三十八）

（三）引出获取对象，相当于"向"，后面的核心动词具有索取义。

（10）已和我儿子借得两个元宝在此，待将去倾销一倾销，且请回步，来早拜还。（初刻·卷十三）

（11）就是你手头来不及时，当初原为你儿子做亲借的，便和你儿子挪借来还，有甚么不是处？（初刻·卷十三）

于

用于动词之后，后面一般接名词性成分，即有"V 于 NP"，引出动作行为所作用的对象。

（1）吴氏老大明白，晓得知观有意于他了。（初刻·卷十七）

（2）后来自家有些得罪于他，不成而去，真是可惜。（初刻·卷十八）

（3）吾夫坐库务，监在狱中，故奴出来求救于人，不匡撞着五年前旧识。（二刻·卷二十九）

（4）今爱妾仍归于我，落得与诸君游宴数日，备极欢畅，莫非结缘。（二刻·卷二十七）

（5）原来吾丈精于丹道，学生于此道最为心契，求之不得。（初刻·卷十八）

3.1.6　引出施事、受事

《二拍》中引出施事的介词主要有"被""为""吃"，构成致使结构；引出受事的介词主要有"将""把"，构成处置结构。详见"第 11 章　致使结构"和"第 12 章　处置式"，具体语例的分析，此处从略。

3.1.7　引出排除对象

除（了）

"除了"使用频率较高，有时也用"除"。其用法有两种情况。

（一）排除式，即不包括宾语所述事物，而叙述其他事物，后面可以接名词性宾语或动词性宾语。例如：

（1）原来世上妇人，除了那十分贞烈的，说着那话儿，无不着紧。（初刻·卷二十）

（2）妙观有个弟子张生，是他门下最得意的高手，也是除了师父再无敌手的。（二刻·卷二）

（3）心下疑惑，却又道："除了那个姓萧的，却又不曾与第二个姓萧的识熟。"（初刻·卷二十）

（4）这文书除了刘家兄弟和小人，并无一人看见。（初刻·卷三十三）

（5）还亏一件好处，是要银子，除了银子再无药医的。（二刻·卷四）

（6）思量永久完聚，除了一逃，再无别着。（初刻·卷二十三）

前五例均为名词性宾语，最后一例为动词性宾语。

（二）包括式，即包括宾语所述事物，在其基础之上，补充其他事物。

（7）除了镜子，随分要多少，敝寺也还出得起。（二刻·卷三十六）

（8）妙观假意失惊道："除了利物谢礼，还有甚么？"（二刻·卷二）

"除（了）"还经常用在"除……外/之外"结构中。例如：

（9）……钱粮兵马，除本省外，河南、山西两省，任从调用。（初刻·卷三十一）

（10）不逾时，仁宗看了表章，龙颜大喜，惊叹刘弘敬盛德，随颁恩诏，除建访旌表外，特以李彦青之官封之，以彰殊典。（初刻·卷二十）

（11）那众徽州人，除周少溪外，也还有个把认得滴珠的，齐声说道："是"。（初刻·卷二）

（12）谁知县君意思虽然浓重，容貌却是端严，除了请酒请馔之外，再不轻说一句闲话。（二刻·卷十四）

（13）岂非除此色身之外，别有身耶？（初刻·卷二十八）

3.2 "在"与相关成分组合时的语序问题

我们先看下面的例句：

（1a）这个官人，在一座州，谓之江州，军号定江军。（警世通言·卷三十九）

（1b）市上人虽不见十分惊惶，却也各自走开，在两边了让他。（二刻·卷三十三）

（1c）果见一丘新土，在于路左。（警世通言·卷一）

以上三例，徐静茜（1988：35）把"在"都解作"动词"，理由是"在"处于"在＋宾语"结构中，具有动词的语法特征，带宾语，作谓语动词。[①] 我们认为，这种句法分析过于笼统和粗糙。实际上，除（1a）中"在"处于"在＋宾语"结构之中以外，其他两例中的"在"实际上都不是处于"在＋宾语"这个较小的结构之中，而是分别处于"（在＋宾语）＋语气补语"和"在＋（介词＋宾语）"这样的更大的结构中。

徐静茜（1988：35）认为，（1b）中的"了"是动态助词[②]，这种解释我们也认为不合适。因为如果"了"在此句中是动态助词，那它应该紧邻动词"在"，而不是被其他词尤其是非动词（如"两边"）隔开。如果能被隔开使用，说明此时此处的"了"还不是典型的动态助词。笔者的分析是，（1b）中的"了"同时对其前的"在"和"两边"都有语法控制和制约作用，这样一来，

---

① 徐静茜．"三言二拍"中的"在""向""从""去"[J]．湖州师专学报，1988（3）：35-43.

② 徐静茜．"三言二拍"中的"在""向""从""去"[J]．湖州师专学报，1988（3）：35-43.

"在"和"两边"只有首选结合起来作为一个整体才能同时受控于语气助词
"了"。而在（1c）中，徐静茜（1988：35）把"在"认定为动词的同时，又认
定"于"和"在"是同义的语素①，这很让人费解。此句中的"在"显然是动词
"存、处"之意，介词"于"怎么可能与此同义呢？其实，在分析近代汉语的这
些句法结构的内部构成状况时，将相关的词语替换成现代汉语相应的词语，在
保证语义不变的情况下，会更容易发现相关句法结构的核心差异和演变特征。
在以上三个例句中，"在"在（1a）、（1b）和（1c）中分别相当于"居住、居
留""到"和"存、处"。

紧接着，当我们更进一步考察《三言》和《二拍》中的相关语例时，笔者
就更加怀疑（1b）中的"在"是动词这个观点。我们知道，在（1b）中，"在两
边了让他"显然是一个结构整体，不能随意截取，因为截掉的部分可能会对其
他部分有语法制约和影响。如果我们把"让他"也考虑进来，那么"在两边了
让他"不就是一个连动结构了吗？事实是这样吗？

我们来看类似的语料：

（2）正月十五夜，真人在鹤鸣山精舍独坐。（喻世明言·卷十三）

（3）你是什么人，在那里来？（二刻·卷三十九）

（4）只见一个淡妆女子在空中下来。（二刻·卷三十）

（5）今日天遗相逢，在枷锁中脱出性命，（喻世明言·卷十八）

（6）韩生不见人来了，在神厨里走将出来。（二刻·卷三十）

（7）判官方才在袋内放出仲任来。（初刻·卷三十七）

（8）你归家去有娘子在家，在漳州来时有我女儿。（喻世明言·
卷十八）

（9）你要寻得贵，在外边去，此非你歇脚之处。（警世通言·
卷三十五）

（10）急下床顶上门儿，在床下叫醒吴衙内。（醒世恒言·卷二十八）

（11）在店家讨了两个盒儿装好了，叫小童送去。（二刻·卷十四）

很显然，以上这些例句中，"在"所在的结构都跟（1b）中的"在两边了让
他"相同，其结构式都是"在＋方所名词＋（语助词）＋动词＋（名词/代
词）"。"（语助词）、（名词/代词）"表示这个结构式中可有可无的成分。其中
的动词分别是：让、坐、来、下来、脱出、走出来、放出来、有、去、叫醒、
讨。需要特别指出的有两点：一是结构中的"语助词"只有例（1b）和例（8）

---

① 徐静茜．"三言二拍"中的"在""向""从""去"[J]．湖州师专学报，1988（3）：
35-43.

才有，分别是"了"和"来时"，其他句子结构中则没有，但这不影响所在句子的核心结构，是可以去掉的成分。二是有些句子中的动词后接有名词或代词，有的则没有接任何成分，但是动词后接不接成分都可以看作动词性结构，这也不影响我们的分析。

像例（1b）和例（2）—（11）这样的例子在《三言》和《二拍》中非常多见。这些例句中包含动词的"在"字结构，到底算不算连动结构？回答这个问题的关键是"在"的词性类别：如果这种结构中的"在"是动词，那么这个结构就应该是连动结构；如果这个结构中的"在"不是动词，那么这个结构就不是连动结构。此类结构的语句在明代南方话里数量很多，使用很普遍，如果是连动结构，那么就说明当时汉语中的这种连动句是非常多的。而这又和我们一般把连动句看作特殊句式的认识不相符合，因为特殊句式使用环境和条件要求严格，和非特殊句式相比，特殊句式出现的频率不会非常高。通过细致的语料事实分析，我们否定此类结构为连动结构的观点。我们认为把这些例句中的"在"统一看作介词，从而把相关的结构看作偏正结构，是由"介词短语＋动词"构成的偏正结构，这样应该更合理一些。这样一来，无论是现代汉语和近代汉语，其中的"连动结构"都是数量相对少一些的特殊句式，这种情况在理论上和直观感受上都更容易接受。

除此之外，（1c）中"在于路左"这个结构的构成成分的句法分布位置也引起了我们的兴趣。"在于路左"这个结构可以概括为"动词（在）＋介词（于）＋方所名词"，如果把其中的相关成分的顺序调整一下，把动词置于结构的最后，变成"介词＋方所名词＋动词"。这样一来，这个结构就和（1b）中的结构"在两边了让他"同构了，（1c）就变成了（1b）。换句话说，比照相关语料，表 3-1 中的（1b）和（1c）结构是可以互换的。

表 3-1　"在"的两种可以互换的结构

（1b）结构例	（1c）结构例
在两边了让他	让他在两边了
于路左在	在于路左
在鹤鸣山精舍独坐	独坐在鹤鸣山精舍
在那里来	来在那里
在空中下来	下来在空中
在枷锁中脱出性命	脱出性命在枷锁中
在神厨里走将出来	走将出来在神橱里
在袋内放出仲任来	放出仲任来在袋内

（1b）结构例	（1c）结构例
在漳州来时有我女儿	有我女儿在漳州来时
在外边去	去在外边
在床下叫醒吴衙内	叫醒吴衙内在床下
在店家讨了两个盒儿	讨了两个盒儿在店家

我们把这两种可以互相的结构分别称为"介＋动"结构和"动＋介"结构。进一步考察真实的语料后，我们发现，除（1c）之外，还有很多与（1c）"在于路左"这个"动＋介"结构同构的例子。例如：

（12）我守住小娘子在店上，你紧跟着同去。（喻世明言·卷四十）

（13）沈洪安排床帐在厢房，安顿了苏三。（警世通言·卷二十四）

（14）又写他生年月日在后边了，弃在河傍。（二刻·卷三十）

（15）迎接团头金老大在任所，奉养送终。（喻世明言·卷二十七）

（16）这八句诗乃华安所作，此字亦华安之笔，如何有在尊处？（警世通言·卷二十六）

（17）皮氏平昔不良的口气，已有在王婆肚里。（警世通言·卷二十四）

（18）相公会试中了，看顾老身，就有在里头了。（醒世恒言·卷二十二）

（19）还道睡着在船头，自要去唤他。（警世通言·卷二）

（20）小小一扇便门，也关着在那里。（初刻·卷十二）

（21）那只兵船……只钉住在水中间。（喻世明言·卷十九）

（22）他秋时出去取田间稻花，放好在石柜中了。（初刻·卷二十四）

（23）日夜提心吊胆，岂有破绽露出在人眼里？（初刻·卷十九）

以上例子中与"在"相关的结构都可以抽象为"动＋介"结构（即：动词（＋宾语/＋补语）＋在＋方所名词）。这种结构式跟例（1c）中的"在于路左"是同性质的结构，而且都可以进一步转换为（1b）这样的"介＋动"结构（即：在＋方所名词＋动词（＋宾语/＋补语）。

在进一步的语料考察中，我们还发现了（1c）结构可以进一步延伸的情况，也就是在该结构的最后边继续右向添加一个动词从而使得原结构加长。例如：

（24）怎么把一个死人背在家里来吓人？（初刻·卷九）

（25）公子问金哥："卖在那里去了？"（警世通言·卷二十四）

例句中的"来、了"可以看作语气助词性质的成分，在分析句法结构时可以不考虑。其中"背在家里来吓人"实际上是对"背在家里"的目的进行补充说明。这种目的性的补充说明，在句法结构形式上只用了一个"右向继续添加相关语义成分"的手段就完成了。同理，例句中的"卖在那里去了"实际上是对"卖在那里"的趋向进行补充说明，这种趋向性的补充说明，在句法结构形式上也是只用了一个"右向继续添加相关语义成分"的手段就完成了。

通过对以上与"在"相关的结构（"介＋动"结构、"动＋介"结构、"动＋介＋动"结构）分析，我们有两点看法需要特别指出：

第一，和现代汉语比较，明代南方话里的"在"的词性和词义问题，是一个需要厘清的重要的句法语义问题。在《三言》和《二拍》中，"在"有动词性也有介词性。作为动词，其含义很丰富，有"存在、居留、处在"等含义。作为介词，"在"在现代汉语中只表示计算定点的语法意义，但在明代南方话中，"在"不仅具有计算定点的语法意义，还有计算起点（相当于"从"）、计算终点（相当于"到"）和计算方向或对象（相当于"向"或"对"）的语法意义。因此可以看出，无论在词的词汇意义还是语法意义方面，明代南方话中的"在"都要比现代汉语中的"在"承载更多的语言信息。

第二，"在"字结构的生成机制问题，也是一个需要厘清的重要的句法语义问题。和现代汉语的结构顺序相比，（1c）的"动＋介"结构式（即：动词＋在＋方所名词）实际上是一个"动补结构"式，但这个结构似乎是一个不合格的结构。因为在现代汉语中，该动补结构一般表述为"介＋动"（即：在＋方所名词＋动词）这样的"偏正结构"式。我们可以参考表3-2。

表 3-2　动补型"动＋介"结构与偏正型"介＋动"结构

动补型"动＋介"结构	偏正型"介＋动"结构
守住小娘子在店上	在店上守住小娘子
安排床帐在厢房	在厢房安排床帐
写他生年月日在后边	在后边写他生年月日
迎接团头金老大在任所	在任所迎接团头金老大
如何有在尊处	在尊处如何有
已有在王婆肚里	在王婆肚里已有

动补型"动＋介"结构	偏正型"介＋动"结构
就有在里头	在里头就有
睡着在船头	在船头睡着
关着在那里	在那里关着
钉住在水中间	在水中间钉住
放好在石柜中	在石柜中放好
露出在人眼里	在人眼里露出

为表述方便，我们称动补型"动＋介"结构为"左向生成结构"，而把偏正型"介＋动"结构称为"右向生成结构"。前者是以"在＋方所名词"这个介词结构为中心，向"左"边添加动词性成分而生成的结构；后者则是以"在＋方所名词"这个介词结构为中心，向"右"边添加动词性成分而生成的结构。根据我们的观察和汉语实际，明代南方话中这两种类型的结构都存在，而且"左向生成结构"似乎占有优势。现代汉语中，则是"右向生成结构"占据了优势，"左向生成结构"反而比较少见。与此同时，在现代汉语中，"左向生成结构"的使用却具有了新的构式意义（详见下文第三点看法对结构赋义理论的例释）。

句法结构的左向生成和右向生成是两种手段，这两种生成手段是否都能在语言中使用的问题，也是值得我们思考的。从现代汉语和明代南方话的实际状况来说，这两种手段是可以并存的。无论是左向还是右向生成，二者都可以作为手段在语言中使用。另外，现代汉语的"右向生成结构"替代了明代南方话的"左向生成结构"，这能否说明"右向生成结构"优于"左向生成结构"？这能否说明"左向生成结构"演化不充分、是语言表达的低级形式，与之相反，"右向生成结构"演化充分、是语言表达的高级形式？显然不能这么说。我们认为，之所以一个时代会有一个时代的独特的语言结构表达式，主要原因是语言表达追求新异形式的内在性质导致的。同样的语义内容，人们总想以新异形式或方式表达出来。这是导致语言结构形式演化发展的认知心理动因。只不过这种句法结构形式上的演变发展，不会改变语义认知上的逻辑理解。相反，如果我们深谙了语言结构形式演变的这个特征，我们就可以在新的时代演化使用旧有的语言结构形式来创新我们的修辞表达，从而更加独特地表达我们的思想，更好地传递语言信息。

第三，通过"在"与相关成分组合时的语序问题，我们发现"左向生成结构"和"右向生成结构"体现了现代"结构赋义理论"的基本思想。例如：

（26）走到天明，方才省得忘记了包裹在客店中。（醒世恒言·卷十九）

（27）却认得抛那小孩子在江里这个人，叫做支助。（警世通言·卷三十五）

例（26）中，"忘记了包裹在客店中"这个结构跟表2中的动补型"动＋介"结构实际上还是有区别的，主要是前者的歧义性很大。如果把动补型"动＋介"结构"忘记了包裹在客店中"转换成偏正型"介＋动"结构"在客店中忘记了包裹"，那么转换前后的这两个结构的含义是有很大差异的。具体来说，"忘记了包裹在客店中"是说包裹在客店中，只是人忘记了这个事实；而"在客店中忘记了包裹"是说人在客店中，只是忘记了包裹在哪里。这种句法变换牵涉的问题很多，主要问题就是"动"（即：动词＋名词）和"介"（即：在＋方所名词）的结构位置关系。当"动词＋名词"在前时，"方所名词"就是"名词"的所处位置；当"动词＋名词"在后时，"方所名词"不是"名词"的所处位置。同理，例（27）中的"抛那小孩在江里"和"在江里抛那小孩"也是有语义差异的两个结构。前者意味着方所名词"江里"是名词"小孩"的所处位置，也就是"小孩"最后的位移位置在江里。后者则意味着方所名词"在江里"不一定是名词"小孩"的所处位置，也就是说"小孩"最后的位移位置不一定是"江里"，可能是被抛在了岸上或者抛者和被抛者"小孩"的位置没有发生移动，都一直在"江里"。换句话说，在"动＋名＋在＋方所"结构中，"方所"被赋予"名词位移的终点"这样的语义；相反，在"在＋方所＋动＋名"结构中，"方所"不一定被赋予"名词位移的终点"这样的语义。这就是结构语义理论的一个例释，也跟语序不同导致的构式理论有关。

3.3 《二拍》介词的表达系统

《二拍》中的介词表达系统详见表3-3。

表3-3 《二拍》中的介词表达系统

引出处所、方向、时间	处所	在、于、向
	终点	在、向、比及、至、比至、及至、待、等、临

续表

引出处所、方向、时间	时间	在、于
	起点	自、向、从、自从、打从
	方向	向、朝、照、往
	经由	打、从、打从、沿
引出工具、方式、依据、条件		用、按、照、依、据、凭、靠、趁、乘
引出比较对象		比、比拟、似、如
引出原因、目的		因、为、缘、于
引出与事、对象		与、同、与同、问、替、对、向、和、于
引出施事、受事		被、为、吃、将、把
引出排除对象		除（了）

第 4 章
连词

连词是一种虚词，它在句子中不能独立担任句子成分，只起连接作用。一个连词只能而且必须连接两个（或以上）语言单位，可以是词、短语、小句或句子，表示各种关联。

4.1　《二拍》连词的类别与功能

连词根据功能可以分为并列连词和从属连词两大类，也可以根据具体意义分为并列连词、顺承连词、选择连词、递进连词、因果连词、假设连词、条件连词、让步连词、转折连词、目的连词等。

4.1.1　并列连词

《二拍》中并列连词主要有"与、同、和、并、及（以及）、兼、且"等，作用是连接并列的词、短语或分句。

与

"与"既可作介词（参看 3.1.5），也可作连词。"与"作连词时，连接多个并列的名词性成分，在句中共同作主语、宾语。

（1）见身在渔船中，想着父与夫被杀光景，放声大哭。（初刻·卷十九）

（2）到得天明，梳洗已毕，夫人与如霞开了后花园门去摘花戴，就便去相地头。（二刻·卷三十四）

（3）小人父亲与一个亲眷，两家数十口，都被这伙人杀了。（初刻·卷十九）

（4）话说宋朝钱塘有个名妓苏盼奴，与妹苏小娟，两人俱俊丽工诗，一时齐名。（初刻·卷二十五）

（5）我等虽不抬得，却要赁轿钱与脚步钱。（初刻·卷二十七）

（6）遂把二万钱与酒肴，多收了进去。富家子别了回家。（二刻·卷三十三）

同

只能连接两个并列的名词性成分，共同在句中作主语。

（1）只见母亲同丫鬟走将出来，母亲立住中堂门首，意是防着达生。（初刻·卷十七）

（2）老师父，前日此处有所大房子，有个金官人同一个刘娘子在里边居住，今如何不见了？（二刻·卷六）

（3）七郎同老母进寺随喜，从人撑起伞盖跟后。（初刻·卷二十二）

和

主要用来连接并列的名词性成分，共同在句中作主语、宾语、定语。

（1）况且捉奸抱双，我和你又无实迹凭据，随他说长说短，官府不过道是拦词抵辩，决不反为了儿子究问娘奸情的。（初刻·卷十七）

（2）那老儿和儿子，每日只是锄田耙地，出去养家过活。（初刻·卷二十）

（3）天瑞和张氏见富家要过继他的儿子，有甚不象意处？（初刻·卷三十三）

（4）我和你自幼相许，今日完聚，不足为奇。（二刻·卷三）

（5）老儿死了，止有一个儿子和媳妇。（初刻·卷十六）

（6）员外叹口气道："此处没我和你的分。"（初刻·卷三十八）

并

通常用于连接并列的名词性成分，共同在句中作主语、（介词）宾语、兼语。

（1）洪熙年间，湖州府东门外有一儒家，姓杨，老儿亡故，一个

妈妈同着小儿子并一个女儿过活。（初刻·卷三十四）

（2）我身边有的家资，并你父亲剩下的，尽勾营运。（初刻·卷八）

（3）正说话处，只见外边有几个妇女，同了几家亲识，来访夜珠并他爹妈。（初刻·卷二十四）

（4）老嬷一头说，一头拿了原礼并这一封金子，别了妙观，转到店中来，……（二刻·卷二）

（5）就把密书并辛氏休状与幼谦看过，说知备细。（初刻·卷二十九）

（6）就抽签去唤潘甲并父母来领。（初刻·卷二）

有时也可连接并列的谓词性成分。例如：

（7）今要酬谢小道人相让之德，原有言在先的，特请嬷嬷过来，交付利物并谢礼与他。（二刻·卷二）

及（以及）

"及"主要用于连接并列的名词性成分，也可连接分句，所连接的前后内容之间通常是"前主后从"或"前重后轻"的关系，因而"及"具有补充、追加内容的作用。

（1）尚书夫人及姑姨姊妹、合衙人等，看见了德容小姐，恰似梦中相逢一般。（初刻·卷五）

（2）妇人及房中所有，一些不见踪影。（初刻·卷四）

（3）父母与妹及合家人等，多哭得发昏章第十一。（二刻·卷二十三）

以上三例连接的名词性成分，共同在句中作主语。其中例（3）中"及"前面还有"与"共现，均表示并列连接作用。

（4）滴珠叫他转来，说明了地方及父母名姓，……（初刻·卷二）

（5）教他快些息了妄想，收此利物及谢礼过去，便宜他多了。（二刻·卷二）

（6）愚见就把本店货物及房屋文契，作了五千两，尽行交与文客官，就留文客官在此住下了，做此生意。（初刻·卷一）

以上三例连接的名词性成分，共同在句中作宾语，前两例作动词宾语，后一例作介词宾语。

"以及"用于连接并列的名词性成分和谓词性成分。

（7）多有王侯府中送将男女来学棋，以及大家小户少年好戏欲学此道的，尽来拜他门下，不记其数，多呼妙观为师。（二刻·卷二）

（8）乃是积年累岁遇着节令盛时，即便四出剽窃，以及平时略贩子女，伤害性命，罪状山积，难以枚举，从不败露。（二刻·卷五）

兼

主要用于连接并列的谓词性成分，也可连接小句。

（1）又寄封书与京中同年相好的，叫他们遣个马票，兼请逼勒他出京，不许耽延！（初刻·卷十二）

（2）当下公子上马回步，老的少的，多来马前拜谢，兼送公子。（二刻·卷二十二）

（3）惟有得此子长成，勇力过人，兼有雄略。（二刻·卷三十）

更多情况下，"兼"前面与"又"或"更"连用，构成"又兼、更兼"，多用于连接小句。

（4）如此良宵，又兼夜深，我既寂寥，你亦冷落。（初刻·卷二十三）

（5）学堂中有个金家儿子，叫名金定，生来俊雅，又兼赋性聪明。（二刻·卷六）

（6）董元广说起亲属尚在汉州居驻，又兼继室也是汉州人氏，正是通家之谊。（二刻·卷七）

（7）那知县姓张，名晋，为人清廉正直，更兼聪察非常。（初刻·卷十三）

当前分句出现递进连词"不但"，后分句搭配"更兼"使用时，前后分句之间为递进关系，即后分句在语义上比前分句更进一层。例如：

（8）这郑贯不但武艺出众，更兼谋略过人，……（初刻·卷三十一）

且

"且"作连词表示并列关系时，通常用在"且……且……"格式中，连接并列的谓词性成分，相当于"一方面……一方面……"。

（1）薛倩心里且喜且悲。喜的是亏得遇着亲眷，又得太守做主，脱了贱地，嫁个丈夫，立了妇名！悲的是心上书生从此再不能勾相会了。（二刻·卷七）

（2）见说是生了儿子，<u>且惊且喜</u>，急唤胡鸿来问他的信。（二刻·卷三十二）

（3）东廊僧<u>且惧且行</u>，也不知走到那里去的是，只信着脚步走罢了。（初刻·卷三十六）

（4）富家子一见抽马，<u>且哭且拜</u>道："先生救我奇祸则个！"（二刻·卷三十三）

（5）富翁此时连被拐去，手内已窘，<u>且怒且羞</u>道："我为这事费了多少心机……"（初刻·卷十八）

有时"又且……又且……"也可以表示并列关系。例如：

（6）却说那梁宗师是个不识文字的人，<u>又且极贪</u>，<u>又且极要奉承乡官及上司</u>。（初刻·卷十）

4.1.2　顺承连词

《二拍》中顺承连词主要有"而、以、然后、于是"。

而

用于连接谓词性成分或分句，所连接的内容之间通常为前后相承关系。

（1）酒散，二人谢别而去。（初刻·卷十）

（2）是晚就具酌在园亭上款待过，尽欢而散。（初刻·卷十八）

（3）院判涕泣领命，司户言毕而逝。（初刻·卷二十五）

（4）走到堂中，站了位次，拜见了闻参将，请出小姐来，又一同行礼，谢了魏撰之，启轿而行。（二刻·卷十七）

也可以表示伴随关系。

（5）狄氏到了这日哺时果然盛妆而来。（初刻·卷六）

（6）刘生大伏，惭悔而去。（初刻·卷五）

（7）这边嚏泪而醒，啐了两声道："作你娘的怪，这番做这样的恶梦！"（二刻·卷十九）

（8）不逾时酒筵完备，徐公乘轿而来，老人笑脸相迎。（初刻·卷十一）

有时还表示因果关系。

（9）又或用术慑其魂，使他颠蹶狂谬，失志而死……（初刻·卷四）

（10）狄氏思想不过，成病而死。（初刻·卷六）

（11）若不是他，我前日说过的，临到迎娶，自溢而死！（二刻·卷九）

（12）所许陈家儿子年纪长大，正要纳礼成婚，不想害了色痨，一病而亡。（二刻·卷三）

此外还有转折关系。

（13）金光洞主但笑而不答。冯相道："吾师相笑，岂京之言有误也？"（初刻·卷二十八）

（14）看官，"天网恢恢，疏而不漏。"（初刻·卷三十六）

（15）同父是当今第一流人物，在此不交严蕊而交赵娟，何也？（二刻·卷十二）

（16）此事最难。在此地位，须是形交而神不交，方能守得牢固。（二刻·卷十八）

（17）只怕树欲静而风不宁，便动动也不妨。（二刻·卷二十一）

以

用于连接谓词性成分或分句，前后内容之间存在顺承关系。

（1）今其家惟老母寡妻幼子，身后之事，两位父母主张从厚，以维风化。（二刻·卷三十一）

（2）今本不敢造次，只因贡生赴京缺费，意欲求公祖大人发还此一项，以助贡生利往。（二刻·卷四）

（3）传奇上边说，周坚死替赵朔以解下宫之难，是贱人象了贵人。（初刻·卷二）

（4）公言差矣！吾术岂可用来伤物命以充口腹乎？（初刻·卷四）

（5）你昨者为我隐藏罗帕，感恩非浅，今既无缘，我当一死以报。（初刻·卷三十二）

（6）果然是两个敌手，你先我输，我先你输，大家各得一局。而今只看这一局以定输赢。（二刻·卷二）

然后

主要用于连接时间上先后相承的分句。

（1）后边人听见青衣人说了，然后散去。（初刻·卷三十七）

（2）赵县君又叫小童来推辞了两番，然后受了。（二刻·卷十四）

（3）秀才先与员外叙了礼，然后叫儿子过来与他看。（初刻·卷三十五）

（4）明日须用计遣开了他，然后约那人同出看炉，此时便可用手脚了。（初刻·卷十八）

（5）待我先出去见过了，然后来唤你。（二刻·卷六）

（6）老鹿既产，便把小鹿身上血舐个干净了，然后倒地身死。（二刻·卷十三）

于是

表示时间上的先后顺序或事件之间的前后相承，有时也可表示事件发生的因果关系。

（1）游好闲道："这等不消说，竟到那里去就是。"于是陪着张贡生一直望汤家进来。（二刻·卷四）

（2）士人道："惭愧！且让我躲一躲着。"于是吞声忍气，蹲伏在内，只道必无人见。（二刻·卷三十四）

（3）玄宗宣命太史官查推长历，果然不差。于是晓得张果是千来岁的人，群臣无不钦服。（初刻·卷七）

（4）地方人道："不消说是奸情事了。只不知凶身是何人，且报了县里再处。"于是写下报单，正值知县升堂，当堂递了。（初刻·卷六）

4.1.3 选择连词

或（或者）

通常用来连接两个或此或彼的句子成分，可以是名词性或动词性的，也可以连接分句。

（1）这泼妇！此必是你夫前妻或妾出之子，你做人不贤，要做此忍心害理之事么？（初刻·卷十七）

（2）自此每一遭痛发，便去请僧道保禳，或是东岳烧献。（二刻·卷十六）

（3）以后果然隔着几日才来。这里就做法事退他，或做佛事度他。（二刻·卷十六）

（4）除非杨抽马他广有法术，或者可以用甚么障眼法儿，遮掩得过。（二刻·卷三十三）

有的情况下，"或（或者）"虽然也可表示或此或彼，但更侧重于表达说话者的某种猜测，相当于"也许"。例如：

（5）见你这般时势，那个朋友肯出银子与你结会？还是求着自家屋里，或者有些活路，也不可知。（初刻·卷十五）

（6）我不问那里寻将去，他不过又往别家烧炼，或者撞得着也不可知。（初刻·卷十八）

（7）早知这样，懊悔岛边泊船时节也不去走走，或者还有宝贝，也不见得。（初刻·卷一）

这三例后文出现了"也不可知"或者"也不见得"，说明前述事件为说话者的某种猜测。

还有许多情况下，由多个"或（或者）"组合搭配使用，构成"或（或者）……或（或者）……"结构。

（8）若是天雨不出，就剪纸为戏，或蝶或凤，或狗或燕，或狐狸、猿猱、蛇鼠之类皆有。（初刻·卷二十四）

（9）妇女十数个，或眠或坐，多如醉迷之状。（初刻·卷二十四）

（10）……日里只去拉他各处行走，晚间或同宿娼家，或独归书馆，不在话下。（二刻·卷三十四）

（11）但见：或提炉，或挥扇；或张盖，或带剑；或持节；或捧琴；或秉烛花；或挟图书；或列宝玩，或葆荷幢；或拥衾褥；或执巾；或奉盘，或挈如意；或举肴核，或陈屏障；或布几筵，或陈音乐。（二刻·卷三十七）

（12）或者因一句话上成就了一家儿夫妇，或者因一纸字中拆散了一世的姻缘。（二刻·卷二十）

（13）又不曾见他搭伴夜饮，或者中了宿醒，又不曾见他妓馆留连，或者害了色病，不知为何如此。（二刻·卷二十九）

还是

多用于选择问句中，连接分句。

（1）这等，女儿百年之后，可往俺刘家坟里葬去？还是往张家坟里葬去？（初刻·卷三十八）

（2）便唤李氏到案前道："你是李氏，还是杨化？"（初刻·卷十四）

（3）那边祠中天师也道县官既然送行，不知设在县中还是祠中？（初刻·卷三十九）

（4）这句说话，不知还是天帝亲口对他说的，还是自家说出来的？（初刻·卷三十七）

4.1.4 递进连词

不但

"不但"用在前分句中，后分句常包含"也""且""又""亦"等副词，表示后分句在意义上比前分句更进一层。

(1) 要宽心再等，不但撺掇的人多，自家也觉争气不出了。（初刻·卷四十）

(2) 你若访得出来，我不但许你复役，且有重赏。（初刻·卷二十六）

(3) 懒龙不但伎俩巧妙，又有几件希奇本事，诧异性格。（二刻·卷三十九）

(4) 不但万民感戴，皇天亦当佑之。（初刻·卷十一）

有时"不但"还可用在"不但……反……"格式中，表示后分句意义上的反向递进。如：

(5) 是夜独自个在房里，不但没有了妇人，反去了个徒弟，弄得孤眠独宿了，好些不像意。（初刻·卷二十六）

(6) 只因有一个人为些风情事，做了出来，正在难分难解之际，忽然登第，不但免了罪过，反得团圆了夫妻。（初刻·卷二十九）

不唯（惟）

相当于"不但、不仅"，用法与"不但"类似，后面常与"也""又"等搭配使用。

(1) 公言差矣！吾术岂可用来伤物命以充口腹乎？不唯神理不容，也如此小用不得。（初刻·卷四）

(2) 妙哉！不惟高义，又见高识。可敬，可敬！（二刻·卷十）

(3) 你吃了下去，不惟免了饥渴，兼可晓得过去之事。（二刻·卷二十四）

"不唯（惟）"用在"不唯（惟）……反……"格式中时，也可表示意义上的反向递进。

(4) 若是泄漏了事机，不惟无益，反致有害，是这些难处。（二刻·卷四）

又且（亦且）

用在后分句中，表示意义比前分句更进一层。

（1）地方窄小，又且路远，也不能勾去四川接家属，只同妻女在衙中。（二刻·卷七）

（2）杨氏见他不久就回，又且衣衫零乱，面貌忧愁，已自猜个八九分。（初刻·卷八）

（3）焦大郎能识好人，又且平日好施恩德，今日受此荣华之报，那女儿也落了好处了。（二刻·卷十一）

有时也作"亦且"。

（4）少卿虚心病，元有些怕见他的，亦且出于不意，不觉惊惶失措。（二刻·卷十一）

（5）虽有两个外甥，不是姐姐亲生，亦且是乳臭未除，谁人来稽查得他？（二刻·卷二十）

"又且（亦且）"常与"不惟（不但）"组合使用，分别用在递进复句的两个分句中，即"不惟（不但）……，又且（亦且）……"。

（6）若但迷恋于此，不惟攀桂无分，亦且身躯难保。（初刻·卷三十四）

（7）多蒙仙长佳果之味，不但解了饥渴，亦且顿悟前生。（二刻·卷二十四）

何况

"何况"常常与副词"尚且"搭配使用，连接两个分句，构成关联格式"尚且……何况……"。"尚且"用于前分句，表示出现了某种最不可能出现的结果；"何况"用于后分句，表示在不如前分句的条件下，该结果更有可能出现。

（1）只论衣冠中，尚且如此，何况做经纪客商、做公门人役？（初刻·卷八）

（2）世上如此之人，就是至亲切友，尚且反面无情，何况一饭之恩，一面之识？（初刻·卷八）

（3）你方才说我冷静，我想我止隔得三年，尚且心情不奈烦，何况你们终身独守，如何过了？（初刻·卷三十四）

（4）只这四大家尚且如此，何况他人？（初刻·卷四十）

"何况"有时也单独使用。

（5）一草一木，都是上天生命，何况祖宗赤子！（初刻·卷十一）

（6）好文字！好文字！就做个案元帮补也不为过，何况优等？（初刻·卷十）

（7）老汉自小不曾破犬肉之戒，何况人肉！（二刻·卷十八）

（8）先辈为何气色大变？连中榜多不能了，何况魁选！（二刻·卷八）

（9）看取丁湜故事，就赢了也要折了状元之福。何况没福的？何况必输的？（二刻·卷八）

况且

表示递进，在前文基础上补充说明理由。

（1）我家里原无家小，况且家业已尽了，就带了许多银子回去，没处安顿。（初刻·卷一）

（2）我因思我是一个妇人，既与夫不相得，弃在此间，又与伯同居不便，况且今伤了他，住在此不得了。（初刻·卷四）

（3）岂不闻，一言既出，驷马难追？况且婚姻大事，主合不主离。（二刻·卷二）

（4）白氏女人家性子，只护着自家人，况且京师中人不知外方头路，不喜欢攀扯外方亲戚，一心要把这丹桂许与侄儿去。（二刻·卷三）

后文常用反问句增强语气。例如：

（5）就是中了个举人，也没有就娶个尼姑的理。况且万一不中，又却如何？（初刻·卷三十四）

（6）我既有了你，可以释恨。况且你丈夫将危了，我还家去张扬做甚么？（初刻·卷三十二）

（7）这样你母亲之言已真，杀人的不是你，是谁？况且赃物见在，有何理说？（初刻·卷三十六）

（8）本寺是山塘王相府门徒，等闲也不受人欺侮！况且寺中并无歹人，又不曾招接甚么游客住宿，有何盗情干涉？（二刻·卷一）

况

"况"表示递进关系时，有两种情况。

（一）相当于"况且"，表示补充说明理由。

（1）我家道尽裕，勾你几世受用不了，况你学业日进，发达有时，何苦锱铢较量，讨人便宜怎的？（二刻·卷四）

（2）此我独卧之所，岂汝妇女家所当来！况昏夜也不是谢人的时节，但请回步，不必谢了。（二刻·卷十五）

（3）此路迢遥，况一个女子，一个孩子，跋涉艰难，非有大力，不能周全得直到这里。（二刻·卷三十二）

（4）今势既难留，此事又未终，况是间断不得的，实出两难。（初刻·卷十八）

（二）相当于"何况"，也可用在"尚……况……"句式中，相当于"尚且……何况……"。

（5）虎来时，牛尚不敢敌，况我敢与他争夺救得转来的？（二刻·卷十一）

4.1.5　因果连词

表示因果关系的连词有用在原因分句中的"因、为、因为、为因、缘、既、既然"等，还有用在结果分句中的"故、故此、因此、故尔、为此、所以、以致"等。

4.1.5.1　因、为、因为、为因、缘

这五个因果连词语法意义和句法功能大体相同，都用在原因分句中。

因

通常用在前一分句，表示原因，后分句表示结果。

（1）因是父母双亡，寄养在人家，就叫名寄儿。（二刻·卷十九）

（2）因被责罚之后，得病不痊，今已身死。（二刻·卷三十一）

（3）因不忘昔日看待之恩，敢来叩见。（初刻·卷二十一）

（4）内中一个家人姓胡，因他为人凶狠，有些力气，都称他做胡阿虎。（初刻·卷十一）

（5）他因一时间思量勾搭门氏，高兴中有此痴话。（初刻·卷三十二）

有时原因分句还可后置使用，即事实在前，析因在后。

（6）谁知骑上了背，那驴儿只是团团而走，并不前进，盖因是平日拽的磨盘走惯了。（二刻·卷十九）

（7）猫鼠何当一处眠？总因有味要垂涎。（二刻·卷三十九）

例（6）前文指出驴儿不前进的事实，后文分析其原因。例（7）前一句虽是问句，但却以问句形式指出事实，后一句用来析因。

为

用法与"因"相同。

（1）小女兴娘薄命，为思念郎君成病，于两月前饮恨而终，已殡在郊外了。（初刻·卷二十三）

（2）学生只为家贫，无奈选了这里，不得不来。岂知遇着列位，用情如此！（二刻·卷二十六）

也经常与表示结果的连词一起使用。

（3）只为小子自家要动火，故叫他暂歇了火。（初刻·卷十八）

（4）也有叫他做"张多保"的，只为凡事都是他保得过，所以如此称呼。（初刻·卷二十二）

（5）我气塞难当，今日大分必死。只为为人慈善，以致招祸，累了我儿。（初刻·卷二十）

因为

用法同"因"和"为"。

（1）他因为无饭养活儿子，才过继与我。（初刻·卷三十五）

（2）因为你那里六料不收，分房减口，你父亲母亲带你到这里趁熟。（初刻·卷三十三）

（3）因为魏博节度田承嗣养三千外宅儿男，要吞并潞州，薛嵩日夜忧闷。（初刻·卷四）

（4）韩生因为众人疑心坏了他，见来问的，索性一一把实话从头至尾备述与人，一些不瞒。（二刻·卷三十）

（5）因为能与人抽简禄马，川中起他一个混名叫做杨抽马。（二刻·卷三十三）

为因

用法同"因、为、因为"。

（1）为因修理宅舍，不舍得另办木石砖瓦，就将那所佛院尽拆毁来用了。（初刻·卷三十五）

（2）老僧是五台山僧人，为因佛殿坍损，下山来抄化修造。（初刻·卷三十五）

（3）元来马家女子是他前生的妾，为因一时无端疑忌，将他拷打锁禁，自这段冤愆。（初刻·卷三十六）

（4）窦家兄弟为因有一个亲眷上京为官，送他长行，就便往苏州探访相识去了。（二刻·卷九）

（5）为因到旧处寻访不见，正在烦恼。（二刻·卷二十九）

缘

引出事件发生的原因。

（1）只缘身作延年药，一服曾经送主终。（二刻·卷十八）

（2）行童闻言，掩经离榻，拱揖而答道："玉虚尊者游戏人间，今五十六年，更三十年方回此洞。缘主者未归，是故无人相接。"（初刻·卷二十八）

（3）只缘择婿者，原乏知人之鉴，遂使图婚者，爰生速讼之奸。（初刻·卷十）

后面也可添加疑问代词"何"，询问事件原因。

（4）我闻说这庵中有五个尼姑，缘何少了一个？（初刻·卷三十四）

4.1.5.2　既、既然

这两个连词表示推断式因果关系，表示以事实作为判断依据，以此来推断事物间的因果联系。前一分句引出现实情况，后分句作出推论。

既

当"既"所在的分句有主语时，"既"一般用于主语之后。

（1）大人既与小生做主，成其婚姻，这金声便是小生的岳父了。（初刻·卷十）

（2）汝既见了境头，宜早早回首。（二刻·卷十九）

（3）他既知其根由，又说能治，必有手段。（二刻·卷三十三）

（4）你妹子既来历不明，他家必紧防漏泄，训戒在先，所以他怕人知道，不敢当面认帐。（初刻·卷二）

（5）相公既认兰孙为女，须当与他择婿。（初刻·卷二十）

（6）你既有冤欲报，如此有灵，为何直等到三年？（初刻·卷十四）

既然

同"既"，当所在分句出现主语时，可用在主语之前。

（1）既然这位官人是个举人，小娘子权且随他到下处再处。（初刻·卷十二）

（2）既然长兄主意要如此，在下当得效力。（初刻·卷二十二）

（3）既然官人立意惓切，就相见一面也无妨。（二刻·卷十四）

（4）既然公子不嫌饮食粗粝，何不竟到舍下坐饮？椅桌俱便，乃在此草地之上吃酒，不像模样。（二刻·卷二十二）

也可用在主语之后。

（5）足下既然如此，目下只索付之无奈，且留吾西塾，教我诸孙写字，再作道理。意下如何？（初刻·卷二十七）

（6）师傅身子既然不好，我们散罢了。师傅胡乱在堂前权歇，明日来看师傅。（初刻·卷三十一）

（7）他既然从善，我们一发要还他礼体。（二刻·卷十）

4.1.5.3　故、故此、因此、故尔、为此、所以、以致

这些因果连词的语法意义和句法功能大体相同，都用在结果分句中。

故

（1）蹇驴是卫地所产，故又叫做"卫"。（初刻·卷四）

（2）我哀怜你家横祸，故出力相助，吾岂贪私邪！（二刻·卷二十七）

（3）惟恐家中不知，故特托仆人寄此一信。（二刻·卷六）

（4）因此小的每有了心，日逐将宫中旧事问他，他日日衍说得心下习熟了，故大胆冒名自陈，贪享这几时富贵，道是永无对证的了。（初刻·卷二）

故此

（1）后来，红线说出前世是个男子，因误用医药杀人，故此罚为女子，今已功成，修仙去了。（初刻·卷四）

（2）今晚是七夕牛女佳期，他遭着如此不偶之事，心愿不足，故此对母亲说了来烧炷夜香。（二刻·卷三）

（3）不是喜他，我看他有好些与你们不同处，心中疑怪，故此问你。（二刻·卷七）

因此

（1）见官人经过，想必是个有才学的，因此相烦官人替写一写。（初刻·卷二十）

（2）也是申兰冤业所在，自见小娥，便自分外喜欢。又见他得用，……因此，金帛财宝之类，尽在小娥手中出入。（初刻·卷十九）

（3）况且同是衣冠中体面相等，往来更便。因此两家不是你到我船中，就是我到你船中，或是饮酒，或是闲话，……（二刻·卷七）

故尔

（1）却得郎君钟情马家女子，思慕真切，故尔效仿其形，特来配合。（二刻·卷二十九）

（2）君能捐生，妾亦不难相从，故尔听君行事。（二刻·卷三十一）

为此

（1）官人来后，娘子只是旧病恹恹，不为甚重。不想二十六日，忽然晕倒不醒，为此星夜赶来报知。（初刻·卷十六）

（2）这样妇人，若留着他，到底是个是非堆。为此，今日将他发还娘家，任从别嫁。（初刻·卷二十）

（3）昨夜家中柜里头异常响声，疑心有贼，只得起来照看，不见甚么。为此一夜睡不着，至今未起。（二刻·卷三十六）

所以

（1）世名法该执命，要他抵偿。但不忍把父尸简验，所以只得隐忍。（二刻·卷三十一）

（2）总角之时，多曾与太尉后庭取乐过来，极善诙谐帮衬，又加心性熨贴，所以太尉喜欢他，留在馆中作陪客。（二刻·卷三十四）

以致

（1）此皆足下阴功浩大，以致圣主宠眷非常，得此殊典，老夫何功之有？（二刻·卷十五）

（2）查有境中某家，肯行好事，积有年数，神不开报，以致久受困穷。（二刻·卷二十）

（3）此辈猾徒，我明知矫诬无益，只因愚民轻信，只道我做官的不肯屈意，以致不能得雨。（初刻·卷三十九）

（4）今卤莽乱做，不知犯何凶煞，以致一两年内，就拆散了。（初刻·卷二）

4.1.5.4 因果连词配合使用

以上用在原因分句中的连词多数都能与结果分句中的连词配合使用，构成"因……故此""为因……所以……"等句式，以明示前后分句之间的因果联系。例如：

（1）因家恩人大德，救了吾夫出狱，故此特来踵门谢。（二刻·卷十五）

（2）因这县里有人来告奶奶，说大人不肯容县里女子出嫁，钱粮又比较得紧，因此奶奶着小官来禀上。（初刻·卷三十一）

（3）只因王生不该自己使性动手打他，所以到底为此受累。（初刻·卷十一）

（4）为因那陈秀才是个撒漫的都总管，所以那些众人多把做一场好买卖，齐来趋奉他。（初刻·卷十五）

（5）因为访亲，所以改换名姓。（二刻·卷三）

（6）且不要斗口，原说道大家帮衬，只为两位夫人撺了我们，自家做事，故此我们也打一场偏手。（二刻·卷三十四）

4.1.6 假设连词

《二拍》中表示假设的连词相对比较丰富，有"若、如、假若、假如、假使、倘、倘若、若使"等，用在假设复句的前一分句中，表示虚拟性的条件，后分句在此基础上作出推论。

若

"若"所在分句中可以不出现主语。例如：

（1）好侥幸也！若非前日一饭，今日连性命也难保。（初刻·卷八）

（2）不杀尽此辈，何以为人！但只是既不晓得其人，若不精细，必有漏脱。还要想出计较来。（初刻·卷六）

当"若"所在的分句出现主语时，"若"可以用在主语之前，也可以用在主语之后。如：

（3）若吾辈去看他，他是极喜的。（二刻·卷八）

（4）若吾丈果有此术，学生情愿倾家受教。（初刻·卷十八）

（5）若这话是实，你便就取了那禽兽的头来！违误者以军法从事！（初刻·卷三十一）

（6）府君若要觅西宾，只有此人可以充得。（初刻·卷九）

（7）利物是小事，他若肯让奴赢了，奴一毫不取，私下仍旧还他。（二刻·卷二）

（8）今托我寻一个管后门的，我若荐了你去，你只管晨昏启闭，再无别事。（二刻·卷二十二）

前三例"若"位于主语之前，后三例位于主语之后。

因果连词"若"有时还用在"若说 NP，VP"句式中，意在引出谈论对象，后文对该对象进行说明或评价。

（9）若说本县县官，甚是清正有余，因为小民作业，上天降灾。县官心生不忍，特慕天师大名，敢来礼聘。屈尊到县，祈请一坛甘雨，万勿推却。万民感戴。（初刻·卷三十九）

（10）若说这家坟墓，多是欺心得来的。难道有好风水报应他不成？（二刻·卷十二）

如

"如"后面接谓词性成分，所在的句子一般不出现主语。

（1）如有破泄者，神明诛之！（初刻·卷二）

（2）……系连杀五命公事，如不擒获，即以知县代解。（二刻·卷四）

（3）如有隐匿不肯者，即拿家属问罪，财物入官。（二刻·卷二十）

（4）如有宫花锦袄，便能够入内里去。（二刻·卷四十）

（5）如肯从儿之言，妹子病体，当即痊愈。若有不肯，儿去，妹也死了。（二刻·卷二十三）

例（5）后文有另一假设连词"若"与"如"互文，前后语境从正反两方面来对事件进行假设。

假若

（1）假若有人恃强，他便出奇计以胜之。（初刻·卷十五）

（2）假若与他决一局，幸而我胜，劈破他招牌，赶他走路不难；万一输与他了，此名一出，那里还显得有我？（二刻·卷二）

（3）我且问你，假若有了银子，你却待做些甚么？（初刻·卷十五）

（4）满县官吏人民，个个仰望着下雨，假若我们做张做势，造化撞着了下雨便好；倘不遇巧，怎生打发得这些人？（初刻·卷三十九）

例（4）前后文分别用了"假若"和"倘"两个不同的假设连词，形成互文。

假如

（1）你妹子相失两年，假如真在衢州，未必不与我一般乡语了。（初刻·卷二）

（2）我看你做人也好，假如你有一点好心到我，我便与你二三十两，也不打紧。（二刻·卷二十八）

假使

（1）假使取非其物，定为神鬼揶揄！（二刻·卷三十六）

（2）假使当时逢妒妇，也言"我见且犹怜。"（初刻·卷十六）

倘

（1）倘有使用处，不可吝惜钱财，误我性命！（初刻·卷十一）

（2）好兄弟，是必替我送送，倘有好音，必当重谢。（二刻·卷十四）

倘若

（1）倘若姻缘未断，得登金榜，他必然归来寻访着我。（二刻·卷九）

（2）倘若师父来取时，弟子出外，必预先分付停当，交还师父便了。（初刻·卷三十五）

（3）倘若这夜不是暴死、大雷，王氏女已是别家媳妇了。（初刻·卷九）

（4）倘若言语支吾，将此钗与他们一看，便推故不得了。（二刻·卷二十三）

若使

（1）若使当日困穷旅店，没人救济，早已填了丘壑，怎能勾此身荣贵？（二刻·卷十一）

（2）若使得来非分内，终须有日复还原。（初刻·卷三十五）

（3）真神仙境界也！若使吾得似李三，也在里头厮混得一场，死也甘心！（二刻·卷八）

4.1.7　条件连词

只要

"只要"一般用于前分句中，表示需要具备的某种充足条件，后分句指具备该条件后就会产生的结果，常有"便、就"等副词与之配合使用。

（1）随他要了多少物事去，只要留得这宝贝在，不愁他的。（二刻·卷三十六）

（2）为此日夕算计，结交官府，只要父亲一倒头，便思量摆布这庶母幼弟，占他家业。（二刻·卷四）

（3）只要十哥设法得我进去，取乐得一回，就双手送掉了这些东西，我愿毕矣。（二刻·卷八）

（4）只要得邀仁兄一见，便可用小力送还。（初刻·卷八）

（5）多有那慕色的，情愿聘娶妾身，他却不受重礼，只要哄得成交，就便送你做亲。（初刻·卷十六）

后分句有时还用反问形式表达肯定之义。

（6）只要你早去早来，那在乎此？（二刻·卷四）

（7）朱三是个经纪行中人，只要些小便宜，那里还管青黄皂白？（二刻·卷十）

有时"只要"所在的条件分句可倒置使用，起补充说明条件的作用。

（8）老身磨了半截舌头，依倒也依得，只要娘子也依他一件事。（二刻·卷二）

（9）肯到肯，只要你好心。（二刻·卷二十八）

不论

"不论"是一个无条件关联词，通常用在前分句中表示排除一切条件，后分句表示在任何条件下都会产生同样的结果。

（1）小女云容染患癞疾，一应人等能以奇方奏效者，不论高下门户，远近地方，即以此女嫁之，赘入为婿。立此为照！（二刻·卷二十九）

（2）不论银钱多少，只是那断路抢衣帽的小小强人，也必了了性命，然后动手的。（初刻·卷十四）

（3）令姑之事，万万留心。不论得意不得意，此番回来必求事谐了。（二刻·卷十七）

（4）……若他来取时，不论我在不在，你便与他去。（初刻·卷三十五）

（5）那妇人出去，不论走远走近，必有个人同他说话的。（初刻·卷十七）

通过以上例句可以发现，"不论"所引出的各种条件，大多由事物的相反两面叠加形成，涵盖可能的一切情况。

不管

用法与"不论"基本一致。

（1）那宣徽与三夫人不管是人是鬼，且抱着头哭做了一团。（初刻·卷九）

（2）……只见一班了应捕拥将进来，带了麻绳铁索，不管三七二十一，望王生颈上便套。（初刻·卷十一）

（3）他既看上珠子，收下了，不管怎的，明日定要设法他来看手段！（初刻·卷六）

（4）不管误事不误事，还了你，你自看去。（二刻·卷九）

除非

"除非"一般用在前分句中，提出唯一的必要条件，对其他条件具有排斥性，后分句表示只有具备该条件才能达到完成某事。

（1）若他要来求我家女儿，除非会及第做官，便与他了。（初刻·卷二十九）

（2）既是这等，除非去问李参军，他自家或者晓得甚么冲撞他处。故此先慌了也不见得。（初刻·卷三十）

（3）除非是他，方可中意，我也放得心下。第二个就使不得了。（初刻·卷三十）

（4）汝罪业太重，非等闲作福可以免得，除非刺血写一切经，此罪当尽。（初刻·卷三十七）

（5）今蒙差委，除非改换打扮，只做无意游到彼地，乘机缉探，方得真实备细。（二刻·卷四）

如例（1），表示只有满足"他及第做官"这一条件，才能把女儿嫁与他，否则就不能实现。

有时在前文指出完成某事存在困难的情况下，"除非"引出的条件复句后分句可以省略，根据上下文可以将其补出。例如：

（6）智圆道：“我叫他不肯来，除非师父自去求他。”（初刻·卷二十六）

（7）新尸强魂必不可脱，除非连柱子弄了家去。（二刻·卷十三）

例（6）首先提出“我叫他不肯来”的无奈事实，下文“除非”引出的分句则指出可帮助实现“他肯来”的唯一条件，即“师父自去求他”，只有具备该条件后才能达成愿望，若补出后分句，应为“除非师父自去求他，他才肯来”。例（7）也同此，补出后，整句应为“除非连柱子弄了家去，新尸强魂才可脱”。

不然

相当于现代汉语中的“否则”，意即“如果不这样的话”，通常用在后分句中表示如果不做某事将会造成的结果，前分句是免除后分句所述结果的必要条件。

（1）你可速去，不然痛打你一顿。（初刻·卷十四）

（2）合家多感戴许公问得明白，不然几乎一命也没有人偿了。（二刻·卷二十一）

（3）你可在此奉着总干，是必要总干饮干，不然就要罚你。（二刻·卷七）

（4）天下有这等大力的人！早是不曾与他交手，不然性命休矣。（初刻·卷三）

以例（1）为例，前分句表示必须要做的事“速去”，“不然”所在的后分句指出，如果不这样就“痛打一顿”，前者“速去”是免除后者“痛打一顿”的必要条件。

4.1.8　让步连词

《二拍》中的让步连词主要有“纵、纵然、纵使、即使”，其语法意义和句法功能基本一致，通常用在让步复句的前一分句，表示姑且承认并假设某种极端情况的真实性，后一分句说明该情况并不会对事实造成影响。

纵

（1）相公请免愁烦，虽是年纪将暮，筋力未衰，妾身纵不能生育，当别娶少年为妾，子嗣尚有可望，徒悲无益。（初刻·卷二十）

（2）不要说相交的，纵是至亲骨肉，关着财物面上，就换了一条肚肠，使了一番见识，当面来弄你算计你。（二刻·卷二十）

（3）欺他是小孩子，纵有知觉，不过惊怕啼哭之料无妨碍，不在心上。（二刻·卷五）

有时后分句还经常有副词"也"与之配合使用，其余几个让步连词也有同样的用法。

（4）殷氏纵有扑天的本事，敌国的家私，也没门路可通，只好多使用些银子，时常往监中看觑赵聪一番。（初刻·卷十三）

（5）若是说话的与他同时生，并肩长，便劈手扯住，不放他两个出去，纵有天大的事，也惹他不着。（初刻·卷十六）

纵然

（1）只这个故事，可见亲疏分定，纵然一时朦胧，久后自有廉明官府剖断出来，用不着你的瞒心昧己。（初刻·卷三十三）

（2）若不是你的东西，纵然勉强哄得到手，原要一分一毫填还别人的。（初刻·卷三十五）

（3）若使光明如白日，纵然有鬼也无灵。（二刻·卷十三）

纵使

（1）纵使是真，必是个无耻的人，还有许多无厌足处。（初刻·卷二十二）

（2）若是天不绝我刘门，难道你不能生育？若是命中该绝，纵使姬妾盈前，也是无干。（初刻·卷二十）

即使

（1）即使朝廷责我擅杀，我拼着一官便了，没甚大事。（初刻·卷三十九）

（2）况严蕊乃守公所属意，即使与交，肯便落了籍放他去否？（二刻·卷十二）

（3）不要说他夫妇商同请小人吃酒，已是愿从的了。即使有些勉强，也还好慢慢央求，何至下手杀了他？（二刻·卷二十八）

4.1.9　转折连词

《二拍》中的转折连词主要有用在前分句的"虽、虽然"，表示承认某事实，后分句表示转折。此外还有"但、但是、只是"，通常用于转折复句的后分句，或直接形成转折，提出与前文不同的意见和看法。

虽

用在转折复句的前分句，当所在小句出现主语时，"虽"一般放在主语之后，未见置于主语之前的例子。

（1）此计虽好，只是羞人。今要报仇，说不得了。（初刻·卷六）

（2）玄宗虽崇奉道流，那惠妃却笃信佛教，各有所好。（初刻·卷七）

（3）是甚希罕东西，金银宝贝做的，值此价钱？我虽曾听见老爷与宾客们常说，真是千闻不如一见。（二刻·卷一）

（4）小人虽在湖海飘零，自信有此绝艺，不甘轻配凡女。（二刻·卷二）

虽然

表达功能和用法与"虽"一致，不同之处在于，"虽然"既可用于主语之后，也可用于主语之前。

（1）此子虽然怜俐，点点年纪，奢遮煞也只是四五岁的孩子。（二刻·卷五）

（2）幸德虽然跟着同去，票上无名，不好见官，只带得房氏当面。（二刻·卷十三）

（3）虽然杜生更觉可喜，魏兄也自不凡，不知后来还是那个结果好，姻缘还在那个身上？（二刻·卷十七）

（4）虽然老和尚先开方便之门，争似小阇黎漫领菩提之水！（初刻·卷二十六）

前二例"虽然"用在主语之后，后二例用在主语之前。
有时后分句还经常有副词"却"与之配合使用，增强句意的转折。例如：

（5）那裴氏女虽然贵家出身，却是落难之中，得相公救拔他的。（初刻·卷二十）

（6）元来滴珠先前虽然怕羞，走了进去，心中却还舍不得，躲在黑影里张来张去，看得分明。（初刻·卷二）

（7）虽然刘氏自有子孙，李尚书却自年年致祭，这教做知恩报恩。（初刻·卷二十）

（8）虽然夫人与同管家的分付众家人各处探访，却也并无一些影响。人人懊恼，没个是处。（二刻·卷五）

但

常表示事件或情况的转折。

（1）前日有负厚德，实切不安。但我辈道路如此，足下勿以为怪！（初刻·卷十八）

（2）此只讨得一半价钱，极是便宜的。但我家相公不在，一时凑不出许多来，怎么处？（初刻·卷六）

（3）极知此段良缘，出于先人成命，但媒妁未通，礼仪未备，奈何？（二刻·卷三十）

但是

同"但"。

（1）这神像耳孔，只有指头大小，但是饮食到来，耳孔便大起来。（初刻·卷四）

（2）只说些明明白白的现世报，但是报法有不同。看官不嫌絮烦，听小子多说一两件，然后入正话。（初刻·卷三十）

（3）这等，须与足下痛饮一回。但是家间窄隘无趣，又且不时有人来寻，搅扰杂沓，不得快畅。明日携此酒肴，一往郊外尽兴何如？（二刻·卷三十三）

只是

同样表示转折，但转折意味比"但是"稍弱，通常情况下先对某事物进行肯定，紧接着进行转折，表示对前述事物有所限制。

（1）多蒙妹子指教，足见厚情。只是远水救不得近火，小兄其实等不得那从容的事了。（二刻·卷三）

（2）小娘子模样尽好，正与相公厮称。只是相公要娶妾。必定有个正夫人了，他家却是不肯做妾的。（二刻·卷三）

（3）我去便要去，只是你岳父不在，眼下不得脱身。（初刻·卷八）

（4）那岛也若不甚高，不费甚大力，只是荒草蔓延，无好路径。（初刻·卷一）

（5）既然官人立意恳切，就相见一面也无妨。只是非亲非故，不过因对门在此，礼物往来得两番，没个名色，遽然相见，恐怕惹人议论。（二刻·卷十四）

转折连词的配合使用

以上用于前分句和后分句的转折通常可以搭配使用，构成"虽/虽然……但/但是/只是……"等句式。例如：

（1）法上虽是如此，但你孝行可嘉，志节堪敬，不可以常律相拘。（初刻·卷十九）

（2）凡人功名富贵，虽自有定数，但吾能前知，便可为郎君指引。
（初刻·卷四十）

（3）此计虽好，只是羞人。今要报仇，说不得了。（初刻·卷六）

（4）参将道："虽然你是个女中丈夫，是你去毕竟停当。只是万里
程途，路上恐怕不便。"（二刻·卷十七）

不过此类用例并不多见，与"虽、虽然"搭配使用时，下文更倾向于使用
副词"却"来表示转折之意。

4.1.10　目的连词

目的连词主要有"为、以便、免得、以免、省得"，用在目的复句的后分
句，表示希望达到的某种愿望或目的。

为

通常用在动词性成分之前，表示动作行为的目的。

（1）去年要到普陀进香，只为要求儿女，如今不想连儿女的母亲
都不见了，我直如此命蹇！（初刻·卷八）

（2）今日特为要见吾儿与媳妇一面，故此暂来，此后也不再来了。
（二刻·卷三十）

（3）有个朋友雷焕，也是博物的人，遂选他做了丰城县令，托他
到彼，专一为访寻发光动天的宝物，分付他道："光中带有杀气，此必
宝剑无疑。"（二刻·卷三）

（4）只为要保全你这淫妇，要我忍这样赃污！（二刻·卷十四）

以便

"以便"用在后分句之前，前分句表示实现某种目的需具备的条件，后分句
表示所要达到的目的。当所在分句出现主语时，"以便"用于主语之前。

（1）小弟慕足下尘外高踪，意欲结为兄弟，倘蒙不弃，伏乞见教
姓名年岁，以便称呼。（初刻·卷四十）

（2）有烦上下代禀一声，略求宽容几日，以便往回。（二刻·
卷一）

（3）老父有难，进京辨冤，故乔妆作男，以便行路。（二刻·卷
十七）

（4）足下不知，此皆州守大人主意，叫他写了以便令婿完姻的。
（初刻·卷二十九）

例（4）后分句出现主语"令婿"，所以"以便"用在该主语前面。

免得

"免得"用在后分句之前，表示前分句所要具备的条件，是为了免除后分句所造成的后果。当所在分句出现主语时，"免得"用于主语之前。

（1）索性抱了小冤家，同赴水而死，也免得牵挂。（二刻·卷十五）

（2）我们这样人家，就许了人，不过是村庄人户，不若送与他做了妾，扳他做个妇婿，支持门户，也免得外人欺侮。（二刻·卷十五）

（3）但得退婚，免得在下受累，那在乎这几十两银子！（初刻·卷十）

（4）小人却是无说话回他，六老遮莫做一番计较，清楚了这一项，也省多少口舌，免得门头不清净。（初刻·卷十三）

后三例中后分句均出现了主语"外人、在下、门头"，因此"免得"用在主语之前。

以免

同"免得"，仅1例。

真个把鬼来与他看看。等他信实是眼花了，以免日后之疑。（初刻·卷三十二）

省得

用法同"免得、以免"，口语色彩较浓。

（1）我而今且把他分付我的说话，一一写了出来，省得过会忘记了些。（二刻·卷十三）

（2）若得预知后来事，足可趋避，省得在黑暗中行，不胜至愿。（初刻·卷四十）

（3）不如趁早取了他去，省得有人来。（二刻·卷三十六）

（4）逃走是丫头的常事，走了也倒干净。省得我们费气力。（初刻·卷三十八）

（5）小人而今就回淮安，娘子可修一封家书，带去报与老爹、安人知道，省得家中不知下落，终日悬望。（二刻·卷六）

后二例后分句出现了主语"我们""家中"，因此"省得"用于主语之前。

4.2　《二拍》连词的表达系统

《二拍》连词的表达系统详见表 4-1。

表 4-1　连词表达系统

并列连词	与、同、和、并、及（以及）、兼、且
顺承连词	而、以、然后、于是
选择连词	或（或者）、还是
递进连词	不但、不唯（惟）、又且（亦且）、何况、况且、况
因果连词	表示原因：因、为、因为、为因、缘、既、既然
	表示结果：故、故此、因此、故尔、为此、所以、以致
假设连词	若、如、假若、假如、假使、倘、倘若、若使
条件连词	只要、不论、不管、除非、不然
让步连词	纵、纵然、纵使、即使
转折连词	虽、虽然、但、但是、只是
目的连词	为、以便、免得、以免、省得

第 5 章
助词

助词是一种独立性差、无实义的特殊虚词，是指附着在其他词、词组、句子上，起辅助作用的语助词，一般只表示各种语法结构关系和各种语气。汉语中的助词通常分为动态助词、结构助词、语气助词、概数助词、比拟助词、列举助词等。

5.1 《二拍》助词的类别与功能

5.1.1 动态助词

动态助词主要用来表示动作行为的状态或情貌。

了

（一）"了"可以表示动作行为或事件的完成和实现。这种情况下，"了"一般用在两种格式中。

第一种是"VP 了 O"格式。后面的宾语可以是普通名词性成分，也可以是表时量或动量的数量短语。例如：

（1）善甫稍歇，讨了汤，洗了脚，随分吃了些晚食，无事闲坐则个。（初刻·卷二十一）

（2）措置了些盘缠，别了家眷，冒冒失失，竟自赴任。（二刻·卷二十六）

（3）尽有到底成就的，起初时千难万难，挫过了多少机会，费过了多少心机，方得了结。（二刻·卷九）

（4）既有了娶娼之意，归家见了旧妻时，一发觉得厌憎，只管寻是寻非，要赶逐妻子出去。（二刻·卷六）

（5）我写一符与你拿去，贴在所卧室中，亟亟关了房门，切勿与人知道。（二刻·卷三十三）

以上各例的宾语均为名词或名词性词组。

（6）盘桓了几日，等待匠完工，果然裱得焕然一新。 （二刻·卷一）

（7）你令姊借你的身体，陪伴了我一年，如何你身子还是好好的？（二刻·卷二十三）

（8）子文又到馆中，静坐了一月有余，宗师起马牌已到。（初刻·卷十）

（9）叫了两声，推了两番，既不见声响答应，又不见身子展动。（二刻·卷三十三）

（10）归来与妻子说知，大家叹息了一回，商量还只是求他为是。（二刻·卷二十四）

例（6）—（8）的宾语为时量短语，例（9）—（10）的宾语为动量短语，均表示动作行为 VP 已完成。

第二种是"VP 了"格式。

（11）一日，爷儿三个多出去了，只留两个媳妇在家。（初刻·卷十六）

（12）家里老奶奶没有了，快请回去治丧！（初刻·卷十八）

（13）看的真是人山人海，挤得缝地都没有了。（二刻·卷五）

（14）侍女龙香姐十分乖巧，十分贤惠，仰慕已久了。 （二刻·卷九）

（15）小弟只得短价将房准了，凭众处分，找得三十两银子。（初刻·卷十五）

（16）韩赞卿到了海边地方，寻着了那个学吏，拿出吏部急字号文凭与他看了。（二刻·卷二十六）

例（16）前两个小句分别使用"V 了 O"格式，最后一小句使用"V 了"格式，均表示动作行为已实现。

无论用于以上哪一种格式，有时"了"所在分句都能与后分句之间构成时间上的先后关系，"了"所在分句在先，后一分句紧接着说明其后发生之事。

（17）去了一会，院长来了，回说详细。（二刻·卷十四）

（18）裴越客得了张家之信，吃了一惊，……（初刻·卷五）

（19）说时迟，那时快，那举子的马在火光里，看见了死虎，惊跳不住起来。（初刻·卷三）

（20）我自采花，他不知那里走将来，撞见了，反说我偷他的花，被我抢白了一场。（二刻·卷九）

表示先后关系时，句中有时还会出现明确表示时间先后的词语，如"后、之后"等。

（21）刘生道："若得官，当在何处？"李老道："禄在大梁地方。得了后，你可再来见我，我有话说。"（初刻·卷五）

（22）做了夫妻之后，时常与素梅说着那事，两个还是打喋的。（二刻·卷九）

有时"了"还可用于对未然事件的陈述，表示假设未然事件已完成或已经有了结果。

（23）……不必性急，且待明日相见过了，再作道理。（二刻·卷三）

（24）人若欺心，就骗过了圣贤，占过了便宜，葬过了风水，天地原不容的。（二刻·卷十二）

（25）等丹成了，我与你平分便是。（初刻·卷十八）

（26）女儿不忍，毕竟将来同葬了，要知他们阴中也未必相安的。（二刻·卷六）

"了"在句中还常常与表示完成的副词"已、已经"共现。

（27）经已取来了，如何送进去？（二刻·卷一）

（28）家中已聘下了夫人，只等官人荣归毕姻。（二刻·卷九）

（29）罪案已成，太爷昨日已经把你发放过了。今日只得复审一次，便可了事。（初刻·卷十四）

（30）女人家犯淫，极重不过是杖罪，况且已经杖断过了，罪无重科。（二刻·卷十二）

（二）"了"还可以表示事物或事件的某种状态，一般位于句尾。

（31）孩儿行路劳顿，不须如此。我两口儿年纪老了，真是风中之

烛。（初刻·卷三十三）

（32）小妇人该死！负了亲儿，今后情愿守着儿子成人，再不敢非为了。（初刻·卷十七）

（33）若是小店内失窃了，应该小店查还。今却是车户走了，车户是客人前途雇的，小店有何干涉？（二刻·卷二十一）

（34）若小姐果活了，放了出来，棺中所有，当与师辈共分。（初刻·卷九）

例（31）表示事物的已然状态，即年纪变老了；例（32）表示事物的将然状态，即今后不再非为；而例（33）和（34）均为假设事件的已然状态。

着

"着"用于动词之后，表示动作行为的持续或表示正处于某种状态，通常用于两种格式中。

（一）一种是"V 着 O"格式，动词后面带宾语，表示某动作行为正在持续，或其导致了某种状态的延续。

（1）王吉前面挑着行李什物，林善甫后面行，迤逦前进。（初刻·卷二十一）

（2）店小二忙摆着案酒，仲任一看，吃了一惊。（初刻·卷三十七）

（3）拜罢起身，噙着一把眼泪，抱着一腔冤恨，忍着一身羞耻，沿街喊叫。（初刻·卷二十）

（4）只见几个粗腿大脚的汉子赤剥了上身，手提着皮挽，牵着五七匹好马，在池塘里洗浴。（二刻·卷八）

（5）小道人自和一二个相识尾着众人闲话而归。（二刻·卷二）

（6）（郭信）戴着一顶破头巾，穿着一身蓝褛衣服，手臂颤抖抖的叙了一个礼，整椅而坐。（二刻·卷二十二）

以上例中出现的一系列动作行为"挑、摆、噙、抱、忍、提、牵"在"V着 O"格式中均为持续状态，例（6）中的动词"戴、穿"虽然只是短时动作即可完成，但用在"V 着 O"格式中能体现出该动作所导致的状态的延续，即头巾一直戴在身上，衣服一直穿在身上。

（二）另一种是"V 着"格式，动词后面不带宾语，多用于陈述已然事件，表示某种动作行为正在持续。

（7）那两扇门，一扇关着，一扇半掩在那里。（初刻·卷十二）

（8）功父看得浑身打颤，呆呆立着。（二刻·卷二十）

（9）欲待一口气走了去，一来雨黑，二来单身不敢前行，只得忍气吞声，耐了心性等着。（初刻·卷十二）

（10）卜良恐怕有人见，不敢随来，元在房里躲着。（初刻·卷六）

（11）门前有两个人，一男一女打扮，并肩坐着。（二刻·卷六）

"着"还常用于存现句中，表示某处存在某物，这更能说明"着"表持续的语法意义。例如：

（12）门阑上贴着两片不写字的桃符，坐墩边列着一双不吃食的狮子，虽非天上神仙府，自是人间富贵家。（二刻·卷六）

（13）桌上明晃晃点着一枝高烛，中间放下酒榼一架，一个骰盆。（二刻·卷八）

（14）左右立着两个年少标致的将军，一个是萧韶，一个是陈鹦儿，各拿一把小七星皂旗。（初刻·卷三十一）

（15）旁边站着一个童儿，叫名小竖，（二刻·卷六）

（16）客店相对有一小宅院，门首挂着青帘，帘内常有个妇人立着，看街上人做买卖。（二刻·卷十）

有时"着"也可用在未然事件中，假设未然动作行为的持续。例如：

（17）假如那王孙公子，倚傍着祖宗的势耀，顶戴着先人积攒下的钱财，不知稼穑，又无甚事业，只图快乐，落得受用。（初刻·卷二十）

"V着O"和"V着"格式还可用在连谓结构中，充当连谓结构的前一部分，主要表现如下。

其一，表示伴随或方式，即后一动作行为VP在前一动作或状态的伴随下进行，或后一动作行为以某种方式进行。例如：

（18）一边吩咐排饭，一手拽着翰林到西堂来。（二刻·卷三）

（19）果然知观在门外，呆呆立着等候。（初刻·卷十七）

（20）夫人惊慌抽身急回，噙着一把眼泪来与相公商量，……（二刻·卷五）

（21）翰林终日如痴似狂，拿着一管笔写来写去，茶饭懒吃。（二刻·卷三）

（22）门还未关，推将进去，却是一个老者靠着桌子诵经，见是个僧家，忙起身叙了礼。（二刻·卷一）

其二，表示目的，即后一动作行为是前一动作行为的目的。

（23）适间讲过要留着自用，不得卖了。（初刻·卷一）

（24）单留着直生问说备细。（初刻·卷十三）

其三，表示正反两个方面，即前后两个动作行为是相反关系。

（25）手头用来用去的，只是那散碎银子若是上两块头好银，便存着不动。（初刻·卷一）

（26）坐到夜深，悄自走去看看，腰门掩着不拴，后门原自关好上锁的。（初刻·卷十七）

（27）打个呵欠，倒头睡下。玄宗只是瞧着不作声。（初刻·卷七）

过

"过"通常用在动词之后表示曾经做过某事，主要有两种用法。

（一）一种是"V 过"格式，动词 V 不带宾语，"V 过"在句中主要作谓语。

（1）前日已奉告过，委实还了施主家了。而今还那里再有？（二刻·卷三十六）

（2）今日郎君与妹子成亲过了，妾所以才把真面目与郎相见。（初刻·卷二十三）

（3）问着五年前这家，茫然不知。邻近人也多换过了，没有认得的。（二刻·卷二十九）

有时"V 过"也可作定语。

（4）弟子们说过的话，毫厘不敢人己，尽数送与先生，见弟子们一点孝意。（二刻·卷二十六）

（5）至于洗过的衣服，决不肯再着的。（二刻·卷二十二）

（6）任生见了歌姬，不觉想起内里相交过的这几位来，心事怏快，只是吃酒，被灌得酩酊大醉。（二刻·卷三十四）

这几例中，"说过、洗过、相交过"所修饰的定语中心语实际上就是动作行为所作用的对象，即动词宾语，只是在句中加上定语标记"的"后，整体变成了定中结构"V 过的 O"。

（二）第二种是"V＋过＋O"格式，动词后面带宾语。

（7）住持送过茶了，众僧正分立两旁。（初刻·卷二十六）

（8）翰林接着道："师父见过家姑了？"妙通道："是见过了。"（二刻·卷三）

（9）商卿晓得前事，他受过折挫，甚觉可怜。（二刻·卷十二）

这两种格式在使用中，动词前可出现表示曾经的副词"曾"，与之共现。例如：

（10）阿四见家主与朋友们戏虐，<u>曾说过</u>，故此学得这句话，骂那和尚。（初刻·卷三十四）

（11）我<u>曾读过</u>野史，死人能起，唤名尸蹶，也是人世所有之事。（二刻·卷十三）

"过"有时还可表示动作行为已完成或实现。例如：

（12）就把密书并辛氏休状与幼谦<u>看过</u>，说知备细。（初刻·卷二十九）

（13）把马一扑，攒风的一般，前后左右，都<u>跑过</u>了。（初刻·卷三十一）

（14）陈林<u>吃过</u>了，丢儿又兜一碗送马绥吃。（初刻·卷三十一）

将

动态助词"将"主要出现在"V＋将＋趋向补语"格式中，用来表示动作行为的完成或实现，其中的趋向补语包括"来、去、过来、过去、进来、进去、出来、下来、入来"等。

（1）回头看一看后面，只见其人跟跟跄跄，大踏步<u>赶将来</u>，一发慌极了，乱跑乱跳。（初刻·卷三十六）

（2）走近前来，连打了几拳，<u>一手推将去</u>。（初刻·卷十一）

（3）墙里边一个女子，攀了墙<u>跳将出来</u>，映着雪月之光，东廊僧且是看得明白。（初刻·卷三十六）

（4）只见那一个人负得在背，便在人丛里乱<u>挤将过去</u>，（二刻·卷五）

（5）正嗟叹间，只见门外一个老姥<u>走将进来</u>，手中拿着一个小榼儿。（二刻·卷十七）

（6）那大姓委实受冤，心里不伏，到上边监司处再<u>告将下来</u>，仍发崇安县问理。（二刻·卷十二）

（7）一个人早<u>闪将入来</u>，丫鬟随关好了门。（初刻·卷十七）

该格式中有时还会插入宾语，构成"V＋将＋O＋趋向补语"。例如：

（8）刘老<u>寻将一个媒妈来</u>，对他说女儿翠翠要许西边金家定哥的说话。（二刻·卷六）

（9）就掣一枝签，唤将薛妈来，薛妈慌忙来见太守。（二刻·卷七）

（10）正在疑心之际，只见前面走将一个老年的人来，……（初刻·卷三十三）

（11）惟有中门内前廊壁间挖一孔，装上转轮盘，在外边传将食物进去。（二刻·卷三十四）

有时该格式还会出现如下情形，试比较：

（12）逐渐把窖里埋的，又搬将过去，安顿好了。（初刻·卷三十五）

（13）老嬷只得又走将过对门去。（二刻·卷二）

例（12）是动词"将"直接和趋向补语"过去"组合，而例（13）的趋向补语"过去"被拆开了。其中插入了由方位名词充当的宾语，原因在于，当趋向补语为双音节动词时，习惯上将宾语插入该双音趋向动词的两个语素之间，实际上该结构还相当于"V＋将＋O＋趋向补语"。

再比如：

（14）只见冢外推将一物进孔中来，张生只闻得血腥气。（初刻·卷三十六）

该例动词后面接了两个宾语：受事宾语和处所宾语，实际上就是在例（13）格式的基础上又添加了一个受事宾语，相当于"把一物推进孔中来"，结构本身并未发生实质性改变。

来

通常用于句尾，表示某事件曾经发生过，且已经在过去完成，可以是已经发生的事实，也可以是假设已经发生的事实。

（一）表示已经完成某事。

（1）一个老婆，被小子棋盘上赢了来，今番须没处躲了。（二刻·卷二）

（2）哥哥怎生对你说来？（二刻·卷四十）

（3）张生见了，吃惊道："我昨夜见的是什么来？如何马、驴、从奴俱在？"（初刻·卷三十六）

有时还与表曾经义的副词"曾"共现。

（4）既是曾见箭上字来，可记是否？（二刻·卷十七）

（5）他说道原只说自当重报，并不曾应承甚的来。（二刻·卷二）

（6）我梦如此，早知你不得中。只是你曾做了甚欺心事来？（初刻·卷三十二）

（二）假设已经完成某事。

（7）倘若小生写来，未必有如此妙绝，悔之何及？（二刻·卷二）

（8）这几时拘系得紧了，看他恍恍惚惚，莫不生出病来。（二刻·卷三十八）

（三）表示将要完成某事。

（9）况如此进来，无人知觉。先生不必疑虑，且到房中去来。（二刻·卷三十四）

（四）假设将要完成某事。

（10）此后楼上若点起三个灯来，便将竹梯来度你进来……（初刻·卷二十九）

去

《二拍》中动态助词"去"的用例不多，也用来表示事件的完成或实现。

（1）仲任道："我死去几时了？"乳婆道："官人正在此吃食，忽然暴死，已是一昼夜。……"（初刻·卷三十七）

（2）若卖了他去，省了一个口食，又可得些银两用用。（二刻·卷二十二）

例（1）的"死去几时了"相当于"死了几时了"，表示"死"这一动作行为在过去已经发生；例（2）表示假设"卖"这一行为已经完成。

5.1.2　结构助词

地

"地"是状语的标记，通常用在谓语前用来修饰动作行为，"地"前面的状语多为形容词重叠式"AA 式"或"ABB 式"。例如：

（1）巫娘子自己暗暗地祷祝，赵尼姑替他通诚，……（初刻·卷六）

（2）仍旧望墙回丢了进去，走开十来步，远远地站着，看他有何动静。（初刻·卷十二）

（3）慢慢地踱过对门下处来，真是一点甜糖抹在鼻头上，……（二刻·卷十四）

（4）慧澄笑嘻嘻地提了两囊珠子，竟望狄夫人家来。（初刻·卷六）

（5）……听你房中静悄悄地不闻一些声响，我怪道你这样睡得熟。（二刻·卷三十七）

也有不少普通形容词作状语的。例如：

（6）平白地要谋奸人妻子，原不是良人行径，这人命自然是程某抵偿了。（二刻·卷十八）

（7）心中惊惧，思要首官，诚恐官司牵累，当下悄地拿到家中，埋在后园了。（二刻·卷二十八）

（8）老婆子战战兢兢地道："是甚好物事呵？"（初刻·卷三）

还有些作状语的成分是拟声词，用来模拟后面动作行为的声音。

（9）摸了几摸，哈哈地笑了一声，睡下去了。（初刻·卷一）

（10）李信扑地一掌打过去道："我把你这瞎眼的贼秃！我是斋公么？"（二刻·卷二十一）

个别情况下还有副词作状语的，表示某种状态或方式。例如：

（11）一向动不得的，如今忽地走将起来！（二刻·卷二十三）

的

结构助词"的"既可用作定语标记，也可用作状语标记。

（一）"的"作定语标记时，用在定中结构中连接修饰语和定语中心语。其修饰的中心语可以是名词性成分，也可以是谓词性成分。

"的"所连接的定中结构在句中可作主语。

（1）那些贩米的客人，见官价不高，也无想头。（二刻·卷一）

（2）小道人道："说过的话怎好赖得？"（二刻·卷二）

也可作动词宾语或介词宾语。例如：

（3）大姓睡梦之中，说是自家新做的坟，一看就明白的。（二刻·卷十二）

（4）有何事故，说这等不祥的话？（初刻·卷六）

（5）滴珠父母误听媒人之言，道他是好人家，把一块心头的肉嫁了过来。（初刻·卷二）

（6）自来拿个篮秤，到市上用自己的碎银子，买些东西，无非是鸡鹅鱼肉，时鲜果子点心回来。（初刻·卷三十一）

有时该定中短语还可独立成句。例如：

（7）我的亲娘！有什么好说话，对我说罢。（二刻·卷九）

（8）尼姑也笑道："好一个老脸皮的客人！"（二刻·卷二十一）

"的"还可用来组成名词性"的"字短语，在句中常作主语或宾语。

（9）所以在行的道："偷得着不如偷不着。"（二刻·卷九）

（10）当初图我产业，不肯找我银子的是你！今日占住房子，要我找价的也是你！（初刻·卷十五）

（11）看官不知，那冤屈死的，与那杀人逃脱的，大概都是前世的事。（初刻·卷十一）

（12）又寻进去，见房内又杀死小尼。一个是劈开头的，一个是砍断喉咙的。（初刻·卷六）

（13）这要挨查凶身不难，但看城内城外有断舌的，必是下手之人。（初刻·卷六）

（二）"的"作状语标记时，用在状中结构中连接修饰语和状语中心语，用法与"地"类似。例如：

（14）马氏微微的笑道："若果然依得这一段话时，想这千金有甚难处之事？"（初刻·卷十五）

（15）巴巴的盘到了三年，本利却好一个对合了，卫朝奉便着人到陈家来索债。（初刻·卷十五）

（16）只见主人走将进去了一会，笑嘻嘻的走出来，……（初刻·卷一）

（17）应捕到了寺门前，雄纠纠的走将入来，……（二刻·卷一）

（18）只见十余个强人，将红朱黑墨搽了脸，一拥的打将入来。（初刻·卷十一）

（19）众人看见，又好笑，又好怪，半信不信的一带儿坐下了。（初刻·卷一）

之

"之"是定语标记，相当于"的"，只是"之"更具有文言色彩。"之"后面的中心语多为单音词，大概是结构层次上的韵律使然，单音节中心语与前面的"之"组成双音形式，读起来更精炼。

（1）足下之棋也算高强，可见上国一斑矣。（二刻·卷二）

（2）只有一件，一向承兄过爱，慕兄之心非不有之。（二刻·卷十七）

（3）此必是寺中祖传之经，只为年荒将来当米吃了。（二刻·卷一）

（4）今将拣个好日子分与尔等，每人一对，做个镇家之宝。（初刻·卷一）

（5）奴是清清白白之人，从来没半点邪处，……（二刻·卷二）

"之"后的中心语也偶有双音节的，但用例不多。例如：

（6）此则作者之苦心，又出于平平奇奇之外者也。（二刻·序）

（7）不念我之双亲，不恤我之二子。（二刻·卷十一）

（8）在妾便自甘心，却累了郎之清德，妾罪大矣。（二刻·卷二十三）

（9）醉的如迷花之梦蝶，醒的似采蕊之狂蜂。（二刻·卷三十八）

得

结构助词"得"在句中是补语标志。

（一）"得"可以引出结果补语，表示动作行为的实现、完成，这时"得"本身是结果补语，用在"V＋得"格式中。

（1）高宗听得，甚是惨然。（初刻·卷二）

（2）王生闻得，满心欢喜，却似醍醐灌顶，甘露洒心，病体已减去六七分了。（初刻·卷十一）

（3）还有一千两用钱，未曾分得，却是如何？（初刻·卷一）

（4）不数年，把个家事干圆洁净了，连妻子也不曾娶得。（初刻·卷一）

有时后面还添加动词宾语，即"V＋得＋O"。

（5）宣教听得此言，惊中有喜，恨不得天也许下了半边，……（二刻·卷十四）

（6）及到依他所说的某处取得千金在手，却就转了念头道：……（初刻·卷十四）

（7）正急得没出豁，只听得林间树叶窣窣价声响。（初刻·卷四）

有时也有"VP＋不得"的用法，表示动作行为未完成或未实现。

（8）我瞒你不得，其实隔绝此事多时，忍不住动火起来。（初刻·卷三十四）

（9）若毕竟请雨不得，岂不在杀无辜？（初刻·卷三十九）

（二）"得"还可以引出可能补语，这种情况下，"得"表示某动作行为是否可能完成、实现，或者某人是否有能力完成某事。大体有三种情况。

第一种是"V＋得＋C（结果）"格式，表示有能力做成某事，"得"后面的补语指动作行为所产生的结果。

（10）至如袁盎官居近侍，来、岑身为大帅，武相位在台衡，或取之万众之中，直犹之犓稽之下，非有神术，怎做得成？（初刻·卷四）

（11）这两日闻得城门上堤防甚紧，却是人山人海，谁识得破？（二刻·卷四十）

（12）女人不打紧，只怕申春这厮未睡得稳，却是利害。（初刻·卷十九）

其否定形式为"V＋不＋C（结果）"，表示不能完成某事。

（13）赵聪却睡不稳，清眠在床。只听得房里有些脚步响，疑是有贼，却不做声。（初刻·卷十三）

（14）我到官去告你因奸致死，看你活得成活不成！（二刻·卷三十五）

例（14）是肯定形式"V＋得＋C"与否定形式"V＋不＋C"连用，表示从正反两面来对某事能否实现有所疑问。

第二种是"V＋得＋C（趋向）"格式，"得"后面的补语是表示趋向的成分，通常由趋向动词充当，如"上、下、进、出、来、去、进来、下去、上去、出来、出去"等，表示某动作行为可能完成。

（15）只要师父抬举他一分，老身也放心得下。（初刻·卷三十四）

（16）等闲也不开进去，终日是关着的，也不曾有第二个人走得进。（初刻·卷二十六）

（17）事体是做得来的，在下手中也弄过几个了。（初刻·卷二十二）

（18）妈妈听了声音，再看面庞，才认得出。（初刻·卷三十四）

（19）除是至亲骨肉终日在面前的，用意体察才看得出来，也算是十分象的了。（初刻·卷二）

（20）这墙垣高峻，岂是人走得上去的？（二刻·卷三十四）

其否定形式为"V＋不＋C（趋向）"。

（21）如取不来，连你也是一顿好打！（二刻·卷三十六）

（22）沈将仕身边有物，<u>放心不下</u>，叫个贴身安童背着一个皮箱，随在身后。（二刻·卷八）

（23）众人看了，惊得目睁口呆，伸了舌头<u>收不进来</u>。（初刻·卷一）

（24）奴家文义浅薄，<u>解不出来</u>，求员外明言。（二刻·卷四十）

有时这两种格式后面还可以加动词的宾语，即"V＋得＋C＋O"格式，相应的否定形式为"V＋不＋C＋O"。

（25）若一发钩搭<u>得上手</u>，方是心满意足的事。（初刻·卷十八）

（26）汉州又远，料那边多是孤寡之人，谁<u>管得到这里的事</u>？（二刻·卷七）

（27）金老夫妻道："……只是家下委实贫难，那里<u>下得起聘定</u>？……"（二刻·卷六）

（28）女子看见是南边官人，心里先自凄惨，呜呜咽咽，<u>吹不成曲</u>。（二刻·卷七）

（29）……恐怕做错了生意，折了重本，<u>看不上眼</u>，不是算了，……（二刻·卷一）

（30）还亏得李将军是武夫粗卤，<u>看不出机关</u>，毫没甚么疑心，……（二刻·卷六）

以上各例中，例（25）表示肯定，例（26）（27）虽然也为肯定形式，但却出现在反问句中，实则以反问形式来表示否定之意，例（28）—（30）均表示否定。

第三种是"V＋得（＋O）"，也表示有能力完成某事。例如：

（31）小僧静修已久，眼光颇清。若见其人，自然<u>认得</u>。（初刻·卷三十六）

（32）只说买红花，问了街上人，<u>晓得红花之事</u>，多是他三管家姓纪的掌管。（二刻·卷四）

（33）陈秀才又<u>吟得诗</u>，<u>作得赋</u>，做人又极温存帮衬，合行院中姊妹，也没一个不喜欢陈秀才的。（初刻·卷十五）

其否定形式有三种。第一种是"V＋不得（＋O）"格式。

（34）老汉直如此命薄，<u>消受不得</u>！（初刻·卷一）

（35）但道途阻塞，人口牵连，<u>行动不得</u>。（二刻·卷二十四）

（36）就寻着了旧路，也<u>上去不得</u>，如何归去？（二刻·卷二十四）

（37）不想自此之后，喇虎浑身生起癞来，<u>起床不得</u>。（二刻·卷三十一）

（38）总有家法极严的，铁壁铜墙，提铃喝号，防得一个水泄不通，也只<u>禁得他们的身</u>，<u>禁不得他们的心</u>。（二刻·卷三十四）

（39）相传此经值价不少，徒然守着他，<u>救不得饥饿</u>，真是戤米囤饿杀了，把他去当米，诚是算计。（二刻·卷一）

（40）你没工夫，随分着个徒弟来相伴，我<u>耐不得独自寂寞</u>。（初刻·卷十七）

第二种是"V＋O＋不得"格式，即动词宾语紧跟在动词之后。

（41）他妻子是扶不起的了，若是自己出名，<u>告他不得</u>。（二刻·卷三十一）

（42）他盼望久了的，也<u>怪他不得</u>。（二刻·卷十七）

第三种是"不＋V＋得（＋O）"格式。

（43）甚么白侍郎黑侍郎，便道我们<u>不认得</u>？（二刻·卷一）

（44）人家便认得，却是<u>不晓得</u>姓名，也<u>不晓得</u>地方，又来得路远了，不记起在那一边。（二刻·卷五）

有时还有肯定形式"V＋得"与否定形式"V＋不得"连用的情况，即"V＋得＋V＋不得"，表示对动作行为能否实现而存疑。例如：

（45）<u>做得做不得</u>，且说来！（初刻·卷六）

（46）臣不敢自夸其能，也未知<u>取得取不得</u>，只叫三藏开来看看便是。（初刻·卷七）

（47）等强盗执着江溶时，你可替他折证，看他<u>认得认不得</u>。（二刻·卷十五）

（三）"得"还可以引出状态补语，用在"V＋得＋C（状态）"格式中，"得"后面的补语多由形容词或动词性成分充当。

（48）连徐达看见，也<u>吓得呆</u>了。（二刻·卷二十五）

（49）只见那闻人生逸致翩翩，有出尘之态。静观注目而视，<u>看得仔细</u>。（初刻·卷三十四）

（50）乡客见他<u>说得荒唐</u>，又且利害，越加忿怒，不听而去。（二刻·卷三十三）

（51）刚是揭开头一张，<u>看得明明白白</u>的。（二刻·卷一）

（52）灿若急急回来，进到里面，抚尸恸哭，几次<u>哭得发昏</u>。（初刻·卷十六）

（53）县官点头道："<u>说得有理</u>。"（二刻·卷二十五）

（54）仔细看了蒋震卿一看，这一惊可也不小，<u>急得忙闪了身子开来</u>。（初刻·卷十二）

有时后面的补语还可以是主谓结构，用来形容某种性质或状态。

（55）那李县令<u>气得目睁口呆</u>，大喊道："成何事体！成何事体！"（初刻·卷五）

（56）只见钱已如此做作，<u>惊得魂不附体</u>，口里只念阿弥陀佛。（二刻·卷二十五）

结构助词"得"作补语用在"V 不得"格式中时，还有一些习惯用法，如"巴不得、恨不得、怪不得、免不得、算不得"等。

（57）我是女人家，又是孑身孀居，<u>巴不得</u>依傍着亲眷。（二刻·卷二十）

（58）越客<u>恨不得</u>肋生双翅，脚下腾云，一眨眼就到定州。（初刻·卷五）

（59）<u>怪不得</u>闻俊卿道自己不好说，元来有许多委曲。（二刻·卷十七）

（60）我的儿，就是鬼，我也<u>舍不得</u>放你了！（初刻·卷九）

（61）若要卖身，虽然如此娇姿，不到得便为奴作婢，也<u>免不得</u>是个偏房了。（初刻·卷二十）

这些习惯用法后来逐渐在口语中固定下来。

5.1.3　语气助词

语气助词所表示的语气可分为四种：陈述、疑问、感叹、祈使。

5.1.3.1　陈述语气助词

也

用于判断句，表示肯定、确认语气，具有较浓厚的文言色彩。

（1）我岂不知？只为难舍着你，故此强与众欢，非吾愿也。（初刻·卷三十四）

（2）我这家正要泥坯，讲倒价钱，吾自来挑也。（初刻·卷三十五）

（3）今日之贵，实由于此。非学生有误也。（初刻·卷二十一）

（4）些须田业，不足恋也。（二刻·卷二十二）

矣

用于陈述句，表示肯定语气，具有较浓厚的文言色彩。

（1）自此当永图偷聚，虽极乐而死，妾亦甘心矣。（二刻·卷三十四）

（2）夜已向深，郎与夫人可以就寝矣。（二刻·卷三十七）

（3）二十载恩情，今长别矣。（初刻·卷二十）

（4）侄子母孤孀，得延残息足矣。（初刻·卷二十）

（5）慎之！慎之！莫对人言，我亦从此逝矣。（二刻·卷二十九）

的

用于句末，加强肯定语气，其功能相当于现代汉语中的句末语气词"的"。

（1）况且他有的是钱财，官府自然为他的。（初刻·卷十）

（2）小人在阳间与他争讼不过，只得到南岳大王处告这状的。（二刻·卷十六）

（3）况且妇人家阴性专一，看上了一个人，再心里打撇不下的。（初刻·卷十七）

（4）那晓得他自有一副肚肠藏在里头，不与人知道的。（二刻·卷七）

呢

"呢"可用在陈述句中，表示肯定，比较常见的用法是"便是呢"。例如：

（1）赵尼姑趁着机会，扯着些闲言语，便道："大娘子与秀才官人两下青春，成亲了多时，也该有喜信生小官人了。"巫娘子道："便是呢！"（初刻·卷六）

（2）金朝奉叹口气道："便是呢，我女儿若把与内侄为妻，有甚不甘心处？"（初刻·卷十）

么

"么"用在陈述句中，表示肯定。

（1）我如今就是这样发行去卖，有人认出，反为不美，不如且载回家，打过了捆，改了样式，再去别处货卖么。（初刻·卷八）

（2）这不是自己一念坚切，精灵活现么！（初刻·卷四十）

（3）许公听了和尚之名，跌足道："是了，是了，'土上鹿走'，不是'尘'字么！他住在那寺里？"（二刻·卷二十一）

后二例虽然句尾使用了感叹号，但全句为陈述语气，表示肯定之意。

呀

常用于表肯定的判断词"是"后面，表示对对方提问的肯定回答。

（1）是呀，马家小娘子被人杀死，有张失单，多半是头上首饰。（初刻·卷三十六）

（2）是呀，是呀。我府中果有一个小娘子姓刘，是淮安人，……（二刻·卷六）

偶尔也用在表称谓的名词后面，在呼唤的同时表达语气。

（3）儿呀，今日不得不说与你知道。（初刻·卷三十三）

时

常用于复句的前分句句末，表示语气上的停顿，以用于假设复句前分句的情况最为常见。例如：

（1）若只是这六百两时，便认亏些准了；不然时，只将银子还我。（初刻·卷十五）

（2）我又不等屋住！若要找时，只是还我银子。（初刻·卷十五）

（3）若说与这番说话，不肯依时，就再无别路了。（初刻·卷三十七）

（4）说便去说，万一讨得骂时，须要你赔礼。（二刻·卷二）

（5）若要号衣用时，我在戏房中借一付与你。（二刻·卷四十）

也可用于解说复句和因果复句的前分句。例如：

（6）举子暗里看时，却是一个黑长妇人。（初刻·卷三）

（7）既蒙壮士不弃小人时，乞将同行众人包裹行李见还，早回家乡，誓当衔环结草。（初刻·卷八）

5.1.3.2　疑问语气助词

呢

常用在疑问句句尾，表示疑问。

（1）周秀才道："老员外呢？"陈德甫道："近日死了。"（初刻·卷三十五）

（2）凤生道："在几时呢？"龙香笑道："在明年。"（二刻·卷九）

（3）况船家是此间人，必知利害，何妨得呢？（初刻·卷二十七）

呀

常用在疑问句句尾，表示疑问。

（1）岸上走的人，都拢将来问道："是甚么好东西呀？"（初刻·卷一）

（2）老婆子战兢兢地道："是甚好物事呀？"（初刻·卷三）

（3）今事已至此，说不得了，只得随他去。只是怎生发付杨二郎呀？（二刻·卷三十八）

焉

"焉"用于疑问句的例子不多，只偶见几例。

（1）子有余财，而使父贫为盗，不孝明矣！死何辞焉？（初刻·卷十三）

（2）毙之足矣，情何疑焉？立案存照。（初刻·卷六）

5.1.3.3　感叹语气助词

哉

通常用于感叹句中，句中谓语多为形容词性成分，即"Adj 哉"。例如：

（1）妙哉！不惟高义，又见高识。（二刻·卷十）

（2）轩辕翁住了经不念，口里叫声道："怪哉！"（二刻·卷二十四）

有时"哉"还经常和谓语一同前置于句首，突出强调语气。

（3）是，是，是。快哉李君，明悟若此！（初刻·卷十九）

（4）一时之死，千秋之名。哀哉尚飨！（二刻·卷三十一）

（5）奇哉此童！不知自何处而来。（二刻·卷二）

这几例中谓语连同语气词"哉"前置于句首，有突出强调的作用，原句实则为"李君快哉""尚飨哀哉""此童奇哉"。

"Adj 哉"还经常反复使用，突出表达感叹语气。例如：

（6）奇哉，奇哉！吓杀我也！（二刻·卷四十）

（7）哈哈大笑道："妙哉！妙哉！"（初刻·卷一）

（8）怪哉！怪哉！此封恰与张尚书家的命数，正相符合。（初刻·卷五）

（9）壮哉！壮哉！然此事却非容易。（初刻·卷十九）

"哉"也可用在反问句中表示感叹，常用固定句式为"岂……哉"。

（10）今果有绣衣公与胡生，岂不奇哉！（初刻·卷三十二）

（11）此人不论后日，只据目下，乃是一金带武职官，岂宅上服役之人哉？（初刻·卷二十一）

（12）若一到彼地，你自有家，我自有室，岂能常有此乐哉！（二刻·卷七）

（13）今家宠召，小子所望，岂在酒食之类哉？（二刻·卷十四）

矣

用于感叹句句末，增强感叹语气。

（1）叹一声道："我命休矣！"（初刻·卷四）

（2）公言差矣！此正吾道所谓不居其名也。（初刻·卷四）

（3）张尚书叹道："李知微之言，验矣！"（初刻·卷五）

（4）今老母已死，方寸乱矣！（初刻·卷十八）

（5）今幸已成房立户，我愿已完矣！（二刻·卷三十）

也

用于感叹句，表示感叹语气。例如：

（1）岂知此一场鬼怪之事，却勘出此一案来，真奇闻也！（二刻·卷十三）

还常用于反问句"岂……也"中，增强感叹语气。

（2）我今日还魂，岂不快活也！（二刻·卷十六）

哩

用于感叹句中，表示肯定或感叹之义。

（1）依文先生手势，敢象要一万哩！（初刻·卷一）

（2）你身是女子，出口大易，有好些难哩！（二刻·卷三十一）

（3）今在绝岛中间，未到实地，性命也还是与海龙王合着的哩！（初刻·卷一）

177

（4）只为欺死鬼无知，若是见了显灵的，可也害怕哩！（二刻·卷十三）

（5）俺怎生没后代？现有姐姐、姐夫哩。（初刻·卷三十八）

呀

常用在感叹句中，增强感叹语气。

（1）只见那个人接上手，颠了一颠道："好东西呀！"（初刻·卷一）

（2）潘婆到官来，见了假滴珠道："好媳妇呀！……"（初刻·卷二）

（3）来魅吾的，是这个妖物呀！（二刻·卷二十九）

（4）我的亲夫呀！你怎知我心事来？（二刻·卷六）

么

"么"有时也用在感叹句中，表示感叹语气。

（1）好怪么！那里说起？又接着昨日的梦，身做高官，……（二刻·卷十九）

（2）你看我老昏么！不曾办得早饭。办不及了，怎么处？（初刻·卷六）

（3）……可知道你受人买瞩来害江溶，原不曾认得江溶的么！（二刻·卷十五）

5.1.3.4 祈使语气助词

罢

用于祈使句句末，一般表示命令或建议，语气较为缓和。

（1）上岸去，路不多远，我们认得的，你自去罢。（初刻·卷八）

（2）便是我们舍个头痛，替他胡乱还些罢。（初刻·卷十三）

（3）略停几时，等我众人上了岸，凭好汉处置他罢。（初刻·卷十四）

（4）既如此说，侄儿取了一半去，伯伯留下一半别用罢。（二刻·卷二十六）

么

用于祈使句句末，表示委婉的建议。

（1）众人道："是一个死了的胡子，那里是新人？你看么！"（二

刻·卷二十五）

（2）怎么有这等事！姐姐有心得到这时候了，凤官人毕竟转来，还在此等他一等么。（二刻·卷九）

（3）娘子你听么，卖酒的哥哥说，你们这等饥寒，何不把小孩子与了人？他有个人家要。（初刻·卷三十五）

5.1.4　其他助词

5.1.4.1　概数助词：余、多、来

这三个助词均表示超过某一数量。

余

一般用于非个位的位数词之后，表示略多于某数。主要有以下几种格式。

（一）"数＋余（＋量）（＋N）"格式。

（1）房主是个没丈夫的妇人，年止三十余，有容色。（初刻·卷四）

（2）后来年到八十余，复见前日公吏，执着一纸文书前来，请功父交代。（二刻·卷二十）

（3）老夫有一衷肠之话，含藏十余年矣，今日不敢不说。（初刻·卷二十）

（4）他一向私下养着剧盗三十余人，在外庄听用。（二刻·卷四）

（二）"数＋量＋N＋余"格式。

（5）过了两个月余，只是如此。（二刻·卷二十二）

（三）"数/量＋余（＋N）"格式。

（6）吾有白金千余，藏在某处，兄可去取了，用些手脚，营救我出狱。（初刻·卷十四）

（7）那太湖石便似锥子凿成一个"川"字，斜看来又是"三"字，足足皆有寸余，就象馋刻的一般。（初刻·卷三）

（8）至期，于水边作一小坑，深才一尺，去江岸丈余，引江水入来。（初刻·卷七）

（9）那边地方里居民，家家蓄养蜈蚣，有长尺余者，多放在枕畔或枕中。（初刻·卷三）

（10）讨个黑漆的盘，放在暗处，其珠滚一个不定，闪闪烁烁，约有<u>尺余亮处</u>。（初刻·卷一）

（四）有时也用在"数＋量＋有余"格式中，也表示略多于某数。

（11）划了一划，只见那石皮乱爆起来，已自抠去了<u>一寸有余深</u>。（初刻·卷三）

（12）却说陈大郎自从妻、舅去后<u>十日有余</u>，欧公已自归来，……（初刻·卷八）

（13）我一两银子买得<u>百斤有余</u>，在船可以解渴，又可分送一二，答众人助我之意。（初刻·卷一）

（14）也是人家该兴，连年亢旱，是处低田大熟，岁收租米<u>万石有余</u>。（二刻·卷十九）

多

用于非个位的位数词之后，表示略多于某数，主要用在如下几种格式中。

（一）"数＋多＋量（＋N）"格式。

（1）坐了一号大座船，满载行李辎重，家人<u>二十多房</u>，养娘七八个，安童七八个，择日开船。（初刻·卷五）

（2）一日，冬底残年，赶着驴马十余头到京师转卖，约卖得<u>一百多两银子</u>。（初刻·卷三）

（3）问问青龙寺远近，原来离住处有<u>五十多里路</u>。（初刻·卷四十）

（二）"数＋量＋多（＋N）"格式。

（4）小生曾有正妻，亡过<u>一年多</u>了。（二刻·卷三）

（5）且是层层捆得紧，剥了<u>一尺多</u>，里头还不尽。（二刻·卷三十九）

（6）就在矶边，相隔<u>一里多路</u>，有个弘济寺。（初刻·卷二十四）

（7）……自己吃了许多惊恐，又坐了<u>一年多监</u>，费掉了百来两银子，……（二刻·卷二十八）

（三）有时也用在"数＋量＋有多"格式中，也表示略多于某数。

（8）那个汤兴哥自从张贡生一去，只说五十里的远近，早晚便到，不想去了<u>一年有多</u>，绝无消息。（二刻·卷四）

（9）如此作为，<u>十日有多</u>。（初刻·卷三十九）

（10）过了三数年，觉道用得多了，捉捉后手看，已用过了<u>一半有多</u>了。（初刻・卷二十二）

来

用于非个位的位数词之后，表示略多于某数，多用于"数＋来＋量（＋N）"格式中。

（1）然后念经，一气念了<u>二十来遍</u>。（初刻・卷六）

（2）叮咛了又叮咛，何止<u>十来番</u>？（二刻・卷三十七）

（3）寺中共有<u>十来个僧人</u>，门首一房，师徒三众。（初刻・卷二十六）

（4）除非为我家老爷这名字多值了<u>百来两银子</u>，也不见得。（二刻・卷一）

有时还可省略名词前的量词。例如：

（5）随后就有健卒<u>十来人</u>，抬着几杠箱笼，且是沉重，跟着同走。（二刻・卷十四）

（6）色上且是要紧，两个同伴多不上<u>二十来年纪</u>，他们多不是清白之人。（初刻・卷三十四）

"来"还可以用在"NP＋来＋形"或"数量词＋来＋形"格式中，表示事物的尺寸和大小。例如：

（7）这数十丈长、<u>斗来大</u>的东西，反缠死在尺把长、指头大的东西手里，……（初刻・卷三）

（8）大宅门中衙内，穿着齐整还是等闲，只头上一顶帽子，多是<u>黄豆来大</u>不打眼的洋珠，……（二刻・卷五）

（9）放他出来，他鞠起腰来，首尾着力，一跳有<u>一丈来高</u>，便搭住在大蛇七寸内，……（初刻・卷三）

例（7）（8）"斗来大""黄豆来大"可理解为"像斗那么大""像黄豆那么大"，这只是事物在尺寸大小上的一种比喻。

5.1.4.2　比拟助词：也似、一般、般

也似

"也似"作比拟助词时，表示与某物或某事类似，有时甚至是一种夸大用法，多用在喻体之后。

（1）正要倒在床上，只听得园门外一片大嚷，擂鼓也似敲门。（二刻·卷九）

（2）等那个人菩萨也似敬你，宝贝也似待你，有何不可？（初刻·卷六）

（3）只见百步之外，一骑马飞也似的跑来。（二刻·卷十七）

（4）少年拍一拍马，那马腾云也似前面去了。（初刻·卷三）

（5）有三百余人，知县自领了，把杨家围得铁桶也似。（二刻·卷四）

一般

比拟助词"一般"用在喻体之后，即"喻体＋一般"格式。

（1）只当老尼养着一个粉头一般，陪人歇宿，得人钱财，但只是瞒着人做。（初刻·卷六）

（2）一见了热水，药力酒力俱发作起来，就是做酒的酵头一般。（初刻·卷六）

（3）那官人相处得浓了，也忘记他是有夫家的一般。（二刻·卷二十九）

"一般"还经常与比喻义动词搭配使用，构成"像/似/如/如同/犹如……一般"格式，在句中多作谓语，有时也作定语。

（4）茫茫恰像海畔一般，并无一个伴侣。（二刻·卷二十）

（5）孙小官也跟着相帮动手，已宛然似夫妻一般。（二刻·卷三十五）

（6）连行修也十分爱他，如自家养的一般。（初刻·卷二十三）

（7）自此江爱娘只在顾家住，提控娘子与他如同亲姐妹一般，甚是看待得好。（二刻·卷十五）

（8）程宰自此终日郁郁不乐，犹如丧偶一般，与哥子商量收拾南归。（二刻·卷三十七）

（9）……立为第七位夫人，呼名筑玉，靓妆标致，如玉琢成一般的人，也就暗带着本来之意。（二刻·卷三十四）

般

"般"通常用于喻体后，即"喻体＋般"，与喻体一同在句中作定语，修饰名词性成分。

（1）谁知严蕊苗条般的身躯，却是铁石般的性子。　（二刻·卷十二）

（2）花枝般一个娘子，叫他独守，又要骂他。（初刻·卷二）

（3）拄拐上虬须节，握着干姜般五个指头。（初刻·卷十二）

（4）就将黄瓜般一条玉茎塞将进去，吴氏并不推辞，慨然承受。（初刻·卷十七）

（5）姑娘一见静观，青头白脸，桃花般的两颊，吹弹得破的皮肉，心里也十分喜欢。（初刻·卷三十四）

5.1.4.3　列举助词：来、则

列举助词都可以用在"一、二、三"等数词后面，通常用来列举事由、理由。

来

通常组合成"一来……二来……"格式，表示列举。

（1）小生幼年离了京师，在江湖上游学。一来慕南方风景，二来专为寻取这头亲眷，所以移名改姓，游到此地。（二刻·卷三）

（2）闻得京都繁华去处，花柳之乡，不若借此事由，往彼一游。一来可以索债，二来买笑追欢，三来觑个方便，觅个前程，也是终身受用。（初刻·卷二十二）

则

用法同"来"，通常组合成"一则……二则……"格式，表示列举。

（1）况在家无聊，未免有孤栖之叹，同到京师，一则可以观景舒怀，二则人同袍剧谈竟日，可以解愠。（初刻·卷十六）

（2）……万一输与他了，一则表了本朝体面，二则失了日前名声，不是要处。（二刻·卷二）

（3）离此一望之地，便是学生庄舍，就请尊眷同老丈至彼安顿，学生也到彼外厢书房中宿歇。一则清净，可以省烦杂；二则谨密，可以动炉火。（初刻·卷十八）

5.2 《二拍》助词的表达系统

《二拍》助词的表达系统详见表 5-1。

表 5-1 《二拍》助词的表达系统

动态助词		了、着、过、将、来、去
结构助词		地、的、之、得
语气助词	陈述	也、矣、的、呢、么、呀、时
	疑问	呢、呀、焉
	感叹	哉、矣、也、哩、呵、么
	祈使	罢、么
其他助词	概数	余、多、来
	比拟	也似、一般、般
	列举	来、则

第 6 章
动补结构

　　动补结构是汉语最核心的语法结构之一，携带着极为丰富的语法信息，具有极大的语言学价值。汉语学界对动补结构的认识，也经历了一个逐渐深入和完善的过程。王力（1985：76）在《中国现代语法》中首先提出了"使成式"这一概念，认为"凡一种行为，总有它的结果，咱们叙述某一行为的时候，可以把它的结果同时说了出来。例如说'弄坏'，'弄'是因，'坏'是果，因为不弄就不会坏，所以'坏'乃是'弄'使成的"①。后来，丁声树、吕叔湘等（1961：11）在《现代汉语语法讲话》中提出了"补充结构"的概念，认为"动词或形容词后面可以加上动词、形容词之类来表示前一个成分的结果、趋向等，这一类成分叫做补语，因为它对前一个成分有所说明，有所补充，动词带补语叫'动补结构'，形容词带补语叫'形补结构'，合起来总称'补充结构'"②。朱德熙（1982：125）在《语法讲义》中指出："补语的位置在动词之后，而且补语只能是谓词性成分，不能是体词性成分。从意念上说，补语的作用在于说明动作的结果或状态。"③

　　由此观之，学界对"动补结构"的界定主要采用形式和意义相结合的方法。形式上，补语位于动词之后，且本身也以动词、形容词为主；语法意义上，补语是对前面动作、状态的补充或说明。根据这种界定标准，我们考察了《二拍》里的"动补结构"，其类型包括动结式（动词＋结果补语）、动趋式（动词＋趋

---

①　王力. 中国现代语法 [M]. 北京：商务印书馆，1985.

②　丁声树，吕叔湘，等. 现代汉语语法讲话 [M]. 北京：商务印书馆，1961.

③　朱德熙. 语法讲义 [M]. 北京：商务印书馆，1982.

向补语）、动程式（动词＋程度补语）、动状式（动词＋情状补语）、动量式（动词＋数量补语）、动处式（动词＋处所补语）等 6 种。这说明，《二拍》里的动补结构类型是比较丰富的。

6.1　动结式动补结构

动结式动补结构是指动词带结果补语的动补结构。动结式动补结构是最基础的动补结构，是动补结构产生的标志。《二拍》中的动结式动补结构用例非常多，其句法形式可分为 3 种，分别为：动词＋结果补语＋宾语、动词＋宾语＋结果补语、动词＋结果补语（动词＋副词＋结果补语）。下面，我们主要分析《初刻》中的动补结构，以此把握明代南方官话动补结构的语法特征。

6.1.1　"动词＋结果补语＋宾语"的动结式

"动词＋结果补语＋宾语"的动结式动补结构，在《二拍》中是非常多的。下面我们列举相关语句（句子中的动结式动补结构以下画线标明，本书其他类似情况的标注与此相同）对动结式动补结构进行分析说明。

我们看下面的例子：

（1）轿中人在轿内闻得孩子声唤，推开帘子一看，见是个青头白脸、魔合罗般一个小孩子，心里喜欢，叫住了轿，抱将过来。

（2）看令姊兴娘之面，保全小生行止吧！

（3）走上十数里路。

（4）但只觅得一半，归家养膳老小。

（5）三夫人哭得昏晕了数次。

（6）今得七郎自身到此，交明了此一宗，实为两便。

（7）被陈鹦儿手起刀落，斫倒在房门边挣命。

（8）尽力朝首要儿项上剁下一刀来，连肩斫做两段。

（9）看出文若虚不快活的意思来。

（10）又是那婆娘先起身来，烧热了汤。

（11）遂将一张大纸自拟了六题，把佛香烧成字。

上述语例中的动结式动补结构，在《二拍》中都是非常常见的。例（1）中，一句话里使用了 4 个动结式动补结构。其中，"闻得孩子声唤""推开帘子"和"叫住了轿"在句法结构上都属于"动词（闻、推、叫）＋结果补语（得、开、住）＋宾语（孩子声唤、帘子、轿）"类型的动补结构。而"抱将过来"

虽然也是动补结构，但是不属于"动词＋结果补语＋宾语"类型，而是属于"动词＋状语＋结果补语"这样的类型。从一个句子中有四个动补结构来看，汉语动补结构在表意上是非常重要的，是汉语句法结构的基础和核心结构。

例（2）中的动补结构"保全小生行止"也是比较常见的类型，其中的宾语是复合型的宾语。

例（3）—（6）中，动补结构中的补语分别是"上、得、得、明"，而宾语分别是"十数里路、一半、（昏晕了）数次、此一宗"等数量类型的。其中，需要特别提及的就是例（5）的动补结构，在"哭得昏晕了数次"这个结构中，补语可以是"得"，也可以是"昏晕"，有时候甚至可以是"了"。我们认为，当这三个成分同时出现在句子中时，在充当补语这个功能选择上，"得"和"了"会让位给"昏晕"，只有"昏晕"的补语性质更凸显、补语功能更强大，而"得"就成为补语的辅助语（或者是补语标记语），"了"则成为时态补足语。真正的结果补语就是"昏晕"。这样的句子在结果补语的语义表达上更丰满、更完整。如果再考虑例（5）中动补结构的宾语"数次"，那么这个句子的动补结构是非常复杂的，语义表达是非常丰富、非常全面的。这也是明代汉语语义表达出现精细化的一个表现。

例（7）的动补结构属于"动词＋结果补语＋处所宾语"类型，这种类型的动补结构中的处所宾语一般都是介宾结构，也可以是方位短语，是介词化或者方位化的处所，不是单纯的处所名词。

例（8）和（9）中，动结式动补结构"动词＋结果补语＋宾语"的末尾出现了一个表趋向义的"来"，而这个"来"实际上可以跟"结果补语"构成双音节的趋向补语"下来、出来"，相应的动补结构可以变换成"剁下来一刀""看出来文若虚不快活的意思"。出现这种情况，至少有两个问题需要解释说明：一个是动词的结果义和动词的趋向义有什么本质的关联？二是双音节趋向补语"下来、出来"被拆散使用的语言交际价值是什么？对此，我们认为，从动作的认知理解来说，有动作必定有结果，也必定有动作持续存在发展演变趋向，从某种意义上说，动作的结果也是一种趋向，动作的趋向也是一种结果，动作的结果和趋向在本质上具有一致性。这也是双音节趋向补语可以拆开使用的认知语义基础。至于拆开使用以便让"来"后置于结构的末尾所具有的语言交际价值，笔者认为主要表现在结构末尾的"来"兼具了肯定语气的作用，使得结果义更加凸显。这些例句也说明，明代南方官话动补结构的变体已经大量出现，表意功能也逐渐丰富细致。

例（10）和（11）中的动补结构"烧热了汤"和"烧成字"都属于"动词＋结果补语＋宾语"，是比较典型和多见的动结式动补结构。其中例（10）的动补结构中的"了"是不能去掉的，而且例（11）"烧成字"这个结构中可以加入"了"构成动补结构"烧成了字",意思跟不加"了"的动补结构的意义基本一致。考察动结式动补结构可以发现，很多动补结构中都可以加上"了"，有的是加在补语后，有的是加在动补结构的末尾。根据笔者的认知理解，这种现象其实是由动结式动补结构的语义本质决定的，因为存在结果补语本身就意味着现在或者将来"完成"，于是在句法结构上用"了"来表达这种"完成"，也是一种语义语用功能的需要。

6.1.2 "动词＋宾语＋结果补语"的动结式

"动词＋宾语＋结果补语"这种动结式动补结构的最大特点就是动宾结构之后带上了补语。这和"动词＋结果补语＋宾语"结构相比，只是宾语和结果补语的先后位置互换了，而且这两种结构在以《二拍》为代表的明代南方官话中都很普遍。这两种句法结构的本质共性是值得思考的。

下面我们先分析语例，从认知语义的角度来分析这两种动结式动补结构的共性与差异。

（1）七郎叫众人<u>取冠带过来</u>，穿着了，请母亲坐好。

（2）<u>争得气来</u>，心下方才快活。

（3）莅任半年，<u>治得那一府物阜民安</u>，词清讼简。

（4）随取三藏紫铜钵盂，在围炉里面<u>烧得内外都红</u>。

（5）林公下轿，<u>拜神焚香已毕</u>。

（6）你这些银钱此间置货，<u>作价不多</u>。

（7）与府判相见了，<u>叙寒温毕</u>。

（8）寒温过，<u>献茶已毕</u>。

（9）极是贤德，<u>治家勤俭</u>。

例（1）的动补结构"取冠带过来"中，"过来"既有趋向补语的语义功能，也有结果补语的语义功能。这种情况说明，"结果"的概念内涵是比较宽泛的，动作的"趋向"其实也是一种广义的"结果"。趋向补语可以作为结果补语看待，就是因为在动词的语义框架内，"结果"和"趋向"可以统一为上位性质的"结果"义。例（2）中的补语"来"也是这种情况。例（2）—（4）中的动补结构，都是"动词＋得"的动补结构，"得"是补语的标志词，其后就是补语的具体内容。例（2）中的宾语"气"也有领有者"他"，例（4）中的宾语"内外"也有领有者"钵盂"。只不过宾语的"领有者"不在动补结构之内，而是在动补结构的小句之外。例（3）的动补结构中的宾语领有者在动补结构之内，而且补语比较复杂，由两个并列关系的词组来充当。结果补语的复杂化也是语义表达细化的一个重要方面。同样地，例（5）的动补结构中的"动＋宾"结构是一个复杂化的结构，是由两个并列关系的动宾词组充当。这种情况和补语复杂化具有内在的一致性，都是表意丰富而细化的一个重要表现。这也说明，句法结构中的相关成分复杂化是整个句子表意丰富而细化的基本途径。例（6）的结果补语由否定词"不多"充当。例（7）和例（8）都是单音节"毕"作结果补语，而且"毕"的前面可以出现作"状语"的副词。例（4）的动补结构中的结果补语前也有副词充当的"状语"。例（9）的动补结构中，结果补语是双音节形容词，而且这种补语是可以前置于动词之前的，构成"勤俭治家"。

6.1.3　"动词＋结果补语"的动结式

"动词＋结果补语"这种动结式动补结构，是最基础、最简洁的句法结构，其他动结式动补结构都是在这个结构的基础上发展演变的，是这个结构的变体。《二拍》中，这种类型的动结式动补结构是非常多的。我们择要举例并说明如下。

（1）判毕，便将吉帖、婚书、头发一齐付了韩子文。

（2）拜完，只在自己静室中清坐。

（3）刀斧手得旨，推出市曹斩讫。

（4）却说王生当日见客人闷倒，吃了一大惊，把酒意都惊散了。

（5）言未罢，飕的一声。

（6）说得伤心，大哭不住。

（7）两边你赖我，我赖你，争个不清。

（8）武帝登时颠出兀金椅子，急掩两耳，颤一个不住。

（9）一缘一会，都是上天作成的。

（10）只是看得中意的。

（11）都是些俗子村夫，没一个看得上眼。

（12）尚书看罢，又惊又喜。

（13）争奈滕生看得痴了。

（14）众人到了一个波斯胡大店中坐定。

（15）众人呐声喊，一哄逃走出城。

（16）门还未关，推将进去，却是一个老者靠着桌子诵经。见是个僧家，忙起身叙了礼。

通过上述例句可以看出，这种动结式动补结构中的动词多是单音节的，比如"判、拜、斩、闷、惊、言、说、哭、争、颤、作、看、坐、逃、推"等，而且"看"和"说"还有"得"这个补语标志词来辅助表达动补关系。这种动结式动补结构中的结果补语也多由"动词"充当，比如"毕、完、讫、倒、散、成、定、走、出"等单音节动词都充当了结果补语，也有双音节动词"中意、上眼、进去"等充当结果补语的，还有双音节形容词"伤心、不清"和单音节形容词"痴"等充当结果补语的，更是有否定性动词词组"未罢、不住"等充当结果补语的。由此可见，结果补语的词类是多样的。

从句法结构成分的完整性来看，《二拍》中的动结式动补结构的句法结构是比较简略的，很多成分都是在动结式的小句之外，或者承前省或者蒙后省，有的动结式的主语还需要在前文更大范围的语境内才能确定。这些都说明，动结式动补结构，整体的句法结构长度还是比较短的，在语义表达的丰富程度上，整体来说程度较低。尽管《二拍》中的动结式动补结构也跟"把字句"联合使用的，比如例（4），但是不多见。

6.2　动趋式动补结构

动趋式结构也是动补结构的一种，是由述语动词加上做补语的趋向动词构成的。例如，"走出去""跑过来"就分别由述语动词"走""跑"和趋向动词"出去""过来"组成的动补结构。吕叔湘（1980：10）先生在《现代汉语八百词》中把这种结构称作"动趋式"。[①] 刘月华（1998：1）先生在《趋向补语通释》中指出，趋向补语是指由趋向动词充当的补语，一般分布在动词或形容词之后。其中包括单音节简单趋向补语和双音节复合趋向补语。[②]

就动趋式动补结构而言，界定"趋向动词"也是一个难点，而且也存在一个认识逐渐变化、逐渐深入的过程。就《现代汉语词典》而言，2008 年出版的《现代汉语词典》（第 5 版）将"开"视为趋向动词，语义上表示动作行为的分开或者离开，例如"拉开、躲开"等，但是该版词典并未将"开来、开去"视为趋向动词。到了 2012 年出版的《现代汉语词典》（第 6 版），又将"开""开来""开去"视为趋向动词。2016 年出版的《现代汉语词典》（第 7 版）并没有把"开"作为趋向动词，而只认为"开来、开去"是趋向动词。就笔者的认知而言，我们认为"开、开来、开去"都应该认为是趋向动词。在判定趋向动词的时候，要考虑到汉语的历史演变，要考虑到古汉语和现代汉语的共性和差异，还要考虑到方言以及语感差异。就近代汉语而言，这是一个承上启下的阶段，要采取柔性原则来对待趋向动词的甄别。《二拍》里既

---

① 吕叔湘. 现代汉语八百词 [M]. 北京：商务印书馆，1980.

② 刘月华. 趋向补语通释 [M]. 北京：北京语言大学出版社，1998.

有单音节趋向动词，也有双音节趋向动词，也有"起……来"等扩展式双音节趋向动词。

经过我们的统计分析，《初刻》中的动趋式动补结构的类型有三种，第一种是"动词＋宾语＋趋向补语"，第二种是"动词＋趋向补语＋宾语"，第三种是"动词＋趋向补语"。下面，我们来具体分析各种类型的动趋式动补结构的语法特征。

6.2.1　"动词＋宾语＋趋向补语"的动趋式

这种格式的动趋式所具有的最大的特点就是趋向补语被宾语隔开了，"动词"和"宾语"优先组合，然后再跟"趋向补语"组合。这种格式跟"动词＋趋向补语＋宾语"格式一般没有互换关系，主要是因为动词的语义特征有区别。本节我们主要分析《初刻》中的"动词＋宾语＋趋向补语"式的动补结构。

先看下面的语例：

(1) 请主人出来。

(2) 此后每夜便开小门放滕生进来，并无虚夕。

(3) 七郎叫众人取冠带过来。

(4) 至暮，径下山去。

(5) 请官人上楼去。

(6) 玄宗召他来，把张果一看。

(7) 到得家里我还要牵你来做了一床，等外人永不疑心。

(8) 只得出了屋去。

(9) 那银子我只道还他去了，怎知赖了他的？

上述例（1）—（3）可以归为一个小类，其句法格式是"动词＋宾语＋双音节趋向补语"。这种小类的动补结构可以在不改变原意的情况下进行结构变换，如例（1）的动补结构"请主人出来"可以变换成"请出主人来"或者"请出来主人"。例（2）的动补结构"放滕生进来"可以改换成"放进滕生来"或者"放进来滕生"。例（3）的动补结构"取冠带过来"可以改换成"取过冠带来"或者"取过来冠带"。这种可以不改变原意而进行的句法结构变换，说明双音节趋向补语"出来、进来、过来"本身就是动补结构，"出、进、过、来"既可以做动词，也可以做趋向补语，而且在和其他趋向动词组合时，"来"就更倾向于成为典型的趋向补语。

例（4）—（7）可以归为一个小类，其句法格式是"动词＋宾语＋单音节趋向补语"。例（4）和例（5）的动补结构"下山去"和"上楼去"不可以变换成"下去山"和"上去楼"。这说明"下、上"做为动词时，本身也有趋向义，当和同样既具有趋向义又具有实义动词义的"去"构成动趋式动补结构时，该动补结构的句法成分位置不自由，趋向补语"去"不能和动词"上、下"邻现组合。也就是说，此时的动趋式动补结构不能变换成"动词＋趋向补语＋宾语"。同样地，如果趋向补语是"来"，那么也同样不能跟动词"上、下"直接邻现组合构成"动词＋趋向补语＋宾语"的结构，"宾语"必须在"趋向补语"前。与此两例相反的是例（6）和例（7），例（6）和例（7）的动补结构"召他来"和"牵你来"却可以变换为"召来他"和"牵来你"。这说明动补结构中的"动词"在词汇语义上的不同，会影响趋向补语"去、来"的分布位置。像一般动词"召、牵"和既具有动词义又具有趋向义的动词"上、下"，就对趋向补语"去、来"的分布位置有制约限制作用。

例（8）的动补结构中，动词是带了动态助词"了"，表示动作的现在完成。例（9）的动补结构中，动补结构的末尾带上了句末语气词"了"，表示对事件完成的肯定。

需要特别说明的是，《二拍》中的动趋式动补结构，很多都可以看作是兼语结构或者连动结构。如果把动补结构看成是兼语结构或者连动结构，那么就要把动补结构中的趋向动词"来、过来、进来、出来"看成是一般的实义动词。这是合理的，因为这些趋向动词本身就具有位移的实际意义。这样一来，例（1）（2）（6）和（7）就是典型的兼语结构，充当兼语的分别是"主人、滕生、他、你"，这些兼语成分作了动补结构中动词的宾语，同时也作了动补结构中趋向动词的主语。例（3）属于连动结构，意思是说"众人取冠带，众人拿着冠带过来"，两个动词"取、过来"的主语都是同一个对象"众人"发出的。这种多结构合体的情形也说明，动补结构的确是重要的基础性语法结构，可以作为汉语语法结构的母体。

6.2.2　"动词＋趋向补语＋宾语"的动趋式

这种格式的动趋式所具有的最大的特点就是"动宾结构"被趋向补语隔开了，"动词"和"趋向补语"优先组合，然后再跟"宾语"组合。这种格式跟"动词＋宾语＋趋向补语"格式一般没有互换关系，不能简单直观地互相变换。本节我们主要分析《初刻》中的"动词＋趋向补语＋宾语"式的动补结构。

先看下面的语例：

（1）公孙黑思想夺他权位，日夜蓄谋，不时就要作起反来。

（2）相见了陆氏妈妈，问起缘由。

（3）吃罢了饭，忽然举起两袖。

（4）便焚起一炉香来。

（5）法善<u>驾起</u>两片彩云，稳如平地。

（6）<u>跳起</u>身来就走，扑地把小门关上了。

（7）法司奉旨，提到人犯，<u>用起刑来</u>。

　　上述例（1）—（7）中，动补结构的补语是由趋向动词"起"充当的，动词分别是"作、问、举、焚、驾、跳、用"，而且都是单音节的。单音节的趋向动词实际上可以和"来"构成双音节的趋向动词，同样也是做补语。例（1）（4）（6）和（7）都是趋向动词"起"和"来"连用的，这些例句中的动补结构的句法格式实际上应该是"动词＋趋向补语'起'＋宾语＋趋向补语'来'"。从语义理解的角度来看，这种句法结构其实可以变换为"宾语＋动词＋趋向补语'起来'"。例（2）（3）和（5）没有带上"来"的，其实都可以补充出"来"来。按照这种条件要求，上述 7 例的动补结构可以变换为"反作起来、缘由问起来、两袖举起来、一炉香焚起来、两片彩云驾起来、身跳起来、刑用起来"。由此可知，无论是结构的变换还是补充出补语"来"，都不影响动补结构的基本语义，但是在语用焦点和侧重点的表达上是有区别的，尤其是动补结构的末尾带了补语"来"，则具有明显的完句功能。

　　再看趋向补语由"下"充当的动补结构的语例：

（8）故此<u>逃下山来</u>的。

（9）心里<u>放下</u>了一个大疙瘩，那里还辨仔细？

（10）先自慌了手脚，只得<u>跳下鞍来</u>。

（11）方才<u>走下楼来</u>。

（12）刘天祥满面<u>堆下笑来</u>，携了他的手。

　　上述例（8）的动补结构末尾又附加了肯定语气词"的"，例（9）的趋向补语之后附加了动态助词"了"，表示动作行为的现在完成。例（8）（10）和（11）的宾语"山、鞍、楼"都是动作的"起点"，可以看作是"起点固定物"，而例（9）的宾语"一个大疙瘩"则是动作的"最终消除物"，可以看作是"终点消除物"，而例（12）的"笑"则是动作"堆"的最终形成"物"，可以看作是"终点形成物"。所以，例（12）的动补结构"堆下笑"，其实就是"堆起笑"，因为是"笑"是"终点形成物"。

　　再看趋向补语由"上"充当的动补结构的语例：

（13）那歙县方知县问了程金绞罪，汪锡充军，<u>解上府来</u>。

（14）文若虚便自一个抖擞精神，<u>跳上岸来</u>。

（15）一跳便<u>跳上了岸</u>。

　　《二拍》中，动趋式动补结构的末尾带"来"，这是比较常见的现象，也是其句法格式的一大特征。例（15）的动补结构末尾也是可以带上"来"的。但是，上述3例中的动趋式动补结构却不能变换为"动词＋趋向补语'上'＋来＋宾语"，也就是说，在由"上"充当的趋向补语的动补结构中，结构末尾的"来"一般不能前移到趋向补语之后构成双音节趋向补语，所以像"解上来府、跳上来岸"都是不合格的结构。这个现象说明，作为趋向动词，"上"的及物性要大于"上来"。因此，在考察双音节趋向补语"起来、下来、上来、起去、下去、出去、出来、走下"等的句法语义功能时，一定要注意区分前一个动词和后一个动词的功能差异。

再看趋向补语由"出"充当的动补结构的语例：

（16）竹林中腾地<u>跳出</u>一个猛虎<u>来</u>。

（17）是夜约了杜郎私奔，<u>跳出墙外</u>。

（18）有的先到他家里报了的，父母俱<u>迎出门来</u>。

（19）袖中<u>取出</u>一西洋布的包<u>来</u>。

在这些例子中，特别需要提及的就是例（17），其动补结构中带上了方位词"外"，使得补语的表意更加具体、细化、明确。例（17）的动补结构的末尾可以补出一个"来"，这样就跟其他语例的动补结构完全一样了。"跳出墙外"既可以变换为"跳出墙外来"，也可以变换为"跳出墙来"，还可以变换为"跳出墙"。有了方位词"外"的加持，动作的方向和结果更为清晰、细化、明确。例（18）的动补结构"迎出门来"，也可以变换为"迎出门外来"或"迎出门外"。总之，由于动补结构是语法结构的基础性结构，是句法结构的母体，很多其他语义都可以融入动补结构之中，使得动补结构的表意更加丰富、具体、细化、明确。

6.2.3 "动词＋趋向补语"的动趋式

"动词＋趋向补语"这种动趋式动补结构，是最基础、最简洁的句法结构，其他动趋式动补结构都是在这个结构的基础上发展演变的，是这个结构的变体。《二拍》中，这种类型的动趋式动补结构是非常多的。我们择要举例并说明如下。

（1）设了酒，将银一两<u>送去</u>。

（2）陈德甫一眼<u>看去</u>。

（3）信步<u>走去</u>。

这3例都是趋向动词"去"做补语的动补结构，例（1）的"（一两）银"本可以后置于动词"送"之后做宾语，但是被处置标记词"将"提前，形成了处置式的动补结构。《二拍》中动补结构也有很多融合用例，以便表意丰富细腻。比如"约定今夜私奔出来，一同逃去"这句话中，就有两个动趋式的动补结构"私奔出来、逃去"，而且后一个动补结构的动词还有副词"一同"修饰。这都说明动补结构是最为基础性的句法结构，具有很大的扩展性，可以有很多变体结构。

再看趋向动词"下去、下来"做补语的例子：

（4）扑通的颠了<u>下去</u>，乃是一个废井。

（5）杨化骑一步，撞一撞，几番要颠<u>下来</u>。

（6）想着惜惜时节，便解<u>下来</u>跌卦问卜。

（7）只见猥皮与刺皆随泥脱了<u>下来</u>。

（8）走来开了窗，扑的跳<u>下来</u>。

（9）其高数丈，才坠<u>下来</u>。

上述几个例子跟其他动趋式动补结构有很多共性，其中一个特点就是动趋式动补结构的动词前都有副词修饰，使得动补结构的表意更丰富。例（4）中"扑通的"、例（7）中"随泥"和例（8）中"扑的"都是表达的"情状义"的，是从情态和状貌两个方面丰富了动词"颠""脱""跳"，都表示动作向下时的伴随情态。例（5）中的"几番""要"分别从"数量义"和"估计义"两个方面丰富了事件"颠下来"的可能性，而且可能性还比较大。这种可能性判断是经过多次估计、比较而得到的。例（6）中的"便"是顺承关系的副词，表示前后两种事情或两种状况紧接着相继发生。例（9）中的"才"是表示状态发生的、出现得晚，"坠下来晚"是因为高度太高了。

再看趋向动词"来"做趋向补语的例子：

（10）衣服首饰办了<u>送来</u>，自不必说。

（11）即时传命<u>召来</u>。

（12）杜氏只道是智圆，一把<u>抱来</u>亲个嘴。

（13）如此数处，烟衾衾归来，书生已随了<u>来</u>。

（14）让他<u>出来</u>。

上述例（10）—（13）中的动趋式动补结构都跟"连谓结构"融合在一起，或者说，连谓结构是在动补结构的基础上扩展演变而来的。例（10）的"办了送来"、例（11）的"传命召来"以及例（12）的"抱来亲个嘴"都是前后相继的两个动作行为构成的连谓结构，其中的后一个谓语结构是动趋式动补结构。例（13）的"随"和"来"的主语都是"书生"，是"书生"发出的前后相继的两个动作，整体构成"连谓结构"。例（14）中的动趋式动补结构跟"兼语结构"融合在一起，动补结构的主语是动词"让"的宾语。这些例句，更进一步说明了《二拍》中的动补结构的基础性语法地位以及它演变扩展出其他结构的能产性特征。

再看趋向动词"出来、起来、过来"等充当趋向补语的例子：

（15）当面门上中一箭，从脑后穿出来。

（16）姜秀才转卖了出来，这先前人不知去向。

（17）墙上一个女子跳出来。

（18）急坐起来，那时把害的酒意都惊散了。

（19）任道元听见，即走将起来。

（20）行了数日，忽然间天变起来。

（21）时时引他到家里吃酒，连他妻子请将过来。

（22）张幼谦有些心虚，怕不尴尬，也把衣服穿起。

（23）沈晖在人丛中跃出，扭住庙巫。

上述例（15）—（17）的动趋式动补结构在更大的句法结构中，其实是充当了谓语，构成的是主谓结构。从动补结构本身的特征而言，其的确更容易扩展演变成主谓结构，有时候会和把字句融合，构成具有处置意义的处置式。比如例（22）中把字句和被字句的融合结构"也把衣服穿起"。例（16）中的动补结构的动词"转卖"是双音节的，双音节动词做动补结构的动词，这种情况在《二拍》中的用例远远少于三音节动词。通过观察上述各例可以看出，在动趋式动补结构中，动词前的位置一般都会有状语修饰，而在趋向补语之前的位置有时会有副词"将"等状语修饰。这说明，动趋式动补结构中，动词和趋向动词都具有独立性，只是相比较而言，动词的独立性更强，做补语的趋向动词一般还是要和动词紧密联系起来，中间一般不会插入其他成分。

6.3　动程式动补结构

补语是动词或者形容词后面的一种补充成分，是用来回答"怎么样？"之类的问题。程度补语是用在动词或者形容词后面，用来回答"程度怎么样？"的问题。"程度"是一个较为宽泛的概念，一般是指述语动作所造成的结果状态所达到的程度或事物的性质、情状所达到的程度，具体包括动作行为的数量程度、速度的快慢程度、持续时间的长短程度，以及结果、状态、性质所达到的程度等。动程式动补结构是对这种程度的评价说明，也就是对"程度怎么样？"的具体回答。现代汉语中，经常做程度补语的词有程度副词"很""极"、形容词"多"、动词"透""死"，也有很多双音节甚至词组、小句做程度补语。作为明代南方官话代表的《二拍》，其中的动程式动补结构也是丰富多样的，充当程度补语的既有单音节词，也有双音节词，还有词组和小句。

我们先来看《初刻》中的一些例句。

(1) 及见娘子待客周全，才能出众。

(2) 家下虽是看待不周。

(3) 零陵州州牧前日相待甚厚，不免再将此苦情告诉他一番。

(4) 有一物行走甚快。

(5) 却是在世为恶无比。

例（1）的程度补语是"周全"，是"周到、全面"的意思，把待客的各方面都照顾到，不疏忽任何一个细节。动程式动补结构"待客周全"是回答"待客服务内容全覆盖的程度怎么样？"这个问题的。同样，例（2）的"看待不周"是回答"对待全部情况的程度怎么样？"这个问题的，例（3）的"相待甚厚"是回答"对待对方的感情浓度怎么样？"这个问题的，例（4）是说"行走的速度很快"，例（5）是说"做恶的程度最大，别人比不过"。上述 5 例动程式动补结构，在程度的类别上，涉及"覆盖的广度、感情浓度、速度、恶劣程度"等几类。

《二拍》中，最多见的动程式动补结构是带"得"的动程式，我们以《初刻》的语料为例，说明如下。

(6) 无非是羊，为何如此行得速？

(7) 赛儿心疑，越问得紧，孟清越不做声。

(8) 过了三数年，觉道用得多了，捉捉后手看。

(9) 哥哥，为何病得这等了？

(10) 合家啼哭得不耐烦。

(11) 张氏、春郎各各哭得死而复苏。

(12) 巧笑情分，笑得人魂灵颠倒。

(13) 真是哭得三生诸佛都垂泪。

(14) 直哭得一佛出世，二佛生天，连崔生也不知陪下了多少眼泪。

(15) 那卜良听得头颠尾颠，恨不得金乌早坠，玉兔飞升。

上述例子都是带"得"的动程式动补结构句。例（6）和例（7）是单音节词做程度补语，分别说明行走的"速度快"和询问的"频度高"。例（8）也是单音词"多"做程度补语，但是末尾附加了肯定语气词"了"，是对数量程度"多"的肯定。例（9）的程度补语是"这等"，是一个指代词组，本身是表示程度、等级方面的指代词组，但是具体的语义不明，必须结合具体的指代内容才能确定其语义的指向性。就本句来说，由于是指代"病的恶化程度"，"这等"的语义就是"恶化的程度高"，病得很厉害。例（10）的程度补语是"不耐烦"，是一个负面的情感心理状态的程度副词。这个例子说明，表达程度的方式也可以是情感心理。例（11）—（13）的程度补语"死而复苏、人魂灵颠倒、三生诸佛都垂泪"，都是夸张性质的小句（述谓结构），例（14）和（15）的程度补语甚至是复句，而且夸张的程度更大。尤其是例（15）的程度补语，前一部分的补语"头颠尾颠"的夸张程度还稍微小一点，而后一部分的补语"金乌早坠，玉兔飞升"则几乎是不可能的了。例（10）—（15）的程度表示的都是"动作行为导致的结果怎么样"，属于结果性质的程度类别。

6.4　动状式动补结构

动状式动补结构是指补语表示"状貌情态"的动补结构，也有学者称"状貌情态"补语为"状态"补语，具有限制性或描写性特征。和程度补语相比，状态补语最大的特征就是限制性和描写性，而"程度补语"主要是说明性，是对"怎么样"的问题进行的一种回答说明。状态补语和程度补语，有时候容易混淆，主要的原因就是在结构形式上不易区分，因为"得"字后的成分既可以是程度补语，也可以是状态补语。由于"程度、状态"等都是语义，在认知语义上，我们可以区分补语的类型，可以区别程度和状态的不同。

朱德熙（1982：133）在《语法讲义》中指出："带有状态补语的述补结构是一种组合式述补结构，如'写得好、跑得快、洗得干净'等。"[①]朱德熙先生把这里的"得"后的"好、快、干净"看作"状态"，其实也可以看作一种"程度"。如果没有明确的语境因素来辅助语义表达，那么像"写得好"之类的结构其实是有歧义的。状语的句法位置一般在主语后谓语前，尤其是在谓语前。这也可以帮助我们检验程度补语和状态补语的区别，如果能够移到谓语前而语义基本不变的，就是状态补语；如果不能移到谓语前，或者移到谓语前之后的语义变化较大，那就不是状态补语而是程度补语。例如"哭得死而复苏"就不能变换成"死而复苏地哭"，"死而复苏"是程度补语；"谈得津津不倦"就可以变换成"津津不倦地谈"，"津津不倦"就是状态补语。总之，判定程度补语和状态补语的确要重视形式，但是更重要的是从认知语义上区别程度补语和状态补语，不能被句法结构的形式所迷惑。句法成分的位置变换分析可以帮助我们区别这两种不同类别的句法语义成分。

---

① 朱德熙．语法讲义［M］．北京：商务印书馆，1982.

从语义功能细分的角度来说，状语的语义功能类别可以分为限制性和描写性的两类。限制性的状语用来表示时间、处所、方式、手段、目的、范围、语气、情态等。描写性的状语是从性质和状态等方面对动作的情态加以描写或形容，在语法功能上也是修饰谓词性成分。在语义指向上，有些是描写动作状态的，指向谓词性成分；有些是描写动作者的情态，指向名词性成分。这也说明，状语的语法结构关系和语义关系也存在不一致的情况。

我们以《初刻》为例，归纳总结明代南方官话的动状式动补结构的特征。

（1）你夸我逞，谈得<u>津津不倦</u>。

（2）那两个方才脚步<u>走得急促</u>。

（3）看他<u>问得急切</u>。

（4）想着平日知重之恩，越<u>哭得悲切起来</u>。

（5）见他<u>奔得慌张</u>。

上述语例中的动状式动补结构都属于"动词＋得＋状态补语"结构类型，其中的补语"津津不倦、急促、急切、悲切、慌张"等都是表示动作者的某种行为的"情态"，比如"走路、询问、哭、奔走"等的"情态"，在语义上都是指向施事主语的。例（4）的动补结构中，在动词前还出现了"越"这样的副词来修饰动词，在状语"悲切"之后还出现了趋向补语"起来"，使得动作的情状语义表达更加丰厚细腻。

一些动状式动补结构的补语部分含有数量成分，例如：

（6）放仔细<u>些</u>！

（7）教主母可<u>作急来一看</u>，我从此要永诀了！

例（6）的动补结构中，"些"是表示数量义的量词，放在性质形容词"仔细"之后，有略微增加语气和性质程度的语义功能。例（7）的动补结构"作急来一看"是一个比较复杂的结构，"作急"是形容词做谓语，"来"做趋向补语，"一看"是带有状态义的动量补语。这种类型的动补结构再一次证明了动补结构的基础性句法功能特征，可以此结构为基础，进行语义的扩增，使得该句法结构在表意上更加丰富和明晰。这种以基础句法结构为基础的语义扩增，也是汉语从古至今不断发展演变的内在动因，从而满足表意的深度需求。

《二拍》中也有很多带比喻修辞格的动状式动补结构，例如下面的语例：

（8）虽有菩萨金刚，连形也不得见他的，<u>取若坦途</u>，有何所碍？

（9）拽起片帆，<u>船去如飞</u>。

（10）虽然<u>相待如子婿</u>一般。

例（8）—（10）的动补结构最显著的特点就是其比喻特征。这是通过比喻来表达动作状态的动状式动补结构。这种结构表达更具语用修辞价值。例（8）的结构其实是"取之之途若坦途"，或者变换为"坦途取之"，属于"动词＋比喻式状语"或者"比喻式状语＋动词"，这种状态情貌特征是非常明显的。例（9）的"去如飞"就是由比喻式状语后置构成的动状式动补结构，这个结构式可以变换为状动结构"飞去"。例（10）的动状式动补结构"相待如子婿一般"是更复杂一些的结构，是在比喻式状语之后又附加了比况助词"一般"，使得比喻义中的比较义更加突显。这种复合型的动状式动补结构在表意上的功能更加强大，也是书面语发展进化的表现。

《初刻》中还有下面的一些动状式动补结构，例如：

（11）只说身重<u>行迟</u>，赶路不上。

（12）今天幸<u>遇巧</u>，<u>得之无心</u>耳。

（13）不忍忘院中光景，立心自此长<u>斋念观音不辍</u>，以终其身。

（14）连忙<u>躬身向前</u>唱诺，那人<u>还礼不迭</u>。

上述例（11）中的"行迟"和例（12）中的"遇巧"都是最简单的动状式动补结构，这样的结构在《二拍》中也有很多。例（12）中的"得之无心"也是动状式动补结构，表示"得之"的方式是"无心"，"无心"是方式状语，这个结构可以变换为"无心得之"。该动补结构的末尾还有可以增强整个结构语气的语气词"耳"。这些因素都增强了句法结构表意的丰富性。例（13）中的动补结构的动词的状语是表情态的"不辍"，而且动词部分是两个并列关系的动词词组"长斋"和"念观音"，因此该结构其实是"长斋不辍"和"念观音不辍"的并合。例（14）中有两个动状式动补结构，一个是"躬身向前"，一个是"还礼不迭"，状语"向前、不迭"都表示动状的情状，语义指向施事者的动作行为。

一般来说，状语在动词之前，但是在动状式动补结构中，状语却后置于动词，从而成为补语。这种变换本质上是语序的，由于汉语中语序也是一种重要的语法手段，动状式动补结构在表意上就具有了很特别的功能。笔者认为，这种特别之处可以从句子的信息结构理论得到解释。从信息结构理论来说，为了突显状语，使状语成为句子的新信息，最简单的办法就是后置，让状语向句子的右端（后部）移动，因为越是处于句子的最右端，就越容易成为新信息。

6.5 动量式动补结构

要想清晰地区分汉语的动量式动补结构（数量补语）和动量式动宾结构（数量宾语）是有一定难度的，因为在汉语中，位于谓词（动词、形容词、动词性短语）之后的数量成分既可以是宾语，也可以是补语。

关于数量补语与数量宾语的分歧及界定，主要以王力和吕叔湘的"数量补语"说，以及丁声树和朱德熙的"准宾语"说为代表。王力（1985：116-117）在《中国现代语法》中谈到"处置式"的造句法时指出，汉语口语中的处置式必须符合五个条件，其中之一就是"处置式叙述词后面有数量末品"[①]。这里的"数量末品"也就是指述语后面的数量补语。吕叔湘（1979：74-77）在《汉语语法分析问题》中指出："'补语'又指动词后边的表示动量和时量的词语，如'学一遍'的'一遍'，'学三年'的'三年'。"也就是他在后文中提到的"数量补语"。吕叔湘（1979）更加明确了数量补语的定义，并将数量补语分为"动量"和"时量"两种类型。[②] 王力和吕叔湘均将这动词后面的名词性成分称作"数量补语"。

但是，丁声树（1961：38-39）等在《现代汉语语法讲话》指出，"有一部分数量词表示动作行为的次数"及"一部分时间词表示行为经历的时间"，这些词"常常放在动词后头"，他称其为"准宾语"。[③] 其后，朱德熙（1982：112）在《语法讲义》中沿用了丁声树（等）的说法，称之为"准宾语"，并且在此基础上进一步将之分类为"动量宾语"，即"表示动作的次数"；"时量宾语"，即"表动作延续的时间"；"数量宾语"，即"跟在形容词述语后边由度量词、不定量词、及'很多、不少、不多'等充任"。[④]

综合上述观点和看法，我们认为，判断谓词后的数量成分是宾语还是补语，可以从三个方面入手：第一，如果数量成分是单纯的时间段名词，表示动作行为发生时经过的时间，可以认定为数量补语；第二，如果数量成分是单纯的动量词，表示动作行为的次数，可以认定为数量补语；第三，如果数量成分是表示动作行为发生时经过的空间距离，包括纵向和横向的距离，可以认定为数量补语。简而言之，如果数量成分是表示动作行为的时间段、次数、空间距离的，

---

① 王力. 中国现代语法 [M]. 北京：商务印书馆，1985.

② 吕叔湘. 汉语语法分析问题 [M]. 北京：商务印书馆，1979.

③ 丁声树，吕叔湘，李荣，等. 现代汉语语法讲话 [M]. 北京：商务印书馆，1961.

④ 朱德熙. 语法讲义 [M]. 北京：商务印书馆，1982.

可以用来回答"多久、多少次、多远（高、深、长）"等问题的，那么就可以认为是数量补语。

在此需要特别指出的是，当我们判断一个结构是不是动量式动补结构，还要看结构中的数量词是在结构的中间还是在末尾，我们一般把数量词在结构末尾的动补结构看作动量式动补结构，而把数量词在结构中的名词之前的结构看作是动宾结构。比如"二人各取棋子一把，捏着拳头"和"二人各取一把棋子，捏着拳头"这两个句子相比，句中画线部分的语法结构类型，前者是动量式动补结构，后者是动宾结构，因为后者中的数量词"一把"在名词前，没有处于结构的末尾。

下面我们根据上述的判断标准，来考察《初刻》中动量式动补结构的类型特征。

6.5.1 表示动作行为次数的数量补语

请看下面的例子：

（1）大家叹息了一回。

（2）天师意态甚是倨傲，听了一回，慢然答道。

（3）小娟哭了一回，买棺盛贮。

（4）天瑞大哭一场。

（5）将龟壳从头到尾细看了一遍。

（6）贼秃！你只搬去便罢，不然时，见一遭打一遭。

（7）就转头去与行童说一番，笑一番。

（8）诌他娘两句出丑一番。

（9）也拽个拐儿随他同去一番。

在上述例子的动补结构中，"一回、一场、一遍、一遭、一番"都是表示动作行为次数的数量词，属于数量补语，置于动词"叹息、听、哭、看、见、说、笑、出丑、去"之后充当数量补语，构成动量式动补结构。这种类型的动量式动补结构最大的特点就是，作补语的数量词的表意是明确的，具有单数性质，是补充说明动作行为发生的次数，而且这种次数具有宏观属性，是更上位的概念。

语言表达中出现动量词，而且动量词后置于动词之后，是古汉语向现代汉语演变的重要标志。像近现代汉语中的"叹息一回、听一回、哭一回、看一遍、见一遭、说一番、笑一番、去一番"等动量式动补结构，在古汉语中根据语境需要，一般说成是"一叹、一听、一哭、一看、一见、一说、一笑、一去"。笔者认为，句法结构演变的社会动因是语言与社会发展的共变关系，社会发展需要更丰富、更细致的知识信息，高效的社会发展需要知识信息思想传递的精密化，而语义表达的细致化就是社会发展对语言演变的选择的结果。在数词跟动词的结合中出现量词，并且表动量的数量词后置于动词，这是汉语语义表达细致化的一个重要体现。

除上述例（1）—（9）是表达单次数的动量式动补结构以外，还有一些是表达多次数的动量式动补结构。例如：

（10）诸公在了海上走了多遭。

（11）前日杜家求了几次。

（12）叹息数声而去。

（13）大哭数声，庆娘身体蓦然倒地。

（14）姚乙看见果然是妹子，连呼他小名数声。

（15）兰孙饮了数口。

（16）但只叫他立谈一两句。

上述例（10）—（16）中动词之后做补语的数量词是表示多次的，使用的数词也是概数词"多、几、数、一两（句）"等，涉及的动词有"走、求、叹息、哭、呼、饮、谈"。上述 7 例使用的量词有"遭、次、声、口、句"，而且这些量词都可以补充说明相关的动词。也就是说，动词"走"可以用量词"遭"来补充说明，动词"求"可以用量词"次"来补充说明，动词"叹息、哭、呼"可以用量词"声"来补充说明，动词"饮"可以用量词"口"来补充说明，动词"谈"可以用量词"句"来补充说明。

当然，如果一定要指明例（15）中"口"到底是物量词还是动量词，那么结果就是两可的，既可以是动量词也可以是物量词。与此相同的是例（16）中的"句"，这个"句"同样既可以看作是动量词，又可以看作是物量词。这种理解具有认知基础，因为我们知道，"口"既是人体的一个器官，也蕴涵有典型的动作，比如"喝、饮"等动作。这样一来，我们既可以用这个有空间的器官来衡量进入这个空间的物，比如"一口饭、一口水"等，也可以用这个器官来衡量其蕴涵的动作，比如"饮一口、喝一口"等。同样的道理，"句"是语言的交际单位，本身就具有衡量话语数量的功能，"话"论"句"是最基本的认知。如果把话语看作是名词性的，看作是物，那么"句"就是物量词，用于名词语义表达的计量。从名词蕴涵谓词的认知语义理论出发，作为"话语"的衡量"单位"，"句"本身也蕴涵着言说动词，比如"谈、说"等，因此，也可以借用"句"来衡量动词"谈、说"等，"谈"的都是"话"，"谈一句"实际上都是谈一句话。语言表达中的组合结构"一句话"或者"谈一句"等，实际上就是把"句"当作物量词或者动量词。这种物量词和动量词之争，正是认知对象本身具有模糊性的表现，也是认知本身具有模糊性的表现。本节我们不打算深入讨论这个问题，只是倾向性地把"口、句"看作动量词。

关于动量式动补结构，我们在《初刻》中还发现了下面的一个例子：

（17）食供三套，酒行数巡。

这个例子是一个对举结构，对举的两个部分在句法结构上非常对称。前一个结构"食供三套"实际上是"供三套食"的意思，可以看作是一个动宾结构。后一个结构"酒行数巡"实际上是"行数巡酒"的意思，似乎也可以看作是一个动宾结构。如果承认是一个动宾结构，那么就意味着"巡"可以作为一个物量词。但是这和我们的认知似乎有差异，我们知道"巡"是一个动量词，相当于"遍"的意思，"一遍酒"尽管也关涉酒的"数量"，但是更多的是指向跟酒有关的动作"喝、敬、行"等。通过这种分析，我们似乎应该把"行数巡"看作是动量式动补结构，但是这样却导致例（17）的前后两个对举结构的句法性质不一样，一个是动量式动宾结构，一个是动量式动补结构。"数量宾语"和"数量补语"的矛盾又出现了。笔者经过综合判断，认为"巡"是动作涉及的空间范围，把其作为动量词更为合适。从对言格式和对言语法的角度来看，动补结构和动补结构其实也是对举的。

6.5.2 表示动作行为涉及的时间的数量补语

动量式动补结构中，动作行为涉及的时间主要是指动作行为发生的时长、时段，而不是指时点。请看《初刻》中的语例。

（1）可保一年无病。

（2）在此为客多年。

（3）人在他家，去了两月多。

（4）我家姐姐自到你家来，才得两月多，我家又不曾来接，他为何自归？

（5）迁延数月，王生竟忘记了归家。

（6）子文又到馆中，静坐了一月有余。

（7）行了数日，忽然间天变起来。

（8）去已十日了，怎说不见？

（9）侯元只在洞中得一日。

（10）老僧奉求已多日，今日得遇，实为万幸。

（11）静坐几时。

（12）争持多时，才得了当。

（13）略停几时，等我众人上了岸。

（14）大家哭了<u>一会</u>。

（15）在门槛上呆呆地<u>坐了一会</u>，不见什么动静。

（16）婆子<u>去了一会</u>，寻取一个人来。

（17）冯相<u>注目细视良久</u>。

上述例（1）和（2）的时量补语在语义上是指的"年"，分别有一年或者多年时间。例（3）—（6）的时量补语在语义上是指的"月"，分别涉及"两月多、数月、一月有余"等时间。例（7）—（10）的时量补语在语义上是指的"日"，分别涉及"数日、十日、一日、多日"等时间。例（11）—（13）的时量补语在语义上是指的"时"，分别涉及"几时、多时"等时间。例（14）—(16)的时量补语在语义上是指的"会"，是指"一会"的时间段。例（17）的时量补语在语义上是指的"久"，是概指"良久"的时间段。另外，在语义表达的丰富和细化上，动量式动补结构也有在动词前、动词后以及与动词本身进行搭配组合的。比如例（1）的"'可'保"，例（15）的"'在门槛上''呆呆地'坐"等，都是在动词前附加成分；例（3）和（16）的"去'了'"等都是在动词后附加成分；例（17）的"'注目''细视'"等就是在动词上并列相关的近义成分。

6.5.3　表示动作行为涉及的空间距离的数量补语

我们知道，从认知的角度来说，动作跟时间密切相关，时间是动作的本质属性。由于时间的抽象性和空间的具象性，对时间的认知自然而然地会通过空间来完成。时间和空间之间存在着深刻的内在一致性。就一定的动作行为而言，时长跟空间大小一定存在某种规律性的对应关系。比如"走"，随着时间的增加，"走"所涉及的空间距离也越来越人。在考察《二拍》中的动量式动补结构的过程中，我们发现，动作行为涉及的空间距离也是一种数量，这种类型的数量也可以作为动补结构的补语。和次数数量补语和时间数量补语相比，空间距离数量补语的用例相对较少。《初刻》中的部分例子如下。

（1）以口问心，<u>行了几里</u>。

（2）已<u>行千里有余</u>。

（3）唯见一孔，才<u>开一尺有多</u>。

（4）只见吴氏<u>出门数步</u>。

例（1）和（2）中的"几里、千里有余"都是表示空间距离的，是指两点之间的长度。例（3）种的补语"一尺有多"是表示"孔"的宽度，也是一种空间距离。例（4）中的"步"是一个长度单位，既可以指行走时两脚之间的距离，也可以指旧制的长度单位，总之都跟空间距离有关。"数步"既可以看作是数量补语，也可以看作是空间距离补语。因为"走"的"步数"跟空间的"长度"具有正相关关系。换句话说，表示一个空间距离的量度，既可以通过数量多少，也可以通过时间长短来完成。"步数""距离"和"时长"三者在认知上具有一致性，因而在语义表达上也具有内在的一致性。

6.5.4 动作行为重叠表数量的数量补语

动词重叠兼表动量（动作反复次数的多少）和时量（动作持续时间的长短），其基本的语法意义是动作持续的单位时间短或进行的单位次数少。从动作延续的单位时间长短来看，重叠式表示短时的语法意义，例如"看看就走、去去就来"中的"看看、去去"都表示时间短暂。如果在总的时长不变的情况下，重叠动作的单位次数是增加的。从动作幅度和分量的大小来看，重叠式表示轻量的语法意义，例如"笑笑、尝尝"都是对"笑、尝"的全量和幅度的减轻和弱化。总之，动词重叠本质上是动作行为的重叠，其表示的数量意义是不言而喻的。这种动作行为重叠表示的数量也可以作为补语，构成动量式动补结构。动词重叠的形式多样，有很多变体形式。比如"看"的重叠形式就可以有"看看、看了看、看一看、看了一看、看了又看"等。《二拍》中也有动词重叠形成的动补结构，只是语例比较少。例如下面的例句：

（1）主人看了文若虚一看。

例（1）的"看了文若虚一看"实际上是"动词＋宾语＋补语"结构，整体上也属于"动补结构"，只是补语是重叠了动词而形成的，动补结构的动词跟充当补语的动量词之间是"动词重叠"的关系。这种情况的动词重叠表示的是动作幅度上的一种轻量。

另外还有一种动词重叠更为特殊，就是"拜"。"拜"的重叠形式跟"看"是存在很大区别的。"看"的重叠式变体中的附加词仅限于"了、一、又"等，但是"拜"的重叠式变体中的附加词却非常丰富，比如"了、一、又"等都可以进入，除此之外，还可以有"拜两拜、拜三拜、拜十拜、拜了十拜"等，进入这个重叠式变体的数词似乎可以不限制，以至于出现"拜了百拜"这样表示大数量的重叠式。《二拍》中这样的用例尽管不多，但也能说明这种情况的正常存在。例如：

（2）每日早晨，在白衣大士前礼拜百来拜，密诉心事。

例（2）的"拜百来拜"实际上也是动词"拜"的一种重叠式变体，就是"大数量词"进入重叠式变体结构中，从而构成了动量式动补结构。这种情况的用例较少，此处不做深入分析，只是提出来说明动量式动补结构的类型比较多样。

6.6　动处式动补结构

动处式动补结构是指动补结构中做补语的是处所词语的一种语法结构。从配价语法的角度来说，"处所义名词"是动词的"状态元"，不是"行动元"。无论"处所义名词"处于动词的前面或者后面，都不被认为是主语或宾语。"处所义名词"作谓语的补语是汉语中非常常见的一种现象，由此构成的动处式动补结构也是非常常见的语法结构。《二拍》中的动处式动补结构也非常多，我们把主要的语法结构类型归纳如下。

6.6.1　"于"字动处式动补结构

"处所补语"由介词"于"引导的动补结构称为动处式动补结构。我们先看下面的"于"字动处式动补结构的具体例子。

  （1）坠于淤泥。
  （2）然后回来，复居于此。
  （3）被斩于阵，党与遂散。
  （4）士真已生于王家了。
  （5）有生了贵子的，往往见于史传。
  （6）人生寄身于太虚之中。
  （7）直到唐玄宗朝，隐于恒州中条山中。
  （8）中有大珠百颗，遂收于箱箧中。

例（1）—（5）中，动词后的补语结构都是"于＋处所"，属于最为简洁的句法结构形式。例（1）的"淤泥"既是指物，也可以此物为处所。例（2）的代词"此"的指代内容，由于邻现组合的语境词"复居"的限制，而明确为指代"居住地"。例（3）的"阵"和例（4）的"王家"都是语义明确的处所词。例（5）的"史传"是抽象意义上的"处所"，具体是指史传著作的页码位置。

例（6）—（8）中，动词后的补语结构都是"于＋处所＋中"，属于框式介词形成的句法结构。例（6）的"身"可以看作是"宾语"，整个动补结构形式是"动词＋宾语＋于＋处所＋中"。这个例子很好地说明了动补结构和动宾结构的区别。例（6）也可以变换为"人身寄于太虚之中"，变换后的动补结构中就没有了宾语"身"。例（7）的处所是典型处所，例（8）的处所是以物代处所。

6.6.2 "在"字动处式动补结构

"处所补语"由介词"在"引导的动补结构称为动处式动补结构。《二拍》中此种类型的动处式动补结构是非常多的。我们先看下面的"在"字动处式动补结构的具体例子。

(1) 把船移在一个无人往来的所在。

(2) 只看货单上有奇珍异宝值得上万者，就送在先席。

(3) 不在原泊处所，已移在大江阔处来了。

(4) 谁知恰恰选在衢州。

(5) 既与夫不相得，弃在此间，又与伯同居不便。

例（1）—（5）的动词后的补语结构是"在＋处所"，属于最简洁的动补结构。但是作为处所词的语义，有的却具有很强的描述性特征。比如例（1）和（3）的处所词"一个无人往来的所在"和"大江阔处"就具有极强的描述性。

我们再看下面的例子：

(6) 遂将船缆结在树上。

(7) 我要把你寄在他庄上。

(8) 无时无处不将此事挂在念头上。

(9) 只推说病在床上，遮掩着外人了。

(10) 连忙骑在卜良身上道："还不谢谢媒人！"

(11) 骑在高头骏马上。

例（6）—（11）的动词后的补语结构是"在＋处所＋上"，属于框式介词形成的句法结构。这种类型的动补结构有很多是和"把字句"融合使用的，比如例（6）（7）和（8）都是表示处置义的把字句。特别值得一提的是，我们发现在《初刻》中，有一例使用了"在……上面"的框式介词：

(12) 取来挂在慈恩寺塔院相轮上面。

例（12）中"在……上面"可以替换为"在……上"，但是像例（6）—（11）的很多例子中的"在……上"是不能替换为"在……上面"的，比如例（7）（9）（10）和（11）都是不能互换的，或者说互换后语感上比较别扭。我们认为，这可能是因为"平面性质的处所"不能使用"在……上面"，如果使用了，那么就容易造成"两个平面"的歧义，会存在"和处所面接触"或者"不和处所面接触"的歧义。实际上，"在……上"和"在……上面"本身就是歧义结构，但是在一般的语感上，"在……上"一般是侧重于和处所物接触，而

"在……上面"一般侧重于不和处所物接触。

我们再看下面的例子：

> （13）先把申春下在牢里。
>
> （14）把堇汁下在酒里。
>
> （15）偏是天下一等聪明的，要落在圈套里。
>
> （16）埋这腿在这里。
>
> （17）好一块羊肉，可惜落在狗口里了！
>
> （18）急把衣装行李尽数搬出，下在昨日原来的船里。
>
> （19）那国使抱在手里，进门来献。

例（13）—（19）的动词后的补语结构是"在＋处所＋里"，也属于框式介词形成的句法结构。处所词在认知语义上既有具体的处所（比如例（13）（18）），也有抽象的处所（比如例（14）（15）（17）（19））。因为"酒、狗口、手"都是具体物和动物（人）的器官，可以看作是抽象处所，"圈套"本身就是抽象的处所；而"牢"和"船"本身就是用来"装人"的，是有足够的空间当处所的。这种类型的动补结构也有很多把字句，比如例（13）和（14）。例（16）的动补结构属于"动词＋宾语＋处所补语"结构，其他的结构都属于"动词＋处所补语"结构。

我们再看下面的例子：

> （20）或有得跳在水中，只好图得个全尸。
>
> （21）也要跳在江中死了。
>
> （22）将来埋在地中。
>
> （23）不曾泻得在里头。
>
> （24）主人坐在横头。
>
> （25）小庵请的那卷，多载在后边。
>
> （26）小可生在海边，姓乌名友。
>
> （27）取袈裟贮在银盒内。
>
> （28）寄居在古庙旁边两间茅屋之内。

上述例（20）—（22）的补语结构是"在＋处所＋中"，例（23）和（24）的补语结构是"在＋处所＋头"，例（25）和（26）的补语结构是"在＋处所＋边"，例（27）和（28）的补语结构是"在＋处所＋内"。其中例（28）中的处所词语长度较大，语义比较丰富复杂，这种超长处所补语使得框式介词"在……内"的语义计算难度加大，不便于人的大脑在进行语义加工时的工作记忆，因此需要在依存距离上进行适当的标记处理，使得语义计算加工便于人脑的工作记忆。当"在……内"结构中的处所词语太长时，就需要把"在……内"

变成"在……之内",其中的"之"就是依存距离变短的标记处理词,这样有利于人的依存语义计算。

6.7 "动词＋到/至＋处所"不是动处式动补结构

我们在考察《二拍》中的动补结构的过程中,发现了很多"动词＋到/至＋处所"的结构。这种结构是不是动处式动补结构,是值得辨析的。笔者的结论是,这种"动词＋到/至＋处所"的结构不是动处式动补结构,而是连动结构或者兼语结构,其中的"到/至"都是动词,其后的处所词充当的是宾语。

我们先看下面的例子:

（1）不料偶然失手,<u>落到河里</u>去了。

（2）<u>直走到岛上绝顶</u>。

（3）一把邀了那富翁,<u>邀到一个大酒肆中</u>。

（4）<u>请到一个大厅上</u>。

（5）却说幼谦<u>迎到半路上</u>,只见前面两个公人。

（6）富翁便指点<u>移船到庄边来</u>。

（7）上得筏,一篙撑开,<u>撑到一个僻静去处</u>。

（8）若肯不吝大教,<u>拜迎到家下</u>。

为什么说上述画线部分在句法结构类型上属于连动结构或者兼语结构呢?原因有两个:一是"到/至"本身很少作介词,其本义是到达,属于动词。例如《说文》:"到,至也。从至,刀声。"后来由"到达"引申为"动作有了结果、到达了目的",可以做补语,比如"想到、做到"等。近代以来,"到/至"又有"去、往"的意思,后面常带处所宾语,比如"到学校、到武汉"等。二是在句法分析上,上述例句的画线部分分析为连动结构或者兼语结构更为合理,在认知语义上也更容易接受。

例（1）的"落到河里"是"落河里＋到河里"的意思,是一个连动结构,其中"落河里"蕴含着一个移动的过程,"到河里"也蕴含有一个移动的过程。尽管两个过程的实质是相同的,但是两个动作都出现会使语言表意更丰富细腻。我们可以把"落到河里"和"落在河里"相比,就会发现后者"落河里＋在河里"并没有两个移动的过程,因为"在河里"并没有蕴含移动的过程,而是一个静态,语义计算的是一个定点,只有前者"落河里"蕴含着一个移动过程。例（1）的"落到河里"是一个连动结构,两个动作"落""到"都有同一个施事。例（2）的"走到岛上绝顶"和例（1）的性质相同。

例（3）的"邀到"也是先"邀"后"到"两个动作。但是严格来说，"邀到酒肆中"既可以是连动结构，也可以是兼语结构。因为动作"邀"的"受事"（被邀请者）一定是"到"了酒肆中的，而动作"邀"的"施事"（邀请者）可以"到"也可以"不到"酒肆中。如果施事"不到"，那就是兼语结构；如果施事"到"，因为受事是一定"到"的，那就优先认定为连动结构。根据语境，邀请者和被邀请者都到了酒肆中，所以例（3）的画线部分属于连动结构。例（4）和例（5）跟例（3）相同，都属于连动结构。

例（6）的"移船到庄边"和例（7）的"撑（筏）到一个僻静去处"的性质相应，只不过例（7）的第一个动词"撑"的宾语"筏"承前省略了。例（6）画线部分的认知语义有两种：一种是兼语结构，施事"移"船，船"到"庄边；另一种是连动结构，施事"移"船，施事和船一起"到"庄边。只不过根据语境，例（6）是属于连动结构。例（7）跟例（6）的情况相同，都优先认定为连动结构。

例（8）中的画线部分"迎到家下"，根据原文语境应该属于"兼语结构"，认知语义是，施事"迎"受事，受事"到"施事的家里来。

总之，无论是连动结构还是兼语结构，都涉及两个动作，只不过连动结构的两个动作有同一个施事主语，而兼语结构的两个动作分别有两个施事主语。

跟动词"到"具有相同语法功能的是"至"，在《二拍》中也有很多"动词＋至＋处所"结构，这种结构也属于"连动结构"或者"兼语结构"，而不是动处式动补结构。例如：

（9）又命他冠戴了，复引至亭上。

（10）鼓乐前导，迎至祠中。

（11）走至船边，船上人见他这等模样。

（12）行至一处，溪深水漫。

（13）忽然一日，舟行至鄱阳湖口。

（14）修容母子随至一道院。

（15）与小人同载至坟茔埋讫。

例（9）的"引至"是两个动作，"引"的受事和施事，都是"至"的施事，如果"引"的施事不是"至"的施事，那么"引至亭上"这个结构就是"兼语结构"。根据语境，实际上"引"的受事和施事都到（至）亭上了，所以"引至亭上"优先理解为连动结构。例（10）的分析同例（9），也属于连动结构。

例（11）的"走至"两个动作的施事都是"他"，这是一个典型的连动结构。例（12）和（13）的分析同例（11），都属于连动结构。

例（14）的动作"随"的施事是"修容母子"，"随"的受事没有在句法结构中出现，动作"至"的施事是复合施事，包括修容母子和"随"的受事。所以，这个结构也是连动结构，修容母子实际发出了两个动作"随"和"至"。例（15）的分析同例（14），也是一个连动结构，"载"的施事是复合施事，这个复合施事实际上发出了"载"和"至"两个动作。

总之，就"动词＋到/至＋处所"这个结构来说，其中的"到/至＋处所"结构不是动补结构，而且动宾结构。从更大的结构上来看，"动词＋到/至＋处所"是连动结构或者兼语结构，而不是动处式动补结构。这是基于动词"到/至"的词汇语义和认知语义分析得到的，也有语境因素的验证。至于用"到"还是用"至"，这只是语体上的差异，因为"至"在语体上更偏重于书面语，更古典一些，而"到"在语体上更偏重于口语，更通俗一些。

6.8　从汉语的动补结构看汉语的类型归属

从类型学理论的视角来看，汉语的类型归属问题一直都存在争议。Talmy（1985：61，68，106-107；1991：515-516，2000：102，272）把世界语言分为动词框架语言和附加语框架语言，并认为英语是典型的附加语框架语言，西班牙语是典型的动词框架语言，汉语则属于较强的附加语框架语言。[1][2][3]有关汉语类型学归属的观点引发了热烈而持久的讨论，迄今学界仍未达成共识。从动补结构的特征来看汉语的类型学归属，目前的学家主要有以下四种观点：

第一种观点认为，汉语与英语一样，属于"附加语框架语言"，即汉语动补结构中的"动"为主要动词，"补"为附加语。这也是绝大多数研究者主流的观点（Matsumoto，2003；Peyraube，2006；沈家煊，2003；宋文辉，2004；袁毓林，2004；史文磊，2012）。

第二种观点认为，汉语和西班牙语一样，属于"动词框架语言"，即动补结构中的"补"才是句子的主要动词，"动"是附加语，做状语修饰"补"，动补

---

① Talmy L. Lexicalization patterns：semantic structure in lexical forms ［C］// Shopen T. Language typology and syntactic description，Vol（3）：grammatical categories and the lexicon. Cambridge：Cambridge University Press，1985：57-149.

② Talmy L. Path to realization：a typology of event conflation ［C］// Proceedings of the 17th annual meeting of the berkeley linguistics society. Berkeley：University of California，1991：480-519.

③ Talmy L. Toward a cognitive semantics（Ⅰ&Ⅱ）［M］. Cambridge：The MIT Press，2000.

结构实际是"状语＋中心语"的结构（Tai，2003；李临定，1984；马希文，1987）。

第三种观点认为，汉语和其他连动结构的语言一样，属"等义框架语言"（equi pollently-framed language），即动补结构中的"动"和"补"都为主要动词，无主次之分（Slobin，2004，2006；Chen，2005；Chen ＆ Guo，2009；Croft 等，2010；阚哲华，2010）。

第四种观点认为，汉语属于"并列框架语言"（parallel-framed language），即在某些场合动补结构中的"动"为主要动词，而在另外某些场合"补"为主要动词（罗杏焕，2008；任鹰，2001；柯里思，2002；钟书能，2016）。

Talmy 利用核心图式作为类型学标准把语言分为动词框架语言和附加语框架语言，是在对宏事件研究的基础上提出来的。Talmy（2000：213）一共提出了五种宏事件（macro-event）类型：移动事件（events of motion）、体相事件（events of temporal contouring）、状态变化事件（events of state change）、行动关联事件（events of action correlating）和实现事件（events of realization），其中移动事件是宏事件的原型。[①] 对此，李福印（2013：29）指出，目前学界对现代汉语类型归属的争执，大多只集中研究移动事件，而忽略了对其他事件类型的研究，因此结果往往不太客观。[②] 在判断汉语类型学归属时，学者们往往从动补结构入手，这是有道理的（钟书能、黄瑞芳，2016：21）[③]，因为汉语动补结构包括动趋式动补结构和动结式动补结构等，而动趋式动补结构一般镶嵌在移动事件中，动结式动补结构一般镶嵌在状态变化事件中，并且状态变化事件实际上涵盖了实现事件（贾红霞、李福印，2015：26）[④]。因此，从动补结构进行讨论，实际上涉及三种事件类型，已经涵盖了大部分结构。

汉语动补结构之所以能够用来判定汉语的类型，是因为汉语的动补结构复杂，蕴涵着多种性质的事件结构类型，已经涵盖了大部分结构，是汉语语法结构的基础性结构。

---

① Talmy L. Toward a cognitive semantics（Ⅰ＆Ⅱ）[M]. Cambridge：The MIT Press，2000.

② 李福印. 宏事件研究中的两大系统性误区 [J]. 中国外语，2013（2）：25-33.

③ 钟书能，黄瑞芳. 汉语动补结构类型学的认知研究 [J]. 外国语，2016，39（3）.

④ 贾红霞，李福印. 状态变化事件与实现事件的概念界定 [J]. 外语教学，2015，（1）：22-27.

第 7 章
双宾语结构

"双宾语"由杨树达于 1920 年第一次提出。^① 他认为，"双宾语"一个表人，为间接宾语；一个表物，为直接宾语。黎锦熙（1924：35-36）指出："有一种外动词，表示人与人之间交接一种事物，如'送''寄''赠''给''赏''吩咐'等，常带两个名词作宾语，叫做'双宾语'。"^② 朱德熙（1982：117-118）指出，"双宾语"是指一个述语后边接连出现两个宾语的现象。朱德熙先生以"真""准"来区分这两个宾语，称其中一个是真宾语，一个是准宾语，两个宾语也可以都是真宾语，而且还以"远""近"来区分这两个宾语，把离动词远的那一个叫远宾语，离动词近的那一个叫近宾语。^③ 马庆株（1983：66）把"双宾语"定义为"述宾结构带宾语"，认为双宾构造是一种"套叠结构"，两个宾语"不在同一层次上，彼此之间在结构上没有直接关系"。^④ 李临定（1984：145）认为，"双宾语句是谓语动词后面有两个独立的名词性成分的句式"^⑤。黄伯荣、廖序东（2007：91）认为，"有指人和指事物的双层宾语的句子叫双宾句"^⑥。

---

① 杨树达．高等国文法［M］．北京：商务印书馆，1920：148．

② 黎锦熙．新著国语文法［M］．北京：商务印书馆，1924．

③ 朱德熙．语法讲义［M］．北京：商务印书馆，1982．

④ 马庆株．现代汉语的双宾语构造［C］//语言学论丛（第十辑）．北京：商务印书馆，1983．

⑤ 李临定．双宾句类型分析［C］//语法研究和探索（第二辑）．北京：北京大学出版社，1984．

⑥ 黄伯荣，廖序东．现代汉语［M］．北京：高等教育出版社，2007．

我们采用"间接宾语""直接宾语"之说，对《初刻》中双宾语结构进行了穷尽式的统计，发现了明代南方官话的双宾语结构在句式类型、语义类型以及单句体形方面的一些特点。

7.1　《初刻》双宾语结构的两种句式类型

贝罗贝（1986：163-171）对整个中古时期的双宾语进行了断代研究，他认为中古开始双宾语句式有以下五种结构[①]：

① 动词＋间接宾语＋直接宾语；

② 动词＋与＋间接宾语＋直接宾语；

③ 动词＋直接宾语＋与＋间接宾语；

④ 与＋间接宾语＋动词＋直接宾语；

⑤ 把＋直接宾语＋动词＋（与）＋间接宾语。（其中"与"为介词）

经过考察我们发现，在《初刻》中主要存在以下两种双宾语结构，分别称为基本式和变体式。基本式就是指"动词＋间接宾语＋直接宾语"的双宾语结构，变体式就是指"动词＋直接宾语＋介词＋间接宾语"的双宾语结构。从统计的数据来看，基本式的数量较多，而变体式的数量较少，基本式的使用频率远远超出了变体式。

7.1.1　基本式：动词＋间接宾语＋直接宾语

《初刻》的双宾语基本式"动词＋间接宾语＋直接宾语"使用频率非常高，是最常见的双宾语结构。例如：

（1）走进去把自家包裹内所卖洞庭红的银钱倒将出来，每人送他十个。

（2）从此遂与狱吏两个通用，送了他三十两银子。

（3）送我两个金指环，这个小娘子实是贤慧。

例（1）中"他"为表"人"的间接宾语；"十个"为数量词，指代上文中提到的"银钱"，表示"十个银钱"，这一数量结构为表"物"的直接宾语。例（2）中人称代词"他"为表"人"的间接宾语，"三十两银子"为表"物"的直接宾语。例（3）中"我"为表"人"的间接宾语，"金指环"为表"物"的直接宾语。

---

① 贝罗贝. 双宾语结构从汉代至唐代的历史发展 [J]. 中国语文，1986（3）.

以上 3 例均是"动词＋间接宾语＋直接宾语"的结构，表"人"的间接宾语更靠近动词核心，而表"物"的直接宾语则位于间接宾语后面，离动词核心更远。

7.1.2　变体式：动词＋直接宾语＋介词＋间接宾语

《初刻》中的双宾语结构的变体式"动词＋直接宾语＋介词＋间接宾语"出现的频数比较低，语例远远少于基本式。例如：

(1) 分付狱吏将囚人散禁在牢，日给凉水与他，须要小心看守。
(2) 又送二十两银子与沈公。
(3) 又寄封书与京中同年相好的。

例（1）中"凉水"作动词"给"的受事宾语，为"直接宾语"，介词"与"引出动词"给"的与事宾语"他"，"他"为"间接宾语"。例（2）"二十两银子"作动词"送"的受事宾语，为"直接宾语"，介词"与"引出动词"送"的与事宾语"沈公"，"沈公"为"间接宾语"。例（3）"封书"作动词"寄"的"受事宾语"，为"直接宾语"，介词"与"引出动词"寄"的与事宾语"京中同年相好的"，"京中同年相好的"为"间接宾语"。

上述例子中，"凉水""二十两银子""封书"均为"直接宾语"，这些"直接宾语"的位置靠近动词核心。"他""沈公""京中同年相好的"均为"间接宾语"，由介词"与"引出，位于离动词核心较远的位置。和基本式相比刚好相反，变体式中的"间接宾语（指人宾语）"离动词核心较远，而"直接宾语（指物宾语）"离动词核心较近。

7.2　双宾语变体式中介词的句法语义价值

为了便于说明问题，我们把上面三例的双宾语结构的"变体式"作两种变换，一种是变换成"基本式"，一种是去掉变体式中的介词"与"，来检测其变换以后的成活度。为方便表述，我们只对例句中的"双宾语结构"进行变换操作，不涉及例句其他部分。变换以后的结果如表 7-1 所示。

表 7-1　基本式、变体式和去掉介词的变体式的语义及成活度对比

基本式	变体式	去掉介词"与"
给他凉水	给凉水与他	＊给凉水他
送沈公二十两银子	送二十两银子与沈公	＊送二十两银子沈公
寄京中同年相好的封书	寄封书与京中同年相好的	＊寄封书京中同年相好的

通过表 7-1 的变换结果可以看出，基本式和变体式之间可以自由转换，互换的两种格式都可以成活，语义表达也不受影响。但是，去掉介词"与"以后，双宾语变体式的成活度不高（句前用＊标记），而且语义表达存在模糊性，语义理解也不顺畅，感觉口语化和方言色彩比较浓厚。对此，我们的问题是：

当基本式转换为变体式时，为什么要在"直接宾语"和"间接宾语"之间加上介词"与"？或者说，指人的间接宾语"远离"动词核心以后（远置于指物的直接宾语之后），为什么要在变体式中添加介词"与"，整个变体式双宾语结构才能成活？

尝试性回答这个问题，可以用结构主义语言学的标记理论和依存距离与人脑工作记忆之间的关系原理来解释。

语言学的标记理论可以界定，双宾语变体式中介词的性质就是"标记词"。标记理论认为，语言单位的无标记项的使用频率一般要比有标记项的使用频率高，至少一样高。[①] 从标记理论来看，《初刻》的双宾语基本式"动词＋间接宾语＋直接宾语"是无标记的，其使用频率要高于"有标记"的双宾语变体式"动词＋直接宾语＋介词＋间接宾语"，所以双宾语的变体式使用频率相对低一些。事实也的确如此，根据笔者统计的结果，《初刻》双宾语的变体式的数量相对较少，使用频率很低，变体式是有标记的。笔者认为，变体式的"标记词"其实就是后置的介词，也就是说，当基本式中"指人的间接宾语"后置时，就需要一个"标记词"来标记这种变化，以便于引起人们进行适当的认知语义计算。双宾语结构的变体式中的介词就具有标记词的句法语义功能。

变体式中作为标记词的介词，还具有标记"新旧信息位置倒置"的功能，具有提醒人们注意理解的功能。语言类型学理论告诉我们，类型学家注意到人类语言双宾语的两个宾语间有话题性的差异，间接宾语的话题性高于直接宾语。世界上多数有双宾语句的语言，间接宾语前置于直接宾语，其实都体现了话题或旧信息居前原则。[②] 而双宾语变体式中直接宾语紧跟谓语动词，间接宾语多由介词引出，位于直接宾语后面，这一结构形式将具有高话题性的间接宾语置于直接宾语的后面，很显然是违反了话题性的原则。这就需要在句法结构式中对这样的违反进行标记，以便于人们知道这种违反，从而重新进行认知语义计算。虽然双宾语变体式并不会带来语义的变化，但会在语感上略显别扭。如何解决这个问题呢？方法就是利用介词"搭桥"，在双宾语结构"动词＋直接宾语＋间接宾语"的直接宾语和间接宾语之间插入介词进行语义依存的"桥接"，以便消

---

① 沈家煊. 不对称和标记论 [M]. 北京：商务印书馆，2015：35.

② 刘丹青. 汉语给予类双及物结构的类型学考察 [J]. 中国语文，2001（5）：387-398，479.

除语感上的别扭。

依存语法的依存距离与人脑工作记忆之间的关系原理可以尝试性解释变体式中出现"介词"的动因，是为了便于人脑进行认知语义计算。徐春山、梁君英（2015：198）指出："依存距离是句子中两个具有句法关系的词之间的线性距离，一般以间隔词的数量来计算。在依存句法处理模型中，该距离与认知负荷密切相关。因此，依存距离也往往被认为是句法处理复杂度的重要指标。"①双宾语结构中，指物的直接宾语、指人的间接宾语都与谓语动词存在句法依存关系，指物的直接宾语多为谓语动词的受事宾语，而指人的间接宾语多为与事宾语。从句法依存关系来看，直接宾语与谓语动词的关系更加紧密，一般要靠近谓语动词，尽量前置，但是前置的直接宾语却多为无生命、无定的事物，话题性较弱，这违背了前置的成分一般话题性较强的原则。相反，具有高话题性、有定、有生命的间接宾语，却在双宾语变体式中后置了。这也违反了高话题性成分一般应该前置的原则。为了解决这种矛盾，就需要用标记词来"桥接"，使得依存过程中的语义计算能够得到正确识别和顺利完成。在双宾语变体式中出现的介词"与"等，就是具有这种"桥接"依存语义计算功能的标记词，这种标记词也具有"激活"处于依存状态的两个词（两个语义部分）的功能。徐春山（2015：57）指出："在依存语法来看，句法或语义关系存在于两个词之间，而建立这个关系意味着这两个词必须都同时处于激活状态，也就是说，在处理当前某个词时，可能需要重新激活前面已经处理过的某个词，这样才能在两者之间建立句法或语义关系。"② 对此，我们举例说明如下。例如：

（1）遣人<u>寄一封书，一置礼物与他</u>。

例（1）中直接宾语"一封书，一置礼物"前置，而间接宾语"他"后置，违反了话题居前的原则。间接宾语"他"是谓语动词"寄"这一动作的终点，在这个句子中，直接宾语"一封书，一置礼物"将"寄"与"他"两个具有语义关系的词分隔开，导致这两个词之间的关系较远，因此，这两个词之间存在着一定的语义依存距离，信息处理的难度较高。信息处理者在激活了谓语动词"寄"后，紧接着对直接宾语"一封书，一置礼物"进行了处理和激活，建立起谓语动词"寄"与直接宾语"一封书，一置礼物"的语义关系，但是，当对间接宾语"他"的信息进行处理时，由于存在一定的时间（空间距离）间隔，刚才被激活的谓语动词"寄"有所衰退，需要重新激活，才能建立起谓语动词

---

① 徐春山，梁君英．依存距离最小化是人类语言的普遍规律吗？［J］．浙江大学学报（人文社会科学版），2015，45（6）：197-199.

② 徐春山．连词"而"的隐现规律研究［J］．山西大学学报（哲学社会科学版），2015，38（2）：55-61.

"寄"与间接宾语"他"的语义关系。介词"与"的出现就承担了重要的"桥接"作用，介词"与"的出现重新激活了谓语动词"寄"，从而建立起谓语动词"寄"与间接宾语"他"的语义关系，降低了信息处理的难度。通过对封闭语料库的考察，我们发现直接宾语的长短并没有影响介词的出现。因此，在双宾语变体式中，介词是显性的存在。介词的显性存在与间接宾语的长短并没有必然的关系。例如：

（2）哥哥在京得第，特<u>寄宫花与你</u>。

（3）时时<u>寄些与丈夫</u>，为酒食犒赏之助。

例（2）中的直接宾语为"宫花"，例（3）中的直接宾语为"些（东西）"，这两例中直接宾语的长度都很短，但介词"与"仍然存在。介词的存在并没有受到直接宾语长短的影响，而是由间接宾语本身的高话题性所决定的。汉语从古至今都是话题突显的语言，甚至在某些句式中，谓语动词的施事（受事）受到高话题成分的挤压，造成施事（受事）的缺失，例如中动结构。像"这车很难开"或者"这车开着舒服"都是中动结构，但是句子的"施事"却受到前置的高话题成分"这车"（谓语动词的受事）的挤压而缺失了。

总之，在双宾语变体式中，当高话题性的间接宾语位于直接宾语后面时，不仅造成了谓语动词和间接宾语之间依存距离的增大从而不利于人脑的工作记忆，而且减弱了间接宾语的话题性。而介词"与"等的出现重新激活了谓语动词的同时，还引起了听话者对介词后成分的注意，从而建立谓语动词与高话题性间接宾语的语义联系。因此，介词在双宾语变体式中是显性的存在，具有重要的标记和依存价值，有利于人脑工作记忆的顺利进行。

7.3　《初刻》双宾语结构的语义类型

根据双宾语结构中动词的语义进行分类，《初刻》的双宾语结构可以分为给予类、取得类、问说类、称谓类、处置类、亏欠类等六大类。

7.3.1　给予类双宾语结构

给予类的双宾语结构中谓语动词具有给予义，直接宾语是谓语动词的受事，多表示某物，而间接宾语多为某人，是接受某物的一方。给予类双宾语可以表示为：V 有给予义，$S_{主}$ 把 N_2 给了 N_1。其中 V 表示谓语动词，$S_{主}$ 表示施事主语，N_2 表示直接宾语，N_1 表示间接宾语，后文中的术语与标注与此相同，不再赘述。在《初刻》中，这类动词常见的有"送、与、赐、赠、还"等。例如：

（1）送我两个金指环，这个小娘子实是贤慧。

（2）就在对门叫他过来，也赏了他一锭。

（3）郑生道："寡酒难吃，须赐我盐菜少许。"

（4）姚乙又与他两个赌一个誓信，说："两个同心做此事，各不相负"。

上述例子均为给予类双宾语结构。在谓语动词的作用下，直接宾语转移到了间接宾语那里，或者说，谓语动词的施事主语把"指物的直接宾语""给予"了"指人的间接宾语"。例（1）直接宾语"金指环"通过谓语动词"送"这一动作，转移到了间接宾语"我"这里。例（2）直接宾语为数量结构"一锭"，该数量词实际为"数量名"结构的省略，通过谓语动词"赏"这一动作，转移到了间接宾语"他"那里。例（3）直接宾语"盐菜少许"通过谓语动词"赐"这一动作，转移到了间接宾语"我"这里。例（4）直接宾语为动宾短语"赌一个誓信"，通过谓语动词"与"这一动作转移到了间接宾语"他两个"那里。通过上述例子我们发现，直接宾语既可以表物，例如例（1）（2）（3）中的"金指环、一锭、盐菜"，也可以是无实物的"誓言、许诺"等，例如例（4）中的"赌一个誓信"等。

7.3.2 取得类双宾语结构

在取得类的双宾语结构中，谓语动词有的具有取得义，或有的没有取得义但该双宾语结构具有取得义。例如"取""夺""劫"具有取得义，而"受"没有取得义。该类双宾语结构中，直接宾语多表物，间接宾语多表人。取得类双宾语可以表示为：$S_{主}$ 从 N_2 那里得到了 N_1。例如：

（1）往返七百里，取了他床头金盒归来。

（2）公孙黑思想夺他权位，日夜蓄谋。

（3）秀才笑道："这几行字值得甚么？我却受你银子！"

（4）又不图你一碗儿茶，半钟儿酒，着甚来历？

上述取得类双宾语结构中，例（1）的谓语动词为"取"，直接宾语"床头金盒"通过"取"这一动作从间接宾语"他"处转移到"取"的施事主语处。例（2）的谓语动词为"夺"，直接宾语"权位"通过"夺"这一动作从间接宾语"他"处转移到"夺"的施事主语处。例（3）的谓语动词"受"没有主动的"取得义"，但"受"的施事主语仍然可以通过"受"这一动词变相地从间接宾语"你"处"取得"直接宾语"银子"。例（4）中的谓语动词为否定的"不图"，由于受到否定词的影响，"图"的动作没有实际发生，"取得义"没有实现，而原有的"取得义"就是"图"的施事主语希望从间接宾语"你"处获得直接宾语"一碗儿茶，半钟儿酒"。总之，从肯定和否定互变的关系出发，例（4）其实是一种"未实现"的取得类双宾语结构。

7.3.3　问说类双宾语结构

问说类双宾语结构中的谓语动词多是表示"问说"言语行为的，最常见的动词是表示问询的"问"。该类双宾语结构中的直接宾语多为言说或问询的内容，间接宾语多是表人的。问说类的双宾语结构可以表示为：$S_{\pm}$ 向 N_1 言说或问询 N_2。例如：

> （1）又不曾<u>盘问客官出身</u>，何故通三代脚色？
> （2）这边养娘们<u>问他来历、缘故及遇虎根由</u>。
> （3）过了两日，走去约了李生，<u>说与他这些缘故</u>。

上述例（1）中的双宾语结构的谓语动词是"盘问"，动作行为的施事者向间接宾语"客官"盘问"出身"情况。例（2）的谓语动词为"问"，是问询的意思，动作行为的施事者向间接宾语"他"询问其"来历、缘故及遇虎根由"。例（3）的谓语动词为"说与"，表示"叙说"的意思，动作行为的施事者向间接宾语"他"叙说"这些缘故"。部分问说类双宾语的直接宾语和间接宾语之间存在偏正关系，例如上述例（1）的间接宾语"客官"和直接宾语"出身"之间存在偏正关系。

7.3.4　称谓类双宾语结构

在称谓类的双宾语结构中，谓语动词具有称呼义，最常见的谓语动词有"谓、称、呼、叫"等。该类双宾语结构中的直接宾语为某种称呼，间接宾语多为称呼的对象，而且既可以表人也可以表示某事、某物。在称谓类双宾语中，直接宾语与间接宾语存在复指关系。这类双宾语结构可以表示为：$S_{\pm}$ 用 N_1 称呼 N_2。例如：

> （1）内有一种是鼍龙，其皮可以幔鼓，声闻百里，所以<u>谓之鼍鼓</u>。
> （2）话说男巫女觋，自古有之，汉时<u>谓之"下神"</u>。
> （3）姚乙看见果然是妹子，连<u>呼他小名</u>数声。
> （4）<u>叫皂隶唤他</u>，不应，再<u>叫他杨化</u>！

例（1）的双宾语结构中，直接宾语为代词"之"，该代词所指的是"用鼍龙皮幔的鼓"，人们称呼这种鼓为"鼍鼓"，是双宾语结构的间接宾语。例（2）的双宾语结构中，直接宾语也是代词"之"，该代词所指代的是"男巫女觋"，在汉代被称为"下神"，是双宾语结构的间接宾语。例（3）的双宾语结构中，直接宾语"他"被称呼为"小名","小名"是双宾语结构的间接宾语。例（4）的双宾语结构中，直接宾语"他"被称呼为作间接宾语的"杨化"。

7.3.5 处置类双宾语结构

处置类双宾语结构中的谓语动词具有处理、安排等语义，最常见的谓语动词有"饶、打、放"等。该类双宾语中的直接宾语表示处置的结果、方式、手段、依据，间接宾语多表人，为处置、安排的对象，这类双宾语结构可以表示为：$S_\pm$ 对 N_2 进行处置，其中 N_1 是结果、方式、手段。例如：

（1）怎生为仆分上，商量开得一路<u>放他生还</u>么？

（2）那歙县方知县<u>问了程金绞罪，汪锡充军，解上府来</u>。

例（1）中施事主语通过"放"这一谓语动词所涉及的动作对间接宾语"他"进行处置，其结果是"生还"，"生还"是双宾语结构的直接宾语。例（2）中的谓语动词"问"在此句中并不作"询问"义，而是作"判决"义。施事主语"方知县"通过谓语动词"问"对间接宾语"程金、汪锡"进行处置，"判决"的结果是"绞罪、充军、解上府来"，这些结果就是双宾语结构的直接宾语。

7.3.6 亏欠类双宾语结构

亏欠类双宾语结构中谓语动词具有亏欠义，常见的谓语动词有"欠、借"。该类双宾语结构中的直接宾语多表物，为亏欠的东西；间接宾语多表人，为亏欠的对象。亏欠类双宾语结构可以表示为：$S_\pm$ 欠 N_1 的 N_2。例如：

（1）每年四金，今共<u>欠他三年租价</u>。

（2）神语道："如今还讲甚么？<u>吾亦不欠汝一个奉事</u>。"

（3）曾<u>借下了褚家六十两银子</u>，年年清利。

例（1）的双宾语结构中，"欠"的施事主语与间接宾语"他"之间存在亏欠关系，欠的债务额为"三年租价"，"三年租价"是双宾语结构的直接宾语。例（2）的双宾语结构是一个否定结构，动作的施事主语"吾"与间接宾语"汝"之间存在亏欠关系，亏欠的是"一个奉事"，"一个奉事"是双宾语结构的直接宾语。只不过由于结构中动词的否定性特征，"亏欠"行为和事实不存在。例（3）的双宾语结构中，谓语动词为动补短语"借下"，这也使得"借"的受事宾语"褚家"和施事主语之间存在债务"亏欠"关系，"亏欠"的债务额为"六十两银子"及每年的利息，这是双宾语结构的直接宾语。

　　根据我们的统计，在《初刻》的双宾语结构中，给予类动词最多，是最为典型的双宾语结构。其次是"取得"类。从社会认知来看，"给予"是人类共同的行为，"给予"的动作行为必然涉及给予的对象和具体的给予物，这是构成双宾语结构的典型要素，所以说"给予"类双宾语结构是典型的双宾语结构。

7.4　双宾语结构中动词前成分的词类及出现频率

　　无论是在双宾语基本式还是在变体式中，谓语动词、间接宾语、直接宾语，都是构成双宾语结构的必不可少的三大成分。三者缺失任何一个，都不能成为双宾语结构。但是，只有三要素构成的双宾语结构，又不利于语言表达的精细化需要，不利于充分发挥双宾语结构的交际价值。因此，在具体的语境使用时，一般会在双宾语结构的不同句法位置上进行句法成分的增加，以便丰富语义表达。其中，谓语动词前的句法位置是丰富、细化语义表达的关键位置，通过这个位置上的词语存在状况，可以从一个新的角度来认识双宾语结构的体形特征。

　　下面，我们基于数据人文的理念，通过统计分析双宾语结构谓语动词前的句法成分的词性特征，以及某种词性出现的频率，来考察《初刻》中的双宾语结构的一些特征。相关数据的具体抽取过程和结果，我们分别例释如下。

　　（1）姚乙又与他两个赌一个誓信，说："两个同心做此事，各不相负。"

　　（2）我再添他一贯，如今再不添了。

　　（3）我舍与你一杯烧酒吃，不要你钱。

　　上述例句中的画线部分就是双宾语结构所在的小句，其中例（1）的双宾语结构中的谓语动词是"与"，其前的句法成分有两个，分别是充当施事主语的名词"姚乙"和充当状语的副词"又"。因此，这个例子中的双宾语结构中的谓语动词之前的成分的词类有两类，分别是名词和副词。同样的抽取方法，我们可以发现例（2）中的谓语动词前的成分有施事主语"我"和状语"再"，例（3）中的谓语动词前的成分有施事主语"我"和状语"舍"。因此，我们从例（2）和（3）中都抽取得到了人称代词和副词这两类词。

　　我们再来看下面的几个例子。

　　（4）看你面上，与他一贯钞。

　　（5）郑生道："寡酒难吃，须赐我盐菜少许。"

　　（6）就在对门叫他过来，也赏了他一锭。

例（4）的双宾语结构是画线部分，但是其中的谓语动词"与"之前没有任何成分，属于无词类的情形。例（5）的双宾语结构中的谓语动词"赐"之前只有一个成分，就是副词"须"，作状语，而谓语动词前的施事主语没有出现在该小句结构中。例（6）的谓语动词"赏"之前为副词"也"，充当状语，动词的施事主语未出现在句法结构中。总之，例（4）—（6）我们一共抽取得到了"副词"和"无词类"两种情形，副词出现了2次，无词类的情形只有1次。

按照上述抽取方法，我们选取了《初刻》中的306个双宾语结构，得到了前成分的词类名称的种数及词类出现的频次，结果如表7-2所示。

表7-2　306个双宾语结构中谓语动词前成分的词类种数及频率

词类名称	副词	名词	无	动词	连词	代词			数量词	介词
						人称	指示	疑问		
出现次数	92	68	58	40	16	14	6	4	5	3
出现频率	30％	22％	19％	13％	5％	5％	2％	1％	2％	1％

表7-2中的出现频率计算时四舍五入取整数。通过频率的比值大小可以看出，副词出现的频率最高，达到了30％；其次是名词，出现频率为22％；第三高的是"无（词类）"的情况，占比19％。副词与动词之间的关系最为密切，动词前高频出现副词作状语是非常正常的语言组合，副词的高频率可以得到合理的解释和句法语义组合规律的支持。双宾语结构在更高的层次上属于主谓结构，谓语动词前出现作主语的名词，也是非常正常的语言搭配组合现象。这种"名＋动"（施事＋动作）搭配的句法语义组合规律也可以解释并支持名词的高频出现。双宾语结构中，谓语动词前没有任何成分的现象也是高频出现的，达到了19％。笔者认为，这一方面说明《初刻》中的双宾语结构的口语化程度高，句法结构总体简单；另一方也说明双宾语结构中谓语动词的施事主语出句的情况高频存在。因为名词作主宾语是汉语语法的重要特点，动词前没有主语名词就大大增加了动词前无词类成分的可能性。另外，《初刻》中双宾语结构的主语出句频率较高，这也符合汉语轻主语、重话题的特点。

7.5　双宾语结构中谓语动词的施事出句状况及频率

在双宾语结构中，谓语动词的施事一般位于动词前的主语位置，跟整个双宾语结构形成一个整体，构成双宾语小句。但是在实际的语言运用中，施事主语往往会离开双宾语结构本身，不出现在双宾语小句本身，笔者称之为施事主语"出句"现象。例如：

> （1）这等一个孩儿，<u>与他一贯钞忒少</u>。
>
> （2）果然如此，<u>还他些做盘缠</u>。
>
> （3）<u>赠他一奴一婢</u>，又<u>赠他好些盘缠</u>。

上述例子中，画线部分是双宾语结构，结构中谓语动词"与、还、赠"的施事均没有在双宾语结构中出现，处于"出句"状态。但在认知心理和语义结构上，"与、还、赠"的施事都是存在的。

根据这种分析方法，我们抽取了《初刻》中双宾语结构的谓语动词的施事主语出句状况数据，具体结果如表 7-3 所示。

表 7-3　306 个双宾语结构中谓语动词的施事主语出句状况及频率

施事主语出句状况	出句	不出句
语例数（个）	223	83
频率	73％	27％

通过表 7-3 可以看出，双宾语结构中谓语动词的施事主语出句的频率为 73％，不出句的频率仅为 27％，施事主语出句的频率要远远高于施事主语不出句的频率。笔者认为，导致这种状况的原因主要有三个：一是出于语言的经济性原则以及双宾语结构与前后篇章之间存在的密切关系，施事主语多是承前省略了，因而造成了双宾语结构中施事主语出句的频率较高。二是明代南方官话的口语语体特点明显，语言风格简练，口语和书面语之间的差距不大。三是汉语本身重话题的特点，使得"主语"并不是必须凸显的成分，汉语表达往往围绕一个话题，顺流而下，形成话题型流水句。郭顺（2020：52）对《晏子春秋》中给予类双宾语结构进行了考察，根据郭顺统计的语料可知，战国时期的双宾语结构中也存在施事主语出句的情况。[①] 例如：

> （4）<u>夫先与人利</u>，而后辞其难，不亦寡乎。（《晏子春秋·内篇问
> 上·第八》）

例（4）中"先与人利"属于双宾语结构。其中谓语动词为"与"，直接宾语"人"，间接宾语"利"，"夫"为句首语气词，谓语动词的施事主语在双宾语结构中并没有出现。总之，双宾语结构中谓语动词的施事主语出句频率高，是有原因的。

---

① 郭顺.《晏子春秋》给予类双宾语结构研究［J］. 汉字文化，2020（21）：50-53.

7.6　双宾语结构中直接宾语后接 VP 现象

双宾语结构虽然是一种特殊的小句结构，但其在实际的运用中呈现出与其他结构嵌套使用的现象，或与其他结构重新组合构成新形式的结构。其中，双宾语结构中直接宾语后接 VP（动词词组）现象，属于比较特别的一种双宾语结构现象。我们先看几个例子：

(1) 专等员外与他些恩养钱回家做盘缠，怎这等耍他？

(2) 这等一个孩儿，与他一贯钞忒少。

(3) 妾与君不能无情，当赠君盘费作急回家。

例（1）中的画线部分就是一个双宾语结构后接 VP（动词词组）结构的语例。这个双宾语结构所在的小句的句法语义结构非常复杂。首先，双宾语结构"与他些恩养钱"后接"回家做盘缠"，从而构成两个兼语结：一个兼语结构是"与他回家"（间接宾语"他"是"回家"的主语），另一个兼语结构是"与恩养钱做盘缠"（直接宾语"恩养钱"是"做盘缠"的主语）。另外，在认知语义上，双宾语结构的"目的"就是 VP，而 VP 的保障"条件"就是双宾语结构。例（2）的双宾语结构"与他一贯钞"后接"忒少"，使得"与一贯钞忒少"成为兼语结构，直接宾语"一贯钞"作"忒少"的主语。例（3）的双宾语结构"赠君盘费"后接"作急回家"，使得"赠君回家"构成兼语句，间接宾语"君"兼作"回家"的主语。

何洪峰（1997：93）在对《金瓶梅》中单动双宾语结构的考察中也提到了直接宾语后接 VP 的现象。《金瓶梅》初版时间为万历四十五年（1617 年），《初刻》成书于天启七年（1627 年），《初刻》的成书时间晚于《金瓶梅》十年，晚出的《初刻》应该有而且实际上的确有这样复杂的结构。何洪峰先生确定这种杂糅的句式在近代汉语中已经形成，并且在小说话语表述中使用较为频繁，但是认为这种混合句式不太容易解释。[①]

笔者认为，汉语句式结构杂糅是汉语发展变化的重要表现，其形成的动力源主要还是汉语"话题型流水句"的句法语义思维，是流水句"顺势而为"的思维惯性的重要体现。比如例（1）所蕴含的"顺势思维"过程就是，当"给他钱"的时候，人们就会顺势想到"钱用来干什么"，于是就"顺势"后接"做盘缠"。当然，思维到此也可以不结束，就像流水一样，如果没有阻拦就继续前

---

① 何洪峰 .《金瓶梅》中的单动双宾结构［J］. 古汉语研究，1997（3）：89-93.

行，于是后续就会形成新的组合结构。比如可以思考"盘缠是多少""盘缠够不够""做什么的盘缠"等问题，那就可能形成"一贯钞的盘缠""盘缠忒少""做回家的盘缠"等句法组合，这样一来，在"话题"和流水句"顺势思维"的驱动下，就可以形成例（2）"与他一贯钞忒少"和例（3）的"与他盘费回家"等复合杂糅的句法结构。简而言之，把例（1）—（3）综合起来，从话题型流水句和"顺势思维"的角度来看，这三个例句中的双宾语结构所涉及的认知语义的思维过程是很清晰的。那就是：他急着回家，需要一些钱当盘缠，给他了一贯钞的恩养钱做路费，这盘费太少了。这是以"他急着回家"为话题的，也完全可以以"给他一些恩养钱"等内容为话题，但是不管怎么，都可以从话题开始，遵循话题型流水句的句法语义思维，"顺势而为"地糅合进相关句法结构，形成表意丰富而精细的多功能复合型杂糅结构。当然，这种句式杂糅的复合型多功能结构是有难度的，稍有不慎就可能形成不合句法语义逻辑的杂糅病句。

7.7　《初刻》双宾语结构的基本特点

通过对《初刻》双宾语结构的考察分析，我们发现双宾语结构具有以下几个主要特征值得深入思考。

第一，《初刻》中双宾语结构主要以基本式为主，而变体式虽有使用，但频率较低。变体式双宾语结构"动词＋直接宾语＋介词＋间接宾语"是一种有标记的结构形式，在该结构中，间接宾语与谓语动词之间的依存距离拉大，间接宾语后移造成了听话者理解上的困难，而介词的出现重新激活了谓语动词和间接宾语之间的语义计算，建立起谓语动词与间接宾语之间的依存关系。

第二，汉语是一种重话题的语言，在双宾语结构中有定的、有生命的指人的间接宾语具有更高的话题性。在双宾语的基本式中，高话题性的间接宾语位于靠前的位置，而变体式中由于间接宾语后置，其话题性也有所减弱，从而需要借助于介词对其话题性进行重新激活。因此，在双宾语变体式中，介词是显性存在的，也是激活后置的间接宾语的话题性的句法标记。

第三，《初刻》中给予类双宾语结构所涉及的动词数量最多，远远高出其他类型的双宾语结构，给予类双宾语结构作为典型的双宾语在近代汉语中已经有了丰富的动词系统。

第四，双宾语结构中谓语动词前面的成分多为"副词""名词"和"无词类"三种，而且谓语动词的施事主语多是出句状态。这些特征都是符合汉语的句法语义特征的。因为副词和动词关系密切，动词和名词同样关系密切，而且双宾语结构本质属于名动组合的"主谓结构"。双宾语结构中谓语动词前没有任何词类成分的现象，一方面说明《初刻》中的双宾语结构的口语化程度高，句法结构总体简单；另一方也说明双宾语结构中谓语动词的施事主语出句的情况高频存在。

第五，双宾语结构中直接宾语后接 VP 现象在近代汉语中已经形成。汉语的这种句式结构杂糅是汉语发展变化的重要表现，是语言表达丰富和精细化的需要，也是流水句"顺势而为"的思维惯性的重要体现，其形成的动力源主要还是汉语"话题型流水句"的句法语义思维。

第 8 章
被动结构

8.1　被动结构的一般含义

被动结构（passive construction）也称为被动式，主要是由表被动意义的动词和表被动意义的形式标记组合而成的结构形式。所谓表被动意义的形式标记，一般是指某些能够标记被动句的助动词、助词、介词等，比如"于、为、为……所、见、被、教、给"等都是表被动意义的形式标记。

考察被动结构，首先要注意区别它和"被动句"这个概念的异同。被动句有广义和狭义之分。狭义的被动句就是指被动结构（被动式），也叫形式被动句，其在句子中充当全句或者分句的谓语。广义的被动句既包括形式被动句，也包括意念被动句，所谓意念被动句就是指只表达被动意义而无被动形式标记的句子。《二拍》中形式被动句最多，但是也有一些意念被动句，例如"盘缠了几日，衣服多当来吃了"（初刻·卷二十二）就是一个意念被动句，没有被动标记词，但是有被动含义。本被动句的意思是"衣服被当了"或者"当了衣服"，"衣服"是"当"的受事。形式被动句和意念被动句之间有明显的转化关系，但是前者更具有语法的描写价值。

8.2 《二拍》中被动结构的类型

8.2.1 被字式被动结构

在近代汉语被动式中，被字式是最重要的一种。主要因为它的出现频率非常高，而且是严格意义上的被动句式，不会和其他非被动句式之间存在界限模糊的问题。高频使用的被字式也是其他汉语被动式产生的必要条件和基础。吴福祥（2003：47）指出："在语法史研究中，人们通常以被字句在被动式中所占的比例、施事宾语的出现频率和谓语部分的复杂程度这三个标准来衡量某一文献或某一时代的被字句的成熟程度。"[①] 可见，被字式的使用频率，以及包括施事宾语隐现和谓语部分的复杂程度在内的被字式的体形特征，成为衡量一种文献在多大程度上接近口语的标准之一。被字式的基础性作用由此可见一斑。

在被动结构中，受事主语、施事宾语、谓语动词、状语、补语、宾语都是重要的语法特征观测点，都具有重要的语法描写价值。本章第三节就是基于深度描写主义原则，对被字句的单句体形进行了细致的描写，并且对描写获得的数据进行了阐释。从描写和计量分析的角度，对被字句的特征做了新的解释。本节只简要介绍被字式的一般情况。

8.2.1.1 被字式的受事主语

通过介词"被"把动作行为的受事提到句首，充当句子的话题，这是被字式的语用功能。从语义-语法功能的角度而言，这类受事被称为"受事主语"。受事主语是被字式的重要句法成分。我们看下面的一些例子（例子中的单下画线部分是被字式小句，下同）：

（1）我既被你哄了，如今只要相处得情长则个。（初刻·卷十七）

（2）你那时被妖法慑起半空，我两个老人家赶来，已飞过墙了。（初刻·卷二十四）

（3）众人都被风颠得头晕，个个是阿欠连天，不肯同去。（初刻·卷一）

[①] 吴福祥. 汉语伴随介词语法化历史考察［J］. 中国语文，2003（1）：43-58.

（4）又恐怕<u>父亲</u>被母亲缠不过，一时更变起来，心中长怀着忧虑，只愿崔家郎早来得一日也好。（初刻·卷二十三）

（5）滴珠慌了，急掣身起，已打了个照面，急奔房门边来，<u>不想那门先前出来时已被汪锡暗拴了</u>，急没躲处。（初刻·卷二）

上述例句中，被字式小句中的受事主语，既可以是指人的，也可以是指物的。例（1）（2）的受事主语是人称代词"我、你"，例（3）（4）的受事主语是指人名词"众人、父亲"，例（5）的受事主语是指物名词"那门"。

由于语言交际的经济原则，《二拍》对话中的被字式出现了受事主语省略的用例。受事主语的省略主要有承前省略和蒙后省略两种。例如（例子中的双下画线部分是受事主语）：

（6）<u>滴珠</u>起初害羞，不肯出来。后来被强不过，勉强略坐得一坐，推个事故，走进房去，扑地把灯吹息，先自睡了，却不关门。（初刻·卷二）

（7）<u>老尼</u>心上有事，想着卜良与巫娘子，欲心正炽，那里就睡得去？听得敲门，心疑卜良了事回来，忙呼小尼，不见答应，便自家爬起来开门才开得门。<u>被贾秀才拦头一刀，劈将下来</u>。（初刻·卷六）

（8）<u>龙香</u>也有意要他看见，把身子全然露着，<u>早已被门里面看见了</u>。（二刻·卷九）

（9）更有那不识气的<u>小二哥</u>，不曾沾得半点滋味，<u>也被别人弄了一番手脚</u>，折了偌多本钱，还悔气哩！（二刻·卷十四）

上述四例中，"滴珠、老尼、龙香、小二哥"分别是所在例句的被字式小句的受事主语，但是这些受事主语并不在被字式小句结构之内，而是在被字式小句的前边语境中，属于承前省略。

蒙后省略是指受事主语没有出现在被字式的"被"之前，而是在被字式之后加以补充说明。《二拍》中共出现了 6 例，这种类型相对比较少。例如：

（10）被吴大郎甜言媚语，轻轻款款，扳将过来，腾的跨上去，<u>滴珠</u>颤笃笃的承受了。（初刻·卷二）

（11）又被我抢白<u>他</u>是面生不熟之人，他才说出名姓来，叫做凤来仪，是今年中的举人，在此园中读书，是个紧邻。（二刻·卷九）

（12）李方哥进到内房，与妻陈氏说道："果然你昨日猜得不差，元来真是此意。被我抢白了一顿，<u>他</u>没意思，把这锭银子作为陪礼，我拿将来了。"（二刻·卷二十八）

（13）后被小生识破，他方才说，果然不是真小姐，小姐应该目下有灾，就把一束草教小生来救小姐，说当有姻缘之分。（二刻·卷二十九）

（14）因被外人所疑，他说家世湘潭，将来贵处寄养。（二刻·卷三十）

（15）死后家人信了人言，道癞疾要缠染亲人，急忙抬出，埋于浅土，被狗子乘热拖将出来，吃了一半。此乃陈喇虎作恶之报。（二刻·卷三十一）

上例（10）—（15）中，被字式的受事主语没有在前文出现，而是出现在后文紧接着的小句中，这是对被字式的语义关系和语用功能的补充说明。例（10）中"滴珠"、例（11）—（14）中的"他"以及例（15）中的"陈喇虎"均为被字式的蒙后省略的受事主语。

8.2.1.2 被字式的施事宾语

施事宾语也是被字式中重要的句法结构成分。对此，吴福祥（2003：46）认为，施事宾语的出现频率是衡量某一文献或某一时代的被字句的成熟程度的标准之一，施事宾语的出现使得"被"字的词性由"助动词"变为引入宾语的"介词"，为现代汉语被字句的发展演变奠定了基础。[①]

《二拍》中被字式的施事宾语的类型主要有三种：单音节、多音节、复杂性施事宾语。从形式上看，这些施事宾语都是体词性成分构成，没有发现谓词性成分充当施事宾语的情况。下面我们对《二拍》中出现的施事宾语类型分别做详细说明。

其一，单音节体词性施事宾语。单音节施事宾语主要为指人的人称代词和指物名词等，都是体词。例如：

（1）只为一个容颜厮象，一时骨肉旧人都认不出来，若非太后复还，到底被他瞒过，那个再有疑心的？（初刻·卷二）

（2）我自采花，他不知哪里走将来，撞见了，反说我偷他的花，被我抢白了一场。（二刻·卷九）

（3）元来人心不可有欲，一有欲心被人窥破，便要落入圈套。（初刻·卷六）

（4）那小姐方才放下了心，便说："花园遇虎，一路上如腾云驾雾，不知行了多少路，自拼必死，被虎放下地时，已自魂不附体了。后来不知如何却在船上。"（初刻·卷五）

---

① 吴福祥．汉语伴随介词语法化历史考察［J］．中国语文，2003（1）：43-58．

上述例子中，下画线部分是被字式所在的小句，小句（1）（2）中的"他、我"是人称代词，分别是谓语动词"瞒过、抢白"的施事，同时又都是介词"被"的宾语；小句（3）中的普通名词"人"是谓语动词"窥破"的施事，同时又是介词"被"的宾语；小句（4）中的指物普通名词"虎"是谓语动词"放下"的施事，同时也是介词"被"的宾语。上述 4 例的施事宾语都是单音节的。

其二，多音节施事宾语包括双音节宾语，主要由指人和指物两类构成。例如：

（5）翠翠道："起初兵乱时节，我被李将军掳到这里；后来郎君远来寻访，将军好意仍把我归还郎君，所以就侨居在此了。"（二刻·卷六）

（6）铁生感谢不尽，却是口里虽如此说，终日被胡生哄到妓家醉梦不醒，弄得他眼花撩乱，也那有闲日子去与门氏做绰趣工夫？（初刻·卷三十二）

（7）公子被他们如此舞弄了数年，弄得囊中空虚，看看手里不能接济。所有仓房中庄舍内积下米粮，或时难银使用，或时即发米代银，或时先在那里移银子用了。（二刻·卷二十二）

（8）老尼被那家寻他事故，告了他偷盗，监了追赃，死于狱中。（初刻·卷三十四）

（9）却说夜珠被两蝶夹起在空中，如登云雾，心里明知堕了妖术，却是脚不点地，身不自主。（初刻·卷二十四）

（10）元来起初放下时，被汗巾勒住了气，一时不得回转，心头温和，原不曾死。（二刻·卷三十五）

上述例（5）—（8）中，指人的"李将军、胡生、他们、那家"都是被字式小句的施事宾语。例（9）（10）中，指物的"两蝶、汗巾"也都是被字式小句的施事宾语。

其三，由体词性词组构成的复杂性施事宾语。从结构类型上看，这些词组有偏正词组、并列词组、方位词组、同位词组、"的"字词组等五类。例如：

（11）那日无客，在家闭门昼寝，忽然得一梦，梦见张贡生到来，说道取银回来。正要叙寒温，却被扣门声急，一时惊醒。（二刻·卷四）

（12）众养娘将软褥铺衬，抱他睡在床上，解看衣服，尽被树林荆刺抓破，且喜身体毫无伤痕。（初刻·卷五）

（13）你罪本当革役，我若轻恕了你，须被衙门中谈议。（初刻·卷二十六）

（14）又着这贼道的手了！可恨这厮无礼！<u>被他两个侮弄这一日</u>。（初刻·卷三十一）

（15）此是七月下旬的说，再过月余，报到，<u>果然被南赣巡抚王阳明擒了解京</u>。（二刻·卷三十七）

（16）前头走的还跑了儿个，后头走的，<u>反被前头的拉住</u>，一时跑不脱。（初刻·卷三十一）

上述例（11）中的施事宾语"扣门声"是偏正词组。例（12）中的施事宾语"树林荆刺"是并列词组。例（13）中的施事宾语"衙门中"是方位词组，这种类型的施事宾语实质上是省略了中心语的偏正结构，相当于"衙门中的人"。例（14）（15）中的施事宾语"他两个、南赣巡抚王阳明"是同位词组。例（16）中的施事宾语"前头的"是"的"字词组。

8.2.1.3 被字式的谓语动词

《二拍》中被字式的谓语动词可以分为光杆谓语动词和连动式谓语动词两种类型。光杆谓语动词既可以是单音节的，也可以是双音节的，一般是指没有时态或其他补语跟随的作谓语的动词。例如：

（1）王某只为与李乙有仇，<u>今李乙被杀</u>，未获凶身，故此遭诬下狱。（初刻·卷十一）

（2）他把投靠王家，<u>因相被逐</u>，一身无归，上项苦情，各细述了一遍。（初刻·卷二十一）

（3）我也是个故家子弟，好模好样的，不想遭这一场，<u>反被那小人逼勒</u>。（初刻·卷十一）

（4）我当初实是不知稼穑，<u>被人鼓舞</u>，朝歌暮乐，耗了家私。（初刻·卷十五）

（5）人居世间，<u>总被他颠颠倒倒</u>。（初刻·卷三十六）

上述例（1）（2）中，被字式小句的谓语动词"杀、逐"都是单音节谓语动词。例（3）（4）中，被字式小句的谓语动词"逼勒、鼓舞"都是双音节谓语动词。例（5）中，被字式小句的谓语动词"颠颠倒倒"是四音节谓语动词。

关于连动式谓语动词，向熹先生（1993：125）曾经指出，连动式谓语动词早在甲骨卜辞时就产生了，只不过当时形式比较简单，主要为两个动词连用。之后，数量增多，形式变得复杂了。[①] 据统计，明代末期的《二拍》，其被字式中谓语动词为连动式的用例只有14例。两个动词之间的语义关系分为"动作时

---

① 向熹．简明汉语史［M］．北京：高等教育出版社，1993.

间有先后顺序的、前后动作为并列关系的、后一动作是前一动作的目的关系的、前一动作是后一动作的原因关系的"四种，其中后三种关系的使用频率非常低。例如：

（6）间有个把慌忙奔出舱外，<u>又被盗船上人拿去杀了</u>。（初刻·卷十九）

（7）妾身自有丈夫，<u>被奸人赚来卖了</u>，恐怕出丈夫的丑，故此不敢声言。（初刻·卷二十七）

（8）奴正是徐家媳妇，<u>被人拐来，坑陷在此</u>。（二刻·卷三十八）

上述 3 例中的连动式谓语动词分别是"拿去-杀""赚来-卖""拐来-坑陷"，都是按照时间先后顺序组合而成的。这种语义类型的连动式谓语用例有 11 例。另外，前后动作为并列关系的、后一动作是前一动作的目的关系的、前一动作是后一动作的原因关系的用例各只有 1 例。例如：

（9）为你家父亲赖了典田银子，我是原中人，<u>被阴间追去做证见</u>。（二刻·卷十六）

（10）更有那不识气的小二哥，不曾沾得半点滋味，<u>也被别人弄了一番手脚</u>，折了偌多本钱，还悔气哩！（二刻·卷十四）

例（9）中，连动式谓语动词"追"和"做见证"之间有动作-目的关系，"做见证"是"追"的目的。例（10）中，连动式谓语动词"弄一番手脚"和"折了本钱"之间有因果关系，"弄一番手脚"是"折了本钱"的原因。

此外，在被字式的句法结构中，被字式的状语、补语、受事宾语、动态助词等句法成分都对被字式的发展演变有着重要的作用，而且对被字式的表意功能有着重要的影响。对此，本节采取了数据抽取的方式，通过计量研究的方法，对《初刻》中的被字式所在的小句结构进行了数据化观照，同时也对被字式小句和其他小句之间的句间关系进行了数据化观照，得出了一些看法。详情请参看本章第三节的相关研究，此不赘述。

《二拍》中的被动结构实际上是比较复杂的，除了被字式被动结构以外，还有"于字式、为字式、与字式、吃字式"等被动结构类型。下面，我们对这些被动结构也做简要介绍，以便整体上把握《二拍》被动结构的类型特征。

8.2.2 于字式被动结构

于字式被动结构的产生时间较早，管燮初（1981）研究认为，西周金文里就出现了以"于"为形式标志的被动句。① 这一古老的表示被动的形式在《二拍》中也同样有所体现。于字被动式的句法结构是：主语＋动词＋于＋主动者。例如：

（1）船中碎板，片片而浮，睡的婢仆，尽没于水。（初刻·卷二十二）

（2）（侯元）去了一年多，道是死于虎狼了，幸喜得还在。（初刻·卷三十一）

（3）章台之柳，虽已折于他人；玄都之花，尚不改于前度。（二刻·卷六）

上述 3 例中，于字式被动结构的主语都是在于字式被动结构的小句之外，其中例（1）的"没于水"可以有两种解释，一是"于"字为引出处所的介词，表示"奴脾沉没的地点是水中"。这种解释就不属于被动结构。二是"于"为表被动的介词，表示"奴婢被水淹没"。这种解释属于被动结构。同样地，例（2）的"死于虎狼"也有两种解释。其中之一是把"于"理解为表引出对象的介词，此处"死"为形容词，被动结构的语义表示"死在了虎狼的口下"。这种解释就不是被动结构。二是把"于"理解为表被动的意思，"死于虎狼"的意思就是"被虎狼杀死"。这种解释就属于被动结构。例（3）中有两个被动结构，其中"于"均为表被动的介词，后面为有生命的施事者，"折于他人"为"被他人折断"之意，而至于后面的"不改于前度"则是"不被前度改变"的意思。我们应该把它看作是完全意义上的被动结构。

根据张新武（1987：72）的分析，到了唐代，表示被动的于字句在口语中应该是绝迹了的。而在书面语中，只是由于文言的影响，俗文学中才偶尔出现这样的句式。② 《二拍》中，于字式被动结构只有这不多的几句，而且只有例（3）是典型的完全意义上的被动结构。而且通过上下文可以知道，例（3）是"翠翠"写给她父母的信里的用语，古人在用书面语时仿古的可能是很大的，这不能体现当时口语的特点，这也符合了张新武的判断。总之，《二拍》中典型意义的于字式被动结构的用例非常少，明代南方官话中几乎不存在于字式被动结构。

8.2.3　为字式被动结构

表被动的为字式被动结构在《二拍》中的用例比于字式被动结构要多得多。

① 管燮初. 西周金文语法研究［M］. 北京：商务印书馆，1981.
② 张新武. 敦煌变文中的被动句式［J］. 新疆大学学报，1987（4）：72-78.

为字式产生之初就可以带施事宾语，这弥补了于字式、见字式不能带关系语的缺陷。为字式的结构形式比较复杂，谓语动词带了状语、补语、助词等附加成分，施事成分也比较复杂，甚至出现了偏正结构的词组作为施事宾语的用例。此种被动结构的类型在《二拍》中有 9 例，我们看下面的例子：

（1）妾身颇慕风情，奈为太尉拘禁，名虽朝欢暮乐，何曾有半点情趣？（二刻·卷三十四）

（2）今既为汝污，岂可别嫁？（二刻·卷十一）

（3）我是耕者某人，为邻人打死。（初刻·卷十四）

（4）李将军是张士诚部下的，已为天朝诛灭，骨头不知落在那里了……（二刻·卷六）

（5）大概不是一婚两婚人，便是那低门小户、减剩货与那不学好为夫所弃的这几项人……（初刻·卷二十）

（6）人生换了皮囊，便为嗜欲所汩，饥寒所困，把前事多忘记了。（二刻·卷二十四）

（7）小的妻子李氏，久为杨化冤魂所附，真性迷失。（初刻·卷十四）

（8）他是个鬼，我与他说话已久，不要为鬼气所侵，被他迷了。（二刻·卷十三）

（9）石察院赶开左右，直唤两生到案前来，轻轻地分付道："二生所告，本院久知此人罪恶贯盈，但彼奸谋巨测。二生可速回家去，毋得留此。倘为所知，必受其害。待本院廉访得实，当有移文至彼知会，关取尔等到此明冤。万万不可泄漏！"（二刻·卷四）

上述 9 例，代表了《二拍》中为字式被动结构的 9 种结构类型。例（1）的结构类型是"为＋N 施＋V"，这种结构中，施事宾语为特指名词，谓语动词 V 为不带有任何附加成分双音节光杆动词。例（2）的结构类型是"A＋为＋N 施＋V"，谓语动词 V 带了时间状语 A，但是这个状语前置于句首了。例（3）的结构类型是"为＋N 施＋V＋C"，是谓语动词 V 带了补语 C。例（4）的结构类型是"A＋为＋N 施＋V＋C"，这种结构是谓语动词 V 同时带了状语 A 和补语 C。例（5）的结构类型是"为＋N 施＋所＋V"，其中谓语动词为光杆形式，不带有附加成分。例（6）的结构类型是"为＋N 施＋所＋V＋N 施＋所＋V"，这一结构类型很特别，"为"字后出现了两个"所＋V"的结构，其实质是第二个"N 施"前省略了"为"。这个结构可以变换为"为＋N 施＋所＋V＋（为）＋N 施＋所＋V"。例（7）的结构类型是"A＋为＋N 施＋所＋V"，其中谓语动词 V 带了状语 A，表示动作的时间、范围等。例（8）的结构类型是

"为＋N 施＋所＋V＋助"，充当助词的是表完成时态的"了"，强调动作的完成。例（9）的结构类型是"为＋所＋V"，这种类型在《二拍》中只有 5 例。通过对上下文的理解，我们可以补充出这一句式的施事宾语，因此可以把它看作是省略了施事者的"为＋N 施＋所＋Vp"格式的变体。

《二拍》时期的为字式被动结构在白话文里有了很大的发展，这和这一时期整个被动式的繁荣发展是密不可分的。

8.2.4 与字式被动结构

《二拍》中的与字式被动结构类型非常多。"与"的意义和功能的历时变化在《二拍》这一共时平面上得到了充分的体现，既出现了实词性比较强的"给予"义与字式，也出现了表"致使"和"被动"双重意义的与字式。但就表被动的与字式结构而言，其数量非常多。这些表被动的与字式，构成成分比较复杂，动词带有状语、补语、助词、宾语等多个附加成分。其结构类型主要有以下 9 种，例如：

（1）孙子该去见婆婆，只是儿受阳气尚浅，未可便<u>与生人看见</u>，待过几时再处。（二刻·卷三十）

（2）我陈某当初软弱，今日不到得<u>与他作弄</u>。（初刻·卷十五）

（3）元来阴间把秫木取去他血，<u>与畜生吃过</u>，故此面色腊查也似黄了。（初刻·卷三十七）

（4）那不识事的小二哥，一团高兴，好歹要赌，俗名唤作"酒头"。落在套中，出身不得，谁有得<u>与你赢了去</u>？（二刻·卷八）

（5）龙香道："姐姐也见得是。且耐心着，不要烦烦恼恼，<u>与别人看破了</u>，生出议论来。"（二刻·卷九）

（6）此宝本没有定价，今我行囊止有三万缗，<u>尽数与君，买了去</u>罢。（二刻·卷三十六）

（7）那衢州公文明白，你舅子亲自领回，你丈人、丈母认了不必说，你父母与你也当堂认了领去的，如何又有说话？（初刻·卷二）

（8）（巫娘子）叹口气道："罢了，罢了，谁想这妖尼如此好毒！把我洁净身体<u>与这个甚么天杀的点污了</u>，如何做得人？"（初刻·卷六）

（9）闽中有一人名曰陈福生，<u>与富人洪大寿家佣工</u>。偶因一语不逊，被洪大寿痛打一顿。（二刻·卷三十一）

上述 9 例，代表了《二拍》中与字式被动结构的 9 种结构类型。例（1）的结构类型是"与＋N 施＋V"，这是最为简洁的结构，动词为光杆动词，不带有状语、补语等附加成分。例（2）的结构类型是"A＋与＋N施＋V"，这种结构中的动词带了状语 A，由时间状语和否定副词"不、勿"等充当。例（3）的结构类型是"与＋N施＋V＋助"，这种结构中动词 V 带了助词"过"，表示动作的完成。例（4）的结构类型是"与＋N施＋V＋助＋C"。这种结构的类型中，动词 V 同时带有助词和补语 C，助词用于述补结构之间。例（5）的结构类型是"与＋N施＋V＋C＋助"，这种结构中，动词形式为述补结构的动词词组，之后还带有一个助词"了"，表动作的完成。例（6）的结构类型是"A＋与＋N施＋V＋助＋C＋助"，这种结构中，动词同时带有了状语、助词、补语等附加成分。例（7）的结构类型是"与＋N施＋A＋V＋助＋V＋C"，这种结构中，谓语动词为连动式，动词又带有状语、补语、助词等附加成分。这种结构的用例仅仅只有 1 例。本例中的状语"当堂"表示动作的方位处所，谓语动词"认、领"为表示动作的先后顺序的连动式，而动词又带了完成时态助词"了"和趋向补语"去"。例（8）的结构类型是"把＋N受＋与＋N施＋V＋助"，这种结构中，表被动的与字式与处置式结合，与字式的受事主语同时也是处置介词"把"的宾语。这种结构的用例也只有 1 例。例（9）的结构类型是"S＋与＋N施＋V＋O"，这种结构中，动词后出现宾语 O，宾语 O 为动词的对象，与 S 之间为并列的关系。这种结构的用例也只有 1 例。本例中，动词短语"佣工"，为"雇佣为工人"，表动作的结果，与 S "陈福生"之间为并列关系。值得注意的是，此例也是兼语式和与字式的格式的嵌套，"陈福生"既为谓语动词"有"的宾语，也是表被动的与字式的受事主语。

被字式被动结构中，也出现了与兼语式结合的用例，而表被动的与字式也出现这样的用例，这可能是受被字式的类推和比照作用的影响。

8.2.5　吃字式被动结构

关于表被动的吃字式的产生时间，江蓝生先生（1989：372）认为最晚不迟于北宋。[①] 其实在历史的演变过程中，当"遭受义"的"吃"字带了动词性宾语后，就有了重新分析的可能。因为"吃"由原来的动词"遭受"义逐渐虚化为表被动关系的介词，从结构上具有了被动句的特点。蒋绍愚、曹广顺（2005：394-395）认为，被字式是近代汉语所有被动句式的基础，而吃字式是在被字式的强大的类推作用下产生的。[②] 我们可以把这一类型的用例分析为被动式，为句法的核心。《二拍》中，吃字式被动结构主要有 10 种结构类型。例如：

---

① 江蓝生. 被动关系词"吃"的来源初探 [J]. 中国语文，1989（5）：370-377.
② 蒋绍愚，曹广顺. 近代汉语语法史研究综述 [M]. 北京：商务印书馆，2005.

（1）（赛儿）来到柱边，傍着天然耳边，轻轻的说："不要慌！若到官直说，不要赖了<u>吃打</u>。我自来救你。东西银子，都在这里。"（初刻·卷三十一）

（2）众人自在东山家<u>吃耍</u>。（初刻·卷三）

（3）小的<u>吃打不过</u>，不合伸起头来，父亲便将小的毒咬一口，咬落耳朵。（初刻·卷十三）

（4）钱氏<u>吃打得头开额破</u>，救得脱，一道烟逃走去了。（初刻·卷三十一）

（5）住持不曾分说得一句话，竟自黑碌碌地<u>吃监了</u>。（二刻·卷一）

（6）石丢儿说着："小牛<u>吃打坏了</u>，我去做。"（初刻·卷三十一）

（7）文若虚道："一年<u>吃蛇咬</u>，三年怕草索。说着货物，我就没胆气了。只是守了这些银钱回去罢。"（初刻·卷一）

（8）东山呆了半晌，捶胸跌足起来道："银钱失去也罢，叫我如何做人？一生好汉名头，到今日弄坏，真是张天师<u>吃鬼迷了</u>。可恨！可恨！"（初刻·卷三）

（9）那慧空要讨别人便宜，谁知反<u>吃别人弄了</u>。（初刻·卷十五）

（10）杜氏悄悄说道："非是我舍得你去，只是<u>吃老头子缠得苦</u>，你若要我住在此，我须与你两个自做一床睡，离了他才使得。"（初刻·卷二十六）

上述 10 例，基本代表了《二拍》中吃字式被动结构中的 10 种类型。例（1）的结构类型是"吃＋V"，其中动词为光杆动词，不带有任何附加成分。例（2）的结构类型是"A＋吃＋V"，这种结构中的动词 V 带了状语 A 这一附加成分，这种结构类型只有 1 例。本例中的状语"在东山家"就是动词"耍"的状语，附加说明动作发生的地点。例（3）的结构类型是"吃＋V＋C"，这种结构中的动词 V 带了补语 C，表示动作的程度、结果。本例中的补语"不过"就是一个否定性的结果。例（4）的结构类型是"吃＋V＋得＋C"，这种结构中的动词短语为带"得"字的述补结构，充当补语的是复杂的成分，表示动作的结果。本例中，"头开额破"充当补语成分，是由两个主谓结构的词组并列构成的，在句中表示动作"打"的结果。这种类型的被动结构，显然是在被字式的类推作用下形成的。这个时期的吃字式呈现出复杂化的特点，出现了带"得"的述补结构，补语的成分复杂化，不但可以是单个词，还可以是动宾、主谓等结构的词组。这是语义表达的细化要求驱动的。例（5）的结构类型是"吃＋V＋助"，这种结构中的动词 V 带了助词，充当助词的是"了"，表示动作的完成。这种类型的被动结构用例比较少，《二拍》中只有一例。例（6）的结构类型是"吃＋V＋

C＋助"，这种结构中的动词 V 同时带有补语和助词，是对动作的补充说明，补语"坏"表示动作"打"的结果，助词"了"表示动作"打"的完成。例（7）的结构类型是"吃＋N 施＋V"，这种结构中，被动标记词"吃"和单音节光杆动词之间带了关系语"施事"，指出了动作的施事者，没有其他附加成分。例（8）的结构类型是"吃＋N 施＋V＋助"结构，动词带了助词"了"，表动作的完成。例（9）的结构类型是"状＋吃＋N 施＋V＋助"，动词"吃"带了状语"反"，表示语气，而助词"了"既在 V 后又在句末，因此既表示动作的完成，又表示句子的肯定语气。例（10）的结构类型是"吃＋N 施＋V＋得＋C"，这种结构是受被字式被动结构的影响，属于带"得"的述补结构，补语"苦"为单音节的形容词。

8.3 《初刻》被字句的单句体形数据信息

8.3.1 相关术语、所用语料与研究方法

最早论及被字被动句的应该是黎锦熙先生，其 1924 年出版的《新著国语文法》中，虽然没有单独列出被字句，但是认为被字句是属于被动句的。他认为外动词"被"有两种特用：① 用在副位实体词前面，可当介词；② 若用在动词前面，却成表被性的助动词。[①] 从这些论述可以看出，此时表示被动的"被"字还没有从外动词"被"中独立出来，只是作为一种特殊用法；对于这种特殊用法的词性，根据所处的句法位置，已经分为介词和助动词两大类。这种划分对于今后的研究具有很大的启发性，很多对于"被"字词性的研究都是建立在这个基础之上。《初刻》中"被"的词性，既有动词用法，也有介词用法，正好为已有的结论做了注解。

本节的"被字被动句"也称为"被字句"，是指由介词"被"介引的表达被动意义的单句，不包括"被"作动词的单句。本节所用的单句（single sentence），是汉语学界通行的一般概念，也相当于邢福义先生（1995：427）提出的"小句"，是由短语或单个的词构成的、具有特定语调、能独自表达一定的意思、不可再分出分句的句子，包括主谓句和非主谓句两类。[②] 其中被字句、把字句、连动句、兼语句、双宾句、存现句、是字句等都属于单句的特殊种类。

---

① 黎锦熙．新著国语文法［M］．北京：商务印书馆，1992：42.

② 邢福义．小句中枢说［J］．中国语文，1995（6）.

本节把被字句的"单句句法结构"简称为"单句体形"或者"单句结构",把超越单句的篇章级别的句间结构关系称为"篇章关系"或者"句间关系"。

经穷尽性考察,《初刻》的被字句一共有 235 句。下面的语例尽管含有"被"字,但都不是被字句。

（1）那亲动手的奸徒,若不明正其罪,被害冤魂何时瞑目?（初刻·卷十一）

（2）二生就讨过笔砚,写了息词,同着原告、被告、中证一行人进府里来。（初刻·卷十）

（3）还京之日,已知姊夫被难而亡。（初刻·卷二十）

例（1）中"被"是助词,用在动词前表示被动的动作。[①] 例（2）中"被告"已经词汇化为一个名词。例（3）中,"被"是动词,表"遭遇义"。[②] 总之,以上类别的被字句均不属于本节考察的语料。

总之,为了考察被字句的单句体形结构在使用中的完整性状况,据此判断单句结构成分在被字句整体结构中的表意功能地位,我们采集了 235 例语料中的以下相关数据信息（见表 8-1 至表 8-6）。

本节基于被字句的实际用法和使用状况,从信息理论的角度着眼,对《初刻》中的全部被字句的单句体形和篇章级句间关系进行数据信息挖掘,再经过数据统计分析,考察被字句的篇章级句间关系特征和被字句的单句体形特征,论述这些特征与被字句的语言表达功能之间的关系,阐释被字句的信息结构特征,从单句体形和篇章级句间关系的新角度来审视和观照被字句的特点,同时也是为了进一步验证已有研究的相关结论。

我们知道,在最理想的情况下,被字句的单句结构是:

定语＋受事主语＋状语＋被＋定语＋施事宾语＋状语＋处置动词＋补语

这种结构在保证被字句为单句的前提下,也保证了被字句传递的语义信息量最大化。但是需要特别说明的是,这个最理想的结构在现实的语言运用中很少存在,一般都是以不完整的结构形式出现的。例如:

（4）我父昔年被郡守枉杀。（初刻·卷三）

---

① 中国社科院语言所词典编辑室．现代汉语词典［M］．5 版．北京：商务印书馆,2007：61.

② 中国社科院语言所词典编辑室．现代汉语词典［M］．5 版．北京：商务印书馆,2007：60.

这个单句就是一个相对完整的被字句，但是动词"杀"之后仍然"缺少"一个补语，施事宾语前"缺少"一个定语。实际上，根据最理想的被字句结构来衡量，用"缺少"来表述"某个句法位置的成分空置"可能不严谨，不能说是"缺少"，应该表述为：相关句法位置至少还可以出现一个语义成分。因此，如果添加相关成分，例（4）至少可以呈现为例（4a）：

　　（4a）：我父昔年被（糊涂的）郡守枉杀〈了〉。

例（4a）就是一个非常完整的被字句，是在被动句例（4）的基础上，补出施事的修饰语成分（例句中用（）表示）和动作的时态成分（例句中用〈〉表示）。但是，实际的语言用例中，这么完整的被字句是不多见的。《初刻》中大量的被字句都是以理想的完整结构形式"定语＋受事主语＋状语＋被＋定语＋施事宾语＋状语＋处置动词＋补语"为基础和前提，或多或少地缺省某些成分而存在着。这种自然的缺省状态，反映了被字句在语言运用中的某些自然特征，也反映了语言使用者的某些偏好。

总之，本节在定量描写的基础上，采取定性研究的视角，基于数据人文的理念，通过统计分析被字句的相关数据信息，来重新认识被字句的特点，阐释被字句的信息分布结构和信息表达功效以及其他语言学特征和价值，比如被字句的"长短"问题、否定性问题、处置动词的光杆性问题等。

8.3.2　"被"前成分的词类种数及其出现次数

我们看下面的例子：

　　（1）竟不知妈妈已被员外劝化得明明白白的了。（初刻·卷三十八）
　　（2）我被他摆布不过。（初刻·卷三）
　　（3）被虎放下地时。（初刻·卷五）

上述例（1）中，"被"前的位置出现了"竟、不、知、妈妈、已"五个词，这五个词的词类分别是"副词、副词、动词、名词、副词"；例（2）中，"被"前位置出现了一个代词"我"；例（3）中，"被"前位置为空，无词类。根据这种统计，235 例被字句中，"被"前成分的词类种数及其出现次数如下（见表 8-1）。

表 8-1　235 例被字句中"被"前成分的词类种数及其出现次数

词种	副词	名词	无	连词	动词	代词 疑问指示	介词	助词	形容词	数量词
次数	96	95	72	26	22	8	5	4	1	1
频率（%）	40.85	40.43	30.64	11.06	9.36	3.40	2.13	1.70	0.42	0.42

通过表 8-1 可以看出,"被"前成分以副词和名词为多,频率分别为 40.85%和 40.43%;"被"前无任何成分的情况占比也较高,频率为 30.64%。笔者认为,最值得解释的就是副词在"被"前成分中的最高占比问题。

我们知道,根据不同词类的语法功能,一般而言,单句中副词跟谓语动词的关系最为密切,副词一般应该紧邻谓语动词。但是在《初刻》的被字句中,副词和谓语动词之间却被"被动标记"或者由介词"被"构成的介宾结构隔开了。前移的副词,在句法位置上更靠前,同时语义的右向控制范围则更大了,不仅控制了"被",而且控制了谓语动词。换句话说,前移到"被"前的副词,右向控制了其后的所有语义成分。如果副词只在动词前,那么它只能右向控制动作行为这一语义成分。另外,介词"被"本身就来源于动词,多少还具有动词性,这也为副词可以前移至"被"前创造了心理语义认知基础。

笔者认为,更为本质的是,副词位置前移以便跟谓语动词拉开距离,这实际上是一种广义的语法手段,是语义精细化、经济化表达的一种举措,具有语义和语用双重功能。我们以例(1)为例,来详细分析这种语法手段所具有的功能。为分析方便,我们只考察例(1)中的"妈妈已被员外劝化得明明白白的了"这个典型的被字句,并标识为例(1a),因为"竟不知"属于一个更高层次的主谓句的谓语中心。

为了说明副词前移以后带来的语义和语用表达上的变化,我们需要对例(1a)这个被字句进行"去特殊化(去被动化)"变换操作,可以变换成例(1b)。变化前后的例子如下:

例(1a):妈妈已被员外劝化得明明白白的了。

例(1b):员外(已)劝化妈妈,(妈妈已)明明白白的了。

通过这种变换,我们会发现,变换前后,各句在语义表达和语用效果上,区别是很大的。例(1a)的语义表达具有经济性,简洁明了,语义信息焦点集中;相反,例(1b)由于没有采用特殊的被字句,而是采用一般的主谓句,整个句子在语义表达上不经济,显得过于啰唆,而且整个句子的语义信息不集中,语义信息点被平均分布,使得句子的语用表达不够高效。

另外,例(1b)由于没有使用特殊的句式(构式),句子只是组成成分的语义信息的简单组合,缺乏更为精深的构式义,语用表达功能受限。如果我们想表达"劝化"这一动作行为给"妈妈"带来的是害处还是好处、"妈妈"乐意还是不乐意接受这样的语用义,那么例(1b)这样的句子形式是不能完成这一功能的。就被字句来说,其构式义是指被字句表达"遭受义"或者"高兴(幸福)义"。根据上下文判断,例(1a)其实表达的是"高兴(幸福)义",对受事"妈妈"而言是乐于接受的,是"受益"的,而不是"损失、难受"的。但是,如果没有被字句的特殊构式介入，那么例（1b）就不可能表达出"高兴（幸福）义"。只有使用了被字句以后，读者才能通过特殊构式的暗示，从而领悟到说话者的语用目的，领悟到构式本身带有的情感评价。可见，一个一般的主谓句是否使用特殊的被字句来表达，是有语义精细、经济和语用效力等考量的，使用被字句的句子，其语义表达更为精细，多种信息可以叠加表达，再加上构式本身的特殊表意功能，就使得整个被字句在语义表达上更具精细化和简洁性，在语用表达上更具丰富性和高效性。

"被"前成分中，名词的占比也很高，仅次于副词。这种现象正是被字句属于受事主语句的一个重要证明和表现，因为充当受事主语的往往都是名词或者名词性成分。

总之，在《初刻》的被字句中，"被"前成分以副词和名词居多，这不仅体现了被字句作为受事主语句的应有特点，而且也体现了被字句存在的语言和语言学价值。因为副词的位置前移，会带来一系列的句式变化和语义语用功能变化以及特殊的表达需求。

8.3.3　"被"前和谓语动词后成分的数量及语例数

我们看下面的例子：

> （1）不想那门先前出来时已被汪锡暗拴了。（初刻·卷二）
>
> （2）高雄、赵天汉俱被拿了。（初刻·卷三十一）
>
> （3）早被我赚出合同文字来也！（初刻·卷三十三）

例（1）中，"被"前成分是"不想那门先前出来时已"，从信息单位（语块）的角度可以分解成"不想、那门、先前、出来时、已"五个信息单位（成分）。例（2）中，"被"前成分是"高雄、赵天汉俱"，从信息单位（语块）来看，可以分解为"高雄、赵天汉"和"俱"两个信息单位（成分），因为尽管"高雄、赵天汉"是两个人名，但是这两个人名属性相同，可以归为一个信息单位。证据有两个，一个是句子中的顿号可以换成连词"和"，另一个证据是副词"俱"紧随其后，都标记着对二者的统一计算。在例（1）和例（2）中，动词后（句尾）成分都是只有一个"了"。例（3）中，"被"前成分只有一个副词"早"，动词"赚"后的句尾成分有"出、合同文书、来、也"四个，分别作趋向补语、受事宾语、结果补语、语气补语。在所有考察的 235 例被字句中，"被"前成分和谓语动词后成分的数量、语例数及占比统计如下（见表 8-2）。

表 8-2　235 例被字句句首（"被"前）和句尾（动词后）成分的数量及语例数

成分数量（个）	5	4	3	2	1	0
处于句首的语例数/占比（％）	2/0.85	1/0.43	20/8.51	46/19.57	94/40.00	72/30.64
处于句尾的语例数/占比（％）	0/0	4/1.70	11/4.68	45/19.15	133/56.60	42/17.87

　　通过表 8-2 可以看出，被字句中，"被"前成分数量和谓语动词后（句尾）成分数量占比最高的都是两个成分的句子，分别占比 40％和 56％。"被"前成分数量占比第二高的是零个成分的句子，而动词后成分数量占比第二高的是两个成分的句子。总体上，被前和动词后的成分数量都比较少。

　　如果把被字句结构分为三段，那么"被"和"谓语动词"就是两个界限点，"被"前成分也可以叫"句首成分"，动词后成分也可以叫"句尾成分"，处于二者之间的成分就是"句中成分"。根据笔者的初步观察，"句中成分"一般比较单一，多是"施事主语"，而且成分的长度一般较短。本节我们只统计"句首成分"和"句尾成分"，目的是考察被字句的语义信息在整个句子中的分布，阐释被字句信息的体形状态。表 8-2 的统计结果可以充分说明，《初刻》中的被字句的句长都是比较短的。

　　我们知道，语言是人类传递信息的主要工具，句子则是传递信息的基础性单位，句子的信息分布是否均衡，直接影响信息传递的效度，不合理的信息分布，不仅影响句子信息的表达，更影响句子信息的接受。作为口语语体的交际活动，其中的句子都属于短时记忆，应该尽量符合短时记忆对句子信息单位分布均衡性和句长的要求，这样才能达到最佳的交际效果。

　　就句子信息单位均衡性分布来说，因为人的短时记忆容量有限，就需要在最短的时间内处理相应的语义信息，如果信息在句子中的分布不均衡，势必会增加处理信息的难度。上述我们列举的例（1a）和例（1b），就是一种证明。"去被动化"以后的例（1b）"员外（已）劝化妈妈，（妈妈已）明明白白的了"实际上在语义信息分布上就显得不均衡，也很啰唆，交际效率就低。如果使用被字句，那么其交际效果就大大提高了。从这里也可以看出，汉语被动句的作用，除了生成语义语用上的特殊构式义以外，更重要的作用就是安排句子的信息单位的位置，使之符合短时记忆中的信息均衡原则。

　　就句长来说，句子的长短要符合人的短时记忆规律。短时记忆规律的主要指标就是短时记忆容量的阈值。关于这个阈值的具体值，美国的认知心理学家米勒（Miller）的估计值是 7±2，考恩（Cowan）的估计值是 4。无论是哪个阈值，都说明了工作记忆是有限的，且这两个阈值的估计值比较接近。也就是说，如果把句子中的一个成分看作一个信息单位（"块"）的话，那么符合短时记忆的句长一般在 5 到 9 个单位（7±2）或者 4 个单位。[①][②] 这样一来，人们在短时记忆中处理句子的信息，就有一定的长度限制，太长的句子不符合短时记忆的规律，达不到良好的交流目的，但是太短的句子，也是交际的障碍，会降低交际的效率。因此，以口语语体交流的句子，其长度一般不能太长，要恰当控制在 5 到 9 个信息单位（"块"）为宜。根据这个标准判断，《初刻》中的被字句，其口语语体非常明显，被字句整句的信息单位都不太多。从被字句的句长来看，可以进一步证明《初刻》是模拟宋代"话本"形式创作的、具有"话本"口语体底色的可供阅读的书面语著作，比较接近当时社会通行的口语。

8.3.4　谓语动词前后的状语和补语成分数及语例数

我们看下面的例子：

  （1）当下被众人索了。（初刻·卷十一）

  （2）岂知被我一一查出了！（初刻·卷十七）

  （3）也被正寅用棍打死了好几个。（初刻·卷三十一）

例（1）中，谓语动词前没有状语，其后有一个基本的时态助词"了"作补语。例（2）中，谓语动词前有一个状语"一一"，其后有一个结果补语"出"和一个时态助词补语"了"。例（3）中，谓语动词"打"前有一个介宾结构"用棍"，作状语，其后有一个结果补语"死"、一个时态补语"了"和一个复杂的数量结构"好几个"，作受事宾语。按照这种操作程序和方法，我们统计的数据信息如下（见表 8-3）。

表 8-3　动词前后的状语和补语成分数及语例数

考察项	动词前状语		动词后补语		前无状语后无补语	前有状语后有补语	前后交错存其一
	有	无	有	无			
语例数（个）	42	193	163	72	56	26	153
占比（%）	17.87	82.13	69.36	30.64	23.83	11.06	65.11

我们统计谓语动词前后的状语和补语的主要目的，是想考察被字句在动词位置的信息分布情况。根据表 8-3 的统计结果，谓语动词前无状语的比例很高

---

① Miller G. The magical number seven plus or minus two: some limits on our capacity for processing information [J] . Psychological Review，1956（63）: 81-97.

② Cowan N. The magical number 4 in short-term memory: a reconsideration of mental storage capacity [J] . Behavioral and Brain Sciences，2001（24）: 87-185.

（82.13％），谓语动词后有补语的占比很高（69.36％）。这种情况说明，被字句的信息分布，更倾向于在谓语动词之后，更多的精细化语义表达是通过在谓语动词后分布一些语义成分来实现。比如，例（3）的谓语动词后不仅出现了两个补语，而且还出现了复杂的受事宾语，这些受事宾语原本是应该出现在更靠近句首的"被"字之前的。类似例（3）这样的例子数量也较多，可见，《初刻》中的被字句的语义信息更倾向于分布在谓语动词之后。此外，《初刻》中的被字句在谓语动词前后同时平均分布语义信息的情况也不多见，即"前有状语＋后有补语"的情况占比不高，只有11.06％，是所有统计项目中占比最低的。

　　一般而言，说把字句和被字句中的谓语动词不能是光杆动词，主要是指动词后必须有一些附加的语义成分。但是，从《初刻》中被字句的"动词后无补语"（此种情况占比30.64％）以及"前无状语＋后无补语"（此种情况占比23.83％）的语例的占比情况看，"非光杆动词"不仅可以指动词后有依附性成分的，也可以指动词前有依附性成分的动词。

　　需要特别说明的是，根据表8-2和表8-3，我们从总体特征和整体趋势上得出了《初刻》被字句的动词后成分数以0个、1个和2个居多，但是也必竟出现了3个和4个成分的用例；同时也得出了动词前无状语的用例占比很高，但是也毕竟出了占比23.83％的"前无状语＋后无补语"的用例，这说明，《初刻》被字句的动词前后成分有复杂化的趋势，包括状语与补语（结果补语、情态补语、时态补语、趋向补语、时间补语、数量补语、地点补语、介词补语）的复杂化，甚至出现了几种附加成分同时出现的用例，这反映了明代汉语被字句的特色。

8.3.5　受事和施事的出句状态及语例数

　　我们看下面的例子：

　　　　（1）我那儿敢被这两个老杀才逼死了？（初刻·卷二）

　　　　（2）吴氏此时已被引动了兴。（初刻·卷十七）

　　　　（3）却被擒获。（初刻·卷二十九）

　　"施事"和"受事"是构成被字句的两个重要成分，必不可少，有时候尽管不一定能准确知道施事是谁，但是认知心理和逻辑语义理解上，施事是一定存在的。比如"张三的钱包被偷了"，尽管不知道是哪个人、哪个小偷，但是钱包被偷了，那就一定存在一个施事来完成"偷"这个动作行为。本节旨在考察，被字句作为一个单句，其中的"施事"和"受事"的出句状况，以此考察《初刻》中被字句的结构完整性，以及被字句跟其上下文语境的关联程度。因为要想正确地理解被字句，必须厘清谓语动词的施事和受事成分，如果被字句本身没有施事或者受事成分，那么这个缺失的成分一定在上下文语境中。如果大量的施事或者受事习惯性处于被字句之外，习惯性隐藏在上下文的语境中，那就说明被字句跟其他句子、跟上下文语境的关系比较密切，在生存上对上下文语境的依赖性很强。

例（1）中，施事"我"和受事"这两个老杀才"都在句子中，都没有出句。例（2）中的施事"吴氏"没有出句，而受事却出句了。同理，例（3）中，施事和受事都不在句子中，都出句了。我们统计的相关数据信息如表 8-4 所示。

表 8-4　235 例被字句中受事和施事的出句状态及语例数

考察项	受事		施事		受事＋施事		
	出句	不出句	出句	不出句	同时出句	同时不出句	交错出句
语例数（个）	152	83	61	174	32	54	149
占比（％）	64.68	35.32	25.96	74.04	13.62	22.98	63.40

通过表 8-4 可以看出，受事的出句率非常高，达到 64.68％，而施事的出句率却相对较低，只有 25.96％。相反，施事的不出句率却高达 74.04％，而受事的不出句率却相对较低，只有 35.32％。因此，位于"被"前的受事更容易出句，依存在上文的语境中；而位于"被"和"谓语动词"之间的施事却不容易出句，更多的是存在于句子之中。另外，施事和受事交错出句的比例也非常高，达到了 63.40％，而施事和受事同时出句的比例却是最低的，只有 13.62％。这说明，《初刻》的被字句中，施事和受事最常见的状态是至少有一个不出句。因此，如果受事出句的情况很多，那么相反，施事不出句的情况也就有很多。这种情况是合理的，因为如果受事出句很多，施事也出句很多的话，那么被字句就会变成无标记被动句。这也就是说，如果是有标记的被字句，那么受事和施事就不能同时出句。

从表 8-4 中施事和受事"交错出句"的高占比来看，《初刻》中的被字句的结构是不完整，具有明显的通俗简练的口语特性。这种通俗简练、口语化的小说语言特色，跟当时的社会交际语言相当接近，这也是《初刻》得以流行的语体因素。

学者们把无受事主语的被字句称"零被句"，其判断标准为被字句中无受事主语、省略了受事主语。照这样看来，《初刻》中存在高达 64.68％的"零被句"，也就是"受事出句"的语例。这种观点着眼于形式，实际上从认知语义的角度看，"零被句"是不存在的，因为被字句本身就是表示"受事"和"施事"之间的一种特殊关系的句式，如果没有"受事"或者"施事"，被字句不可能也没有必要存在。被字句受事的高出句率（零被句大量存在），说明了《初刻》被字句是更为特殊的"受事主语句"，体现了明代被动式的繁荣发展。

8.3.6 肯定式和否定式被字句的语例数

我们看下面的例子：

(1) 怎舍得白白被盗了去？（初刻·卷三十五）

(2) 果然被他哀告不过。（初刻·卷三十五）

(3) 又恐怕父亲被母亲缠不过。（初刻·卷二十三）

(4) 被打不过。（被打得受不了了、被打得狠）（初刻·卷二十九）

(5) 又被王老央不过。（初刻·卷一）

(6) 后来被强不过。（初刻·卷二）

(7) 被赛儿逼勒不过。（初刻·卷三十一）

(8) 被人不仁。（初刻·卷二十）

(9) 既不被人识破，又能自保其身。（初刻·卷十九）

(10) 如何得不被人看破？（初刻·卷十九）

(11) 那女春们没一个不被他哄得投机的。（初刻·卷三十四）

(12) 再不被那一干人所惑。（初刻·卷三十九）

被字句的否定，现代汉语中是用否定词置于被前，这是形式和位置上的要求。但是按照这个标准，《初刻》中只有4例这样的否定性被字句，那就是例(9) —(12)。例(1) 的被字句，是用疑问句形式表达语义上的否定，但是形式上却没有否定词。依据句法结构形式上没有否定词，我们把类似这样的句子都归为"肯定式被字句"。例(2) —(7) 中，尽管句中有"不"，但却不单独成词，而是和"过"构成一个补语成分，并且置于谓语动词之后，表示某种程度很高的结果。例(8) 中，"不"可以看作一个否定词，但是这个否定词却置于被之后的谓语前。如果把"不仁"看作一个形容词谓语，那么整个句子就是一个肯定句了。这种情况可以看作是否定性被动句的特殊情况。笔者认为，从形式上来说，被动句的否定式当然要否定"被"，否定词应该置于"被"前；但是从语义内容上来说，有处置义的谓语动词应该也是句子的核心，否定谓语动词也是合理的。但我们还是认为，被动句的否定形式，还是应该否定"被"，因为在依存语法理论看来，"被"在句法树中的层级比谓语动词的层级更高，其节点的位置高于谓语动词，所以被动句的否定还是应该否定"被"，否定了"被"也就意味着否定了其后的谓语动词。表8-5是我们统计出的结果。

表 8-5　235 例语料中被字句的肯定式和否定式的语例数

被字句类别	肯定式被字句	否定式被字句
语例数 （个）	231	4
占比 （%）	98.30	1.70

通过表 8-5 可以看出，《初刻》中的被字句，基本都是肯定式被动句。这种现象是值得思考的。

笔者认为，这种现象跟被字句主要表是"遭受义"有关，因为"遭受义"的存在是以谓语动词的动作行为已经完成为前提的，既然动作行为已经完成了，那就成了肯定性存在的事实，这个时候只需要用被动句把相关的事件信息传递出来即可。这种情况下的被动句当然是肯定式的。如果使用否定式被动句，那么往往意味着谓语动词表示的动作行为没有完成。既然没有完成，那么受事主语承载的遭受义也就不可能产生和存在。《初刻》中肯定式被字句和"遭受义"被字句的占比都非常高，分别是 98.70% 和 97.87%，恰恰印证了我们的这个看法。

另外，我们在北京大学 CCL 现代汉语语料库中，以"没被、不被、没有被"为检索词，一共得到 7287 例否定式被字句，其在全部 435131 例被字句中的占比为 1.67%。这一比例非常接近《初刻》中否定式被字句 1.70% 的占比。否定性被字句的使用频率较低，可能是近现代汉语被字句的一个特点。

8.3.7　"遭受义"和"高兴（幸福）义"被字句的语例数

王力先生（1943/1985）在《中国现代语法》中对被动句（被动式）定义为"凡叙述词所表示的行为为主体所遭受者，叫做被动式"。王力先生（1957：12）在《论汉语被动式的发展》一文中着重分析了"被"字被动句的语义特征，认为"被动式所叙述，若对主体而言，是不如意或不企望的事，如受祸、受欺骗、受损害或引起不利的结果等"[①]。表"不如意或不企望的遭受义"是王力先生论述的被动句表义的一个重要特征，这种观点是符合汉语事实的，也被学界接受。但是，学者们也指出，被动句并非只表示"遭受义"，也有表示"如意或企望的

---

① 王力. 论汉语被动式的发展 [J]. 语言学论丛，1957（1）.

幸福义"这样的"非遭受义"的，以及色彩不明确、不明显的"中性义"。①② 我们对《初刻》的考察（见表 8-6），也证实了被动句存在表"幸福/高兴义"的情况，只是比例较低，约占 2.13%。

我们看下面的例子：

(1) 被他惊坏。（初刻·卷三十）

(2) 吴氏被道士弄得爽快。（初刻·卷十七）

(3) 吴氏此时已被引动了兴。（初刻·卷十七）

例（1）是表示"不如意、不企望"的事，属于被字句表"遭受义"。例（2）和例（3）则是表示"如意、高兴、幸福"的事，属于被字句表"非遭受义"。表 8-6 是我们的统计结果。

表 8-6 被字句表示"遭受义"和"高兴/幸福义"的语例数

语义类型	遭受义	高兴/幸福义
语例数（个）	230	5
占比（%）	97.87	2.13

通过表 8-6 可以看出，被字句表"遭受义"的比例非常高，而表"高兴/幸福义"的比例则很低。尽管表示"高兴/幸福义"的语例比较少，但是相对于《初刻》以前的历史时期，这个时期出现了很多用例，毕竟是一个重大的发展变化，这也说明句式的功能在拓展，是句式的语言表达能力增强的表现。实际上，从认知心理和逻辑语义关系方面来说，跟现实客观世界中一种原因可能引起好的或者不好的结果一样，被字句也会相应地表达好的或者不好的结果。这就是被字句可以表达不企望的"遭受义"或者企望的"高兴/幸福义"的现实世界的客观理据。因为既然现实世界中的结果有好有坏，那么被字句在语用义表达上出现好的"高兴/幸福义"就有了现实世界的客观依据，尽管表达"高兴/幸福义"的比例比较低。

8.4 《初刻》被字句的句间关系数据信息

被字句的句间关系也叫被字句的篇章级句间关系，是指被字句单句和其前后紧密相连的单句之间的逻辑语义关系。我们看下面的例子：

---

① 梁东汉. 现代汉语的被动式 [J]. 内蒙古大学学报，1960（2）.

② 刘世儒. 论"汉语被动式"的传统用法 [J]. 北京师范大学学报，1963（1）.

　　（1）所以聪明正直之人，再不被那一干人所惑，只好哄愚夫愚妇一窍不通的。（初刻·卷三十九）

　　（2）所以那家庭间，每每被这等人吵得十清九浊。（初刻·卷二十）

　　（3）我前日眼里亲看见，却被他们把鬼话遮掩了。（初刻·卷三十二）

　　（4）万一被他们官司绊住，不得入试怎好？（初刻·卷三十四）

　　被字句的句间关系，在例（1）和例（2）中是因果关系，在例（3）中是转折关系，在例（4）中是假设关系。这些例句都有关系连词作标记，比较容易辨别。有一些没有关联标记词，但通过语义逻辑，也是很容易确定句间关系的。例如：

　　（5）又被王老央不过，只得作揖别了。（初刻·卷一）

　　（6）众人都被风颠得头晕，个个是呵欠连天，不肯同去。（初刻·卷一）

　　例（5）中，被字句所在的上下文语境是：王老强纳在金老袖中，金老欲待摸出还了，一时摸个不着，面儿通红。又被王老央不过，只得作揖别了。很显然，被字句跟前面的句间关系是并列关系，由一个关联副词"又"可以推测出并列关系来；被字句跟后面的小句的句间关系则是因果关系，这个很容易通过语义逻辑推理得到。同理，尽管没有关系标记词，但是经过语义逻辑推理，例（6）中的被字句跟后面的小句都是因果关系。

　　按照以上分析思路和方法，我们的统计结果如下（见表 8-7）。

表 8-7　被字句的篇章级句间关系与语例数

句间关系	因果	转折	承接	并列	假设	递进	解说	让步	选择
语例数（个）	75	61	40	24	18	10	4	2	1
占比（%）	31.91	25.96	17.02	10.21	7.66	4.26	1.70	0.85	0.43

　　被字句的篇章级句间关系以因果关系为主要类型，占比最高。这也是一个值得深思的问题。我们知道，从语言表达与客观世界的关系来说，语言表达是客观世界的语言体现，现实世界中的事物、事件之间存在着某种因果关系，一定会在语言表达中体现出来。我们知道，客观现实世界中的一种原因会引起某种结果，无论是好的结果或者不好的结果，只要有某种原因就一定有某种结果，反之亦然，只要有某种结果就一定存在某种原因。这种因果关系的表达，在语言中有很多种方式，除了可以用因果关系复句这样的方式以外，还可以用单句

表达，其中被动句就是一种可以表达因果关系的单句。和因果关系复句相比，被字句表达因果关系相对隐性一些。这种隐性表达因果关系的特征，至少有两个方面的体现。

首先，从被字句单句内部来看，语义上有施事、受事、动作及动作的结果等成分，其中动作的结果很重要，因为动词不能是光杆动词，必须有相应的其他成分来依附或跟随这个动作，至少要有完成时态"了"作为结果。在依存语法理论看来，被动句中的"被"可以看作连词，其连接的是"事件动作"和"结果"。例如：

(7) 众人都被风颠得头晕。（初刻·卷一）

这个被字句中的"事件动作"是"风颠众人"，"结果"是"众人头晕"。很显然，现实世界中，"风颠众人"和"众人头晕"是有因果关系的。在交际中，当我们再加上说话人的语用义时，可以选择"强处置"语用义，也可以是"强遭受"语用义。如果是前者，那么会用把字句表达；如果是后者，那么会用被字句表达。总之，可以表达具有因果关系的两个语义要素的把字句或者被字句，其本身一定隐含着因果关系特征。

其次，被字句表达因果关系的隐性特征还体现在，很多时候被字句可以融入复句中完成因果关系的表达。从我们对《初刻》的被字句的句间关系类别考察来看，因果关系是篇章级句间关系中最大的一类，占比 31.91%。被字句更多地用在因果关系的句间关系中，这就自然地决定了被字句的语用义表达与因果关系密切相关。实际上，被字句能够作为因果复句的一部分，是被字句本身隐含的因果关系的一种递归，是单句内的因果关系在一种更大的范围内递归使用的体现。

总之，被字句具有的表达"遭受义"和"高兴/幸福义"的语用功能特征和被字句的句间关系以因果关系为主要类型的这个特征之间具有关联关系，二者具有内在的一致性，可以互相印证。

8.5 《初刻》被字句的单句体形和句间关系特点

句子的体形像一条线，可以称为句线。句线是说句子的结构是一条线性结构。由于受到语用因素的影响，句子的信息焦点会发生一些变化，如果再加上句子本身可能有的构式因素的制约，句线的长短、粗细、凹凸等体形特征就会发生变化。句子的这些体形信息，从数据人文的角度来说，可以反映句子本身的一些内在特征和规律。本节就是从这样的思路和理念出发，尝试着对《初刻》

中的被字句的体形信息进行数据统计分析，旨在从数据的角度验证被字句已有的结论和观点，并尝试着发现被字句的一些新特点和规律。

通过对《初刻》被字句的穷尽性考察分析，我们发现：

第一，被前成分以副词为最多，占比较高；谓语动词前有状语的占比较低；受事主语出句率较高。这三条数据信息之间有内在的关联，从这些数据信息可以看出这一时期的被字句有如下四个特点：

首先，副词前移至被前（或句首位置），跟谓语动词拉开距离，说明介词"被"仍然具有较强的动词性，副词前移具备本质自然的语义认知基础，具有心理可接受性。其次，副词前移至"被"前，既可右向控制介词"被"，也可以右向控制谓语动词，彰显了副词（大多是虚词）强大的语义控制功能。再次，副词位置前移实际上是一种广义的语法手段，是语义精细化、经济化表达的一种举措，有助于语义表达简洁明了和信息焦点的集中，再加上被字句本身的构式义，使得整个被字句具有语义和语用表达的双重功能。最后，考虑到《初刻》被字句中前移的副词很多都具有关联性，而且受事主语的出句率又非常高，所以《初刻》被字句的上下文语境依附性（依存性）很强、句长较短、口语化程度较高。

第二，谓语动词之后只有一个成分的比例高达 56.60%，没有任何成分的比例也占 17.87%；谓语动词前无状语成分的比例高达 82.13%；单音节谓语动词 199 个，占比 85%。这三条数据信息也有内在关联，这说明《初刻》被字句的谓语动词位置尽管不是语义信息的集中地，但却往往是句子信息的焦点。从语言信息结构理论和焦点理论来看，句子信息的常规焦点（自然焦点）位置跟语言类型、语序有关，在汉语中，常规（自然）焦点往往在句末，属于句法位置靠后的新信息。

第三，肯定式被字句占比高，而否定式被字句占比较低。造成这种现象的可能原因也许是，"遭受义"在认知心理上跟动作行为的完成密切相关，只有相关动作行为完成了，"遭受义"才能产生。这是肯定式被字句高频使用的认知语义原因。

第四，被字句的篇章级句间关系主要是因果关系；被字句的语用色彩义在"不幸、不愉快"的传统"遭受义"的基础上，出现了对受事者、叙述者或相关对象而言的"愉快、幸福"的"非遭受义"的用例。这两条数据信息之间实际上也有内在的关联。因为一种原因存在了，一定会有一个结果，这个结果既可能是积极的，也可能是消极的，还可能是中性的。当我们有愉快幸福的感觉时，这个结果就是积极的；反之，当我们感觉不幸、不愉快时，这个结果就是消极的。"非遭受义"的用例在明清汉语中出现，实质上是一种逻辑必然，说明被动式的语用色彩在明清时期已经朝着逻辑必然的方向发生变化。

　　本节的工作有助于从数据信息的角度厘清明代南方官话被字句的单句体形和篇章句间关系特征，探究明代南方官话利用被字句进行语言信息传递的单句体形结构的功能分布和句间关系的篇章环境，验证和重新认识被字句的特点及其语言学价值。本节的研究方法具有示范性。结合同时代或者不同时代的同一句式的单句体形及其篇章级句间关系的数据信息特征，可以构建汉语同一句式的单句体形和篇章级句间关系演变史，从而全面深刻认识相关语言现象，得出更具普适性的语言演变机制和规律。

第 9 章
疑问句

马建忠（2004：361）在《马氏文通》中按照助词所传语气把句子分为传信和传疑两大类。传疑内部又分为"一则有疑而用以设问者；一则无疑而用以拟议者；一则不疑而用以咏叹者"①。马氏所指的第一类句子就是一般疑问句，第二类句子就是反问句，第三类句子就是感叹句。黎锦熙（2007：277-288）在《新著国语文法》一书中将疑问句分为"表然否的疑问""助抉择或寻求的疑问"两大类。② 20 世纪 40 年代，吕叔湘在《中国文法要略》中专门设置"传疑"章节，对疑问句进行了具体详细的研究。吕叔湘将疑问语气分为询问、反诘、测度三类，并将疑问句分为特指问句和是非问句。20 世纪 80 年代，对于疑问句的研究又形成了一个高潮，取得了一定的突破。对于疑问句的研究，大致可以分成汉语疑问句理论概况、句式、疑问标记、专书疑问句研究四大类。

疑问句是按照句子的疑问语气分出来的一个句类，主要由语调、疑问词和一些固定结构组成，句末用问号。目前对于疑问句的分类，从二分法一直到七分法，都有学者在坚持。两分法分为是非问和非是非问两大类（房玉清《实用汉语语法》）。三分法分为特指问、是非问、选择问三大类（朱德熙，1982：202）。四分法分为特指问、是非问、选择问、正反问（黄伯荣、廖序东，2007：98）。五分法分为特指问句、是非问句、选择问句、反复问句、比较问句（杨伯峻、何乐士，2001）。六分法分为特指疑问句、反话疑问句、正反疑问句、是非疑问句、揣度疑问句、选择疑问句（段业辉，1998：132-134）。七分法分为特指

---

① 马建忠. 马氏文通 [M]. 北京：商务印书馆，2004.

② 黎锦熙. 新著国语文法 [M]. 长沙：湖南教育出版社，2007.

问句、是非问句、选择问句、反问句、设问句、商询问句、委婉问句（沈祥源，1998）。我们根据《初刻》疑问句的具体情况，将《初刻》中的疑问句分为特指问句、选择问句、正反问句、是非问句四大类。

9.1　《初刻》的特指问句

朱德熙（1982：202）在其著作《语法讲义》中指出，"在相应的陈述句里代入疑问词语，加上疑问句调就变成了特指疑问句"①。蒋绍愚、曹广顺（2005：289）主编的《近代汉语语法史研究综述》一书指出，特指问句就是"句中有疑问代词，可用于真性发问，表达说话人的疑惑和探寻"②。

简而言之，特指问句就是要求对方正面回答疑问的一种疑问句，疑问代词和疑问语气词是特指问句中最关键的两个因素。

9.1.1　疑问代词构成的特指问句

9.1.1.1　"何"类疑问代词构成的特指问句

《初刻》中"何"类疑问代词包括"何"及其复合形式"如何、何如、若何、如之奈何、因何、缘何、为何、何为、何以、何乃、何不、何故、何物、何事、何人、何处、何家、何时、何日、何在、何等、何等样"等。与"何"类疑问代词搭配的语气词有"也、了、的"等。例如：

（1）武帝见他生得猥琐，笑道："此小物，何谓猛兽？"（卷三）

（2）枉出丑了一番，不曾看得明白，模样如何？（卷六）

（3）正没理会处，只见内里走出一个人来道："相公只望门内观看，却是为何？"（卷十六）

（4）心里疑道："这小小年纪，如何行径，就惹得娘告不孝？"（卷十七）

（5）有一个多时辰，忽然张开眼睛，看见公堂虚敞，满前面生人众，打扮异样，大惊道："吾李氏女，何故在此？"（卷十四）

（6）王婆转进房里来，对滴珠道："适才这个官人，生得如何？"（卷二）

---

① 朱德熙. 语法讲义［M］. 北京：商务印书馆，1982.

② 蒋绍愚，曹广顺. 近代汉语语法史研究综述［M］. 北京：商务印书馆，2005.

（7）丹客懊怒，咬得牙齿跞跞的响，问烧火的家僮道："此房中别有何人进来？"（卷十八）

上述例（1）的疑问代词"何"作主语，语义是"什么"。例（2）的疑问代词"如何"作谓语，语义是"怎么样"。例（3）的疑问代词"为何"作宾语，表示询问原因、缘由，语义是"为什么"。例（4）的疑问代词"如何"作定语，表示询问事物，语义是"什么"。例（5）的疑问代词"何故"作状语，表示询问原因，语义是"为什么"。例（6）的疑问代词"如何"作补语，表示询问情状样貌，语义是"怎么样"。例（7）的疑问代词"何人"作兼语，是前面的谓语动词"有"的宾语，又是后面谓语动词"进来"的主语。

"何"类疑问代词数量较多，尤其是"何故、何物、何事、何人、何处、何家、何时、何日"等，其实都是"何"的扩展形式，已经把"指代对象"的类别指明了。比如"何日"就是指代的什么时间，"何人"就是指代的什么人。这样的扩展，使得"何"类疑问代词的语法功能也大大扩展，"何"类疑问代词家族可以充当"主语、谓语、宾语、定语、状语、补语"等，也可以充当兼语的语法功能，同时也使得"何"类疑问代词的表意功能大大扩展，"何"类疑问代词家族可以询问"事物、人物身份、原因（缘由）、时间、地点（处所）、方式（方法）、情状、面貌、意见、看法"等，具有丰富的表意功能。尽管"何"类疑问代词家族在句子中很少搭配句末语气词，但是"何"类疑问代词句的语气也是非常丰富的。

9.1.1.2 "谁"类疑问代词构成的特指问句

《初刻》中"谁"类疑问代词有"谁"及其复合形式"谁家、谁人、兀谁"等 4 个。其中"谁"类特指问句中搭配的语气词有"了、的"。例如：

（1）又问道："今日谁把这些妖物斩了？"（卷二十四）

（2）那人见说，吃了一惊，仔细相了一相，问道："谁人打破你的头来？"（卷三十三）

（3）自家屋里求着兀谁的是？（卷十五）

（4）因到茶肆中吃茶，就问茶主人："此第二牛是谁家的？"（卷三十七）

（5）高公看毕，道："字法颇佳，是谁所写？"（卷二十七）

（6）小娥问邻居之儿："此是谁家要雇用人？"（卷十九）

上述例（1）中的"谁"和例（2）中的"谁人"都是充当疑问句的主语，在语义上"谁"也就相当于"谁人"。例（3）的"兀谁"在句中作宾语，而且是前置宾语。冯春田（2000：151）认为，"从汉代开始出现'阿谁'的形式，大约在南宋及元代，出现了'兀谁'。《初刻》中"兀谁"作标记的特指问句共计1句。"兀谁"在句中作宾语，而且是提前的宾语，是判断动词"是"的宾语。"兀谁"表示询问人，可以解释为"什么人"。例（4）的"谁家"也是充当疑问句的宾语，在语义上，"谁家的"也就相当于"谁的"。例（5）的"谁"和例（6）的"谁家"都是作疑问句的兼语，例（5）中"谁"作"是"的宾语，又同时作"写"的主语。同理，例（6）中"谁家"作"是"的宾语，又同时作"雇"的主语，形成了兼语结构。

总之，"谁"类疑问代词家族在句子中可以充当"主语、宾语、兼语"，具有"询问人"的表意功能。

9.1.1.3 "甚（什么）"类疑问代词构成的特指问句

《初刻》中"甚（什么）"类疑问词语有"甚"及其复合形式"甚么、什么、甚人、甚事、则甚、做甚、为甚、为甚么"等9个。其中"甚（什么）"类特指问句中搭配的语气词有"呀、么、来、的、了"等。与之组配的语气助词是很丰富的。例如：

（1）秀才便问："你们众人都聚此一家，是甚缘故？"（卷二十四）

（2）你可走到崔家郎船上去看看，与他同来的是什么人，却认做我家庆娘子？（卷二十三）

（3）滕生想一想，问道："师父既与他往来，晓得他平日好些什么？"（卷六）

（4）我且问你，我姓什么？（卷三十八）

（5）你在此看炉，做了甚事？（卷十八）

（6）六老问道："今日为甚事忙？"（卷十三）

（7）教当直的，一面安排了行李，林善甫出房中来，问店主人："前夕甚人在此房内宿？"（卷二十一）

（8）张客道："我歇之后，有甚人在此房中安歇？"（卷二十一）

（9）那媒人回复了刘氏子，刘氏子是个猛烈汉子，道："不肯便罢，大丈夫怕没有好妻，愁他则甚？"（卷九）

（10）你道尼姑为甚撺掇杨妈妈叫女儿出家？（卷三十四）

（11）卢母惊怪他两个老人家赶着女儿，问道："为甚么？"（卷三十）

（12）林断事看那井庆是个朴野之人，不像恶人，便问道："儿女夫妻为甚么不和？"（卷二十六）

上述例（1）的"甚"和例（2）的"什么"都是作定语，例（1）是询问情状的原因，例（2）是询问人的情状。例（3）的"甚么"和例（4）的"什么"都充当宾语，例（5）的"甚事"充当动词的宾语，而例（6）的"甚事"则是充当介词的宾语。例（7）的"甚人"充当动词的主语，例（8）的"甚人"则是兼语，兼作"有"的宾语和"安歇"的主语。例（9）的"则甚"是谓语，意思是"做什么"，例（10）的介宾短语"为甚"充当表原因的状语。例（11）的"为甚么"既可以是主语，也可以是宾语。当充当小句的主语时，小句的意思是"为甚么是这样"，其中的宾语"这样"代指前面的小句所表示的情况；当充当小句的宾语时，小句的意思是"这样是为甚么"，其中小句的主语"这样"代指前面的小句所表示的情况。例（12）的"为甚么"充当状语，修饰谓语"不和"。

"甚（什么）"类疑问代词可以充当"主语、谓语、宾语、定语、状语"，还可以独立成句，比如例（11）的"为甚么？"就是一个独立的问句。此类疑问代词尤其是复合型的"甚人、甚事、则甚、做甚、为甚、为甚么"等疑问代词，它们在句法上的多功能特征是值得细致化分析的，因为分清复合型代词的哪一个部分充当句法成分或者说明哪一个部分对句法成分起决定作用，有重要的语言学价值。就"甚（什么）"类疑问代词来说，复合型的"甚人、甚事"实际上是"定中结构"，其中的"甚"充当定语，"人/事"是中心语。复合型的"为甚、为甚么"实际上是"介宾结构"，其中"为"相当于介词，代词"甚（什么）"充当宾语，介宾结构一般在动词谓语前作状语。由于动词和介词在演变上的渊源关系，介宾结构"为甚（么）"可以整体作为谓语，类似的还有"则甚/做甚"这样的"动宾结构"，也可以整体上充当谓语。

9.1.1.4　"那"类疑问代词构成的特指问句

《初刻》中"那"类疑问词语有"那"及其复合形式"那里、那（一）个、那（一）家、那一位、那处、那一条、那边"等。"那"类特指问句中搭配的语气词有"来、的、了"等。例如：

（1）吴氏失惊道："那有这事？"（卷十七）

（2）那里来这老贼驴？（卷十一）

（3）只见不多几时，士真象个忍耐不住的模样，忽地叫了一声："左右那里？"（卷三十）

（4）适才小师父那里去了？（卷二十六）

（5）陈德甫踱到店里，问小二道："在那里？"（卷三十五）

（6）走到那里，自想道："可在那处坐好？"（卷四十）

（7）玄宗大惊道："铜瓶在此，却在那里来?"（卷七）

（8）急急跳下船来，问女子道："你父亲、兄弟那里去了?"（卷三十二）

（9）说那里话?（卷二）

（10）那些喽罗听是东路声音，便问道："你是那里人?"（卷八）

（11）船上人见他这等模样，都笑道："文先生那里又跕了纤来?"（卷一）

（12）叫牛黑子过来，问他道："这簪是那里来的?"（卷三十六）

（13）媒人间："是那个要娶?"（卷二十四）

（14）又是那个题咏的?（卷二十七）

（15）这是那一位客人的宝货?（卷一）

上述例（1）中的"那"作主语，表示询问事理所在。例（2）中的"那里"作主语，表示询问处所、地点，可以解释为"什么地方"。例（3）中的"那里"作谓语，表示询问处所、地点，可以解释为"什么地方"。例（4）—（6）中的"那里"分别作动词"去"、介词"在"和动词"到"的宾语，其中例（4）的句尾有语气词"了"与之配合，而且属于宾语"那里"前置句。例（5）的"在那里"是动宾结构作谓语，独立成句。例（6）的"走到那里"属于"动词＋补语＋宾语"结构，宾语"那里"是任指任何一个地方，与后文的介词宾语"那处"相互呼应，"那处"也是任指任何一处地方。例（7）和例（8）中的疑问代词"那里"分别充当动词"在、去"的宾语，后面分别与语气词"来、了"相匹配。例（9）中的"那里"是修饰"话"这个中心语的定语，表示询问"什么地方"的话。例（10）中的"那里"充当定语，主要是对"人"的籍贯的询问，中心语多是表人的。此种用例《初刻》中出现的频率非常高。例（11）和（12）中的"那里"都是充当的状语，其中例（12）有表示确定的"是"和句尾语气词"的"，相互配合构成"是……的"结构，强调对疑问语气进行进释疑的必要性。例（13）和（14）中的"那个"充当判断动词"是"的宾语，同时又分别充当后面的动词性结构"要娶、题咏"的主语，因此属于兼语。例（15）中的"那一位"属于"指数量"短语，在句子中作定语，修饰指人的中心语。只不过这种"指数量"短语属于疑问指，而不是定指。类似的还有"那（一）个、那（一）家、那（一）条"等，都属于疑问指的"指（数）量"短语。

9.1.1.5 "怎"类疑问代词构成的特指问句

《初刻》中"怎"类疑问词语有"怎"及其复合形式"怎生、怎地、怎的、怎么、怎么样"等。其中跟"怎"类特指问句搭配的语气词有"来、呢、了"。例如：

> （1）王生想道："日间美人只在此中，怎能勾再得一见？"（卷十二）
>
> （2）人命关天，怎便将我家人杀害了？（卷十五）
>
> （3）陈德甫道："怎生是你家的？"（卷三十五）
>
> （4）那陈大郎冒雪而行，正要寻一个酒店沽酒暖寒，忽见远远地一个人走将来，你道是怎生模样？（卷八）
>
> （5）六老千思万想，若王三来时，怎生措置？（卷十三）
>
> （6）走上半里来路，连引孙也不晓其意道："怎生伯伯也如此作怪起来？"（卷三十八）
>
> （7）我和你说定的，你怎生多要了？（卷三十八）
>
> （8）青天白日，怎地拐人来家，要行局骗？（卷二）
>
> （9）秀才想了一会道："是曾写来，你怎地晓得？"（卷二十）
>
> （10）怎的来？（卷六）
>
> （11）部郎道："问他怎的？"（卷二十一）
>
> （12）且等他娘家住，不要去接他采他，看他待要怎的？（卷二）
>
> （13）知县看那诉词上面，还有几个名字，问："这于大豹等几人，却是怎的？"（卷十四）
>
> （14）老者吃了一惊道："怎的说？"（卷十二）
>
> （15）吴氏道："怎的计较？"（卷十七）
>
> （16）你道老来子，做父母的，巴不得他早成配偶，奉事暮年，怎的二八当年多过了，还未嫁人。（卷二十四）

例（1）和（2）中的"怎"字均在句中作状语，既可以表示询问方式、方法，意思是"如何、怎么"，如例（1），也可以表示询问原因，意思是"为何，为什么"，如例（2）。例（3）的"怎生"充当主语，意思是"什么"。例（4）的"怎生"作定语，表示询问情状、事物的性状，意思是"什么样的"，后面所跟名词基本上是"模样"和"打扮"。例（5）—（7）中的"怎生"都是作状语，表示询问方式、方法，意思是"如何、怎么样、用什么方法"，如例（5），也可以表示询问原因，意思是"为何、为什么"，如例（6）和例（7），其中例（7）的句末有语气词"了"与之呼应。例（8）和（9）中的"怎地"在句中也作状语，表示询问原因（如例（8））或者询问方式、方法（如例（9））。例（10）—（12）中的"怎的"均作谓语，表示询问原因、情状，其中例（10）中的"来"是语气词，例（11）和（12）中的"怎的"都是"小谓语"，因为所在的结构"问他怎的""看他（待要）怎的"都是兼语结构，"怎的"是第二个"谓语"，也就是"小谓语"。例（13）中的"怎的"作宾语，表示询问事物、原因、情状。例（14）—（16）中"怎的"作状语，既可以表示询问方式、方法，意思是"如何、怎么"，如例（14）和（15），也可以表示询问原因，意思是"为何，为什么"，如例（16）。

另外，"怎么"在《初刻》中可以作谓语、宾语、状语，作状语时也是表示询问方式方法和原因两类语义。"怎么样"也可以作谓语和状语，作状语时只表示询问方式方法。总之，"怎"类疑问代词在特指问句中具有极大的句法共性，很多都可以充当谓语、宾语、状语等。而且互相之间在表义上具有密切关联性，比如从"怎"到"怎么"再到"怎么样"，三者之间都具有内在的认知语义关系。

9.1.1.6　"几多"类疑问代词构成的特指问句

吕叔湘、江蓝生（1985：339）认为："近代的几字的特征，用一句话来概况，是'数字化'；除了它的数值是无定而外，它的用法完全是一个数字。"[①]《初刻》中表示"数字"意义的疑问词语有"几何、几年、几时、几位、多少"等5个，我们称之为"几多"类疑问代词。与此类特指问句搭配的语气词有"来、的、了"。例如：

（1）敢问所负彼家租价几何？（卷十五）

（2）今你寿近七十，前路几何？（卷二十）

（3）有大胆的走向前问他道："这事有几年了？"（卷十四）

（4）仲任道："我死去几时了？"（卷三十七）（宾语）

（5）婆子就道："官人几时回家？"（卷二）（状语）

（6）玄宗道："尊师几时曾见过来？"（卷七）

（7）问道："老主人几时归天的？"（卷二十三）

（8）那司马也吃了一惊道："你几时来了？"（卷三十七）

（9）大姓见说了就是他家，正不知这老道住在那里的，心里已有好些不快意了，勉强答他道："从来相会，不知老道有几位令郎？"（卷二十四）

（10）尼姑见了，问道："姑娘今年尊庚多少？"（卷三十四）

（11）陈德甫大笑道："这等，那正钱可是多少？"（卷三十五）

---

① 吕叔湘（著），江蓝生（补）. 近代汉语指代词［M］. 上海：学林出版社，1985.

（12）又饮了数杯，大王开言道：“动问仁兄，宅上有多少人口？”（卷八）

（13）船上人见抬了此壳去，便道：“这个滞货也脱手了，不知卖了多少？”（卷一）

例（1）和例（2）的“几何”在句中作谓语，分别询问价格的多少和年龄的大小，意思是“多少”。例（3）的“几年”在句子中作宾语，询问时间的长短，跟语气词“了”搭配使用。例（4）的“几时”在句子中作补语，补充说明动作完成以后的状态持续时间的长短，跟语气词“了”搭配使用。例（5）—（8）的“几时”都作状语，表示动作行为发生或者情态产生的时间，意思是“何时”，其中例（6）、例（7）和例（8）分别跟语气词“来”“的”和“了”搭配使用，具有更强的语用色彩。例（9）的“几位”在句子中作定语，询问数量，意思是“多少”。例（10）的“多少”作谓语，询问年龄大小。例（11）的“多少”作宾语，是数量宾语。例（12）的“多少”作定语，是数量定语。例（13）的“多少”作动词“卖”的结果补语，询问数量多少，其中的“卖了”相当于“卖掉、卖出”。

总之，“几多”类疑问代词在句子中主语充当谓语、宾语、补语、状语、定语等，主要表示价格高低、时间长短、数量多少、年龄大小等数字（数量）意义。

9.1.1.7 “安焉”类疑问代词构成的特指问句

上古汉语中，疑问代词“安”和“焉”的使用频率较高。近代汉语中，这两个疑问代词逐渐被取代，使用次数极少。现代汉语中，已经不用这两个疑问代词了。《初刻》中，“安”字作标记的特指问句共计 7 句，“安”在句中可以作宾语，也可以作状语，意思是“如何、怎么、哪里、什么地方”。“焉”作标记的特指问句共计 1 句，“焉”在句中作状语，表示询问方式、方法，意思是“如何、怎么”。例如：

（1）妙计安在？（卷六）

（2）你那合同文书安在？（卷三十三）

（3）安知不有诡诈？（卷十四）

（4）鹿甚多矣，焉知即此鹿？（卷七）

例（1）和（2）中的“安”在句子中作宾语而且前置于动词“在”，询问位置处所，其中例（1）是抽象的位置处所，例（2）是具体的位置处所。例（3）的“安”和例（4）的“焉”都作状语，在动词“知”之前，表示询问动作的方式、方法。

9.1.2　非疑问代词构成的特指问句

除了疑问代词构成的特指问句以外，《初刻》中还有非疑问代词构成的特指问句，主要有固定结构"高姓大名""高姓""尊庚"以及语气词"呢"等构成的特指疑问句。例如：

（1）那个人见是个小厮，又且说话的确，做事慷慨，便问他道："小哥高姓？"（卷二十一）

（2）灿若道："足下高姓大名？"（卷十六）

（3）知观道："娘子今年尊庚？"（卷十七）

例（1）和（2）的"高姓"和"大名"一般用来询问姓名，"高姓大名"在现代汉语中多用为"尊姓大名"，在句子中作谓语，可以看作是"高姓"和"大名"构成的并列谓语；"高姓"在现代汉语中多用为"贵姓"，同样作谓语。例（3）"尊庚"是询问年龄的，现代汉语一般称作"贵庚"，具有敬称的语用色彩。

再如：

（4）陈德甫道："好教你欢喜，你孩儿贾长寿，如今长立成人了。"周秀才道："老员外呢？"陈德甫道："近日死了。"（卷三十五）

（5）张郎道："我是张家子孙，礼上须先完张家的事。"妈妈道："姐姐呢？"张郎道："姐姐也是张家媳妇。"（卷三十八）

例（4）和（5）都是用疑问语气词"呢"构成的特指疑问句，表示某人在哪里或者某人怎么样了。语气词"呢"作为虚词，没有词汇意义，只有语法意义，标记着疑问句传递出的疑问语气和情感态度。这说明，疑问语气也属于语法意义。但不管是词汇意义还是语法意义，都是句子语义不可分割的一部分。《现代汉语虚词例释》（1982：373）中对"呢"的描述是："'呢'放在疑问句末尾，表示疑问语气；'呢'可以加在特指问句的省略形式中。"① 张美兰（2003：159）认为："以'呢'为疑问语气词的'NP＋呢'问句在宋元话本、元杂剧中已见，在语义上除了在名词后面询问 NP 的处所外，还可作为后续句，在连续发问的场合，承前问句，询问 NP 怎么样了。"② 这些特点也在以《初刻》为代表的明代南方官话里得到呈现。这也说明，明代南方官话对宋元汉语语法特点有一定程度的继承。

---

① 北京大学中文系 1955、1957 级语言班编 . 现代汉语虚词例释 ［Z］. 北京：商务印书馆，1982.

② 张美兰 .《祖堂集》语法研究 ［M］. 北京：商务印书馆，2003.

9.2　《初刻》的选择问句

选择问句就是说话人提出两种或两种以上的情况，需要听话人从中选择一种情况进行回答的问句形式。说话人提出的两种或两种以上的情况一般多有关联标记词来标识。选择问存在三种特殊情况，第一种是听话人可以同时选择两种或多种情况进行回答，第二种是听话人不对说话人提供的任何一种情况进行回答，第三种情况是听话人就说话人提供的全部情况之外的情况进行选择回答。

从选择项的关联标记词来看，《初刻》中的选择问句主要类型有以下几种。我们以例句来说明其特征。

第一种选择问的关联词是"是……是……"。例如：

（1）只见那妇人倚着太湖石，就在石上拍拍手道："前日有一事，如此如此，这般这般，是我不是，是他不是？"（卷三）

（2）既无凭据，知你是真是假？（卷二十二）

（3）员外道："街上人唤你是'刘妈妈'？唤你是'李妈妈'？"（卷三十八）

阚绪良（1995：167-168）认为，"是"字选择问句最早出现在《祖堂集》中，到宋朝才普遍开始使用。[①] 梅祖麟（2000：17）在其《现代汉语选择问句法的来源》一文中指出："'是'字作为选择问句连词产生于宋代；'是'字选择问句产生的原因有两点：第一，先是产生了'为'字的选择问句，后来'为'字被'是'字普遍取代；第二，在公元五世纪的时候，出现了在原有动词外加系动词的句型，这种句型把领域扩展到疑问句中，也促进了'是'字变成选择问记号。"[②]

第二种选择问的关联词是"是……还是……"。例如：

（4）便唤李氏到案前道："你是李氏，还是杨化？"（卷十四）

我们知道，"是……还是……"标记的并列选择问句是现代汉语中常用的选择问句类型。《初刻》中用"是……还是……"关联的选择问句只有 1 句。李崇兴（1990：80）认为，"'还'表示'却'义，起加强语气的作用，用于各种疑问句中，继而'还＋是'用于选择问句中，最后'还是'凝固成词"[③]。冯春田

①　阚绪良.《五灯会元》里的"是"字选择问句 [J]. 语言研究，1995（2）.

②　梅祖麟. 梅祖麟语言学论文集 [M]. 北京：商务印书馆，2000.

③　李崇兴. 选择问记号"还是"的来历 [J]. 语言研究，1990（2）.

（2000：698）认为，"是……还是……"这一句型是在"是……？是……？"的基础上形成的。[①]

第三种选择问的关联词是"还是……还是……"。例如：

（5）不知还是到底救醒了，还是面庞厮象的？（卷十一）

（6）还是去与人挪借？还是去与朋友们结会？（卷十五）

（7）还是自幼出家的？还是有过丈夫，半路出家的？（卷二十七）

（8）不知还是天帝亲口对他说的，还是自家说出来的？　（卷三十七）

（9）管办吏来问道："今日相公与天师饯行，酒席还是设在县里，还是设在祠里，也要预先整备才好，怕一时来不迭。"（卷三十九）

以上例句中的选项都是两项。尽管《初刻》的实际用例中没有出现三项选项的情况，但是"还是……还是……"这种关联标记最大的特点却是用于关联项超越两项的情况。"还是"既有第二次的含义，也有再一次的含义，所以说"还是"是最为典型的选择问句的标记词。关联选择项的时候可以只是重复"还是"即可，也可以根据选择项的多少选择使用"是……还是……"来关联。关联词中的第一个"还是"在选择项中的位置也很灵活，既可以在选择项（分句）的开头，也可以在选择项（分句）的中间。例（5）（8）和（9）中的第一个"还是"是在选择项（小句）的中间，例（6）和（7）中的第一个"还是"则是在选择项（小句）的开头位置。

第四种选择问的关联词是"还是……，……"。例如：

（10）小娘子道："晚间还是我到你书房来，你到我卧房来？"（卷十八）

"还是……，……"是选择问的关联词"还是……还是……"的变体形式。因为"还是"本身蕴含着"双数"或者"多数"的含义，这种蕴含义本身就为选择问句至少要有两种选项的特点提供了保障，所以特别适合用在选择问句中。

第五种选择问的关联词是"……还是……"。例如：

（11）员外道："这等，女儿百年之后，可往俺刘家坟里葬去？还是往张家坟里葬去？"（卷三十八）

（12）那边祠中天师也道县官既然送行，不知设在县中还是祠中？（卷三十九）

"……还是……"也是选择问的关联词"还是……还是……"的变体形式。

---

① 冯春田．近代汉语语法研究［M］．济南：山东教育出版社，2000.

和变体形式"还是……，……"相比，"……还是……"更加符合现代汉语的用法，因为选择问的两个选项居于"还是"的前后，这样在语感和语势（语流进行的顺畅形势）上更自然一些。例（12）是紧缩式选择问句，因为"还是设在祠中"省略了"设在"。

第六种选择问的关联词是缺失的，无关联词，但是可以补充出来。例如：

（13）从来古德长者劝人戒杀放生，其话尽多，小子不能尽述，只趁口说这儿句直捷痛快的与看官们笑一笑，看说的可有理没有理？（卷三十七）

（14）不知为凑钱不起，不知为疑心不真？（卷四十）

这种类型的选择问句需要通过句子的语义和语调来判断。例（13）的"有理没有理"实际上提供了两个选择项，是紧缩型复句，其中的关联词"还是"可以补充出来。例（14）的"凑钱不起，疑心不真"也是两个选择项，也都可以补充出相关的关联词。这种选择问句可以看作无关联标记词的选择问，是有关联标记词的一种变体形式，是可以补充完整的。因为选择问句在语义上一定是有两个或者两个以上的选择项，而且这些选择项之间也一定可以有关联标记词，至于是否出现，是由语用因素决定的。

和特指问句相比，《初刻》中选择问句的数量要少得多，选择问句也是所有类型的疑问句中数量最少的。由于选择问句本身是复句，和特指问句相比，其在句法结构上的特征就比较简单。

9.3　《初刻》的正反问句

吕叔湘（1982：285）认为正反问句就是"把一句话从正反两方面去问"的一种疑问句类型。[①] 黄伯荣、廖序东（2007：113）在《现代汉语》中提出，正反问句是"由谓语的肯定形式和否定形式并列构成的"[②]。《初刻》中的正反问句在句法结构类型上有两大类。

第一类正反问结构是"VP＋否定词（否、未、不、不曾、未曾）"。例如：

（1）行修见是个老人，不要他行礼，就把想念亡妻，有卫秘书指引来求他的话，说了一遍，便道："不知老翁果有奇术，能使亡魂相见否？"（卷二十三）

---

① 吕叔湘. 中国文法要略［M］. 北京：商务印书馆，1982.

② 黄伯荣，廖序东. 现代汉语［M］. 北京：高等教育出版社，2007.

（2）到得观察相公厅前，只见观察手持一卷书，笑容可掬，当厅问道："有一个赵琮，是公子婿否？"（卷二十九）

（3）赵尼姑看见，故意问道："只管念经完正事，竟忘了大娘曾吃饭未？"（卷六）

（4）外甥女如此长成得标致了，不知曾受聘未？（卷十）

（5）我便去告诉老爷、夫人，看你这小贱人逃得过这一顿责罚也不？（卷二十）

（6）滴珠见了道："曾到我家去报不曾？"（卷二）

（7）曾有亲事未曾？（卷九）

（8）有下处也未曾？（卷三十四）

上述例（1）和（2）属于"VP＋否"结构的正反问句。现代汉语中，"否"已经基本上被口语词"没有"所取代。例（3）和（4）属于"VP＋未"结构的正反问句。现代汉语中，"未"已经不再用于正反问句，其地位被"没有"所取代。"未"的意思相当于"没有"，用来表示询问某事或者某动作行为是否已经发生或者完成。例（5）属于"VP＋不"结构的正反问句。含有否定词"不"的问句的使用频率一直很高，在现代汉语中也很高。例（6）属于"VP＋不曾"结构的正反问句。蒋绍愚、曹广顺（2005：466）在《近代汉语语法史研究综述》中指出，"用'VP＋不曾'标记的正反问句出现在宋代，并在元明时期广泛使用"①。从清朝中叶起，用"VP＋不曾"标记的正反问句开始逐渐衰落，"不曾"逐渐被"没有"所取代。现代汉语中"不曾"已经基本上不再使用，其功能由"没有"承担。例（7）和（8）属于"VP＋未曾"结构的正反问句，其中例（8）的"未曾"之前有语气词"也"来舒缓语气。李思明（1984）认为"VP＋未曾"结构表示的正反问句出现在元明时期，到了清代，"未曾"被"没有"所取代。②

第二类正反问结构是"VP＋不＋VP"。例如：

（9）虽然侥幸有得千来个银钱在囊中，知他命里是我的不是我的？（卷一）

（10）连忙叫一个知事的养娘来，分忖他道："你去对方才救醒的小娘子说，问可是张家德容小姐不是。"（卷五）

（11）若是虎豹蚊蛇也一般会说、会话、会写、会做，想来也要是这样讲了，不知人肯服不肯服？（卷三十七）

例（9）中的正反问结构"是我的不是我的"属于"VO＋不＋VO"结构，

---

① 蒋绍愚，曹广顺．近代汉语语法史研究综述［M］．北京：商务印书馆，2005．

② 李思明．正反选择问句中否定词发展初探［J］．安庆师范学院学报，1984（1）．

这个结构是"VP＋不＋VP"的变体，主要特征在于"不"的前后是两个动宾结构（VO）。例（10）中的正反问结构"是张家德容小姐不是"是"VP＋不＋VP"的变体结构"VO＋不＋V"，主要特征在于"不"后只有一个光杆动词"是"。其实这是一种省略，符合语言表达的经济原则，因为有正反问句的结构框架，省略的部分是可以补充出来的，所以不影响理解。例（11）中的正反问结构是"肯服不肯服"是"VP＋不＋VP"的变体结构"V＋不＋V"，这类正反问句的主要特征是正反两个选项动词后面都不跟宾语。因为有语境因素的支撑，不跟宾语也不影响语义的理解。和现代汉语的高频使用相比，"VP＋不＋VP"这种正反问结构在近代汉语中的使用频率并不高，还处于发展壮大阶段。

除此之外，《初刻》中还有一种疑问结构"可＋VP"，包括其变体结构"可是＋VP"和"可曾＋VP"，有时似乎也可视为正反问句。例如：

（12）知县指着吕大问道："你可认得那人？"（卷十一）

（13）吴氏心里暗暗不悦，勉强问道："你可要些点心吃？"（卷十七）

（14）周四道："相公可认得白绢、竹篮么？"（卷十一）

（15）主人就开口道："敢问客长，适间此宝，可肯卖否？"（卷一）

关于此类疑问句的性质问题，朱德熙（1985：16）在《汉语方言里的两种反复问句》一文中指出，这种句式"从形式上看主要是由主要动词的肯定式构成的，很像是是非问句，可是就其性质来说，却跟其他方言里的由谓词性成分的肯定式和否定式并列起来组成的'VP不VP'型反复问句相当"[①]。由此可见，朱德熙把"可＋VP"结构的疑问句视作正反问句。这类结构的正反问句意在询问某事件或者动作行为是否已经发生或者完成，在明清时期广泛用于白话小说中。

例（12）的正反问就是针对"认识那人"这件事是否发生、是否完成，如果完成了，那就是"认得"；如果没有完成，那就是"不认得"。这是"认识"这个事件的正反两种结果。例（13）的正反问句跟"连动句"糅合使用，增加了句子的句法语义复杂度。例（14）和例（15）分别属于正反问句跟语气词"么"和否定词"否"联合使用的情况。例（15）的正反问句中，正反的"肯-否"都已经出现，所以其正反问的特色是最鲜明的。

我们再看"可＋VP"的变体结构"可是＋VP"结构的正反问句。

（16）可是住在此不妨的？（卷二十六）

（17）这里坐，可是有得钱来的么？（卷四十）

[①] 朱德熙. 汉语方言里的两种反复问句 [J]. 中国语文，1985（1）：10-20.

（18）此样酒席，可是吃得十来番起的？（卷四十）

刘坚等人（1992：242）认为唐五代文献中就出现了用"可是＋VP"标记的正反问句，"可是"意思为"是不是"。[①] 例（16）和例（18）都在句末使用了语气词"的"，例（17）在句末使用了复合语气词"的么"。这也是《初刻》中语气词使用的一个特色。因为"的"一般是肯定语气，而"么"一般是疑问否定语气，肯定和否定语气词连用，正好匹配了正反问句的"正反"特征。

正反问结构"可＋VP"的另外一个变体结构是"可曾＋VP"结构。例如：

（19）尼姑道："姑娘可曾受聘了么？"（卷三十四）
（20）乳婆道："官人可曾见他否？"（卷三十七）

"可曾＋VP"结构旨在询问过去的某事或者某动作行为是否已经发生。"曾"的出现是为了更加突显"动词行为的完成性特征"，尤其是过去的完成性特征。例（19）的句末搭配使用了复合语气词"了么"，其中"了"是对"完成"的一种肯定，而"么"则是对"完成"的一种疑问，这样的正反复合的语气词刚好照应了正反问句的正反性特征。例（20）的句末搭配使用了否定词"否"，在正反问的框架下来看，这说明"可曾"具有肯定性语义语用特征，与句末的否定词"否"刚好照应，形成了正反两个方面的语义语用特征。

9.4 《初刻》的是非问句

朱德熙先生（1982：202）在《语法讲义》中对是非问句的内涵特征有一个说明："只要把相应的陈述句语调调换成疑问句语调，就变成了是非问句，是非问句后头可以有语气词'啊，吧，吗'，不能有语气词'呢'。"[②] 这说明，是非问句的句法结构像陈述句，但是语调有明显的差别，是非问通常带有疑问副词或者疑问语气词，若要回答是非问句，只能对整个命题作肯定或否定的回答，可以用"是、对、嗯"或"不、没有"等作答复，或用点头摇头回答。是非问句也因此被称为"然否问"。这是是非问句最基本的句法语义特征。

9.4.1 用疑问副词做标记的是非问

俞光中、植田均（1999：99）在《近代汉语语法研究》中提出："有疑问副

---

① 刘坚，江蓝生，白维国，曹广顺．近代汉语虚词研究［M］．北京：语文出版社，1992.

② 朱德熙．语法讲义［M］．北京：商务印书馆，1982.

词的是非问多半是表示半信半疑的揣测问，大多在问话者的预设之中，多少带有故意发问以求证的性质。"① 借助于疑问副词提供的疑问的焦点，有助于听话人作出是或否的直接回答。根据统计，《初刻》中的是非问句，作标记的疑问副词主要有"莫"类、"敢"类、"可不是"类。

9.4.1.1　"莫"类疑问副词标记的是非问

《初刻》中"莫"类疑问副词包括"莫是、莫不是、莫不、莫非"，均是表示测度的疑问副词，其中"莫不"和"莫非"的使用频率较高，"莫是"和"莫不是"的使用频率较低。例如：

（1）张客见说，言语蹊跷，口中不道，心下思量："莫是此人收得我之物？"（卷二十一）

（2）水夫闻得此言，想着夜来的事，有些奇怪，商量道："船上那话儿莫不正是？"（卷五）

（3）莫不乘着我醉，又做别事了？（卷十七）

（4）心里疑惑起来道："这丫头有些改常了，莫不做下甚么事来？"（卷二十九）

（5）见李行修如此思念夫人，突然时他说道："侍御怀想亡夫人如此深重，莫不要见他么？"（卷二十三）

（6）莫不是不要卖的？（卷一）

（7）玄宗道："何太迟迟，莫非难取？"（卷七）

（8）莫非娘子有甚扶助小生之处？（卷十五）

（9）今我丈来问，莫非晓得些来历么？（卷一）

（10）我们莫非眼花了！（卷十一）

（11）长寿过意不去，道是"莫非还记着泰安州的气来？"（卷三十五）

（12）问道："莫非你果不是刘家之子，借此来行拐骗的么？"（卷三十三）

例（1）的疑问副词"莫是"作状语，放在主语"此人"之前，也可以放在谓语动词"收得"之前，表示一种揣测的语气。例（2）—（5）都是疑问副词"莫不"的用例。"莫不"既可以出现在句首，如例（3）；也可以出现在句中，如例（2）、例（4）和例（5），其中例（4）和例（5）出现在小句的句首，都是作状语，表示一种揣测的语气。例（6）的"莫不是"表达了测度疑问语气的加

---

① 俞光中，植田均．近代汉语语法研究［M］．上海：学林出版社，1999.

强，而且句末有语气词"的"与之搭配使用，因为"莫不是"是"莫"与"不是"的叠用，"不是"本身就是可以表达测度疑问的副词，后来二者凝固成一个合成词。① "莫不是"在现代汉语中仍然继续使用，表达测度疑问语气。例（7）—（12）属于"莫非"的是非问句。"莫非"可以在句子的开头，如例（8）；也可以在句子之中，如例（10）。其中例（7）和例（9）尽管在句子之中，但是是在小句的开头，例（11）和例（12）的"莫非"则处于句子的引语部分。"莫非"的句法位置的灵活特征说明，表示测度疑问的语义是属于整个句子的，疑问副词具有更强的句法语义特征。 "莫非"是非问句的语气词丰富，例（9）—（12）的句末语气词分别是"么、了、来、的么"。

9.4.1.2 "敢"类疑问副词标记的是非问

《初刻》中"敢"类疑问副词包括"敢、敢是、敢不是"等，均表示揣测的语气，在句子中作状语。"敢"类疑问副词标记的是非问句的句尾所搭配的语气词有"么、也、了"等。"敢"类疑问副词标记的是非问句，说话人通过故意发问，来确认听话人的回复是否与自己的预期结果相符。例如：

（1）这等说，我那儿敢被这两个老杀才逼死了？（卷二）

（2）你父母之情，未免护短，敢是赖着，另要嫁人，这样事也有。（卷二十六）

（3）王婆推辞一番便接了，道："秀才官人，敢是要说亲么？"（卷十）

（4）众尼多心里疑道："敢是闻人生来也？"（卷三十四）

（5）师父敢是错认了人家了？（卷三十五）

（6）府尹就问达生道："这敢不是你亲娘？"（卷十七）

上述语例中都有疑问副词，这对说话人的倾向性语义表达具有重要的影响和制约作用，使得上述各例都倾向于表达"肯定句"的语义。例（1）的"敢"处于句子的中间，单独成词，表示不确定的揣测义。例（2）的"敢是"在语义表达上倾向于"赖着另要嫁人"。例（3）—（5）的句末有语气词"么、也、了"，与疑问副词配合使用。例（6）的"敢不是"跟"敢是"都是表达的揣测义，从句法结构形式上看，二者是相反的两个表达，"是"和"不是"跟"敢"结合，表达了对"肯定（是）"和"否定（不是）"的揣测。这也是"敢"类疑问副词能够进入是非问句的语义基础。

---

① 刘坚，江蓝生，白维国，曹广顺. 近代汉语虚词研究［M］. 北京：语文出版社，1992：264.

9.4.1.3　"可不是"类疑问副词标记的是非问

《初刻》中的"可不是"类疑问副词包括"可不是、不是、可是、可＋VP"等几类，其中"可不是、不是、可是"作标记的是非问句比较少，句尾一般多与语气词"么、的么"配合使用。例如：

(1) 女巫道："卢郎不是那个长须后生么？"（卷五）

(2) 可不是痴话么？（卷二十五）

(3) 我们不是绝后的么？（卷三十八）

(4) 忽见船舱里叫个人出来，问他道："官舱里大娘问：你可是松

江人？"（卷十八）

上述前三例中，疑问副词"不是"都处于句子的中间，"可不是"处于句子的开头。其实都可以出现在句子的开头或者中间，比如例（1）的是非问句部分可以转换为"不是卢郎那个长须后生"，使得"不是"居于句首。同样地，例（2）的是非问句部分可以转换为"痴话可不是么"，例（3）的是非问句部分可以转换为"不是我们绝后的么"。这种变换充分说明，作为标记是非问句的疑问副词，"不是"类疑问副词属于句法词，是对整个句子的语义倾向性进行表达的句法词，其所表达出的揣测性疑问语气也是语义的一部分，而且对整个句子的意义有影响和制约作用。例（4）的疑问副词"可是"不能在句首，只能在句中。

"可＋VP"类的是非问句相对多一些。例如：

(5) 程元玉道："剑可得试令吾一看否？"（卷四）

(6) 问道："夫人思量事体可成否？"（卷六）

(7) 玄宗问道："尊师有道术，可使朕到月宫一游否？"（卷七）

(8) 尼姑道："妈妈，可也曾许个愿心保襄保襄么？"（卷三十四）

我们认为，"可＋VP"中的"可"能够用在疑问句里加强疑问的语气。江蓝生（1990：47）指出，"可"表示一种推度询问的语气，用"可"，语气显得和缓，风格上也比较文雅。[①] 例（5）的"试令吾一看"、例（7）的"使朕到月宫一游"、例（8）的"许个愿心保襄保襄"都是"动词性结构（VP）"，只有例（6）的"成"是光杆动词，"可成"属于"可＋V"结构。此类是非问句最大的特点，除了存在"可＋VP"结构之外，句末都有语气词"否"或者"么"等；另外还有一个特点，"可"和动词之间多有助词来缓和语气。比如例（5）的

---

① 江蓝生．疑问副词"可"探源［J］．古汉语研究，1990（3）．

"得"、例（8）的"也"和"曾"，这些助词都可以省去，去掉后语气的缓和度会下降。总之，这类是非问句在语气上最为缓和，在风格上比较文雅。

9.4.2 用句末语气词标记的是非问

用疑问副词标记的是非问句句末搭配的语气词包括了"了、来、么、也、的么"等，这样可以有加强测度、确认问话的预期结果的作用，揣测的意味更强烈一些。除此之外，《初刻》里还有一些是非问句，只在句末有表疑问的语气词，句子中并没有疑问副词与之配合。可见，表疑问的句末语气词对是非问句而言是非常重要的因素，是这类是非问句极为重要的表达手段。如果缺少这类疑问语气词，并且在没有问号标注的情况下，是非问句很容易会被误认为是陈述句。

在《初刻》的是非问句中，有句末疑问语气词作标记的是非问句是非常多的。表疑问的语气词有单用的"么、了、乎、耶"以及连用的"的么、了么"等。例如：

（1）一日，金朝奉正在当中算帐，只见一个客人跟着个十六八岁孩子走进铺来，叫道："妹夫姊姊在家么？"（卷十）

（2）你不晓得赵司户也去世了？（卷二十五）

（3）郎君不认得妾耶？（卷二十三）

（4）程丈别来无恙乎？（卷四）

（5）这话有的么？（卷二十五）

（6）马氏道："你如今当真收心务实了么？"（卷十五）

例（1）—（4）是单用句末语气词"么、了、耶、乎"，例（5）和例（6）是连用句末语气词"的么、了么"。在用语气词"么"标记的是非问句中，所用动词非常丰富，包括"有、在、晓得"等，有些句子的谓语是由形容词或者介宾结构充当的。《初刻》中用语气词"耶"标记的是非问句是仿古的用法，是典型的古汉语遗留用例。郭锡良（1989：77-78）指出，"'乎'字不仅可以出现在特指问句中，也可以出现在是非问句中"[1]。孙锡信（1999：15）也指出，"乎"字可以用在多种形式的疑问句中，其中在是非问句中的使用是最普遍、最常见的，这时候的"乎"字相当于现代汉语中的"吗"字。从中古开始，"乎"的使用逐渐开始减少，近代汉语中使用"乎"字多为古汉语用法的仿用。[2]

---

① 郭锡良. 先秦语气词新探（二）[J]. 古汉语研究，1989（1）.

② 孙锡信. 近代汉语语气词：汉语语气词的历史考察 [M]. 北京：语文出版社，1999.

9.4.3　其他形式及无形式标记的是非问

除疑问副词和句末语气词标记的是非问句以外，《初刻》中还有一些其他形式标记以及没有形式标记的是非问句，但是数量比较少，我们举例说明如下。

（1）老和尚大怒道："真个不去，吃我一刀，大家没得弄！"（卷二十六）

（2）卜良道："你方才这家，可正是贾秀才家？"（卷六）

（3）这个就是你所生的孩儿？（卷三十八）

（4）张郎问道："这小的另是一家么？"（卷三十八）

（5）卜良道："久闻他家娘子生得标致，适才同你出来掩在门里的，想正是他了？"（卷六）

（6）明日见小沙弥在没人处，轻轻问他道："你这门中前日有个妇女来？"（卷二十六）

（7）相公别来无恙？（卷二十八）

（8）员外笑道："钱这般好使？"（卷三十八）

例（1）是用"真个"标记的是非问句，"真个"对其后的否定性谓语动词"不去"是否确定进行了追问，说话人希望能够得到"去"这样的肯定回复。换句话说，说话人对听话人"不去"的行为感觉很意外。香坂顺一（1992）认为："'真个'的'个'与'的'相当，'真个'与'真的'体现出南方话和北方话的对立。"《初刻》作为明代南方话的代表，出现"真个"的用法也是情理之中的事情。例（2）—（5）是由动词"是"标记的是非问句，其中"是"之前可以出现"可、正、就、另"等副词来辅助是非问的表达。例（4）和例（5）的句末还有语气词"么、了"与之配合，形成更加明显的语气特征。例（6）—（8）的是非问句中没有形式标记，就是陈述句带上了疑问的语气，说话人希望得到听话人的肯定或者否定的回答。

第 10 章
"比"字比较句

比较是人类认识主观世界和客观世界的基本方法，体现着人类的认知能力和思维能力。语言作为思维的工具，是认知能力的一部分，必然体现着认知和思维的成果，也必然具备表达"比较"这一语义范畴的手段。比较句就是语言中普遍存在的人类表达比较范畴的一种最基本的语法手段。马建忠的《马氏文通》就设有"静字"一章："同一静字，以所肖者浅深不能一律，而律其不一，所谓比也。"马建忠进而对比较句进行了分类："象静为比有三：曰'平比'，曰'差比'，曰'极比'。"[①] 这是有关汉语比较句的概念及其范畴类别的最早阐述，被后世学者广泛而长久的沿用。

"比"字比较句是有形式标记的比较句，是比较句的典型代表，自身携带有比较句的诸多句法语义与语用信息，是深度考察比较句的理想句型。基于对以《二拍》为代表的明代南方官话语料中的全部"比"字比较句的穷尽性统计分析，我们发现在明代南方官话中，表比较义的比字句除了众多的差比型比字句以外，还有一些等比型比字句，没有发现极比型比字句。

10.1 《二拍》的"比"字等比句

下面先简要分析一下"比"字等比句。我们知道，等比句也叫平比句，是比较句的一种类别，表达的是一种等量比较。例如：

---

① 　马建忠．马氏文通 [M]．北京：商务印书馆，2004：140.

（1）西胡月支国献猛兽一头，形如五六十日新生的小狗，不过比狸猫般大，拖一个黄尾儿。（初刻）

（2）算来他一个吃的酒肉，比得店中五个人。（初刻）

（3）磊落比韩嫣金弹丸，甘甜例楚国赤萍实。（咒枣记）

（4）较广似曰难兄，比福亦云具体。（初刻）

（5）到了所在，住了脚，便把这驴似纸一般折叠起来，其厚也只比张纸，放在巾箱里面。（初刻）

以上是明代南方官话中表"等比义"的 5 个比字句。例（1）中的"比狸猫般大"在语义上就是一个等比句，因为形容词性结构"（一）般大"决定了此种比较句是等比型比较句。其中的"比"字是比较句的比较标记词，但是可以省略。例（2）中的"比"是动词，助词"得"后附于动词"比"，强化了表示结果补语的语法意义，整个句子表示的是等比义，而不是差比义。含"比"（为动词，表示比较义）的句子在明代南方官话中的数量较多，大都跟例（2）一样，是表示等比义的比较句。例（3）的意思是"和韩嫣金弹丸一样磊落，和楚国赤萍实一样甘甜"。此句中的"比"和"例"同义，都表示"前后两者相合"之意，构成的句子是等比义比较句。例（4）后半句的意思是说"和福橘比，各部分已大体具备"（和福橘基本相同），此时的这个小句是等比意义的比较句。但是，前半句的"较"却是一个表示差比义的比较句，判定的依据是比较值"难况"的差比义。例（5）的意思是说"只和纸张的厚度一样"。这尽管是夸张之言，但却是典型的等比句。

上述语言事实说明，明代南方官话的"比"字句不完全表示差比义，也可以表示等比义，而且明代南方官话的"比"，一身兼多职，其词性和句子功能都比现代汉语要复杂一些，因为在现代汉语中，表比较义的"比"字句都是差比型比较句，没有等比型的。这也足见语言演变朝着更加精细化的方向发展。

10.2 《二拍》的"比"字差比句

本节考察《二拍》中的表差比义的"比"字句（以下简称"比字型差比句"），在类型学的视角下，从句法、语义、语用平面深度分析明代南方官话比字型差比句的句法结构形式、认知语义理解和语用表达功能所具有的特点，尝试阐释比字型差比句的类型学特征。

刘丹青（2004：6）曾经指出，在语言类型学的视角下，差比句是一种重要的类型指标。^① 差比句之所以被认为是语言类型学的重要参项，是因为构成差比句的四个基本要素"主比项、被比项、比较词、比较值"在句法结构中的分布顺序是判定语言类型的重要参考标准。考察明代南方官话中差比句的句法结构特征，有助于进一步证实汉语是后置词语言（比较值＋比较词＋被比项，例如"猛于虎"）还是前置词语言（比较词＋被比项＋比较值，例如"比小王高"），有助于揭示古代汉语和近代汉语（包括现代汉语）之间的演变关系。

我们知道，在句法结构上具备这四个基本要素的比较句，才有可能成为差比句，这是因为表义是语言的第一要义，差比句首先是一种语义结构，传递的是一种差比意义，只有表达了差比意义的句子，才能成为差比句。换句话说，决定一个句子是不是差比句，最关键的因素是差比义，而不仅仅是句法结构要素。因此，从语义这一更深层次的角度而言，句子只要表达了差比意义，就可以看作是差比句。基于此种认识，我们把差比句分为两种，一种是词汇性差比句，一种是句法性差比句。前者是指通过词汇意义来表达差比意义的句子，后者是指通过句法结构来表达差比意义的句子。如果句子中的一个词有差比义，那么这个句子就是词汇性差比句；如果一个句子是通过差比句的四个结构要素的分布形成的句法结构来表达差比意义，那么这个句子就属于句法性差比句。

刘丹青（2004）也曾对差比句做过"词汇性差比句"和"句法性差比句"的划分。在刘文看来，通过实词的语义而非虚词或形态来表示差比意义的比较句属于词汇性差比句。他以"超过"和"比起……"句式为例，说明句子的比较意义可以通过"超过"等动词或"比起……"等句式来表示，这样的差比句就属于词汇性差比句。和句法性差比句相比，由于词汇性差比句没有虚词性的比较标记，不是语法化的表达，不具有类型学意义，所以不是语法调查的对外。^② 在刘文看来，差比句中有没有虚词性的比较标记（比较词）是判定一个差比句是不是"词汇性差比句"的关键因素。本节有关词汇性差比句的概念界定和阐释，也遵循这个判定标准。此外，我们也关注差比句的结构要素的缺省情况，据此判定词汇性差比句和句法性差比句。

根据以上论述的标准，下文详细考察明代南方官话语料中的比字型词汇性差比句和比字型句法性差比句。

---

① 刘丹青．差比句的调查框架与研究思路［C］//戴庆厦主编．中国民族语言文学论集4·语言专集．北京：民族出版社，2004：1-21.

② 刘丹青．差比句的调查框架与研究思路［C］//戴庆厦主编．中国民族语言文学论集4·语言专集．北京：民族出版社，2004：1-21.

10.2.1　"无比"型词汇性差比句

10.2.1.1　"无比"型词汇性差比句的词汇性特征

明代南方官话语料中，有很多含有"无比"一词的差比句。笔者认为，"无比"既然已经成为一个词，那么含有"无比"的比较句，则可以看作是词汇性比较句。《现代汉语词典（第五版）》（2007：1436）认为"无比"是一个动词，表示"没有别的能够相比"。[①] 根据"无比"一词的语义，似乎可以把"无比"型比较句看作"极比句"。但是，笔者认为，从人类比较概念的认知表达来看，比较的结果可以二分为"相同"和"不同"，结果相同的比较句可以称为"平比（等比）句"，结果不同的比较句可以称为"差比句"。从差比句和极比句的包容关系来看，极比也是一种差比，极比句也可以看作特殊的差比句。"无比"型词汇性比较句，到底呈现为一般的差比句还是极比句（特殊的差比句），跟比较句使用者的认知和语用心理关系密切。比如下面的例（6）：

（6）法善道："灯盛无比。依臣看将起来，西凉府今夜之灯也差不多如此。"（初刻·卷七）

在例（6）中，作为话语的使用者，叶法善的意思是"上阳宫的灯的确非常繁盛"，但是"西凉府的灯和上阳宫的灯差不多"。如果进一步充分考虑叶法善的语用心理，我们甚至可以认为，在叶法善的内心深处，他实际上认为"西凉府的灯比上阳宫的灯还要略胜一筹"。这种实际表达中的语用义可以从下文的描述看出来。下文说，玄宗皇帝听了叶法善这句话感觉诧异，表示愿意随同叶法善的引领移步到西凉府看灯，而且看完以后盛赞西凉府的灯"果然与京师无异"。这也就是说，在玄宗皇帝看来，京师上阳宫的灯和西凉府的灯一样繁盛，二者无异。但是，在例（6）这句话的使用者叶法善心里，西凉府的灯应该比上阳宫的灯要繁盛一些。换句话说，根据现实状况，在玄宗皇帝心里，例（6）中的"灯盛无比"实际上是"等比（平比）句"，而在叶法善心里，"灯盛无比"实际上是差比句。这样一来，"灯盛无比"在表层形式上看起来是极比句，但是在实际语言使用中，却是表达等比意义或者差比意义的比较句。这种状况跟语言使用者的认知和语用心理密切相关。

我们知道，所谓"极比"，其中的比较值一定是处于某个程度的最高端或者最低端，一般不存在最高端或者最低端之一、之二、之三等情况。此外，具有

[①]　中国社会科学院语言研究所词典编辑室．现代汉语词典［M］．5 版．北京：商务印书馆，2007：1436.

极比词也是判定一个比较句为极比句的重要依据。这正如吕叔湘先生在《中国文法要略》中指出的那样，"尤最即通常所谓'极比'"，意思是说某一事物在某种性质上胜过（或不及）其余的同类事物。"最、至、极、尤"等多是极比句的标记词。① 再考虑到"无比"一词的意义，"没有别的能够相比（别的比不过）"也可能蕴涵"可以跟别的相同"这样的认知语义，综合上述分析，我们可以认定"无比"句不具备"极比句"的充分条件，因为其在句法形式上没有极比词，在认知语义上不一定总是表达最高端或者最低端的意义，所以笔者把"无比"型比较句认定为"无比"型词汇性差比句。

10.2.1.2 "无比"型词汇性差比句的句法语义和语用特征

我们在考察明代南方官话中的"无比"型词汇性差比句的句法结构、认知语义和语用表达等特征的过程中，也着力解释无比型差比句和无比型极比句的糅合发展和认知演变关系。

根据笔者的实际考察，明代南方官话中的"无比"型词汇性差比句，其比较结构的四个组成要素也是有缺省的，整个差比句的句法结构不完整。

我们来看下面的例句：

（7）大郎有一室女，名唤文姬，年方一十八岁，美丽不凡，聪慧无比。

（8）说着我县君容貌，真个是世间无比，想是天仙里头摘下来的。

（9）此时万氏又富又贵，又与皇亲国戚联姻，豪华无比，势焰非常。

（10）龙膏虎髓灵无比。

（11）炼成大药世无比。

在例（7）中，比照差比句句法结构的四个组成要素"主比项、比较词、被比项、比较值"可以知道，"聪慧无比"只满足"主比项（文姬）、比较词（比）、比较值（聪慧）"三个要素，唯独缺省最重要的一个要素"被比项（比较的基准）"。换句话说，这种类型的差比句，其"被比项"可以是除主比项以外的其他任何可以比较的对象，但是"其他任何对象"是不存在的，是没有的，于是就在句法结构形式上用一个"无"来表示，在认知语义上也就意味着"主比项"比"任何被比项"都要聪慧。就例（7）而言，是指"文姬（主比项）"比"其他任何人（被比项）"都要"聪慧（比较值）"，其他任何人都无法和文

① 吕叔湘. 吕叔湘全集（第一卷） 中国文法要略［M］. 沈阳：辽宁教育出版社，2002：363.

姬之聪慧相比。在笔者看来，"其他任何人都无法和文姬之聪慧相比"（或者"文姬比其他任何人都要聪慧"）这个差比义的句法结构可以词汇化，其词汇化的最终形式就是"聪慧无比"。而"聪慧无比"显然是一种更加经济的言简意赅的差比结构，这种简洁的词汇化差比结构的语言表现力、语言传播力以及言外之力等"语言势力"显然更强大，在差比意义的表达上也更具张力。

此外，从基本的认知和逻辑推理出发，"其他任何人都无法和文姬之聪慧相比"（或者"文姬比其他任何人都要聪慧"）的表述更像是"事实判断"，可是这个事实判断的真实性却是值得怀疑的。这样一来，这种具有事实判断性质的表述就大大降低它自身的语言交际价值。相反，如果把具有事实判断性质的表述简化（词汇化）为具有价值判断性质的"聪慧无比"这样的表述，那么其语用修辞色彩义就会凸显，言语交际双方就不会过多地关注这种表述的语义真值情况，也不会去怀疑其逻辑语义的真实性，而只会更加关注其语用修辞行为的交际价值。这也是我们认为"无比"型词汇性差比句具有更强的语用力和更大的表达张力的原因所在。

例（8）的"世间无比"是说"我县君的容貌比世间其他之人都要美"，"被比项（世间其他之人的容貌）"和"比较值（美）"两个句法结构要素都缺省了。例（11）也缺省了"被比项"和"比较值"两个句法结构要素。例（9）的"豪华无比"和例（10）的"灵无比"的具体分析与例（7）相同。

另外，"无比"型词汇性差比句还具有范围参照性特点，包括时间范围和空间范围。时间范围和空间范围参照性，实际上可以看作"无比"型词汇性差比句的时空辖域，而这种时空辖域则更加凸显了"无比"型词汇性差比句本身强大的"语言势力"特征。这种强"语言势力"特性本质上属于强语用力（illocutionary force），是通过句法结构上的简洁（句法结构词汇化）以及限定时空辖域来凸显真正而强势的"无比"。比如例（8）、例（11）、例（12）—（16）中的空间范围词语"世间、世"和时间范围词语"一时、其时、当今、在世"等都限定了相应的时空辖域。

我们看下面的例子：

（12）美名一时无比，却又资性贞淑，言笑不苟，极是一个有正经的妇人。

（13）其时成德军节度使王武俊自恃曾为朝廷出力，与李抱真同破朱滔，功劳甚大，又兼兵精马壮，强横无比，不顾法度。

（14）数年之间，聚贿千万，累官至金紫光禄大夫、检校右仆射，一时熏灼无比。

（15）邻人王氏女，美貌当今无比。

（16）却是在世为恶无比，所杀害生命千千万万，冤家多在。

例（12）的"美名一时无比"在基础语义上等同于"美名无比"，"一时"的添加，主要的语用目的是给"比较"指定一个时间辖域，以便进一步凸显在一定的时间内主比项"无与伦比"的性状特征，最终形成强大的语用力（illocutionary force）。例（13）进行比较的时间辖域是"其时"一词，这个时间辖域词和"强横无比"这个比较结构相距较远，这和例（12）的时间辖域词就在比较结构"美名无比"中间不同。时间辖域标记词"其时"在句法结构上居于句首的这种分布格局，说明这里的"其时"一词管辖的范围非常广，它管辖其后的所有信息点（包括"王武俊自恃曾为朝廷出力"、"与李抱真同破朱滔"、"功劳甚大"、"兵精马壮"、"强横无比"、"不顾法度"），而不仅仅管辖"强横无比"。例（14）—（16）的具体分析同例（12）和例（13）。

如何解释"无比"型词汇性差比句的时空辖域现象，笔者认为，在"无比"型词汇性差比句的结构中添加时间辖域词（比如"一时、其时、当今、在世"）和空间辖域词（比如"世间、世"），其目的是凸显差义在一定的时间范围和空间范围内具有极比义性质。我们认为，这是差比句和极比句的一种巧妙糅合，是差比句发展为极比句的中间过渡状态，是语言发展演变的一种体现。此外，除了添加时空辖域词外，还可以通过添加使用极比词的方式，来证明、引导和体现"无比"型词汇性差比句向极比句过渡的糅合演变状态。马建忠（2004：140）《马氏文通》把"极比"比较句定义为："极比者，言将所以比之象推至于其极也。"极比句往往有专用的极比词，"最"最常用。《马氏文通》就曾指出："于所比之中而见为极者。极之之字，'最'字最习用，或先象静，或先动字，皆可。"[①] 基于此种认识，我们观察例（12）—（16）这种有时间辖域的"无比"型词汇性差比句以后发现，有些句子中出现了极比词"极"（见例（12）"极是一个有正经的妇人"）和"甚"（见例（13）"功劳甚大"）；有些句子（比如例（14）—（16））尽管没有出现极比词，但是在差比结构的前文或者后文也都出现了很多为极比进行"造势"的相关内容。

总之，"无比"型词汇性差比句的存在，证明了此种差比句是向极比句演变的过渡状态，依据主要有三点：一是单纯添加时空辖域词（如例（15））；二是在添加时空辖域词的基础上，再行添加为极比进行"造势"的相关叙述性内容（如例（14）—（16））；三是既添加时空辖域词，也添加为极比进行"造势"的相关叙述性内容，还添加极比词（如例（12）和例（13））。简言之，"无比"型词汇性差比句是极比句产生的基础和来源，是差比句和极比句的一种糅合，这可以为一些学者把极比句也看作差比句、认为极比句实际上也是差比句的观点提供切实的支撑与解释。

---

① 马建忠. 马氏文通［M］. 北京：商务印书馆，2004：140.

10.2.1.3 "无比"型词汇性差比句的类型学特征

在考察明代南方官话"无比"型差比句的过程中，我们发现了一个很有意思的现象，就是"无比"型差比句都是词汇性差比句，而且都以"形容词（比较值）＋无比"的结构形式出现，没有例外，比如"聪慧无比、豪华无比、灵气无比、容貌世间无比、美名一时无比、强横无比、一时熏灼无比、美貌当今无比、在世为恶无比"等，都是采取"无比"后置的这种"形容词（比较值）＋无比"的结构形式。我们的问题是：在明代南方官话中，为什么"无比"型词汇性差比句都是采用"形容词（比较值）＋无比"的语序结构形式，而不采用"无比＋形容词（比较值）"的语序结构形式呢？这种语序现象引起了我们的极大兴趣。

下面，我们以例（7）为例，从语序类型学的角度对此种语序现象做一些解释。为了便于看清问题的实质，例（7）整个句子可以删减为"文姬聪慧无比"这个结构形式简洁的句子。我们认为，这个简洁的差比句最为原始的形式是：文姬＋聪慧＋无人＋比，其中"无人＋比"结构在汉语的韵律（音节偶数化）作用下进一步经济化和词汇化，就形成了"无比"，最终导致整个差比句原始的结构在经济原则和词汇化的驱动下演变成了"文姬＋聪慧＋无比"这种类型的语序结构。正是基于"无比"是"无人＋比"结构的逐渐经济化和词汇化的结果，笔者才认定"无比"型差比句为"无比"型词汇性差比句。需要特别指出的是，"无比"实际上是"被比项（比较基准）"和"比较词（比较标记）"两个结构要素的化身，是融合性的比较结构要素，是经济化和词汇化的结果，并且在差比句的认知语义理解中，既充当"比较词（比较标记）"角色，也充当"被比项（比较基准）"角色。

紧接着需要思考的问题是："文姬＋聪慧＋无比"和"文姬＋无比＋聪慧"是否存在演变关系，二者语序差别的认知动因是什么。笔者认为，"文姬＋聪慧＋无比"是更为古老的语序形式，而"文姬＋无比＋聪慧"则是相对后起的语序形式，是"文姬＋聪慧＋无比"发展演变的结果，其发展演变的认知动因就是联系项居中原则，而联系项居中原则背后更为深层的认知动因应该是语序和谐原则。正是语序和谐原则导致了联系项居中，当联系项居中原则在"文姬＋聪慧＋无比"这个语序结构上发挥作用时，就形成了"文姬＋无比＋聪慧"这个语序结构。

联系项居中原则是荷兰语言学家 Simon C. Dik 于 1997 年提出来的一条不同

语言共同具有的倾向性的语序原则（Dik，1997）。[①] 联系项包括连词、介词、关系代词、从属小句引导词、比较标记、格标记、修饰语标记、副词标记、领属标记等。当联系项将两个成分联结成一个更大的单位时，其理想的优先位置是居于所联系的两个成分之间。"联系项居中原则"表述[②]（引自刘丹青，2003：69）如下：

> 联系项的优先位置为：（i）在两个被联系成分之间；（ii）如果联系项位于某个被联系成分上，则它会在该被联系成分的边缘位置。

根据 Dik 和刘丹青的相关论述，我们认为，"比"字比较句中，"比"作为比较结构的"比较词（比较标记）"是"主比项"和"被比项"的联系词，"比"在语序和谐原则的驱动下，天然居于二者的中间，比如现代汉语的差比句"我比他高"，"比"就居于主比项"我"和被比项"他"之间。同理，在"文姬＋聪慧＋无比"中，比较词也应该居于主比项和被比项之间。问题的特殊性在于：这种结构中作为联系项的"比"已经和被比项"无（人）"词汇化为一体，联系项居于被比项这个被联系成分之上，无法满足联系项居中原则的第一条次则。也就是说，"无比"既充当了"被比项"这个被联系的成分，又充当了具有联系项性质的"比较词"，这就使得作为联系项的比较词"比"没有办法居于两个被联系成分"主比项（文姬）"和"被比项"的中间位置。但是，只要能够满足联系项居中原则的第二条次则"（ii）如果联系项位于某个被联系成分上，则它会在该被联系成分的边缘位置"，也算满足了联系项居中原则。换句话说，即使是在"文姬＋聪慧＋无比"这样特殊的语序结构中，也要尽量满足"主比项（文姬）、被比项、比较词"三者靠拢原则，作为联系项的比较词也应该分布在被联系成分的边缘位置。"文姬＋无比＋聪慧"的语序结构，正好满足了联系项居中原则的第二条次则，最终也算相对满足了联系项居中原则，达到了相对的语序和谐。

古汉语中大量存在差比句句式，比如《论语》里的"季氏富于国"、《礼记》里的"苛政猛于虎"等，其中作为联系项的"于"就没有居于主比项和被比项之间，中间有比较值阻隔。古汉语这种较早出现的语序形式类型后来演变为现代汉语的差比句句式，语序就进行了调整，现代汉语的语序分别表述为"季氏比国家富"和"苛政比老虎猛"。这种语序调整演变，除了比较词系统本身的发展变化以外，联系项居中原则和语序和谐原则应该是其主要动因。

---

① Simon C Dik. The Theory of functional grammar. Part Ⅰ: the structure of the clause (second，revised edition，edited by K Hengeveld）［J］. Postepy Biochemii，1997，32（1-2）：203-223.

② 刘丹青. 语序类型学与介词理论［M］. 北京：商务印书馆，2003：69.

另外，差比句结构要素的语序也跟前置词语言和后置词语言的类型有关。

我们知道，从例（7）这个句子的语义值来说，"聪慧无比"和"无比聪慧"在语义上是等值的，但是从句法结构形式也就是语序类型来看，"聪慧无比"和"无比聪慧"却是语序类型不同的差比结构，前者的结构是"形容词（比较值）＋基准（被比项）＋比较标记（比较词）"，基本上属于 Greenberg 所说的"前置词语言"；而后者的结构是"基准（被比项）＋比较标记（比较词）＋形容词（比较值）"，则属于 Greenberg 所说的"后置词语言"。我们知道，Greenberg 从世界 30 种语言中归纳了 45 条基本语序蕴含的共性，其中第 22 条蕴含共性（implicational universals）就是根据差比句和前/后置词语言的相关性得到的：

> 在形容词比较结构中，如果唯一的或可能交替的语序之一是基准-比较标记-形容词的话，那么这种语言是后置词语言。如果唯一的语序是形容词-比较标记-基准，那么这种语言除了偶然出现的情况外，绝大多数是前置词语言。[①]

根据我们的考察，再比照 Greenberg 的语序类型理论，可以发现，在明代南方官话中，"无比"型差比句都属于"形容词（比较值）＋基准（被比项）＋比较标记（比较词）"这种语序类型的差比句，也就是说，"形容词（比较值）＋无比"（如"聪慧无比"）类型的差比句特别流行，这说明明代南方官话属于"前置词语言"。这是明代南方官话的一个重要类型学特征。我们知道，古汉语的差比句正是采用此种前置词语言的语序句式，例如《论语》里的"季氏富于国"、《礼记》里的"苛政猛于虎"，而且保留更多古汉语特征的粤语的差比句也正是采用此种语序的句式，例如"高过你"。比较标记位于形容词和基准之间，这是前置词语言的差比句的常规句式。

但是，汉语历来都不是纯前置词语言，普通话的差比句语序是"比较词（比较标记）＋被比项（比较基准）＋比较值（形容词）"，例如"比他高"，这要是按照 Greenberg 的语序共性第 22 条来检验，普通话的差比句似乎不属于前置词语言或后置词语言中的任何一种。据 Dryer 对 625 种语言的统计，普通话差比句是相当不合 VO 语言和前置词语言的语序常规的。这种结构的弱点是标记"比"不在基准和形容词之间。正因为如此，普通话也常通过在基准和形容词之间插入一些副词性成分的方法来弥补这一弱点，如"比你来得早"、"比我要胖"等。[②] 而粤语式的差比句结构上不需要这种成分。所以差比句式也反映了粤语更

---

① Joseph H. Greenberg. 某些主要跟语序有关的语法普遍现象 [J]. 陆丙甫，陆致极，译. 国外语言学，1984（2）.

② Dryer Matthew. The Greenbergian word order correlations [J]. Language，1992，68（1）：43-80.

接近典型的前置词语言。① 当然了，如果一定要比照出一个结果的话，那普通话的差比句大致属于后置词语言，因为"比较值（形容词）"在"被比项（基准）"和"比较词（比较标记）"之后，尽管"基准"和"比较标记"的顺序不符合 Greenberg 的共性标准。

总之，明代南方官话语料里的"无比"型词汇性差比句都是"形容词（比较值）＋无比"类型的，这种语序类型的差比句句式随着"联系项居中原则"和"语序和谐原则"的作用，慢慢演变为"无比＋形容词（比较值）"这种语序类型的差比句句式。这也为明代南方官话归属于前置词语言提供了一个有力的佐证。

10.2.2 "不比"型词汇性差比句

10.2.2.1 "不比"型词汇性差比句的第一种类型：A＋不比＋B＋（好）

"不比"的意思是"比不上、不同于"，是一个具有差比意义的动词。明代南方官话中，存在大量"不比"型比较句，都是差比句，我们称之为"不比"型词汇性差比句。这种差比句，有很多在句法结构上都没有出现比较值，或者因为比较值是常识，无须说出，从而导致此类句子具有词汇性比较句的特征。换言之，这类差比句的差比义是通过"不比（比不上）"这个词计算出来的。

例如下面的句子：

（17）敢是做过了娼妓一番，身分不比良家了。

（18）这两个女子，便都有些盗贼意思，不比前边这几个报仇雪耻，救难解危，方是修仙正路。

（19）妈妈是个积病之人，听了这些声响，又看了儿媳这一番怠慢光景，手中又十分窘迫，不比三年前了。

例（17）是表达差比义的差比句，此句的主比项是"娼妓"，被比项是"良家"，比较词是"比"，比较值是缺失的。尽管此句没有完整具备比较句的四个结构要素，但是根据常识，缺失的比较值是完全可以推测计算出来的，那就是"低、差"等贬义词。例（17）完整的比较结构应该是：娼妓的身份＋比＋良家的身份＋（低/差）。由于比较值"低、差"等是基本常识，不需要特意比较，在特定的时代和社会，人人都知道。

笔者认为，具有句法结构性质的肯定性差比句"娼妓的身份＋比＋良家＋（低/差）"，可以简化性地演变为"娼妓的身份不比良家"。这种现象是语言演

---

① 刘丹青. 粤语句法的类型学特点［J］. 亚太语文教育学报，2000，3（2）.

变发展的经济原则发挥作用的结果。换句话说，原始的比较性的句法结构"比＋良家＋（低/差）"可以通过词汇化来达到经济化的目的，从而演变为"不比良家"这样的结构。一个显然的事实是，句法结构"比＋良家＋低/差"所包含的句法关系要比"不比良家"结构所包含的句法关系多得多，"不比良家"结构的生成，是"比＋良家＋低/差"结构词汇化作用的结果。我们也正是在这个意义上，把"不比"型差比句认定为"不比"型词汇性差比句。

例（18）这个比较句，其比较结构的四个要素是：

> 主比项——这两个女子（像盗贼）
>
> 比较词——比
>
> 被比项——前边这几个（报仇雪耻、救难解危，有修仙之举）
>
> 比较值——？（缺省）

有常识的人都知道，盗贼是没有修仙之心，更没有修仙之举的，他们比那些具有修仙之心和修仙之举的人，肯定要低人一等，在尊严和被尊重上，都要差一些。根据例（17）的分析，同理可得例（18）的比较性的原始句法结构是：这两个女子＋比＋前边这几个＋（低/差）。"低/差"也就是"比不上"的意思，这样一来，为了达到语言表达的经济目的，就让句法结构"比＋前边这几个＋（低/差）"词汇化，以便减少结构所包含的句法关系，最终形成更加经济的句法结构"不比前边这几个"。

另外一个值得思考的现象是：在形式上，如果把例（17）的"娼妓的身份＋比＋良家＋（低/差）"和例（18）的"这两个女子＋比＋前边这几个＋（低/差）"都看作是"肯定性的差比句"，那么"娼妓的身份＋不比＋良家"和"这两个女子＋不比＋前边这几个"则分别可以看作是例（17）和例（18）的"否定性的差比句"。

这种现象值得解释的地方有两点：一是"否定性的差比句"比"肯定性的差比句"在结构上要经济一些。这就是上文已经分析的在语言经济原则驱动下通过部分结构词汇化带来的句法结构简化。二是"否定性的差比句"比"肯定性的差比句"在差比义的表达上语力要强大一些。换句话说，和肯定性的差比句相比，否定性的差比句更容易达到既能最小化完整呈现比较结构的四个要素或者关键要素（其中"不比"包含"比较词"和"比较值"两个要素），又能形成较强语力的比较义表达这样的双重目的。例（19）的分析同例（17）和例（18）。

10.2.2.2 "不比"型词汇性差比句的第二种类型：A＋不比＋B＋（差）

和例（17）有所不同的是，明代南方官话的"不比"型词汇性差比句还有另外一种结构类型。我们先看下面的例（20）—（27）。

（20）这一觉不比先前，且是睡得安稳，有一个多时辰才爬起来。

（21）拜住不敢十分抬头，已自看得较切，不比前日墙外影响，心中喜乐不可名状。

（22）我与盼奴，不比寻常，真是生死交情。

（23）快不要这等，吾辈豪杰不比寻常，决不要拘于常礼。

（24）我本官专房之宠，不比其他。

（25）此时满生已有仆人使唤，不比前日。

（26）这娘子不比别人，说话也难轻说的。

（27）萨君道："我的法不比你的法，只管（跟我）去。"法师道："我的法也高，只是这个鬼精又高我几倍。"（咒枣记）

例（20）的差比义可以有三种表述形式：第一种是说，这一觉不比先前差，这一觉睡得安稳；第二种是说，这一觉比先前好，这一觉睡得安稳；第三种是说，这一觉比得上先前，这一觉睡得安稳。第一种可以看作是该句差比义表达的基本形式，第二种和第三种可以看作是第一种的变化形式。

例（21）的差比义同样可以有三种形式表达：第一种是说，（今日）已自看得较切，不比前日差（前日墙外影响，看得不真切）；第二种是说，（今日）已自看得较切，比前日好；第三种是说，（今日）已自看得较切，比得上前日。例（22）—（27）与例（20）相同。

需要特别指出的是，例（17）和例（18）各句的差比义也可以有三种形式表达，但是却不能采取例（20）—（27）的表达形式。比如，例（17）的第一种差比义的表达形式就不能说成：娼妓的身份不比良家差。第二种形式也不能像例（20）那样说成：娼妓的身份比良家好。同样地，第三种形式也不能像例（20）一样说成：娼妓的身份比得上良家。很显然，例（20）中的"这一觉不比先前"不能直接翻译为"这一觉比不上先前"，这里的"不比"不是"比不上"的意思，而恰恰是"比得上"的意思。这种情况和例（17）、例（18）呈现的情况刚好相反。例（17）中的"娼妓的身份不比良家"可以直接翻译为"娼妓的身份比不上良家"，这里的"不比"就是"比不上"的意思。例（18）中的"不比"也可以直接翻译为"比不上"，而不能翻译为"比得上"。总之，这是一个很有意思的现象，这种独特类型的表达差比义的句法结构引起了笔者的思考。

根据笔者的考察，明代南方官话的"不比"型词汇性差比句的句法结构类型有两种，例（17）和例（18）是一种类型，可以概括为结构1：A＋不比＋B＋（好），其中结构1可以变换为结构1a：A＋比＋B＋（差），或者变换为结构1b：

A＋比不上＋B。例（20）—（27）是另一种类型，可以概括为结构 2：A＋不比＋B＋（差），其中结构 2 可以变换为结构 2a：A＋比＋B＋（好），或者变换为结构 2b：A＋比得上＋B。这两种类型的句法结构对比如下（见表 10-1）。

表 10-1　不比型词汇性差比句的结构类型对照表

结构	结构 1 的变化	结构	结构 2 的变化
结构 1	A＋不比＋B＋（好）	结构 2	A＋不比＋B＋（差）
结构 1a	A＋比＋B＋（差）	结构 2a	A＋比＋B＋（好）
结构 1b	A＋比不上＋B	结构 2b	A＋比得上＋B

注：A 表示主比项，B 表示被比项，（好）和（差）表示缺省的比较值。

"不比"型词汇性差比句到底理解为结构 1 还是结构 2，其中的决定因素是什么？对此问题，我们认为有两个决定因素。

第一个决定性的因素是"主比项"和"被比项"具有某个社会共同的认知特征。这个社会共知的特征决定了二者的差异，人们理解这种差异时就不需要比较值（好/差）共现，比较值可以缺省。主比项和被比项的这种社会共知的特征，决定了此类差比句会选择结构 1 来表达。比如例（17），句中的主比项"娼妓"和被比项"良家"，她们的身份具有社会共同的认知特征，即存在"娼妓不如良家"这样的差异。人们理解主比项和被比项的这种公共性的认知差异就不需要比较值（好/差）参与。主比项和被比项的这种词汇性的社会规约的文化内涵义，是"不比"型词汇性差比句生成的关键因素之一。换句话说，主比项和被比项这种社会共同的差异性认知特征，只需要一个"不比"就可以生成一个差比句，而不需要比较值共现。

第二个决定性的因素是句中的某些表述已经对主比项进行了价值判断。这个价值判断决定了主比项和被比项之间的差异，人们理解这种差异时就不需要比较值（好/差）共现参与，于是比较值就可以缺省。比如例（20），句中的"且是睡得安稳"是对主比项进行的价值判断，这个价值判断暗示了被比项"先前的睡眠"具有与主比项相反的特征，人们可以对被比项进行与主比项相反的价值判断，即"先前睡得不安稳"。如果没有这种价值判断的表述，那就无法知道主比项"这一觉"和被比项"先前的睡眠"之间到底谁好谁差。也就是说，"这一觉不比先前"不能成为一个差比句，必须要对其中的主比项进行某种价值判断，以便产生比较值，才能构成一个完整意义上的差比句。例（21）—（27）中的"已自看得较切"、"真是生死交情"、"决不要拘于常礼"、"专房之宠"、"已有仆人使唤"、"说话也难轻说"、"只管（跟我）去"等都分别是各句中主比项的价值判断表述语。例（27）中的"只管（跟我）去"不是直接对主比项"我的法"进行价值判断，而是间接进行了价值判断，因为让法师"只管跟我去"对付法师刚才难以对付的那个鬼精，这就意味着我的法高、我的法厉害。这显然是具有差比义的认知语义性质的价值判断。

10.2.2.3 "不比"型词汇性差比句和"不如"型词汇性差比句

明代南方官话中的结构1类型的"不比"型词汇性差比句，相当于"不如"型词汇性差比句，其中的"不比"都可以替换成"不如"。例（17）的替换结果是"娼妓身份不如（不比）良家"，例（18）的替换结果是"这两个女子，便都有些盗贼意思，不如（不比）前边这几个"。

相反，结构2类型的"不比"型词汇性差比句，却不能替换成"不如"型词汇性差比句，其中的"不比"不能被"不如"替换。比如例（20）"这一觉不比先前，且是睡得安稳"就不能直接替换成"这一觉不如先前，且是睡得安稳"。

经过考察，我们发现《初刻》中的"不如句"可以分为两种类型。第一种类型是"不如"为动词，不能省略；第二种类型是"不如"为连词，可以省略。

第一种类型的例句如下：

（28）若他日再把此身伴别人，犬豕不如矣！

（29）这几位名人说来说去，都是一个意思。总不如古语云："万事分已定，浮生空自忙。"

（30）我做了一世人家，生这样逆子，荡了家私，又几乎害我性命，禽兽也不如了！

（31）自然亲一支热一支，女婿不如侄儿，侄儿又不如儿子。

（32）俗语道得好："赊得不如现得。"

以上例（28）—（32）中，"不如"作动词，表示主比项"比不上"被比项，整个句子在深层语义上体现出非常强烈的差比义，动词"不如"不能省略。

第二种类型的例句如下：

（33）我如今就是这样发行去卖，有人认出，反为不美，不如且载回家，打过了捆，改了样式，再去别处货卖么！

（34）我们实实不知如何定价，文先生不如开个大口，凭他还罢。

（35）不如报他家中知道，等他自来寻访。

（36）不如各自回家，再作计较。

（37）而今身边有财物，不如瞒着远去，只央寺僧买些漆来，把棺木仍旧漆好，不说出来。

（38）不如嫁了公孙楚，虽然小小有些折挫，久后可以长保富贵。

以上例（33）—（38）中，"不如"作连词，表示承接性的比较关系意义，整个句子在深层语义上体现的差比义不强烈，弱差比义（不强烈的差比义）在很大程度上是通过"主比项"和"被比项"之间的"选择替换关系"来体现的，连词"不如"可以省略。

10.2.2.4   "不比"型词汇性差比句和"不象（不像）"句

在明代南方官话语料里，还有一类"不比"型词汇性差比句，其中的"不比"既不能理解为"比不上"，也不能理解为"比得上"，但是可以理解为"不象（不像）"。也就是说，这类"不比"型词汇性差比句在结构类型上既不属于结构 1，也不属于结构 2，但是可以看作"不象（不像）"句。具体语例如下：

（39）我做一首口号，也刻在后面，等别人看见的，晓得我心事开阔，不比他们猥琐的。

（40）上司处也私有进奉，盘结深固，四处响应，不比其他盗贼可以官兵缉拿得的。

例（39）也有差比义，但是差比义较弱，更多的是一种描述性的区别性的事实判断，而不着重于价值判断。该句的核心语义"别人晓得我心事开阔，不比他们猥琐的"，既不能替换性地理解为"别人晓得我心事开阔，不如他们猥琐的"，也不能替换性地理解为"别人晓得我心事开阔，比不上（或比得上）他们猥琐的"，但是却可以非常恰切地替换性地理解为"别人晓得我心事开阔，不像他们猥琐的"。正是基于深层语义的这种可替换性理解，我们认为"不比"在这类差比句中，更多的是一种描述性的区别性的事实判断，而不侧重于描述性的区别性的价值判断。由此，我们也有理由认为，像例（39）和例（40）这样的"不比"句，实质上不是差比句，没有强比较义，该类型的句子所具有的差比义是因为区别性的事实描述本身这一客观因素导致的，所以主观性的差比义非常弱。这种弱差比义和强描述义混合共存的句子，跟"不象（不像）"句类似。也正是在这个意义上，可以把"不象（不像）"句看作是一种特殊的"不比"句。总之，"不比"句既包括强差比义的"不如"句，也包括弱差比义的"不象（不像）"句。例（40）句中的主比项 A 是"上司处也私有进奉，盘结深固，四处响应"，被比项 B 是"其他盗贼可以官兵缉拿得的"，这种比较结构就既不能替换性理解为"A 不如 B"，也不能替换性理解为"A 比不上 B"，更不能替换性理解为"A 比得上 B"，但是却可以恰切地替换性理解为"A 不像 B"。下面例（41）—（50）句中的"不比"，在深层语义上都跟"不象（不像）"相同，具体分析同例（39）和例（40）。

（41）见了宣教，满面堆下笑来，全不比日前的庄严了。

（42）我不比那世间妒忌妇人，倘或有便，接他来同住过日，未为不可。

（43）同父道他是实学有用的，不比世儒辽阔。

（44）你须不比罗家，原是干净的门户，何苦争此闲气？

（45）如今你孩儿做了小员外，不比当初老的了。

（46）此时妈妈不比平日，觉得亲热了好些，问道："你来此做甚么？"

（47）此不比葛仙翁吐出的虚焰，此不比关云长虚设烟炖。

（48）不比尘嚣随骏马，难言轻软衬香车。

（49）威风不减邓辛张，更不比前番模样。

（50）那船好转动，不比先前，自在江中相傍着行。

明代南方官话里也有大量的表示弱差比义的"不象（不像）"句。根据我们的统计，《初刻》里只有弱差比义的"不象"句，没有"不像"句；《二刻》既有弱差比义的"不像"句，也有"不象"句。下面例（51）—（72）是《初刻》里的相关例句：

（51）姚乙道："举止外像一些不差，就是神色里边，有些微两样处。"

（52）月娥道："人只怕面貌不象，那个声音随他改换，如何做得谁？"

（53）举子忙道："这是不曾，只是看见娘子称呼词色之间，甚觉轻倨，不象个婆媳妇道理。"

（54）及见娘子待客周全，才能出众，又不象个不近道理的。故此好言相问一声。

（55）有的道："看他模样，也是个江湖上人，不象个本分的，骗饭的事也有。"

（56）适间在饭店中，见公修雅，不象他人轻薄，故此相敬。

（57）一点了火，那龙凤螭豹百般鸟兽，盘旋的盘旋，跳脚的跳脚，飞舞的飞舞，千巧万怪，似是神工，不象人力。

（58）心中也道："面庞不象，未必哄得信。"

（59）宛然是个北边男子声口，并不象妇女说话，亦不是山东说话。

（60）马氏道："说得好听，怕口里不象心里，'自悔'两字，也是极难的。"

（61）肚里又饥，心下疑惑，两个儿子走进灶下看时，清灰冷火，全不象个做亲的人家。

（62）只是众人看见一双足，却大得不象样。

（63）不象妇女，彼此兴高，若不满意，半途而废，没些收场，要发起极来的。

（64）知观道："若有一些不象尊夫，凭娘子以后不信罢了。"

（65）刘元普大惊失色，也不觉泪下道："我说不象民家之女，夫人几乎误了老夫！可惜一个好官，遭此屈祸！"

（66）省得逼你做事，终久不象我意，故不强你。

（67）林断事看那井庆是个朴野之人，不像恶人。

（68）冯相想着境界了然，语话分明，全然不象梦境。

（69）元来门氏虽然同在那里窥看，到底是做客人的，带些拘束，不象狄氏自家屋里，恣性瞧看，惹起春心。

（70）狄氏道："此事性急不得，你只要撺哄得胡生快活，他未必不象你一般见识，舍得妻子也不见得。"

（71）既要做正经婚姻，岂可仍复私下带来带去，不象事体。

（72）仔细一看，却认得是前日酒肆里同吃酒的内中一人，也是何举人忠厚处，见他醉后狼藉不象样，走近身扶起他来。

下面例（73）—（88）是《二刻》里的相关例句：

（73）万一杜子中也不成，那时也好开交了，不像而今碍手。

（74）才发得声，哥子程宰隔房早已听见，不像前番，随你间壁翻天覆地总不知道的。

（75）点了行灯，提在手里，装着老张指挥声音步履，仪容气度，无一不像。

（76）椅桌俱便，乃在此草地之上吃酒，不像模样。

（77）缪千户把眼看到别处，毫厘不象认得的。

（78）孺人道："如何声口不象北边？"

（79）据下官看起来，不象是个中之人，心里疑惑，所以在此询问他为首的，岂关有甚别意来？

（80）若不象个老实的，姐姐一下子丢开，再不要缠他罢了。

（81）我看宋礼等五人，也不象有千金借人的，朱三也不像借人千金的。

（82）闻得这壁厢悲怨之声，不像是个以下之人，故步至此间寻问。

（83）日日此时出外理事去久了，今日迟得不像样，我每不妨催一催。

（84）以后便留同坐，渐不推辞，不像前日走避光景了。

（85）看见顾吏典举动端方，容仪俊伟，不象个衙门中以下人，私心敬爱他。

（86）原来这高公法名智高，虽然是个僧家，到有好些不像出家人处。

（87）撰之道："依兄这等说，不象是令姐了？"

（88）初时心里道："梦虽不妙，日里落得好处，不像前番做快活梦时日里受辛苦。"

通过以上分析，我们可以得出这样的结论：在明代南方官话中，"不比"是一个语义混沌的词，其词性和本身蕴涵的语义都比较复杂，必须借助于具体的语句或语境才能准确完成词性识别和语义理解。动词"不比"既可以表示"比不上"的强差比义，也可以表示"比得上"的强差比义，还可以在表示弱差比义的同时具有强描述义。表示"比不上"的强差比义时，与具有强差比义的动词"不如"在语义上等值。表示弱差比义和强描述义时，与具有强描述义的动词"不象（不像）"在语义上等值。"不比、不像、不如"的差异，在现代汉语中也是这样。我们看下面的例子：

（89a）他不比他爸爸，心胸比较狭窄。

（89b）他不比他爸爸，心胸比较宽广。

（90a）他不像他爸爸，心胸比较狭窄。

（90b）他不像他爸爸，心胸比较宽广。

（91a）他不如他爸爸，心胸比较狭窄。

（91b）他不如他爸爸，心胸比较宽广。

通过对上述三例的分析可知，例（91）a、b 两个句子都是没有歧义的，而例（89）和例（90）都是有歧义的，或者说例（89）和例（90）在深层的语义理解上都很费解，获取语义并不十分顺畅。这其中的原因，笔者认为跟"不比、不像、不如"的差比义的计算性特征有关。

由于"不如"具有差比义的强计算性特征和描述义的弱计算性特征，凸显了主比项"比不上"被比项，这就意味着"低端的比较值"（比如心胸狭窄）自动和主比项匹配，而"高端的比较值"（比如心胸宽广）自动和被比项匹配。"不如"的这种内在的认知语义计算性特点使得例（91）这样的差比句无法产生匹配性歧义。

"不像"具有差比义的弱计算性特征和描述义的强计算性特征，更多的是一种描述性的事实判断，无法凸显比较值（描述性的事实判断）和主比项及被比项之间的归属匹配关系，所以例（90）这样的句子就产生了匹配性障碍，导致句子产生歧义。

"不比"具有差比义或强或弱的计算性特征以及描述义或强或弱的计算性特征，这就导致了例（89）的语义理解具有主观选择性。当着眼于对"不比"表示的差比义进行强计算时，其蕴涵的描述性特征就会被遮蔽或忽视，此时的"不比"等同于"不如"，整个句子不会产生匹配性歧义；当着眼于对"不比"表示的差比义进行弱计算时，其蕴涵的描述性特征就会被凸显和强化，此时的"不比"等同于"不像"，整个句子就会产生匹配障碍，导致歧义。

简言之，在表示差比义上，"不比"是含义和功能更为混沌和复杂的比较词，"不如"是含义和功能更为单纯的比较词，而"不像"是含义和功能的混沌程度介于"不比"和"不如"之间的比较词。

10.2.3　"疑问"型句法性差比句

明代南方官话语料里，也存在一些含"比"字的疑问型差比句。这些差比句的比较值要借助于对疑问句的回答或者疑问句的句内语境来获取，所以被笔者称为"疑问"型句法性差比句。我们看下面的例子：

（92）你爹爹比他不已是神仙了？

（93）就是你丈夫要与你费嘴时，已过的事，不在眼面前娘，比你会温存？

（94）你爹爹比他岂不是神仙？

（95）若是男子风月场中略行着脚，此是寻常勾当，难道就比了女人失节一般？

（96）胡生谦逊道："拙妻陋质，怎能比得尊嫂生得十全？"

经过分析可知，疑问型句法性差比句是在句法结构、认知语义和语用表达等方面都是较为复杂的，具有特别明显的糅合性特征，既有句法结构的糅合，也有认知语义的糅合，更有语用表达的糅合。

从句法结构的糅合来看，上述例句是比较句、疑问句、反问句三者的糅合。比较句的一般结构是由主比项、比较词、被比项、比较值这四个基本要素构成，尽管有些结构要素在句法结构形式上可以不出现，但是在深层的语义结构上还是具备的。疑问句也有其特定的句法结构特征，比如疑问句要有"疑问语气、疑问点、复句结构性质的疑问选项、肯定否定并列的谓语结构"，等等，这些特征都要在句法结构形式上占据一定的位置。反问句是没有疑问的疑问句，它可以借助是非问、特指问、选择问和正反问的结构形式来呈现。① 比较句、疑问句和反问句都有其最基本的核心句法语义，这种句法语义是其语用义产生的基础。

从认知语义的糅合来看，上述例句在疑问语气的类型上，除例（96）属于反诘性特指问以外，例（92）—（95）都属于反诘性是非问，是反诘问和是非问的有机糅合。句子的语气是表达意义的，本质上属于语义范畴，对语气所含意义的理解也是一种认知行为。我们知道，反诘语气是疑问语气的一种特殊情况，反诘语气就是没有疑问的疑问语气。

"反诘性是非问"独特的认知语义特征表现在：是非问要求回答"是"或"非（不是）"，这种回答却由反诘问来完成。我们知道，反诘问是无疑而问，不要求回答。但是，由于反诘问句的反问口气相当于否定口气，当反诘问和是非问交融糅合的时候，就自然形成了某种肯定或否定、是或非的回答。换句话说，当否定格式的是非问"糅合"了具有否定口气的反诘问时，整个反诘性是非问句就产生了肯定的意思，比如例（92）；当肯定格式的是非问"糅合"了具有否定口气的反诘问时，整个反诘性是非问句就产生了否定的意思，比如例（93）。无论最终产生的是肯定的意思还是否定的意思，整个句子都是表达了差比义。

"反诘性特指问"独特的认知语义特征表现在：特指问需要就疑问点做出答复，而实际上说话者已经在句内上下文（句内语境）中给出了答案。听话人只需要比较"疑问点应有的答复"和"句内语境给出的答案"之间的认知语义关系，就可以得到整个句子蕴涵的差比义。比如例（96），就是特指问和反诘问的有机糅合，就特指问的疑问点而言，是需要回答出"如何能够跟生得十全的尊嫂（狄氏）比"（能够跟生得十全的狄氏相比的资本是什么），然而句内语境给出的答案是"拙妻（门氏）陋质"。因此，听话人一比较就心领神会：陋质的门氏比不过生得十全的狄氏。整个句子的差比义尽显无遗。

从语用表达的糅合来看，差比句表达的是差比义，具备对比性的语用色彩；一般疑问句表达的是疑问语气义，具备预设、焦点、询问类言语行为（查问、拷问、考问、审问、追问、盘问、推问、探问、套问、提问、讯问、质问）、指令类言语行为（请求、建议、命令、要求、哀求）、断定言语行为、应酬言语行为、阻止言语行为、反驳或申辩言语行为、责怪言语行为、催促言语行为、提醒言语行为、感叹言语行为等多种表达功能。② 反问句作为疑问句的一种特殊情况，它可以凭借一般疑问句的结构形式而存在，也同样具有一般疑问句的语用

---

① 黄伯荣，廖序东. 现代汉语（增订六版）（下册）[M]. 北京：高等教育出版社，2017：102.

② 谭轶操. 现代汉语疑问句语用研究 [D]. 延吉：延边大学，2007.

功能，同时，反问句"无疑而问、明知故问、只问不答"的句法语义特征使得它成为一种重要的修辞格，是一种重要的语用修辞技巧。反问句在使用上，是把要表达的确定的意思蕴涵在问句里，当原本的否定意义用反问语气说出来，就表达了肯定的内容；当原本的肯定意义用反问语气说出来，就表达了否定的内容。同平铺直叙的表达比较起来，反问这种表达方式的语气强烈，加重了语言的力量，语势更加强劲，能够激发读者的感情，给读者造成深刻的印象。①

总之，明代南方官话的"疑问"型句法性差比句，在句法结构、认知语义、语用表达上都具有糅合生成的特征，这也导致此类句子在语义、语气、语势上具有糅合互融、共生共荣的特征。不过，尽管有糅合的特征，但是此类句子的核心义仍然是差比义，反诘性疑问句只是表达差比义的外衣，只是在语势和语力上强化了差比义的认知和表达效果。如果没有反诘性疑问句的辅助，那么例（92）—（96）所表达的差比义在语势和语力上就要弱得多，也会大大降低单纯差比句在交际中的认知和表达效果。我们对比一下单纯的差比义表达和借助于疑问句的差比义表达就可以感受到二者的区别。与例（92）—（96）相关的单纯差比义的表述如下例（92a）—（96a）：

（92a）你爹爹比他幸福。（你爹爹比他是（像）神仙了。）

（93a）不比你会温存。

（94a）你爹爹比他是（像）神仙了。

（95a）女人失节比男子这寻常勾当严重。

（96a）尊嫂比拙妻美。

很显然，以上单纯的差比义表达在语用上的"势"和"力"要弱得多。"疑问"型句法性差比句要比单纯差比句具有更大的语言交际价值。

另外，和上述例句不同的是，明代南方官话里还有一种"疑问"型句法性差比句，不是反诘性质的是非问，也不是反诘性质的特指问，而是正反问性质的比较句：

（97）知观对吴氏道："比尊夫手段有差池否？"（初刻·卷十七）

（正反问）

例（97）的特殊性在于，它是正反问性质的比较句，当正面回答"有"时，整个句子表达的是差比义；而当反面回答"否"时，整个句子既可以表达"等比义"，也可以表达"差比义"。根据原句上下文的含义，可以判断例（97）实际上应该回答"否"，而且只表示"差比义"，不表示"等比义"。也就是说，知

---

① 黄伯荣，廖序东.现代汉语（增订六版）（下册）［M］.北京：高等教育出版社，2017：221.

观和吴氏都认为"知观"比"吴氏"的丈夫厉害，知观是"明知故问"，这在说话者的心理认知上其实属于反诘问。可见，"疑问"型句法性差比句的句法结构、认知语义和语用表达是较为复杂的，这也是其具有较大的语言价值和语言学价值的原因。

10.2.4 "比"字普通型句法性差比句

明代南方官话语料里，还有数量众多的"比"字型句法性差比句。这些差比句都具备比较句的四个结构要素，其中"比"为介词，是比较词，差比义的比较值则是通过数量关系、形容词或者形容词性结构来呈现。为了和上文论述的"比"字差比句相区别，笔者称此类差比句为"比"字普通型句法性差比句。我们看下面的一些例句：

（98）比福橘之价十分之一，名曰"洞庭红"。

（99）公子自思宾客既少，要这许多马也没干，托着二人把来出卖，比原价只好十分之一二。

（100）虽然受两三番惊恐，却平白地得此横财，比本钱加倍了，不胜之喜。

（101）他家里前后用过医药之费，已比劫得的多过数倍了。

（102）拾起银缎来，细细合数，比原来时少了五两一定。

例（98）—（102）的差比义是通过主比项和被比项的数量关系来呈现的，例句中的"十分之一、十分之一二、加倍、多过数倍、少了五两一定"等都说明了主比项和被比项之间的差比义关系。

下面例（103）—（117）的差比义则是通过具有程度义的形容词或者形容词性结构来呈现的，因为主比项和被比项在程度上有差异，自然就呈现出了差比义。例如：

（103）又早摆下几桌酒，为首一桌，比先更齐整。

（104）再度过一个冈子，一发比前崎岖了。

（105）只见张果摇摇摆摆走将来，面貌虽是先前的，却是一头纯黑头发，须鬓如漆，雪白一口好牙齿，比少年的还好看些。

（106）那平章家择日下聘，比前番同金之礼更觉隆盛。

（107）而今更有一段话文，只因一句戏言，致得两边错认，得了一个老婆，全始全终，比前话更为完美。

（108）走到一个去处，比旧路绝然不同。

（109）这个后生，比这两个女子更又标致，献与赛儿。（初刻）

（110）此番老身去，他说的话比前番不同也，是软软的了。
（二刻）

（111）但愿得就是他，这场喜比天还大。（二刻）

（112）去年也结一颗，没有这样大，略比常瓜大些。（二刻）

（113）喜得亲娘管店，个个道你做人和气，生意比周舍时更兴。
（型世言）

（114）那个道人还不打紧，只这个方面大鬼更比我狠些。（呪枣记）

（115）比浙之天台，更生得奇奇绝绝。比闽之武夷，更生得岩岩峣峣。比池之九华，更生得迤迤逦逦。比蜀之峨嵋，更生得秀秀丽丽。比楚之武当，更生得尖尖圆圆。比陕之终南，更生得巧巧妙妙。比鲁之太山，更生得蜿蜿蜒蜒。比广之罗浮，更生得苍苍奕奕。真个是天下无双胜境，江西第一名山！（铁树记）

（116）原来此瓮酒极是好酒，比竹叶青、葡萄绿果不同些，故此叫做状元红。（飞剑记）

（117）满口牙齿多已生完，比先前更坚且白。

以上所举的这类句子，都具备比较句的四个基本结构要素，主比项和被比项都能够通过上下文得以明确，比较值也都是直接呈现出来的，有的比较值经过语义计算，可以更加精细地得以理解。

10.2.5 《二拍》的"比"字差比句的基本特征

明代南方官话中的"比"字句既可以表示差比义，也可以表示等比义，没有表示极比义的。"比"字差比句的使用频率最高，而"比"字等比句的用例相对较少。

根据比较句句法结构的四个组成要素的显隐性状况，可以把明代南方官话的比字差比句分为词汇性差比句和句法性差比句两大类。前者是指通过词汇意义来表达差比意义的句子，这个句子中必定有一个词具有差比义。后者是指通过比较句四个基本要素的分布形成的句法结构来表达差比意义的句子。通过笔者的统计分析，明代南方官话中，"比"字词汇性差比句包括无比型和不比型两类，"比"字句法性差比句包括疑问型和普通型两类。

无比型词汇性差比句在句法结构形式上具有言简的特征，在语义呈现上具有意赅的特征，在语用表达上具有语言势力（语言表现力、语言传播力、言外之力）强大而且更具张力的特征。同时，无比型词汇性差比句还具有时空参照性（时空辖域）的特征。这种时空参照性（时空辖域）特征再加上句法结构上的言简特征以及语义结构上的意赅特征，合力凸显了无比型词汇性差比句本身强大的势力和张力特征。无比型词汇性差比句，是句法结构、认知语义、语用表达三个平面互相融通、共生共荣、共同作用，最终形成的极具表达张力的强语用力差比句。也正是在这个意义上，我们认为无比型词汇性差比句是差比句和极比句糅合而成的，是差比句发展为极比句的过渡状态，也是极比句产生的基础和来源，体现了语言的发展演变。这种语言现象也为"极比句实际上也是差比句"的观点提供了理论和事实支持。此外，明代南方官话语料里的无比型词汇性差比句都是"形容词（比较值）＋无比"类型的，这种语序类型的差比句句式随着联系项居中原则和语序和谐原则的作用，慢慢演变为"无比＋形容词（比较值）"这种语序类型的差比句句式。这也为明代南方官话归属于前置词语言提供了一个有力的佐证。

不比型词汇性差比句的差比义是通过"不比（比不上）"这个词计算出来的，这种差比句有很多在句法结构上都没有出现"比较值"，或者因为"比较值"是常识，无须说出。其下位概念的小类包括"A＋不比＋B＋（好）"和"A＋不比＋B＋（差）"两种结构类型。一个不比型词汇性差比句到底理解为前一类还是后一类，这由两个因素决定。第一个决定性的因素是主比项和被比项具有某个社会共同的认知特征。这个社会共知的特征决定了二者的差异，人们理解这种差异时就不需要比较值共现，比较值可以缺省。主比项和被比项的这种社会共知的特征，决定了此类差比句会选择前一类结构来表达。第二个决定性的因素是句中的某些表述已经对主比项进行了价值判断。这个价值判断决定了主比项和被比项之间的差异，人们理解这种差异时就不需要比较值共现参与，于是比较值就可以缺省。

需要特别注意的是，不比型词汇性差比句在形式上是否定的（例如，娼妓的身份不比良家（A＋不比＋B）），也可以有相应的肯定形式（例如，娼妓的身份比良家低（A＋比＋B＋低））。但是，肯定性的差比句都是具有句法性质的差比句，而相应的否定性的差比句不仅都是词汇性质的差比句，而且在语言结构形式上比句法性质的差比句更具经济性。除此之外，肯定性的差比句所包含的句法结构关系要多于相应的否定性的差比句，这也是否定性的差比句被称为词汇性差比句的原因。从语用平面来看，否定性的差比句比肯定性的差比句具有更强大的语用力，否定性的差比句更容易达到既能最小化完整呈现比较结构的四个要素或关键要素，又能形成较强语力的比较义表达这样的双重目的。

在不比型词汇性差比句中，"不比"是一个语义混沌的词，其词性和本身蕴涵的语义都比较复杂，必须借助于具体的语句或语境才能准确完成词性识别和语义理解。动词"不比"既可以表示"比不上"的强差比义，也可以表示"比得上"的强差比义，还可以在表示弱差比义的同时具有强描述义。表示"比不上"的强差比义时，与具有强差比义的动词"不如"在语义上等值。表示弱差比义和强描述义时，与具有强描述义的动词"不象（不像）"在语义上等值。

疑问型句法性差比句的最大特征是糅合性，既有句法结构的糅合，也有认知语义的糅合，更有语用表达的糅合。在句法结构上，是比较句、疑问句、反问句三者的糅合。我们知道，句子的语气是表达意义的，本质上属于语义范畴，对语气所含意义的理解也是一种认知行为。反诘语气是疑问语气的一种特殊情况，反诘语气就是没有疑问的疑问语气。在认知语义上，疑问型句法性差比句的糅合，主要是指语气类型的糅合，既有反诘问和是非问的有机糅合，也有反诘问和特指问的有机糅合。前者"反诘性是非问"的认知语义特征表现在：是非问要求回答"是"或"非（不是）"，这种回答却由反诘问来完成。后者"反诘性特指问"的认知语义特征表现在：特指问需要就疑问点做出答复，而实际上说话者已经在句内上下文（句内语境）中给出了答案。听话人只需比较"疑问点应有的答复"和"句内语境给出的答案"之间的认知语义关系，就可以得到整个句子蕴涵的差比义。在语用表达上，是对比性的语用色彩、反问性修辞行为和多种言语行为表达功能的糅合，因为差比句表达的是差比义，具备对比的语用色彩，而一般疑问句表达的是疑问语气义，具备预设、焦点、询问、指令、断定、应酬、阻止、反驳或申辩、责怪、催促、提醒、感叹等多种言语行为表达功能。同时，反问也是一种重要的修辞现象，同平铺直叙的表达比较起来，反问这种表达方式的语气强烈，也加重了语言的力量，语势更加强劲，能够激发读者的感情，给读者造成深刻的印象。

尽管疑问型句法性差比句在语义、语气、语势上具有糅合生成的特征，但是此类句子的核心义仍然是差比义，反诘性疑问句只是表达差比义的外衣，旨在语势和语力上强化差比义的认知和表达效果。

明代南方官话语料中，比字普通型句法性差比句在句法结构形式上的最大特征就是比较结构的四个要素都显性存在于句法结构之中。这类差比句的比较值一般会通过数量关系、形容词、形容词性结构或者借助于对疑问的回答来呈现。

第 11 章
致使结构

11.1　致使结构的形式类型、语义机制和句法特征

致使范畴（causative category）是人类概念化中基本的认知范畴之一，而且每一种语言都有表达致使范畴的手段。作为最基本的一种认知范畴，致使范畴是研究人类语言共性和类型差异的理想、便捷的入口，具有极大的类型学价值。

致使范畴的语言表达，会呈现为特定的概念结构，这种特定的概念结构一般被称为致使结构（causative construction）。致使结构在国内有不同的称谓，比如致使句、使役句、使动态、使动范畴等。据黄成龙（2014：3）考证，陈士林等（1962）《凉山彝语的使动范畴》，是当今国内外最早研究致使结构的专题论文。[①] 大约 7 年后的 1969 年，苏联列宁格勒类型学团队代表人物编辑出版了《致使结构的类型学》，这是从类型学视野研究致使结构的开端。

语言类型学者 Comrie（1989：165-184）、Song（1996：19-72）、Payne（1997：175-186）和 Whaley（1997：192-198）等都认为，研究致使结构需要考虑形式类

[①]　黄成龙. 类型学视野中的致使结构 ［J］. 民族语文，2014（5）：3-21.

型、语义机制和句法特征，只有这样才能更全面地认知致使结构。[①②③④]

11.1.1 致使结构的形式类型

根据类型学的研究，致使结构在形式上一般分为三种类型：词汇型致使（lexical causative）、形态型致使（morphological causative）和分析（迂回）型致使（analytic/periphrastic causative）。

11.1.1.1 词汇型致使

词汇型致使是指用一个没有致使形态标记的动词表达的致使意义或者致使情景。换句话说，就是指一个动词表示致使意义或者致使情景，但是却没有任何附加的形态标记。比如英语中的 kill 可以理解为"使……死"，既有致使义"使"，又有结果义"死"，表达了一个完整的致使意义，但是这个动词本身不需要附加任何相关的形态标记。英语和汉语词汇型致使的区别如表 11-1。[⑤]

表 11-1　致使动词与非致使动词的英汉区别

非致使动词		致使动词	
die	死	kill	杀死
sit	坐	set	使就坐
rise	升起	raise	举起、抬高
eat	吃	feed	喂
see	看见	show	展示
remember	记住	remind	提醒

从表 11-1 的对比可以看出，致使动词和非致使动词的显著区别，也可以看作是及物动词和非及物动词之间的区别。

---

① Comrie Bernard. Language universals and linguistic typology：syntax and morphology [M]. Oxford：Basil Blackwell Publisher Limited，1989.

② Song，Jae Jung. Causatives and causation：a universal-typological perspective [M]. London，New York：Longman，1996.

③ Payne，Thomas E. Describing morphosyntax：a guide for field linguists [M]. Cambridge：Cambridge University Press，1997.

④ Whaley Lindsay J. Introduction to typology：the unity and diversity of language [M]. California：SAGE Publications，1997.

⑤ 黄成龙. 类型学视野中的致使结构 [J]. 民族语文，2014（5）：3-21.

词汇型致使是最普遍的一种形式类别，每种语言都会有。①②③ 汉语普通话中有些动词，如"使、吓、烦"等可看作词汇型致使。具体用例如下：

（1）张三很好使。

（2）轰天吓地，掣电奔雷。

（3）小李很烦人。

汉语中有很多形容词可以构成致使结构。例如，下面结构中的形容词都可以看作是词汇型致使：

低头　安定人心　充实内容　端正态度　巩固国防　活跃市场
富了国家　穷了百姓　湿润了双眼　歪着头　厚着脸皮　红过脸　圆自己的梦　松一口气　饱了肚子　弯下腰　活跃一下气氛　皱起眉头

11.1.1.2　形态型致使

形态是指词形变化的形式。形态型致使是指依靠动词（或者形容词）的形态变化来表达致使意义。世界语言中，可以表达致使意义的词形变化有很多，比如Dixon（2012：243）概括出了九种标记致使结构的手段：内部变化、辅音重叠、元音加长、声调变化、重叠、前缀、后缀、前后缀、中缀。④ 汉语中的词类在进入句子时，是缺乏形态变化的，因此汉语中没有形态型致使类别的致使表达。

11.1.1.3　分析（迂回）型致使

致使概念的结构包含两个部分，一个是致使形成的原因，一个是致使导致的结果。在分析型致使结构中，成因和结果分别用致使动词和结果动词来表达。黄成龙（2014：7）指出，分析型致使一般可以细分为两个小类，一个是连动结构致使，一个是迂回式致使。连动结构致使是指一般两个动词相连构成一个谓语，共享一个论元，看作单一动作，包括否定管辖整个谓语。⑤ 关于迂回式致使，黄先生语焉不详。就笔者的理解，迂回式致使是指一个致使动词使致使对

① Jackson T-S Sun. Morphological causative formation in Shangzhai Horpa［C］//何大安．中国语言学集刊：第2卷第1期．北京：中华书局，2007．

② 刘光坤．麻窝羌语研究［M］．成都：四川民族出版社，1998：169．

③ 黄成龙．类型学视野中的致使结构［J］．民族语文，2014（5）：3-21．

④ Dixon R M W. Basic linguistic theory，Vol. 3：further grammatical topics［M］. Oxford：Oxford University Press，2012．

⑤ 黄成龙．类型学视野中的致使结构［J］．民族语文，2014（5）：3-21．

象产了一个致使结果，这个致使结果也由一个动词来体现。比如英语中的
"make……V"结构，会形成"I make John go to school."这样的致使结构；而
英语中的"let……V"结构，则会形成"I let John go to school."这样的致使结
构。这些结构中，make 和 let 是致使动词，V 是结果动词。

根据我们的统计，《二拍》中动词"使、让"作致使动词的频率很高，往往
跟另外的一个谓词（动词或者形容词）一起，构成分析（迂回）型致使结构。
比如下面的例句，"使、让"均为致使动词，其所在的句法结构都是分析（迂
回）型致使结构：

（1）使他不疑，我们好做事。

（2）既是妈妈靠他度日，我饶他性命不杀他，只痛打他一顿，教
训他一番，使他改过性子便了。

（3）世间有做宰相，树置心腹，专害异己，使贤奸倒置的。

（4）世间有做试官，私通关节，贿赂徇私，黑白混淆，使不才侥
幸，才士屈仰的。

（5）又或用术慑其魂，使他颠蹶狂谬，失志而死。

（6）或用术迷其家，使他丑秽迭出，愤郁而死。

（7）其有时未到的，但假托神异梦寐，使他惊惧而已。

（8）这里应承做得，使他别无疑心。

（9）毕竟富翁让他先走了，两个丫头随着。

（10）名字叫做郑兴邦，连张都管也让他做小家主了。

总之，通过上面的分析，我们发现，从词汇型到形态型，再到分析（迂回）
型致使结构，表成因的语言形式和表结果的语言形式的间隔距离越来越长，融
合得越来越不紧密。

11.1.2　致使结构的语义机制

致使结构的语义机制主要是指致使意义的表达机制，是指致使意义表达和
致使形式之间的选择匹配关系。简而言之，致使意义是通过什么方式体现出来，
又是如果理解的。Dixon（2000：61-74；2012：238）提出了 9 项语义用法来考
察检验致使结构的语义机制（见表 11-2），指出了致使意义的细化类型分别与致
使的机制类型之间的选择匹配关系。[1][2]

---

① Dixon R M W. Basic linguistic theory，Vol. 3：further grammatical topics［M］. Oxford：Oxford University Press，2012.

② Dixon R M W. A typology of causatives：form，syntax and meaning［C］//Dixon R M W，Aikhenvald. Changing valency. Cambridge：Cambridge University Press，2000.

表 11-2 致使结构的意义与机制之间的相关性

用法	致使的意义类型		致使的机制类型		代表语言
	类型 1	类型 2	类型 1	类型 2	
1	静态	动态	形态 1	形态 2	阿姆哈拉语
			形态	分析（迂回）	印尼语
2	不及物	及物	形态	分析	南岛语
	单及物	双及物			巴斯克语
3	被使者不受控制	被使者受控制	词汇	形态	日语
			形态 1	形态 2	克里克语
4	被使者自愿	被使者不自愿	形态 1	形态 2	斯瓦希里语
			形态	分析	瓦波语
5	被使者部分受影响	被使者完全受影响	形态 1	形态 2	塔利亚娜语
6	被使者直接参与	被使者间接参与	形态 1	形态 2	印地语
			形态	分析	布鲁语
7	有意	无意	形态	复杂谓语	佤木语
			分析	形态+分析	遮罗语
8	自然	通过努力	词汇	分析	英语
			形态	分析	俄语
9	致使者未参与	致使者参与	形态 1	形态 2	Mekéns

表 11-2 中的 9 种语义参项，大都与动词有关，其中"静态/动态"是指动词的类型，分别是指状态动词（心理、情感、五官感觉、系动词等）和动态动词；"有意/无意"分别是指动词的可控度高和可控度低，"自然/通过努力"分别是指动词的意愿性弱和意愿性强；"致使者参与/未参与"分别是指动词的影响度高和影响度低。

表 11-2 中，Dixon 细分了致使结构的意义内容，并且给出了每一种致使意义适合的形式类型，对形态致使类型也进行了细分，区分出形态、形态 1 和形态 2，认为形态 1 比形态 2 更为紧密。简言之，Dixon 在细化致使意义和致使形式类型的基础上，关联匹配适合此种致使义表达的形式类型，从而描写出了致使结构的语义机制。这种语义机制，具有语法语义双重特性。

需要特别提及的是，直接致使意义和间接致使意义的划分，还跟致使事件和结果事件是否在相同的时间和空间有关。一般来说，直接致使可以看作是致使事件（即成因）和结果事件处于同一空间，时间上连续且难以分割的致使。

比如："见门内杀死老尼，吃了一惊。又寻进去，见房内又杀死小尼。"（初刻·卷六）"（卜良）杀老尼"和"老尼死"这两个事件在同一地点发生，而且"杀"和"死"在时间上没有什么间隔。与此相反，间接致使的情况就比较复杂一些，典型的间接致使是指致使事件和结果事件在不同地点和不同时间发生，而非典型的间接致使是指致使事件和结果事件在不同的地点或者不同的时间发生。换句话说，典型的间接致使在时间和空间上要求严格，都必须不同；而非典型的间接致使在空间上和时间上并没有这样严格，只要其中一个要素不同即可。另外，从直接致使到间接致使，成因与结果之间的直接程度逐渐减弱。致使结构的紧密度越高，形式距离就越近，致使也就越直接。

11.1.3　致使结构的句法特征

致使结构的句法特征主要考察致使者和被使者（致使对象）被赋予何种句法地位。例如："他若肯让奴赢了。"（二刻·卷二）这是一个兼语-致使句，句中的"他"是致使者，居于大主语的地位；"奴"是被使者，居于小主语的地位。致使者与被使者的句法地位，跟致使结构中的结果动词的及物性、被动性等句法语义性质密切相关。比如下面的例子：

  （1）a 他让张三苏醒了。b 他让张三休息。（致使）

  （2）a 他让张三杀了。b 他让张三打了。（被动）

例（1）的两个句子中，"苏醒、休息"都是不及物动词，用在句子中构成了致使结构。而例（2）中的两个句子中，"杀、打"都是及物动词，用在句子中则构成了被动结构。在上述例子中，尽管"张三"都是谓语动词的主语，但是在致使结构中，致使者"他"跟结果动词之间没有句法关系；与此相反的是，在被动结构中，句子的主语"他"则跟谓语动词之间存在"动宾"句法关系。总之，厘清致使结构中的致使者和被使者的句法地位，有助于更好地理解致使意义的表达。

11.2　《二拍》"让"字致使句的形式类型

我们按照上述致使结构的一般特征，以语言类型学的一般理念为视角，以明代南方官话作品《二拍》为语料，考察其中的"让"字致使句的形式类型、语义机制和句法特征，以期阐释明代汉语致使表达和致使结构的类型学特征。本节考察《二拍》"让"字致使句的形式类型。

通过穷尽性语料检索，我们得到了《二拍》中全部的"让"字致使句。然后比照致使结构的三种形式类型，我们发现，《二拍》中的"让"字致使句均为分析型致使，没有形态型致使，也没有词汇型致使。根据致使结构的句法完整性，可以把分析型致使分为"句法结构缺省"和"句法结构完整"两类。前者的致使结构的成分是缺省的，不完整；后者的致使结构的构成要素是完整的，没有缺省。

11.2.1　句法结构缺省类分析型致使句

我们知道，致使结构的核心要素可以表述为：

致使者（N1）＋致使标记（V1）＋被使者（N2）＋致使结果（V2）

句法结构缺省类分析型致使句的主要特点就是，整个致使结构中有一些构成要素是缺省的，致使者和致使结果这两个要素往往是缺省的，不在句法结构（致使单句）中出现。句法结构缺省类分析型致使句的关键特点就是致使单句中的致使标记（V1）具有多功能性，既具有致使标记（V1）的性能和意义，又蕴涵着致使结果（V2）的功能和意义。这样一来，致使单句中只需要一个致使标记（V1）就可以表达出致使意义来。根据我们的考察，《二拍》这种类型的致使句，根据被使者和致使者的语义所指是否相同，可以分为两大类：第一种类型中被使者和致使者所指不同，只能是致使者让被使者产生某种变化或结果，可以进一步细分为"让我"型、"让你"型、"让他"型，等等。第二种类型中被使者也可以充当致使者，致使者也可以充当被使者，这种类型也可以称为"互让"型。例如下面的语句：

（1）他在此独受用了两日，也该让让我们，等他去去再处。

（2）穷弟子，快走开去！让我们。

（3）俺和你没有儿子，谁肯让我？

（4）意欲央嬷嬷私下与他说说，做个人情，让我些个。

（5）只如此让了你两个罢。

（6）况且见赌看利物哩，他如何肯让？

（7）如此混赖，是白白哄我让他了。

（8）论长幼，也该让他。

（9）想着他有言相许，有意让他一分，不尽情攻杀。

（10）媳妇们已自与那婆娘说通了，一让一个肯。

（11）张生让小道人是客。

（12）智圆领到师父房前，晓得师父在里头等着，要让师父，不敢
抢先。

（13）又细听着，恰象欲前不前相让一般。

上述例句中，例（1）—（12）都属于第一种类型，致使者和被使者不能互相替换。其中例（1）—（4）的被使者是"我（们）"。例（5）—（6）的被使者是"你（们）"。例（6）原本是对话中的话语，没有出现在句中的被使者是第二人称的"你"或相当于第二人称的"娘子（你）"。例（7）—（12）的被使者是"他（们）"或者相当于第三人称的称人名词。例（10）是"媳妇们"让"公公婆婆结合"。例（11）是"张生"让"小道人先走棋"，因为小道人是客人。例（13）属于第二种类型，致使者和被使者可以互换着进行，无论谁充当致使者，都可以造成致使义。

《二拍》中这种类型的致使句，致使结构不完整是其最大的句法特点，但是在语义理解上却有致使义的存在，语义结构是完整的，而且可以把致使结构的其他构成要素补充出来，在句法上都可以形成完整的致使结构。比如例（1）中的不完整的致使结构"也该让让我们"，可以补出致使结构的其他结构要素，形成完整的致使结构，如"他也应该让我们受用"。例（2）中不完整的致使结构"让我们"，也可以补充出致使结构的其他要素，以便构成完整的致使结构，如"穷弟子们让我们在这地方安歇"。例（3）中补充完整以后的致使结构是"谁肯让我们葬在好地"。例（4）—（12）在致使结构和致使义的理解上跟上述 3 例的分析相同。例（13）比较特殊一些，可以理解为"互相致使结构"（"互让"型），具备"互相致使义"。此例是《初刻·卷一》中的语句，是说金老在睡梦中，未睡安稳，只听得床前有人行走的脚步响，心疑有贼。这个时候细细听，感觉像两个人前行，一个让另一个在前面先走，但是另一个却让这一个在前面先走。从语义上来说，其中就包含两个致使结构：A 不向前走使得 B 可以在前面先走；B 不向前走使得 A 可以在前面先走。这就是"句法结构缺省类分析型互相致使结构"的特点。

总之，从整句和完整的致使结构来看，各个例句都隐藏（缺省、错置）了一定的结构成分，尤其是隐藏了结果。句法结构成分缺省（隐藏、错置）的具体分析详见下文语义机制和句法特征的相关分析。

11.2.2　句法结构完整类分析型致使句

汉语是比较缺乏印欧语那样的典型形态的语言，因此在致使结构和致使意义表达上，分析型致使结构就比较丰富。《二拍》中的分析型"让"字致使句，致使结构成分完整的用例比较多。具体列举如下：

（1）小人却如何平白地肯让一个媳妇与别人了？

（2）众人见说是官府请，放开围，让他出来，一哄多散了。

（3）我怪你让那老物，先将人奚落，故如此说。

（4）闻人生便让和尚洗澡，和尚只推是不消。

（5）下第三局时，频频以目送情，小道人会意，仍旧东支西吾，让他过去。

（6）小子是外来的人，不敢不让本国的体面，所以故意输与他，岂是棋力不敌？

（7）只让你快活！

（8）寂寂向了里床，让他两个再整旗枪，恣意交战。（致使者是一件事情、行为）

（9）今夜我养养精神，让你两个去快活一夜。（致使者是一件事）

（10）静观恬然不来兜揽，让他们欢畅，众尼无不感激静观。（放任）

（11）若留得他在时，生下个兄弟，须不让那引孙做天气。

（12）只争得此一步，差好多光景，怎肯甘心就住，让那才不如我的得意了，做尽天气？

（13）若是此时说话的在旁边一把把那将军扯了开来，让他每讲一程话，叙一程阔，岂不是凑趣的事？

（14）欲待两头绊着，文姬是先娶的，须让他做大。

（15）巴不得我死了，让你们自在快乐，省做你们眼中钉。

（16）一十八岁了，大郎倦于戎务，就让他袭了职，以累建奇功。

（17）他每每做了众童的头，自称是官人，把众童呼来喝去，俨然让他居尊的模样。

（18）今夜让我弄了他来，明日大家送还他，要他赏钱，同诸公取醉。

（19）还了他的，却不依旧让他行事去？

（20）不如耐过了今夜，明日我每先下些功夫，弄到了房里，不怕他不让我每受用！

（21）而今我引得这小哥来，明该让我与他乐乐，不为过分。

（22）毕竟富翁让他先走了，两个丫头随着。

（23）名字叫做郑兴邦，连张都管也让他做小家主了。

从上述例句可以看出，就致使单句来说，在绝大多数的单句中，致使结构的构成成分是完整的，只有少数例句中的致使结构仍然缺省了一个要素（主要是缺省致使者，这是因为上文有致使者，可以因语境而省略）。比如例（1）—（4）的致使句法结构分别是：例（1）小人（如何平白地肯）让一个媳妇与别人了。例（2）众人让他出来。例（3）你让那老物先将人奚落。例（4）闻人生让和尚洗澡。这些例句中的致使句法结构都是完整的。再比如例（7）的致使结构就缺省了致使者。

在句法结构完整类分析型致使结构中，致使者不仅是指人，很多情况下，致使者也可以是一件事、一个行为或者一种状况。比如例（8）—（10）中，致使者都不是指某个具体的人，而是指某个人的某种行为或者事情。余例分析同上，不再赘述。

11.3 《二拍》"让"字致使句的语义机制

致使意味着操控。致使义表达了致使者和被使者之间的操控关系。操控是一种作用力，这种作用力会对操控对象产生某种影响，使操控对象发生某种变化、呈现出某种状态。因此，从作用力与其所造成的结果之间的关系来说，操控关系是因果关系产生的原型，致使关系本质上是一种操控关系，更是一种因果关系。致使义生成的语义机制跟致使义的这种操控-因果关系密切相关。这种操控—因果关系一般包括两种：一种是直接操控导致的因果关系，比如"老王打哭了小孩"；一种是间接操控导致的因果关系，比如"张都管让他做小家主了"。间接（非直接）操控是直接操控通过隐喻等机制延伸产生的，比如"使（让、要求）某人做某事"等致使结构，就是非直接操控的致使，属于间接操控导致的因果关系。

类型学常用致使情景来描述致使结构的语义机制。致使情景包括成因和结果两个语义要素，比如"天气炎热"和"我很难受"，前者是成因，后者是结果。"天气炎热使我很难受"就是典型的致使句。同样的情景还有其他表达方式，比如"因为天气炎热，所以我很难受"。但这样的句子并不是致使句，因为致使结构通常只涉及单句，是把两个有因果关系的事件放在一个小句中表达的语言形式。但是，含有因果关系的单句也不全是致使结构。比如"因天热很难受"，虽是单句且有因果关系，但介词"因"不是致使动词也不是致使标记，所以也不被看作致使结构。

我们以上述例（23）句法结构完整类分析型致使结构为考察对象，根据Dixon（2000：61-74；2012：238）提出的致使结构的 9 个语义参项，来详细分析《二拍》"让"字致使句的语义生成和理解机制。

11.3.1 "让"字致使结构的构成要素分析

我们按照致使结构"致使者（N1）＋致使标记（V1）＋被使者（N2）＋致

使结果（V2）"中的四个要素，对全部语料进行了致使结构要素的分析和描写。
具体结果见表 11-3。

表 11-3 "让"字致使结构的构成要素

语例序号	致使者N1	致使标记"让"	被使者N2	致使结果 V2		特殊句式
				谓词	补语/宾语	
1	人（小人）	让渡义	人（媳妇）	动词（与）	宾语（别人）	疑问
2	人（众人）	允许义	人（他）	动词（出）	趋向补语（来）	
3	人（你）	纵容义	人（老厌物）	动词（奚落）	宾语（人）	处置
4	人（闻人生）	要求义	人（和尚）	动词（洗澡）		
5	人（小道人）	纵容义	人（他）	动词（过）	趋向补语（去）	
6	人（小子）	使成义	人（本国的）	形容词（体面）		双重否定
7	人（杜氏）	使成义	人（你）	形容词（快活）		
8	事（行为）	使成义	人（他两个）	动词（整）	宾语（旗枪）	
				动词（交战）		
9	事（事件）	使成义	人（你两个）	动词（去）/形容词（快活）	时间补语（一夜）	
10	事（事件）	使成义	人（他们）	形容词（欢畅）		
11	事（事件）	允许义	人（那引孙）	动词（做）	情态补语（威风、架子）	否定
12	事（状况）	使成义	人（才不如我的）	形容词（得意）	动态补语（了）	疑问
				动词（做）	程度补语（尽）情态补语（威风/架子）	
13	事（行为）	要求义	人（他）	动词（讲/叙）	宾语（话/阔）	疑问
14	事（条件）	要求义	人（他）	动词（做）	宾语（大）	
15	事（状况）	使成义	人（你们）	形容词（自在快活）		
16	事（原因）	允许义	人（他）	动词（装）	动态补语（了）宾语（职）	
17	事（状况）	使成义	人（他）	动词（居）	宾语（尊）	

续表

语例序号	致使者 N1	致使标记 "让"	被使者 N2	致使结果 V2		特殊句式
				谓词	补语/宾语	
18	人（你们）	允许义	人（我）	动词（弄）	动态补语（了） 宾语（他） 趋向补语（来）	
19	事（事件）	纵容义	人（他）	动词（行）	宾语（事） 趋向补语（去）	
20	事（状况）	允许义	人（我）	动词（受用）		双重否定
21	事（原因）	允许义	人（我）	形容词（乐乐）		
22	人（富翁）	允许义	人（他）	动词（走）	动态补语（了）	
23	人（张都管）	允许义	人（他）	动词（做）	宾语（小家主）	

从表 11-3 可以看出"让"字致使结构具有以下几个语义方面的特征：

第一，"让"字致使结构的"被使者"全部有"人"来充当，而致使结构中的致使者却分为两类，一类是人，一类是事。以"人"为致使者的语料有 10 例，以"事"为致使者的语料有 13 例，可见，致使者主要由"事"承担。从认知语义的角度来说，致使者不可能是单纯的某个人，一定是某个人做了什么事、发生了什么样的行为，才能导致被使者发生某种变化或者处于某种状态。致使者的这种语义特点，也可以表述为致使句的主语通常表示一个事件。这一点学者们早已发现，而且看法比较一致。最早发现这一特点的是李临定（1986：142），他以"使"字致使句为例，在分析例句"你使我很为难"的主语时，认为："这里的'你'是指人名词。可是如果我们仔细体会一下，便会觉得这里一定是'你'作了某件事情，因而'使我很为难'（比较：你这样作使我很为难）。从这里可以看出动词'使'造句的特点，它一般要求前边是表事件的词语。"后来，车竞（1993）也认为，"从构成材料来看，A 段多为谓词性词语，表示一个事件，有些名词或代词充当 A 段时，也隐含着这个名词的性状或代词所代事物的某种动作或行为。如'他使我高兴'中'他'以及'他'的行为是"我高兴"的原因，并非静态的'他'"。对于李临定的分析，袁毓林（2002a）指出："李先生的观察是十分仔细的，很准确地把握住了'使'字句主语的语义特点；并且，通过这种语义特点，我们还可以解释：为什么指人的名词性成分充当主语的'使'字句在语义上是不自足的。"张斌（2002：371）对"使"字句前段这一语义特点也做了令人信服的论证。一方面论述了"使"字句前段谓词性词语的语义性质。他认为谓词性词语充当主语有两种情况，一是发生了"事物化"，是"指称性主语";二是没有事物化,"充当主语的谓词性成分不是指称的对象,而是对于动作行为、性质、状态的陈述,主语可以用'怎么样'来指代",是"陈述性主语"。指出"虚心使人进步"能变换为"怎么样使人进步",不能变换为"什么使人进步"。另一方面,张斌(2002:424)还分析了典型的具有致使性的兼语句,指出"这些表示使令意义的动词有的只有使令意义,如'使''让',至于使令意义的产生从动词本身无法看出,所以这类兼语句的主语多数是个事件,即使是个名词性词语即指称,也隐含了陈述"。如"大雨使小王迟到了"——"下大雨使小王迟到了"。袁毓林(2002b)对"使"字句的主语的"述谓性"也做了解释,即它直接和间接地指称一个致使性的事件,正是这个致使性事件作为原因造成了作为结果的某种感知性事件;比如,"老师的夸奖"直接指称老师夸奖孩子们这件事,"父亲严峻的脸色"间接指称父亲摆出了严峻的脸色。总之,笔者的考察也发现,在致使结构中,处于致使结构前端的致使者在语义上通常表示跟人有关的一件事或者一个陈述,而不能仅仅是一个名词或者代词性的指称。

第二,《二拍》中,"让"字致使句的致使义不强。"让"在具体的语句中呈现的意义可言细分为"让渡义、允许义、纵容义、要求义、使成义"等 5 种,其中"让渡义、允许义、纵容义"等都不具备强致使义。

第三,《二拍》中,及物动词在"让"字致使句中占比很高,"致使结果"绝大多数是动宾或者动补结构,占比 70%。另外,由于形容词本身是自带结果的,本就属于表达某种结果的词类,因此当致使结构中的谓词是形容词时,就没有再附带宾语或者补语,这种情况占比 22%。

第四,《二拍》中,"让"字致使句中还出现了一些特殊的句式,比如处置句、疑问句、否定句、双重否定句等。疑问句和否定句都具有内在的否定性特点,而致使句一般表示某种成因导致了某种结果,多属于肯定性的现实存在句。如果致使结构中出现否定或者疑问语义,那么这种致使句就属于否定性的非现实存在句,换句话说,就是不让某种成因导致某种结果。这种致使句可以看作是一种反向致使句。

11.3.2 "让"字致使结构的要素的语义性质及语义机制

在表 11-3 的基础上,根据 Dixon(2000,2012)提出的用以考察检验致使结构的语义机制的 9 项语义用法(见表 11-2),每种用法包含两两相对的两种意义类型,共计 18 种意义类型。由于意义类型的细分,一共对应着 30 种语义类型,这些可以用来描写或者识别"让"字致使句中致使结构要素的语义性质及语义机制。在表 11-2 中,Dixon 提及的跟"分析型"语义机制有关的意义类型一共有 7 种,用法也有 7 种。下面我们重点描写这 7 种致使意义类型在"让"字致使句中的状况，阐释明代汉语在语言类型上的特征。这 7 种意义类型分别是类型 2 中的"动态、及物/双及物、被使者不自愿、被使者间接参与、无意、通过努力"等 6 项和类型 1 中的"有意"。下面是 23 例语句的分析结果（见表 11-4），表中的符号"＋、－、♯"和"＋＋"分别表示"具备、不具备、不易确定是否具备"相关义素以及属于"双及物动词"。

表 11-4　　"让"字致使结构的要素的语义性质及语义机制

语例序号	谓词 (V2)	致使结构的意义类型						
		动态 （动态 V）	及物/ 双及物 V	被使者 不自愿	被使者 间接参与	无意 （V 可 控度低）	有意 （V 可 控度高）	通过努力 （V 意 愿性强）
1	与	＋	＋＋	♯	＋		＋	－
2	出	＋	＋	－	－		＋	＋
3	奚落	＋	＋	－	－		＋	＋
4	洗澡	＋	－	＋			＋	＋
5	过	＋	＋	－	－		＋	＋
6	体面 （Adj.）	－	－	－	－		＋	＋
7	快活 （Adj.）	－	－	－	－		＋	＋
8	整	＋	＋	－	－		＋	＋
	交战	＋	－	－	－		＋	＋
	去	＋	＋	－	－		＋	＋
9	快活 （Adj.）	－	－	－	－		＋	＋
10	欢畅 （Adj.）	－	－	－	－		＋	＋
11	做	＋	＋	－	－		＋	＋
12	得意 （Adj.）						＋	＋
	做	＋	＋	－	－		＋	＋
13	讲/叙	＋	＋	♯	－		＋	♯

续表

语例序号	谓词（V2）	致使结构的意义类型						
		动态（动态 V）	及物/双及物 V	被使者不自愿	被使者间接参与	无意（V 可控度低）	有意（V 可控度高）	通过努力（V 意愿性强）
14	做	+	+	−	−		+	+
15	自在快活（Adj.）	−	−	−	−		+	+
16	裒	+	+	−	−		+	+
17	居	+	+	−	−		+	+
18	弄	+	+	−	−		+	+
19	行	+	+	−	−		+	+
20	受用	−	−	−	−		+	+
21	乐乐（Adj.）	−	−	−	−		+	+
22	走	+	+	+	−		+	+
23	做	+	+	−	−		+	+

关于表 11-4 需要说明的几个问题是：

第一，Dixon 从语言类型学的角度概括致使结构的语义机制时，把意义属于"无意"类别的致使结构的语义机制表达类型界定为"形态"或者"分析"，而且全部语义机制类型中，只有这一类是两种表达类别都有的。这其实意味着，这种语义机制表达类别的区分是不到位的，也证明有不易区分的情况存在。根据我们对《二拍》中"让"字致使结构的考察，没有发现"无意"类型的动词（也即语义可控度较低的动词）。这说明，在明代汉语中，语义可控度较低的动词（"无意"类别的动词）不能进入致使结构。相反，语义可控度较高的动词（"有意"类别的动词）可以顺利进入致使结构，生成致使句，表达致使意义。

第二，就《二拍》中的"让"字致使结构来说，表 11-4 中所有用"−"标记的内容（尤其是"被使者自愿/不自愿"和"被使者直接/间接参与"这两项语义用法参项，只有 3 个语例标记为"+"，2 个语例不易判定，其他 20 个语例全部标记为"−"），都不符合 Dixon 关于致使结构的语义机制的相关结论。这说明，明代汉语"让"字致使句的语义机制的分析型类型学特征不明显，尤其在被使者跟动词的关系方面，跟世界语言的分析型类型学特征差异较大。

第三，《二拍》中，"让"字致使结构的语义机制在动态动词、及物动词、可控度高的动词、意愿性强的动词等几个方面都符合 Dixon 提出的分析型机制的类型学特征。

语言类型学的研究已经证实，一种语言会用不同的手段表达不同的致使情景。[①②] 一般而言，致使者"所指为人"与被使者"所指非人"的致使结构最为常见，而被使者"所指为人"时会产生更细微的致使活动。词汇型致使的表达力最强，是最直接的致使，其被使者最有可能是"非人"受事者；分析型致使的表达力较弱，属于比较间接的致使，其被使者更有可能是"指人"受事者。根据这一普遍的语言类型学观点，我们发现，《二拍》中的"让"字致使句都是分析型致使，属于致使力表达比较弱的间接致使，其被使者果真全部是"指人"的受事者，符合类型学间接致使的主要特征。总之，《二拍》中"让"字致使结构的语义表达机制主要采用"分析（迂回）"型，但同时又有一些语义用法参项不符合致使结构语义机制类型学的一般特征。

11.4　《二拍》"让"字致使句的句法特征

从本节开始，我们主要从"致使者"和"被使者"在句子中的句法成分（句法功能）入手，分析"让"字致使句的句法特征。为了便于总结，我们先将 23 例句法结构完整类分析型致使句中的"致使者"和"被使者"承担的句法成分情况描写出来（见表 11-5）。

表 11-5　"让"字致使句中"致使者"和"被使者"的句法特征

语例序号	致使者	致使部分特殊句式	被使者		被使部分特殊句式
			做前边成分的	做后边成分的	
1	主语-受损		宾语	主语	兼语句
2	主语-被迫	连动句	宾语	主语	兼语句
3	主语	兼语句	宾语	主语	兼语-处置句
4	主语	兼语句	宾语	主语	兼语句

---

① Comrie，Bernard. Language universals and linguistic typology：syntax and Morphology [M]. Oxford：Basil Blackwell Publisher Limited，1989.

② Dixon R M W. A typology of causatives：form，syntax and meaning [C] //Dixon R M W，Aikhenvald. Changing valency. Cambridge：Cambridge University Press，2000.

语例序号	致使者	致使部分特殊句式	被使者		被使部分特殊句式
			做前边成分的	做后边成分的	
5	主语	连动句	宾语	主语	兼语句
6	主语-被迫		宾语	主语	兼语句
7	主语		宾语	主语	连动-兼语句
8	主语	连动句	宾语	主语	连动-兼语句
9	主语	连动句	宾语	主语	连动-兼语句
10	主语	连动句	宾语	主语	兼语句
11	主语		宾语	主语	兼语句
12	主语-受损		宾语	主语	兼语句
13	主语-受益	处置-连动句	宾语	主语	兼语-连动句
14	主语		宾语	主语	兼语句
15	主语-受损		宾语	主语	兼语句
16	主语		宾语	主语	兼语句
17	主语-受益	连动-处置句	宾语	主语	兼语句
18	主语-受益		宾语	主语	兼语-兼语句
19	主语-受损		宾语	主语	兼语句
20	主语-受损		宾语	主语	兼语句
21	主语-受损		宾语	主语	兼语句
22	主语		宾语	主语	兼语句
23	主语		宾语	主语	兼语/"连……也"句

从表 11-5 可以看出，"让"字致使句在句法上的一些主要类型学特征：

第一，"让"字致使句中的致使者的"致使性不强"。"让"字致使句中做主语的致使者很多都带上了"受益、受损、被迫"的语义特征，尽管"受益、受损、被迫"等语义也包含一种致使，即"致使领有"或者"致使失去"，但是如果过度凸显主语的"受益、受损、被迫"等语义特征，势必会大大消弱主语的致使力，使得其中包含的"致使"无法高度凸显，最终导致很多"让"字致使句成为不典型（致使性不强）的致使句。"受益"蕴含"致使"的情况也体现在世界其他语言中。Tuggy（1988）提出犹他-阿兹特克语系的 Tetelcingo Nahuatl 语中用同一个后缀表达"致使"与"受益"（benefactive applicatives）功能，他认为"致使"与"受益"标记相同是因为"受益"也包含一种致使（a kind of causation），即致使"领有"（the causing of possession）。[①]　因此，《二拍》中，"让"字致使句中的致使者具有"受益、受损、被迫"等语义特征，这尽管消弱了致使句的致使性，但是在底层语义和表层句法上，仍然应该把它们看作是致使句。

第二，"让"字致使句和"让"字兼语句关系密切，后者是前者的基础。同时，致使句也和连动句有密切关系。在我们考察的全部语例中，被使者部分（即致使句中，被使者及其以后的句法部分）均为兼语句，其中还有 5 例是兼语句中嵌套连动句。"兼语、连动、致使"三种结构本身就具有内在的关联。尤其是分析型致使结构，其在句法层面本身就有两个动词，一个是致使标记动词，一个是致使结果动词，形式上很容易形成连动结构。另外，从语言类型学的角度来看，分析型致使有两个小类，一个是连动结构致使，一个是迂回式致使。[②③]可见，连动结构跟致使结构关系密切。

我们知道，连动句的谓语就是两个动词短语（很少用单个动词）连用。两个动词短语互不作成分，而是共同作谓语，但在语义上有动作-目的、方式-目的、原因-结果、先-后关系，等等。其中的动作-目的、方式-目的和原因-结果关系等都是形成致使关系的基础。具备这些关系的连动句很容易转化为致使句。例如：

（1a）由于长期伏案工作，李老师病倒住院了。（因果关系连动句）

（1b）长期伏案工作让李老师病倒住院了。（因果关系致使句）

（2a）他去图书馆看书。（动作-目的关系连动句）

（2b）老师让他去图书馆看书。（动作-目的关系的致使句）

兼语句跟致使句的关系同样密切。我们知道，兼语句的谓语是由动宾短语套接主谓短语构成的，动宾短语的宾语兼作主谓短语的主语。兼语句多有使令意义，句中第一个谓语多由使令动词充当，第二个谓语动词是前边动作所要达到的目的或产生的结果。这些特征决定了一些兼语句本身就是致使句，一些兼

---

①　黄成龙. 类型学视野中的致使结构［J］. 民族语文，2014（5）：3-21.

②　Dixon R M W. Basic linguistic theory，Vol. 3：further grammatical topics［M］. Oxford：Oxford University Press，2012：244.

③　黄成龙. 类型学视野中的致使结构［J］. 民族语文，2014（5）：3-21.

语觉句也很容易变换成致使句。例如：

> （3）老师让他坐前排。（兼语句，致使句）
>
> （4）护士叫他快去请大夫。（兼语句，致使句）
>
> （5a）大家选他当代表。（兼语句）
>
> （5b）大家让他当代表。（兼语句，致使句）

总之，《二拍》中，"让"字致使句的这些句法特征，恰恰反映了连动句、兼语句和致使句之间的内在关系。连动句可以连续叙述一个人的几个动作，兼语句可以连续叙述几个人的几个动作。连动句可以扩展，连动套接兼语；兼语句也可以扩展，兼语套接连动。形成这种局面的基础就是因为连动句、兼语句中都存在着两个动词，而且两个动作行为之间存在动作-目的、方式-目的、原因-结果等语义关系。这种共性的语义关系恰恰又是致使句形成的语义基础。因此，连动、兼语、致使三种结构之间关系密切。

第三，在"让"字致使句的句法结构分析中，我们发现例（6）（7）（8）是处置句（把字句、将字句）。其中例（6）的"将"字句处于被使者部分，例（7）和例（8）的"把"字句均处于致使者部分。致使结构与处置句存在一些关系，二者套合使用，加强了致使力和致使效果。因为处置句的处置力跟致使句的致使力本质上相通，都是原因-结果关系，都是对某种对象施加影响，使其发生某种变化或者呈现某种状态。如果在一个句子中同时使用"致使"和"处置"，那么整个句子的语义语用表现力就特别强。下面我们把处置句从原句中去掉，对比一下语义语用表达效果。以下例句中的（a）例是去掉处置句以后的致使句。

> （6）我怪你让那老物，先将人奚落，故如此说。（致使-处置套合）
>
> （6a）我怪你让那老物，先奚落人，故如此说。（致使句）
>
> （7）若是此时说话的在旁边一把把那将军扯了开来，让他每讲一程话，叙一程阔，岂不是凑趣的事？（致使-处置套合）
>
> （7a）若是此时说话的在旁边一把扯了开那将军来，让他每讲一程话，叙一程阔，岂不是凑趣的事？（致使句）
>
> （8）他每每做了众童的头，自称是官人，把众童呼来喝去，俨然让他居尊的模样。（致使-处置套合）
>
> （8a）他每每做了众童的头，自称是官人，来去呼喝众童，俨然让他居尊的模样。（致使句）

第四，致使结构与被动句也有内在的关系。在分析语料的过程中，我们也发现了一些致使力较弱的弱致使句，但是没有把它们归入致使句，因为这些句子其实更像被动句。例如：

（9）这小哥是我引进来的，到让你得了先头，晚间须与我同榻。

（10）我与你欢乐，只是暂时，他日终须让别人受用。

这些句子表面看来好像是致使，其实深层表达的是一种不情愿的意思，是一种不情愿的遭受义。这正是被动句表遭受义的本质体现。之所以说这些句子还有一点致使义，是因为致使者的某种行为和事件，无意中造成了一种致使者不愿意看见的局面。这种不情愿的遭受义，也导致了这些句子都可以顺畅地变换成典型的被动句。例如：

（9a）这小哥是我引进来的，到（被）你得了先头，晚间须与我同榻。

（10a）我与你欢乐，只是暂时，他日终须（被）别人受用。

总之，《二拍》的"让"字致使句在句法特征上跟兼语句、连动句、处置句、被动句等密切相关。因此，致使范畴是研究语言共性和类型差异最理想的领域。

本节我们采取数据统计的方法对《二拍》中的"让"字致使句进行全面统计，确定了作为研究对象的语例，然后在类型学视角下对全部语例进行分析描写和类型划分，考察明代南方官话的致使句类型学特征。

考察的主要内容包括三个方面：一个是致使结构的形式类型；一个是致使结构的语义机制；一个是致使结构的句法特征。经过比照形式类型的一般特征，我们发现《二拍》"让"字致使结构的形式类型均为分析型致使，不存在词汇型致使和形态型致使。这种特征和汉语属于非形态（形态缺乏）型语言是一致的。同时，在致使结构的完整性上，既存在句法结构完整类分析型致使，也存在句法结构缺省类分析型致使。这种特征和汉语是"意合语法"的总特征相一致。汉语"意合语法"的特性使得句法结构缺省的致使结构的致使义得以呈现。

在致使结构的语义机制呈现上，《二拍》中的"让"字致使结构都是分析（迂回）型致使，主要采用"分析（迂回）"的机制表达，属于致使力（致使义）表达比较弱的间接致使，其被使者都是"指人"的受事者，符合类型学间接致使的主要特征。但同时又有部分语义用法参项不符合致使结构语义机制类型学的一般特征。

在原因-结果关系的驱动下，这一语义关系的句法结构表达会呈现不同的形式，致使句、兼语句、连动句、处置句、被动句等都是其中不同的形式，都可以表达这种"因-果"语义关系。尽管这些不同的句式各有侧重，互相之间也存在一定的差异，但是在"因-果"关系的本质上具有内在的一致性。《二拍》中的致使句和兼语句、连动句、处置句、被动句都是在原因-结果关系的驱动下生成的，具有内在的一致性。这是《二拍》中的致使句和兼语句、连动句、处置句、被动句可以套合使用或者互相不易区分的根本原因，也形成了致使结构的句法总特征。

第 12 章
处置式

　　汉语的处置句式也叫"把"（将）字句。王力（1985：107）先生最早对其基本内涵进行了界定。他指出："大致说来，'把'字所介绍者乃是一种'做'的行为，是一种施行，是一种处置。""凡用助动词将目的语提到叙述词的前面以表示一种处置义，叫做处置式。"① 处置式作为汉语中一种特殊句式，"是汉语语法走向完善的标志之一"②，处置式在句法结构等方面所体现出来的特殊性以及在汉语语法体系中所处的重要地位，使它一直以来都成为汉语语法研究的重点。

　　一般语法著作中提到的"把"字句是指"处置义把字句"，这种句子所表示的整体意义是谓语动词的动作对"把"字介引出的受事施加一定的影响，使其产生了某种结果、发生某种变化或处于某种状态等，所表示的语义带有强烈的处置性。

12.1　《二拍》处置式的主要特征

　　本节从处置式的句法结构、特殊用法、宾语与主要动词的语义关系、语用特征等方面描述《二拍》处置式的主要特征。

---

① 　王力．中国现代语法［M］．北京：商务印书馆，1985．
② 　王力．汉语史稿（重排本）［M］．北京：中华书局，1980：483．

12.1.1 《二拍》肯定性处置式的特征

肯定性处置式是指句中无否定副词、整个句子表达肯定意义的处置式。
例如：

(1) 诗曰：每说婚姻是宿缘，定经月老把绳牵。（初刻·卷五）
(2) 可惜他寺中已将他身尸火化，没了个活证。（二刻·卷十六）

以上处置式在结构上都属于"把/将＋宾语＋光杆动词"类型，例（1）是
单音节动词，例（2）是双音节动词。我们知道，处置式的宾语后面，不能只是
一个光秃秃的动词。处置式动词的非光杆性，是其最主要的特征之一。但在处
置式形成之初，单音节光杆动词作谓语的用法还是比较常见的。在近代汉语中，
这种用法的处置式则大多出现在诗句、戏曲当中，目的就是押韵。据考察，在
"二拍"中，单音节光杆动词作谓语的处置式的确只出现在韵文中。双音节动词
也存在光杆化现象，是处置式初期用法的一种延续性发展，因为双音节动词尤
其是其中的动补型双音节动词，实际上已经具有了非光杆化的语义特征。

再如：

(3) 那边狄氏别了慧澄，再把珠子细看，越看越爱。 （初刻·
卷六）
(4) 两人不伏输，狠将注头乱推，要博转来，一注大似一注。（二
刻·卷八）

上述两例的句法结构是"把/将＋宾语＋状语＋动词"，最大的特征是动词
前出现了表示动作行为的时间、处所、程度、范围、方式、情态、条件等状语。
这是对处置义的细化，有助于信息的精细化表达。

再比如：

(5) 理刑大怒，也不回书，竟把汗巾、薄籍封了送去。（初刻·卷
三十四）
(6) 把两个人拴起了，收在铺里。（二刻·卷二十一）

这两例的句法结构是"把/将＋宾语＋连谓短语"。谓语部分由连谓短语充
当，表示两个相继发生的动作。连动结构中的两个动词共用同一个主语，"把/
将"字的宾语在意念上是每个动词的受事。这是另一种方式的处置义细化和丰
富化，就是把谓语动词的语义进行扩展，以便处置义的表达更细致更丰富。

同样是细化动词谓语的例子还有：

（7）越客就走进屋内，叫仆童把竹床上扫拂一扫拂。（初刻·卷五）

（8）司法把门推推，推不开来；用手敲着两下，里头虽有些声响，却不开出来。（二刻·卷十）

（9）那知观淫荡了一夜，听见鸣啼了两番，恐怕天明，披衣走出，把房门拽了又拽，再拽不开。（初刻·卷十七）

这三例的句法结构是"把/将＋宾语＋VV/V-V/V 了又 V"。这是通过动词的重叠形式来表达处置义的细化和丰富化。动词重叠具有语义和语用上的诸多特征，有助于表义的精细化。

仍然是对处置式中的动词进行操作的例子如：

（10）商客心中原晓得白乐天是白侍郎的号，便把这些去处光景，一一记着。（初刻·卷二十八）

（11）随将状词折了，收在袖中。（二刻·卷五）

（12）州官将银当堂验过，收贮库中，候解院过，同前银一并给领。（二刻·卷二十一）

上述三例的句法结构是"把/将＋宾语＋（状语）＋动词＋动态助词"。"动态"指的是动作或性状在变化过程中的发展状态，主要指处在哪一时点或时段上，它不是事件的发生，而是事件的过去、现在或者将来的状态。动态助词的主要功能就是附着在动词、形容词后，表示动作行为的时间发展状态。王慧（1993）考证指出，动态助词产生于近代汉语阶段。例（10）的动态助词"着"表示动作在进行或结果在持续，因此可以表示动作开始后、终结前的进行情况，也可以表示动作完成后结果的存在状态。例（11）的动态助词"了"表示动作行为的实现，即动作行为已经成为事实。例（12）的动态助词"过"，其作用与动态助词"了"类似，主要表示动作已经完成或实现。

除了对动作行为的动态进行说明以外，还可以对动作的结果进行补充说明。这也是围绕动词进行精细化表达的常用方法。例如：

（13）听了他，把煎药日服两三剂，落得把脾胃烫坏了，全无功效。（二刻·卷二十九）

（14）寺僧受了重贿，无有不依，照旧把棺木漆得光净牢固，并不露一些风声。（初刻·卷九）

（15）陈祈衔了一天怨怼，一步一拜，拜上殿来，将心中之事，是长是短，照依在社神面前时一样，表白了一遍。（二刻·卷十六）

（16）其妻方将囊中蓄积搬将出来，尽数与了女婿，约有十来万贯，皆在王家时瞒了丈夫所藏下之物也。（二刻·卷六）

（17）次日，捕人已将江溶解到捕厅。（二刻·卷十五）

上述五例的句法结构是"把/将＋宾语＋（状语）＋动词＋补语"。例（13）的补语是结果补语，例（14）的补语是由形容词词组充当的状态补语，而且充当状态补语的成分很多。例（15）的补语是动量补语"一遍"。例（16）的补语是趋向补语"出来"。例（17）的补语是处所补语"捕厅"。

处置式中动词的复杂化操作是语义精细化和丰富化表达的重要方式。动词后再带宾语甚至小句，也是一种重要的操作方式。例如：

（18）众人将此话回复了陈秀才。（初刻·卷十五）

（19）差人到了妙观肆中，将官票与妙观看了。（二刻·卷二）

（20）判断已明，将莫大姐发与原夫徐德收领。（二刻·卷三十八）

上述三例的句法结构是"把/将＋宾语＋（状语）＋动词＋宾语＋（动词）"。例（18）中，动词"回复"后的宾语是"陈秀才"。例（19）中，动词"与"后的宾语是"妙观"，宾语之后还有一个动词"看"。例（20）中，动词"发与"后的宾语是同位语短语"原夫徐德"，而且宾语之后还有一个动词"收领"。

12.1.2 《二拍》否定性处置式的特征

否定性处置式是指句中有否定副词、整个句子表达否定意义的处置式。现代汉语的否定性处置式，否定副词通常只能放在"把/将"字短语之前而绝不能出现在它的后面。王力先生（1985：125）在《中国现代语法》中指出"处置式又专为积极的处置而设，所以'把'字后面不能用否定语。"① 而在"二拍"所处的明代汉语时期，处置式中的否定副词的位置却非常灵活，可以在"把"的前后。例如：

（1）言毕大哭，将军好生不忍，把好言安慰他，叫他休把闲事萦心，且自将息。（二刻·卷六）

（2）有个歌儿，单嘲着老人家偷情的事：老人家再不把淫心改变，见了后生家只管歪缠。（二刻·卷十）

上述两例的处置式中，否定副词"休、不"都在"把"之前，其所否定的都是整个"把"字短语及其与动词组成的短语。否定副词在"把"字短语之前表示否定的用法，在"二拍"处置式的否定式中占绝大多数。这表明在"二拍"中，处置式的否定副词的语序已经跟现代汉语非常接近了。

---

① 王力. 中国现代语法 [M]. 北京：商务印书馆，1985.

此外，否定副词也可以在"把将"字宾语与主要动词之间。例如：

（3）难道在此快乐了，把个亲兄都不招揽了。（初刻·卷二）

（4）此时自实特家私有余，把这几两银子也不放在心上，竟自不收文券，如数交与他去，缪千户自去上任了。（二刻·卷二十四）

上述两例中，否定副词"不"所否定的都是句中的主要动词及其连带成分，因此它们可以直接放在"把"字宾语之后、主要动词之前表示否定意义。

否定副词还有一种位置就是在主要动词之后的补语中。例如：

（5）此时文若虚把这些银钱看得不在眼里了，众人却是快活，称谢不尽。（初刻·卷一）

（6）将自家因穷光景尽多抹过，把当时贫交看不在眼里，放不在心上，全无一毫照顾周恤之意，淡淡相看，用不着他一分气力。（二刻·卷四）

上述两例中的否定副词也都是"不"，处于动词之后的补语中，从否定对象来看，与否定副词在"把/将"字宾语之后、主要动词之前的用法相同，它们所否定的也是句中的主要动词及其连带成分。

12.1.3 《二拍》处置式的三种特殊用法

第一种特殊用法是"把"字句和"被"字句的组合使用。例如：

（1）吕使君虽然得了这一手便宜，也被这一干去的人各处把这事播扬开了。（二刻·卷七）

在汉语语法中，"被"字短语和"把"字短语可以同时用在谓语动词之前作状语，高月丽（2007）把这种句式称为"被""把"同现句。它产生于近代而传承至今，是一种很值得注意的语法现象。被把同现时，表处置的"把"字短语通常在"被"字短语之后，因为"把"字后的宾语和主要动词的关系更密切，把字短语要紧靠主要动词，旨在引进动作行为的支配对象等。而居前的表被动的"被"字短语旨在引进动作行为的施事。

第二种特殊用法是"把/将"字与"来"字组合使用。例如：

（2）金生拿书房里去，从头至尾，逐封逐封备审来意，一一回答停当，将稿来与将军看。（二刻·卷六）

（3）家人把胡鸿之言，一一来禀朱景先。（二刻·卷三十二）

（4）亲眷朋友晓得这事的，把来做了笑柄。（二刻·卷十四）

上述例（2）和例（3）两例中，作为助词的"来"字并没有实在意义，对

"把/将"字结构没有产生任何影，只是增加了整个句子的口语化色彩。去掉"来"字后句子的主要意义并没有任何变化。例（4）的把字句是例（2）的省略形式，介词把/将的宾语在句子中被承前省略了，于是"来"字就直接用于"把/将"字与主要动词之间形成了"把来……""将来……"句式。把/将的介词宾语承前省略符合语言的经济原则。

第三种特殊用法是"把/将"字与"个、些"合用。例如：

（5）把个缠袋束在腰里了，骑了驴同大郊到鳌山卫来。（初刻·卷十四）

（6）吴宣教足足取勾了二千数目，分外又把些零碎银两送与众家人，做了东道钱，众人方才住手。（二刻·卷十四）

（7）我叫丫头打从树枝上登墙，将个竹梯挂在墙外来，张郎从梯子上墙。（初刻·卷二十九）

在这种用法中，"把/将"字宾语都是无定的，在这些无定宾语前都有无定标记"个"或"些"。现代汉语中，这种用法很少见。因为处置的对象一定是有定的，处置才能有效果，也符合一般的认知语义和事理逻辑。

12.1.4　《二拍》处置式的语义关系类型

所谓处置式的语义关系是指"把/将"字后的宾语与主要动词之间的语义关系。把握这些语义关系，有助于深入理解处置式的语义功能，因为动词和宾语之间的关系，是句子语义的核心。《二拍》处置式的语义关系类型主要有以下七种。

第一种是动作-对象的关系。例如：

（1）卜良进了庵，便把赵尼姑跪一跪道："你在他家走动，是必在你身上想一个计策，勾他则个。"（初刻·卷六）

（2）汪秀才分付船户，把船慢慢自行。（二刻·卷二十七）

（3）平时杜子中分外相爱，常恨不将男作女，好做夫妻。（二刻·卷十七）

上述三例中，例（1）中动词"跪"的对象是"赵尼姑"，这个对象是动作行为面向的对象，属于动作的方向性对象。例（2）中动词"行"的对象是"船"，使船自行的意思，这个对象是动作"行"的当事对象，属于动作的致使性对象。例（3）中动词"作"的对象是"男、女"，这对象是动作涉及的双方，是把"男"当作"女"，属于动作涉及的比拟性对象。

第二种是动作-受事的关系。例如：

（4）太守教换了公服相见，史生才把疑心放下了好些。（二刻·卷七）

（5）看见他三人走来至近，一齐跳出塘子，慌忙将衣服穿上，望着三人齐声迎偌。（二刻·卷八）

例（4）"把疑心放下了好些"，动词"放下"是及物动词，其受事"疑心"被介词"把"提前加以强调，还原后变为"放下了好些疑心"。例（5）"将衣服穿上"，动词"穿"是及物动词，其受事"衣服"被介词"将"提前加以强调，还原后变为"穿上衣服"。

第三种是动作-工具的关系。例如：

（6）到得那里，将灯照着树边，只见秋千索子挂向墙里边来了。（二刻·卷三十四）

此例"将灯照着树边"，"将"的宾语"灯"是动词"照"的工具，二者的语义关系是动作-工具关系。

第四种是动作-凭借的关系。例如：

（7）唐卿只得看无人处，把好言安慰他，就用他的船，转了到家，见过父母。（初刻·卷三十二）

此例中"把"的宾语"好言"是动作"安慰"的凭借，意思是"拿好言安慰他"。当然，也可以把"好言"当成"安慰"的工具。

第五种是动作-手段的关系。例如：

（8）唐卿恐怕女子真个不觉，被人看见，频频把眼送意，把手指着，要他收取。（初刻·卷三十二）

此例中"把"的宾语"眼"是完成动作"送意"的手段，意思是"用眼送意"。在这类句式中，"把/将"字的宾语是主要动词所表示的动作行为的手段，"把/将"字含有"用、拿"之义。

第六种是动作-处所的关系。例如：

（9）懒龙恐怕人起难脱，急取了那个包，随将老妪要处一拨，扑的跌倒在地，望外便走。（二刻·卷三十九）

（10）又走去拿把厨刀在手，把胸前乱砍，家人又来夺住了。（初刻·卷十四）

袁永锋（2001）指出，在这类句子中，主要动词必须是具有附着类语义特征的及物动词，"把/将"字的宾语必须是受事的附着点，只有这两个两条件同时满足，句子才能成立。例（9）中的"拨"具有附着义，受事"老妪的要

（腰）"的附着点就是处所"要（腰）处"，可以理解为"朝老妪要处一拨"。例（10）中的"砍"也具有附着义，受事"胸"的附着点就是处所"胸前"，可以理解为"在胸前乱砍"。

第七种是动作-身份的关系。例如：

（11）直生初时胆大，与刘鬼相问答之时，竟把生人待他一般，毫不为异。（二刻·卷十三）

（12）安人起身把门掩上，对庵主道："我一向把心腹待你，你不要见外。我和你说句知心话：你方才说我冷静，我想我止隔得三年，尚且心情不奈烦，何况你们终身独守，如何过了？"（初刻·卷三十四）

（13）元来这妇人是李旺的继母，李旺凶狠，不把娘来看待，这妇人巴不得他败露的，不好说得，只做暗号。（二刻·卷二十一）

上述三例中，"把"字的宾语"生人、心腹、娘"以及动作行为的对象"他、你、这妇人（继母）"都是由具有身份意义的指人名词充当的，主要动词为"看待"或"待"等表对待义的动词。例（11）的"把生人待他"就是认为"他"具有"生人"的身份，把他"当作"生人对待。例（12）的"把心腹待你"就是认为"你"具有"心腹"的身份，把你"当作"心腹对待。例（13）的"不把娘来看待"就是认为"这妇人（继母）"不具有"娘"的身份，不把这妇人"当作"娘来看待。

这类用法在《二拍》中的语例非常少，并且只有"把"字式有这种用法，"将"字式无此用法。这正是"把"字和"将"字在词汇意义上的唯一一处细微差别，即"将"字没有"把"字的"当作"义。这种用法在现代汉语中也不存在，类似的意思现代汉语一般表述为：把他当生人（看待），把你当心腹（看待），把她当娘（看待）。

12.2　《初刻》"把"字句的单句体形数据信息

本节所提出的术语"单句体形"中的"单句"，其概念类同于邢福义先生提出的"小句"的定义，是指由短语或单个词构成的、具有特定语调、能独自表达一定意义、不可再分割出分句的句子，包括了主谓句和非主谓句两类。

12.2.1　所用语料情况

《初刻》中带"把"字的句子共有930句。经过对每个句子逐一考察，其中可以作为研究语料的处置式"把字句"共有671句。

第一类要排除的语料是非处置式把字句。下面的语例中尽管含有"把"字，但是不属于处置式把字句，语料分析时予以排除。例如：

（1）交秋早凉，虽不见及时，幸喜天色却晴，有妆晃子弟<u>要买把苏做的扇子</u>，袖中笼着摇摆。

（2）<u>无非打了火把</u>，四下里照得一照，知他在何路上可以救得？

（3）受聘之后，又回却青丝发一缕，小生至今藏在身边，<u>朝夕把玩</u>，就如见我妻子一般。

（4）杨老妈见了银子，如苍蝇见血，有甚么不肯做？欣然领命去了。<u>把卖花为由</u>，竟到罗家，走进惜惜房中来。

例（1）中的"把"是量词，不是介词；例（2）中的"把"也是量词，和"火"一起组成了名词"火把"；例（3）中的"把"是动词，和"玩"一起组成了双音节动词"把玩"。例（4）中的"把"是动词，是"凭借、依靠"的意思。以上四例中的"把"都不是介词，不符合处置式对"把"的词性要求。

第二类要排除的是弱处置式把字句。下面的语例是把字句，但是处置义非常弱，为了考察典型把字句的单句形体特征，相关弱处置式把字句也予以排除。例如：

（5）适才买橘的，都是一样水草纹的，他道是<u>把下等钱买了好东西去了</u>，所以欢喜。

（6）卜良进了庵，<u>便把赵尼姑跪一跪</u>道："你在他家走动，是必在你身上想一个计策，勾他则个。"

（7）有一个考官，另看中了一卷，<u>要把唐卿做第二</u>。

（8）<u>船上人把船后抛了铁锚</u>，将桩橛泥犁上岸去钉停当了，对舱里道："且安心坐一坐，侯风势则个。"

例（5）中的"把"的介词性非常弱，倒是具有较强的动词性，相当于动词"用"。"把"后的宾语"下等钱"是为了完成"买"这个动作行为所使用的工具。例（6）中的"把"字所引出的宾语"赵尼姑"是谓语动词"跪一跪"所朝向的对象，"把"字在这里相当于现代汉语中的"向、对、朝"。这类句子的处置义不明显，处置性不强。例（7）中的"把"字所介引的宾语"唐卿"是谓语动词"做"表示的动作行为的致使对象，"把"相当于现代汉语的"让"，其整体语义更多的是表示一种"遭受义"。例（8）中的"把"字所介引的宾语"船后"是动作行为发生的处所，两者之间构成的是处所-动作的语义关系，"把"在句中相当于现代汉语的"从、朝"。这一类句子，谓语动词对受事的处置义也并不很强烈，多表示一种附着义。

以上八种类型的句子在《初刻》中共有 259 句，在分析过程中均被排除。

而所分析的其他 671 个例句中，"把"字在句中均为介词词性且句子所表示的整体语义具有强处置义，属于典型的处置式把字句。

12.2.2　《初刻》"把"字句的单句体形数据信息

当一个"把"字句处于完全理想的状态下时，所形成的结构应该是：

定语＋施事主语＋状语＋把＋定语＋受事主语＋状语＋动词＋其他成分（补语、宾语等）

但是在一般情况下，这种理想状态的"把"字句是很难出现的。笔者在考察《初刻》的 671 个例句时，大部分句子也是以"缺损"状态的形式存在的。例如：

舟人把船撑入藏风避浪的小港内，钉了桩橛，下了铁锚，缆好了。

这个句子是一个相对来说比较完整的"把"字句，它的施事主语"舟人"、介词"把"、受事主语"船"、谓语动词"撑"这四个主要部分都是存在的，但是对比理想状态下的"把"字句结构，这个句子有的位置是可以填补一些成分的，比如施事主语前的定语、"把"前的状语、受事主语前的定语、动词前的状语。

大部分例句在比照了理想状态下的句式后，都会或多或少在某些成分上有所缺省，而这些缺省的成分以及在大部分例句中没有被缺省的成分，在经过数据分析之后，就会自然地反映出《初刻》中的"把"字句在语言使用上的偏向以及在当时的时代背景下语言选取、运用的某些特征。

为了更好、更深入地对一个句子进行全面探索，本节通过数据来阐释语料当中隐藏的语言问题。我们在分析每一个例句的单句体形时，均从以下十个方面来分析，即："把"前成分的词性、"把"前成分的数量、"把"前是否存在施事、"把"后是否存在受事、动词前有无状语、句意表肯定/否定、动词的复杂程度、动词后有无补语、动词后的补语类型、动词后成分的数量。在经过了系统的分析之后，笔者所得到的相关数据信息如表 12-1 至表 12-6 所示。

12.2.2.1　"把"前成分的词类种数以及词类占比

我们先来看例句以及多例句的分析：

（1）却不把人间向上的心都冷了？

（2）那人抬头把日影看了一看道："我到得，你到不得。"

（3）把滴珠登时捉到公庭。

例（1）中，"把"的前面出现了"却""不"两个词，其词类均属于副词；例（2）中，"把"的前面出现了"那"、"人"、"抬"、"头"四个词，其词类分别属于代词、名词、动词、名词；例（3）中，"把"前没有其他词，词位空缺，可记为无词类。

按照这样的一种统计方式，在 671 个例句当中，"把"前成分的词类种数以及出现次数如表 12-1 所示。

表 12-1　671 例处置式"把"字句中"把"前成分的词类种数以及出现次数

词类	副词	名词	连词	动词	数词	量词	代词	介词	形容词	拟声词	无
次数	309	227	20	98	3	5	61	5	15	4	216
占比	32.1%	23.6%	2.1%	10.2%	0.3%	0.5%	6.3%	0.5%	1.6%	0.4%	22.4%

通过表 12-1 所列举出来的数据，可以很明显地发现，"把"前的成分以副词、名词居多，分别占比 32.1% 和 23.6%，而且"把"字前没有词类的例句占比也比较高，为 22.4%。笔者认为，表格所展现出来的数据信息有很多，但在本节中需要探讨的问题是，为什么在"把"字之前，副词的占比如此之高呢？

根据不同词类的语法功能来看，副词和谓语动词的粘连性更高，所以副词最常见的位置应该是在动词之前，但是在《初刻》的"把"字句当中，副词却更多地位于"把"这个介词之前，副词和谓语动词之间被隔开。笔者认为，这种语言现象的出现可能与"把"字的语法化演变过程有关。

关于"把"字，"把"在《说文解字》当中的释义为："把，握也，从手，巴声"，《广雅》中对"把"的解释为："把，持也"。由此可知，"把"在最开始为实义动词，表"持握"之义，通常以"把＋NP"的结构出现，如：

（4）禹亲把天之瑞令，以征有苗。《墨子·非攻》

（5）欲知把齐国者，则其利之者邪？《晏子春秋·景公登路寝台望国而叹晏子谏》

后经过演变，人们在认识程度上有所加深，"把"字的结构出现了变化，后出现了"把＋NP1＋V＋NP2"的句式结构，虽然在这个时候，仍然将"把"理解为动词，但却是一种连动结构，"把"和"V"所表示的动作也是有时间先后顺序，"把"已经不再是句子当中唯一的动词，其主要动词的地位有所下降，有了可替代性。包括在处置式的来源问题研究当中也可以看到这个现象。关于处置式的来源，目前主要存在四种意见，即连动结构说、以字结构说、多元说和嬗变说，其中笔者更赞同连动结构说。这种说法就认为处置式主要源于连动式，在结构"把＋NP1＋V＋NP2"中，"把"和"V"构成连动结构。如：

（6）其后至汤，举兵代桀，武王把钺讨纣，《论衡·卷十八·齐世篇》

（7）牛头铁叉插，狱卒把刀揿。《王梵志诗集》

经过时间发展，语言在使用中不断演变，"把"由实义动词逐渐虚化，用来引介具体的事物，后到词义更虚化，被用来引介出更为抽象的事物。在这个虚化的过程中，经历了重新分析的过程。例如"沩山把一枝木吹两下"，对于这个句子的分析，可以将"把"字理解为"把持"之义，"一枝木"为"把"的宾语；但同时我们也可以理解为"把"介引了"一枝木"，"吹"为谓语动词，用来表示对受事的处置。经过了"重新分析"的过程后，"把"的意义进一步虚化，最后更多的是作为介词的存在。

笔者认为，即使在明清时期，"把"的虚化已经形成，"把"在这个时期中更多的是作为介词词性出现，但是语言上虚实共存的现象仍然存在，不可完全否定"把"的动词词性的存在，"把"仍然残留有动词义。表格中所呈现出来的"副词在'把'字之前的占比比例高"的数据也在一定程度上说明了这个现象。

另外，"把"字除开前面是副词词类的语例，则是以名词词类居多，这个数据也表明了在"把"字句当中，施事主语一般还是由名词性质的词充当。

表格中所呈现出来的数据都在一定程度上反映了"把"字句这个句式的发展变化和特点。

12.2.2.2　"把"前和谓语动词后的成分数量以及语例占比

我们先来看例句以及对例句的分析：

（1）只见北面左手坐的那一个少年把头上毡笠一掀，

（2）把先前文若虚封记的十桶五匣都发来了。

（3）对儿子们一一把前事说了。

如果看"把"前的成分数量，在例（1）中，"把"前的成分为"只见北面左手坐的那一个少年"，笔者将这些成分分为了"只、见、北面、左手、坐、那、一、个、少年"共九个；例（2）中，"把"前没有成分，所以数量记为零；例（3）中，"把"前的成分为"对儿子们一一"，可以分为"对、儿子们、一一"三个成分组成。

如果看谓语动词后的成分数量，在例（1）中，谓语动词为"掀"，其后并没有其他成分，数量为零；例（2）中，谓语动词是"发"，其后的成分为"来了"，分别为趋向补语"来"、动态助词"了"，谓语动词后有两个成分；在例（3）中，谓语动词是"说"，其后只有一个成分，为动态助词"了"。

按照这样的一种统计分类方式，在 671 个例句当中，"把"前和谓语动词后的成分数量以及占比如表 12-2 和表 12-3 所示。

表 12-2　671 例处置式"把"字句中"把"前（句首）成分数量以及占比

成分数量	0	1	2	3	4	5	6	9
语例数	216	266	117	50	17	2	2	1
占比	32.2%	39.6%	17.4%	7.5%	2.5%	0.3%	0.3%	0.2%

表 12-3　671 例处置式"把"字句中谓语动词后（句尾）成分数量以及占比

成分数量	0	1	2	3	4	连谓＋兼语
语例数	96	376	149	13	3	34
占比	14.3%	56%	22.2%	1.9%	0.4%	5.2%

通过以上两个表格可以得知，在"把"字句中，"把"前的成分数量占比最高的是只有一个成分的，比例为 39.6%，其次是"把"前没有成分的句子，占比为 32.2%；谓语动词后的成分数量也是以一个成分的句子居多，占比为 56%，其次是两个成分的句子数量，占比为 22.2%。

总体来看，不论是"把"字之前还是谓语动词后，都是以一个成分数量的句子居多，前后成分数量总体都偏少。这个结论与笔者在第十八届全国近代汉语学术研讨会上所宣读的文章《从单句体形和句间关系的数据看〈初刻〉被字句的特点》，中的"'被'前和谓语动词后以一个成分数量的句子居多"的研究结论是一致的。可以看出"被"字句和"把"字句之间有诸多相似之处，在有些特点上是共通的。

"把"字句的句式结构一般为"施事主语＋把＋受事主语＋V＋其他"，在这样的结构中，可以看成以"把"和"谓语动词"为分界点，将整个句子分为句首、句中、句尾三部分。笔者在分析每个句子的过程中发现，从"把"字到谓语动词之间的句中部分，其成分数量也很少，比较单一，大多数只有受事主语存在，再加上句首、句尾的成分也很少，以一个成分居多，所以整个句子都是比较简单的。

笔者认为这可能是因为《初刻》是创作于明清时期的小说，当时主要是以市民消遣为目的，为了方便市民进行文章的阅读、理解，作者选取了带有一定的口语色彩的语言，所以语例中大部分的"把"字句结构都比较简短，成分较少。

另外，可以了解到的是，每一个句子所能传递信息的多少与每个句子成分的多少有着直接的关系。比如"馒头"与"好吃的馒头"相比，在成分数量上多了一个定语成分"好吃的"，所传递的信息也相比"馒头"这一个成分有所增多，且听话人对这个"馒头"的印象有了更为具体的感觉。但同时，每一个句子不同部分的成分多少也会直接影响我们对句子的理解，即句子信息分布是否合理也对信息传递有很大的影响。比如我们在读一个很长的句子时往往要多读几遍，甚至需要将整个句子进行缩略或者分割，这是由于所提供的信息过多，而人的短时记忆额度是有上限的。认知心理学认为，5～9 个信息单位是比较合适的记忆信息数量，不宜过多；同时，在信息分布上，如果句子当中的某一部分所承担的信息过多，也会造成头重脚轻或者头轻脚重的效果，那么人们在处理这个句子的信息时就会增加难度，不易理解。

因此，在《初刻》的"把"字句当中，其整体长度都比较短且各个部分的成分分布都很平衡，均以一个成分为主。这是符合人们短时记忆的信息数量的，也符合《初刻》作为一本明清时期小说语言口语化的特点。

12.2.2.3　谓语动词前后状语和补语的存在状态以及语例占比

我们先来看例句以及对例句的分析：

（1）就把这些说话光景，如此如此，这般这般，尽情告诉了乳婆，
（2）我要把你寄在他庄上，
（3）他自恃膂力，要吓这班人，便把砖放了，
（4）连忙把篓里尽数倾出来，止剩五十余颗。

在例（1）中，谓语动词为"告诉"，谓语动词前的多个状语被用逗号分隔开，在分析这种句子时我们仍然将其看成一个小句，其状语成分应该为"如此如此、这般这般、尽情"共三个。例（1）的谓语动词后的词类为动态助词"了"和宾语"乳婆"，没有补语；在例（2）中，谓语动词为"寄"，谓语动词前没有状语，谓语动词后有时地补语"在他庄上"；在例（3）中，谓语动词为"放"，谓语动词前没有状语，谓语动词后只有动态助词"了"，因此整个句子没有状语也没有补语；在例（4）中，谓语动词为"倾"，谓语动词前有状语"尽数"，谓语动词后有补语"出来"，属于状语和补语都存在。

按照这样的统计方式，在 671 个例句当中，谓语动词前的状语和谓语动词后的补语语例占比如表 12-4 所示。

表 12-4　671 例处置式"把"字句中谓语动词前后状语和补语的存在状态以及占比

考察项	动词前状语		动词后补语		前无状语后无补语	前有状语后有补语	两者存其一
	有	无	有	无			
语例数	235	436	355	316	192	111	368
占比	35.2%	64.8%	53.0%	47.0%	28.6%	16.5%	54.9%

通过表格数据显示，谓语动词前没有状语的占比非常高，达 64.8%，而谓语动词后有补语的占比很高，达 53.0%。而且可以看到，状语和补语两者都存在或两者都不存在的比例相比较而言较低，反而是状语和补语两者存其一的占比较高。这些数据表明，在谓语动词前后的这两个位置上，"把"字句更倾向于将相关信息放在谓语动词后，特别是常放在补语的位置。这样一种成分的分布状态其实显示了，在《初刻》的"把"字句中，语义的表达可能常通过谓语动词后的补语成分来实现。

首先，在现代汉语中，"把"字句最重要的特点之一就是动词不能是光杆动词，必须为一个复杂的成分。而表格数据所反映出来的补语成分数量占比以及状语和补语存其一的语例占比都可以很好地印证这一特点，可见在近代汉语中，"把"字句也已经慢慢显露出这个特点。其次，笔者认为，补语其实是对谓语的一种补充说明，那么"把"字句作为表示处置式意义的特殊句式，其动作发生之后一定会产生某种结果或是对谓语动词所形成的动作进行一种描述，在这种语义的背景和要求之下，动词之后也常会带上补语来进行补充说明。

但我们也要看到，在《初刻》的例句当中，动词后没有补语的语例数占比也不低，比例有 47.0%。文章中也出现了前无状语后无补语的语例，其占比也有 28.6%。从这些数据可以看出，依然有部分的"把"字句并不是完全符合现代汉语"把"字句的标准的，可见在《初刻》这个阶段中，"把"字句的谓语动词趋于一种复杂化，会有光杆动词的出现，并不是单一的某种状态。后对 671 例句子的谓语动词分析，可知在这些句子当中，谓语动词的存在形式包括单音节非光杆动词、单音节光杆动词、双音节非光杆动词、双音节光杆动词、VV、V 了两 V、V 了一 V、V 了又 V、V 两 V、V 一 V、连谓短语、兼语短语、成语共十三种形式，可见"把"字句的谓语动词在近代汉语阶段下的复杂程度很高。

12.2.2.4　受事和施事的存在状态以及语例占比

我们先来看例句以及对例句的分析：

（1）把篓拴在马上，笑吟吟地一鞭去了。

（2）此时文若虚把这些银钱看得不在眼里了。

施事和受事是"把"字句中的重要成分，而且每一个"把"字句其实都是存在施事和受事的，但有的也许在"把"字句这个单句中直接表明施事和受事的对象，但同时也有的语例在"把"字句这个单句中没有明确表示出来，也就是表格中所谓的"出句"。但即使是出句，其实我们仍然可以从上下文的语义联系和逻辑思维中找到施事和受事的指向所在。

在例（1）中，"把"前没有施事主语，在"把"字句这个单句中施事主语是出句了，但是从整个上下文来看，是一定存在一个人来完成"拴"这个动作的。这里联系上下文可知，施事就是上文中所提到的购买文若虚东西的人，他完成了"拴"这个动作行为。同时在例（1）当中，"拴"的对象，也就是受事"篓"是没有出句的。整个句子，施事出句，受事不出句。在例（2）中，"把"前存在施事主语"文若虚"，他是"看"的施事，同时"看"的对象，也就是受事"这些银钱"也存在，施事和受事同时不出句。

按照这样的统计方式，在 671 个例句当中，受事和施事的存在状态以及数量占比如表 12-5 所示。

表 12-5　671 例处置式 "把" 字句中受事和施事的存在状态以及占比

考察项	施事		受事		施事＋受事		
	不出句	出句	不出句	出句	同时不出句	同时出句	两者存其一
语例数	182	489	671	0	182	0	489
占比	27.1％	72.9％	100％	0	27.1％	0	72.9％

根据表格所展现出来的数据，施事出句率非常高，达到了 72.9％，而反观受事，在 671 例句子当中所有受事都是存在的。这个数据的展示也体现了"把"字句作为表处置语义的特殊句式的特点。

"把"字句之所以被理解为"处置式"，是因为这个句式中的动词所承担的动作对受事进行了"处置"，在受事上施加了某种动作使其位置或状态发生了改变。那么"把"字句这个句子的整体语义就表明了，如果有动作发生，那么句子当中必须要有动作的承担者。如果受事出句，并不存在于句中，那么谓语动词所表示的动作就没有可以施加的对象，则动作就无法完成，这种情况下，"把"字句的处置式语义也无法达成，整个"把"字句可能就无法成立。所以表格中所反映的"受事全部存在"正是印证了这样的一个特点。

另外笔者也发现，相对于受事而言，"把"字句的施事主语的出句率非常高，也就是说在"把"字句这个小句中没有施事存在的句子有很多。这是因为这个施事可能在上文中出现过，因此在"把"字句中不需要重复提及读者就可以知晓动作的实施者，并不影响对句子的整体理解。这表明《初刻》中的"把"字句与前后文的粘连性很强，联系得很紧密，所以在大量的施事主语出句的情况下，我们也可以通过上下文之间的联系来判断出施事主语以及施事和受事之间的关系。

12.2.2.5　肯定式和否定式 "把" 字句的语例数以及语例占比

我们先来看例句以及对例句的分析：

（1）不数年，把个家事干圆洁净了，连妻子也不曾娶得。

（2）只是你久后相处，不可把真情与他说，

（3）今日个显报无私，怎倒把阎君埋怨？

（4）把眼前事分毫算不得准的哩。

（5）此时文若虚把这些银钱看得不在眼里了。

关于句子是肯定式还是否定式，这是对句子语义的判断。通过这样的分类可以了解"把"字句在语义表达上的倾向。

在判断这 671 个例句时，表达肯定的句子比较好判断，例（1）为表达肯定义的句子。

若现代汉语中的"把"字句需要表达否定的意义，则是要将否定词放置于介词"把"前，也就是如例（2），否定词"不"置于介词之前，这是从形式和意义上都表示否定意义。但是，在例（3）中，句子是用了反问的方式来表达否定，从形式上看没有否定词，但实际所要表达的语义是"不应该埋怨阎君"。从否定句的判断来看，这是属于意义上的满足，但形式上有所缺失。在例（4）中，在形式上是有否定词的存在的，但是这个否定词"不"所存在的位置为介词之后，是属于句子补语中的一部分。在语义的表达上，这个否定词否定的对象应该是"算得准"，是对补语的否定而不是对全句的否定，对于整个句子而言，在整个语义的表达上不应该属于否定式，这样的句子应该是属于语义上的缺失。另外在例（5）中，形式上否定词"不"也是存在的，而且也是将其放置于介词之后，是属于补语的位置，在形式上和例（4）相似。但是和例（4）不同的是，例（5）整个句义都是在表达否定，其实如果我们变化句子成分的位置，就可以理解成"此时文若虚不把这些银钱看得在眼里了"。这样调整，句子意义不变，否定词"不"是对全句的否定。判断句子为否定式一般是要求形式和意义上都要统一，但笔者在判断这 671 个例句时，选择了语义上表达为否定的均属于否定式"把"字句。

按照这样的统计方式，在 671 个例句当中，肯定式和否定式语例数及占比如表 12-6 所示。

表 12-6　671 例处置式"把"字句中肯定式和否定式语例数以及占比

类别	肯定式"把"字句	否定式"把"字句
语例数	655	16
占比	97.6％	2.4％

根据表格的数据，表达肯定义的"把"字句占据绝大多数，其比例高达 97.6％，而其在语义上表达否定的句子只占比了 2.4％。

笔者认为这种现象仍然与"把"字句主要表示的是"处置义"有关。在句

子当中，谓语动词所表示的动作作用于受事并使受事产生了某种影响，动作完成之后则会产生某种结果或状态，那么这个处置语义的完成就需要用肯定式来将相关信息展现出来；如果使用的是否定式的"把"字句，那么这可能意味着动作并没有成功施加于受事，动作行为还没有最终完成，无法发生作用，那么"把"字句所要传达的处置义则无法实现。所以表格中肯定式"把"字句占比较多可以印证这一观点。

12.3 《初刻》"把"字句的句间关系数据信息

12.3.1 所用语料情况与句间关系抽取方法

本节所提出的句间关系是指超越了单句之间的句间结构关系。一般来说，句间关系包括了并列关系、顺承关系、解说关系、选择关系、递进关系、条件关系、假设关系、因果关系、目的关系、转折关系等。

句间关系可以理解为目标单句与其前后紧密相连的单句之间的语义关系。如以下所示的句子。

（1）所以好事的，类集他做《剑侠传》。又有专把女子类成一书，做《侠女传》。

（2）又何须终日去乱走胡行，反把个贴肉的人儿，送别人还债？

（3）程朝奉道："好夫若是情愿把甥女与他，再也休题。"

（4）立在旁边呆看，插一问道："娘子何家宅眷？因何到此？"滴珠把上项事，是长是短，说了一遍。

（5）那人连竹篓都要了，又丢了一个钱，把篓拴在马上，笑吟吟地一鞭去了。

（6）等我对他说成了，他把你象珍宝一般看待，十分爱惜。

（7）今陛下见问，莫若把齿发尽去了还好。

（8）滴珠父母误听媒人之言，道他是好人家，把一块心头的肉嫁了过来。

（9）此时文若虚把这些银钱看得不在眼里了。众人却是快活，称谢不尽。

通过整理分析，在671个例句中存在有9种句间关系，在这其中有比较明显的表示关系的关联词，但是大部分句子也需要依托上下文的逻辑语义理解来确定句间关系。

如例（1）所表达的意思是，做了一本《剑侠传》，同时又收集"女子的故事"做了一本《侠女传》，这两者是处在平行并列关系的，动作行为同时发生，所以句间关系是属于并列关系。例（2）属于衬托递进，根据所在句子的上下文来看，意思是铁生不在家好好着自己的妻子，反而到处行走，让别的男人有了可乘之机。这个意思就是表达反方向的递进，属于递进关系。例（3）中有一个表示假设义的关联词"若"，是要以"甥女与他"为假设前提，属于假设关系。在例（4）中，"把"字句之前是连续的两个问句，而"把"字句这个单句虽然并不属于直接的言语对话，但仍然是对上文所提问题的解释，所以笔者将这一类的句子认定为解说关系。例（5）的关系很明显，可以看出动作的先后顺序，是先"要"，再"丢"，然后"拴"，最后"去了"，这是一个非常连贯的动作流程，在句间关系上属于顺承关系。例（6）根据语境可以得出，"他把你象珍宝一般看待"的条件前提是"我对他说成"，后句的完成实现是要以前一句为条件，所以它们的句间关系是条件关系。例（7）有直接表达关系的词语"莫若"，意义为"还不如"，属于先舍后取，是说与其选择前者（在文章中是指在玄宗面前丢脸），那还不如选择后者（文中指将齿发全部舍去），表达的是一种已定的选择关系。例（8）根据语义是指滴珠父母因为误听了媒人的言论，以为是好人家，所以才把自己的女儿配给他们，可以看出前后句之间是因果关系。例（9）也有明显的关联词"却"，从文章的语义来判断，可以看出这是一种现象的对比，是指文若虚不把银钱看在眼里，但是与之对比的是众人和他相反的表现和态度，这是属于转折关系。

12.3.2　《初刻》"把"字句的句间关系数据信息

根据上述判断方法，在 671 个例句当中，"把"字句的句间关系以及占比如表 12-7 所示。

表 12-7　671 例处置式"把"字句中的句间关系以及占比

句间关系	并列	递进	假设	解说	顺承	条件	选择	因果	转折
语例数	13	8	15	47	383	11	3	151	40
占比	1.9%	1.2%	2.2%	7%	57.1%	1.7%	0.4%	22.5%	6%

根据表格中的数据可以看出，表示顺承关系的句子在数量上占有明显优势，其次是表示因果关系的句子，表示其他句间关系的句子数量差别不大。那么在这里要探讨的是，为什么"把"字句的句间关系以顺承关系、因果关系居多呢？

笔者认为，顺承关系是指按照逻辑顺序依次列出连续的动作或相关的情况，动作或事情之间有先后顺序，不可颠倒。我们所处的客观世界和社会中会存在一种连锁反应，一个事情的发生往往会对后续产生影响，并接连产生反应，就像我们常提及的"蝴蝶效应"正是对这一现实状况的体现。而语言是对客观世界的表达，语言现象往往能将客观世界中存在的规律表现出来。在"把"字句中，它所表示的处置义是谓语动词对受事施加了某种行为并使受事发生了一些改变，从而产生了某种结果，而这个动作和结果的产生则会继续发生作用，带来另外一个动作和结果。动作和结果的连续发生就会使前后句之间形成顺承关系，所以表顺承关系的数据很高，这是符合"把"字句的句式结构的。

同时笔者也发现，除了顺承关系比例高之外，表示因果关系的语例数也是非常多。同样在现实社会中，如果一个结果产生，那么一定会有一个原因在前面起了作用，所以才会产生了这个结果；同理，一个原因产生之后则一定会出现由这个原因所导致的结果。那么在一个完整的"把"字句中，大部分是会存在已知晓的施事、受事、谓语动词以及动作所产生的结果，那么这个结果的产生一定会是由某种原因造成，这个原因就会在目标句的上下文中出现。这是出于整个句子语义表达的需要，也是客观社会逻辑发展的要求，所以在《初刻》中，"把"字句表示因果关系的语例数占比也是非常之高的。

12.4 《初刻》"把"字句的单句体形特征与句间关系特征

句子构造的完成以及语义的传达会受到各方面的制约。由于不同的条件、出于不同的表达目的，句子在长短的选择、成分的分配、语义的表达等各个方面都有所不同。而句子的这些体形信息是可以反映出当时社会的语言使用特点和作者本身的语言使用倾向。由此，本节选择从单句体形和句间关系入手，尝试用准确的数据对《初刻》中的"把"字句做一个分析。

经过整理分析得出的数据信息以及与信息相对应反映出来的"把"字句特点主要有：

（1）"把"前成分的词类主要有十种，其中副词词类占比最高。按照正常的搭配，副词更多的是放置在谓语动词之前，但数据反映的是副词在介词"把"前的占比很高。笔者认为这种语言现象可能与"把"字的语法化演变过程有关。在《初刻》所使用的语言的这个阶段中，"把"字的动词词性仍然存在，"把"字在语言使用上存在着虚实共存的情况，所以"把"字之前副词占比高。

（2）"把"前的成分数量（句首）和谓语动词后的成分数量（句尾）都以一个成分居多，其次比例比较高的是没有成分或是两个成分的居多。根据显示的数据看，总体来讲句首和句尾的成分数量都较少，包括笔者还发现句中（从"把"到谓语动词之间）的成分也不多，这反映出了《初刻》的"把"字句均以

简短、精炼为主。笔者认为这与《初刻》的阅读对象主要是市民，所以以方便
阅读为目的有关。而且这样一种成分数量的选择也可能与认知心理学上所说的
"短时记忆一般只能储备 5～9 个信息单位"有联系，若是成分过多或成分分配
不均匀，可能会得不到有效的记忆，不利于对句子信息的掌握。

　　(3) 谓语动词前没有状语的语例数较多，谓语动词后有补语的语例数很多。
这个数据表明，《初刻》的"把"字句更倾向于将相关信息放于谓语动词之后补
语的位置。笔者认为在《初刻》中已经慢慢显露出现代汉语"把"字句的特点，
即"把"字句的谓语动词不能是光杆动词，且若要使"把"字句的处置义完成，
则需要在谓语动词后对其施加的动作结果有一定的描述，所以谓语动词后会有
补语对动作进行补充，形成有补语的语例数更多的情况。当然，我们也要指出，
在这个阶段中，语言使用趋于复杂，《初刻》中光杆动词也是存在的，谓语动词
的形式是非常复杂的，语例当中既没有状语也没有补语的数量占比也不小。

　　(4)"把"字句中施事主语出句的比例很高，受事在所有"把"字句例句中
都是存在的。这个数据与"把"字句所表示的语义有关。"把"字句表示的是处
置义，是指句子当中的谓语动词施加于受事，使其产生了某种变化或影响。如
果句子当中不存在受事，则动词无法发生作用，"把"字句的语义无法完成，所
以受事必须都存在；而施事主语的出句率高则表明了"把"字句与前后句的粘
连性较强，在施事主语不存在的条件下，读者可以凭借上下文推断出句子的施
事主语，不影响对句子整体的阅读和理解。

　　(5)《初刻》中的"把"字句表达肯定义的语例居多。笔者认为这仍然与
"把"字句所表达的是处置义有关。若谓语动词所施加于受事的动作已经完成，
则需要用肯定式来对这个动作以及由这个动作所造成的结果加以肯定；若用否
定式，则可能表示的是动作的未完成，处置义无法实现。

　　(6)《初刻》处置式"把"字句的句间关系数据显示是以顺承关系与因果关
系的语例数居多。笔者认为这个数据是比较符合客观世界的逻辑顺序的。由于
"把"字句表达的是处置性语义，所以谓语动词所表示的动作在发生作用之后会
出现一个结果，而这个结果则会继续向后发生作用，产生一种"连锁反应"，出
现另一个动作和结果，那么不同的动作和结果之间就会形成时间上的先后，产
生顺承关系。而因果关系的出现也是和"把"字句的处置性有关。"把"字句的
谓语动词施加于受事，使其产生某种结果或状态，而在这个结果产生之前，一
定会存在一个原因导致这个结果的发生，所以在上下文中就有可能会出现表示
原因的单句与"把"字句之间形成因果关系，这个逻辑条理也是符合我们的客
观社会发展和语言表达的。

　　总而言之，本节通过列举直观详细的数据来帮助更为清晰地了解《初刻》
中的"把"字句是如何在单句体形之中传递语言信息的，也可以通过上下文知

晓"把"字句与前后句之间的句间关系情况。同时我们还可以进一步地认识到"把"字句在这个语言阶段下的特点，以及《初刻》所蕴含的丰富的语料价值。这些数据信息同样也可以作为佐证资料来辅助研究明末时期社会语言的使用特点，更为深入地了解汉语的历时发展演变过程，深刻理解语言当中所蕴藏的丰富的语言现象。

参考文献

[1] 北京大学中文系 1955、1957 级语言班. 现代汉语虚词例释 [Z]. 北京：商务印书馆，1982.

[2] 曹广顺. 近代汉语助词研究 [M]. 北京：语文出版社，1995.

[3] 曹炜.《水浒传》虚词计量研究 [M]. 广州：暨南大学出版社，2009.

[4] 陈昌来. 汉语常用双音词词汇化和语法化研究 [M]. 上海：学林出版社，2017.

[5] 崔维真，齐沪扬. 差比句肯定否定形式不对称现象考察 [J]. 汉语学习，2014（6）.

[6] 丁声树，等. 现代汉语语法讲话 [M]. 北京：商务印书馆，1961.

[7] 段业辉.《世说新语》疑问句分析 [J]. 南京师大学报，1998（3）.

[8] 董秀芳. 汉语词汇化和语法化的现象与规律 [M]. 上海：学林出版社，2017.

[9] 冯春田. 近代汉语语法研究 [M]. 济南：山东教育出版社，2000.

[10] 傅惠钧. 明清汉语疑问句研究 [M]. 北京：商务印书馆，2011.

[11] 郭锡良. 先秦语气词新探（二）[J]. 古汉语研究，1989（1）.

[12] 管燮初. 西周金文语法研究 [M]，商务印书馆，1981.

[13] 胡建华，杨萌萌. "致使-被动"结构的句法 [J]. 当代语言学，2015，17（4）.

[14] 黄伯荣，廖序东. 现代汉语（增订六版）[M]. 北京：高等教育出版社，2017.

[15] 黄晓惠. 现代汉语差比格式的来源及演变 [J]. 中国语文，1992（3）.

[16] 黄成龙. 类型学视野中的致使结构 [J]. 民族语文，2014（5）.

[17] 蒋绍愚. 近代汉语研究概况 [M]. 北京大学出版社，1994.

[18] 蒋绍愚，曹广顺．近代汉语语法史研究综述［M］．北京：商务印书馆，2005．

[19] 江蓝生．被动关系词"吃"的来源初探［J］．中国语文，1989（5）．

[20] 江蓝生．疑问副词"可"探源［J］．古汉语研究，1990（3）．

[21] 江蓝生．近代汉语研究新论［M］．北京：商务印书馆，2008．

[22] 黎锦熙．新著国语文法［M］．长沙：湖南教育出版社，2007．

[23] 凌濛初．初刻拍案惊奇［M］．北京：中华书局，2009．

[24] 凌濛初．二刻拍案惊奇［M］．北京：中华书局，2009．

[25] 阚绪良．《五灯会元》里的"是"字选择问句［J］．语言研究，1995（2）．

[26] 阚哲华．汉语位移事件词汇化的语言类型探究［J］．当代语言学，2010（2）：126-135．

[27] 柯理思．汉语方言里连接趋向成分的形式［J］．中国语文研究，2002（1）：26-44．

[28] 李宁．"二拍"语气副词研究［D］．杭州：浙江财经大学，2014．

[29] 李利坤．"二拍"称谓语研究［D］．保定：河北大学，2010．

[30] 李崇兴．选择问记号"还是"的来历［J］．语言研究，1990（2）．

[31] 李思明．正反选择问句中否定词发展初探［J］．安庆师范学院学报，1984（1）．

[32] 李讷，石毓智．汉语比较句嬗变的动因［J］．世界汉语教学，1998（3）．

[33] 李蓝．现代汉语方言差比句的语序类型［J］．方言，2003（3）．

[34] 李大忠．"A不像B＋后续分句"歧义现象分析［J］．第四届国际汉语教学讨论会论文选，1993．

[35] 李福印．宏事件研究中的两大系统性误区［J］．中国外语，2013（2）：25-33．

[36] 李临定．现代汉语句型［M］．北京：商务印书馆，1986．

[37] 李临定．究竟哪个"补"哪个？——"动补"格关系再议［J］．汉语学习，1984（2）：1-10．

[38] 李静波．致使结构［N］．语文文字周报，2018-03-07（4）．

[39] 李宗江．语法化与汉语实词虚化［M］．上海：学林出版社，2017．

[40] 刘丹青．汉语差比句和话题结构的同构性：显赫范畴的扩张力一例［J］．语言研究，2012（4）．

[41] 刘丹青．汉语给予类双及物结构的类型学考察［J］．中国语文，2001

(5).

［42］刘丹青．差比句的调查框架与研究思路［C］//戴庆厦主编．中国民族语言文学论集 4·语言专集．北京：民族出版社，2004.

［43］刘丹青．语序类型学与介词理论［M］．北京：商务印书馆，2003.

［44］刘丹青．粤语句法的类型学特点［J］．亚太语文教育学报，2000（2）.

［45］刘月华．趋向补语通释［M］．北京：北京语言大学出版社，1998.

［46］刘焱．现代汉语比较范畴的语义认知基础［M］．上海：学林出版社，2004.

［47］刘坚，江蓝生，白维国，曹广顺．近代汉语虚词研究［M］．北京：语文出版社，1992.

［48］刘子瑜．《朱子语类》述补结构研究［M］．北京：商务印书馆，2008.

［49］吕叔湘．现代汉语八百词［M］．北京：商务印书馆，1980.

［50］吕叔湘．中国文法要略［M］．北京：商务印书馆，1982.

［51］吕叔湘．汉语语法分析问题［M］．北京：商务印书馆，1979.

［52］吕叔湘（著），江蓝生（补）．近代汉语指代词［M］．上海：学林出版社，1985.

［53］罗杏焕．英汉移动事件词汇化模式的类型学研究［J］．外语教学，2008（3）：29-33.

［54］马贝加．近代汉语介词［M］．北京：中华书局，2002.

［55］马建忠．马氏文通［M］．北京：商务印书馆，2004.

［56］马希文．与动结式动词有关的句式［J］．中国语文，1987（6）.

［57］梅祖麟．梅祖麟语言学论文集［C］．北京：商务印书馆，2000.

［58］任鹰．主宾可换位动结式述语结构分析［J］．中国语文，2001（4）：320-328，384.

［59］沈家煊．现代汉语"动补结构"的类型学考察［J］．世界汉语教学，2003（3）：17-23，2.

［60］沈祥源．古代汉语［M］．武汉：武汉大学出版社，1998.

［61］史佩信，杨玉玲，韩永利．试论比字句的形成及其与先秦两汉有关句式的渊源关系——兼论"词汇兴替"［J］．中国语文，2006（2）.

［62］史佩信．比字句溯源［J］．中国语文，1993（6）.

［63］史文磊．汉语移动事件词化类型研究综观［J］．当代语言学，2012（1）：49-65，110.

［64］宋文辉．再论现代汉语动结式的句法核心［J］．现代外语，2004（2）：163-172，218.

[65] 孙锡信. 近代汉语语气词：汉语语气词的历史考察 [M]. 北京：语文出版社，1999.

[66] 邵敬敏. "比"字句替换规律刍议 [J]. 中国语文，1990 (6).

[67] 谭轶操. 现代汉语疑问句语用研究 [D]. 延吉：延边大学，2007.

[68] 王力. 中国现代语法 [M]. 北京：商务印书馆，1985/1943.

[69] 王力. 汉语史稿（重排本）[M]. 北京：中华书局，1980.

[70] 吴福祥. 汉语伴随介词语法化历史考察 [J]. 中国语文，2003 (1).

[71] 徐春山，梁君英. 依存距离最小化是人类语言的普遍规律吗？[J]. 浙江大学学报（人文社会科学版），2015，45 (6).

[72] 徐春山. 连词"而"的隐现规律研究 [J]. 山西大学学报（哲学社会科学版）.2015，38 (2).

[73] 徐静茜. "三言二拍"中的"在""向""从""去"[J]. 湖州师专学报，1988 (3).

[74] 向熹. 简明汉语史 [M]. 北京：高等教育出版社，1993.

[75] 邢福义. 小句中枢说 [J]. 中国语文，1995 (6).

[76] 杨伯峻，何乐士. 古汉语语法及其发展 [M]. 北京：语文出版社，2001.

[77] 杨荣祥. 近代汉语副词研究 [M]. 北京：商务印书馆，2005.

[78] 俞光中，植田均. 近代汉语语法研究 [M]. 上海：学林出版社，1999.

[79] 袁永锋. 非"宾语前置"把字句的句法、语义、语用分析 [J]. 北华大学学报（社会科学版），2001 (2).

[80] 袁毓林. 汉语句子的文意不足和结构省略 [J]. 汉语学习，2002 (3).

[81] 袁毓林. 论元角色的层级关系和语义特征 [J]. 世界汉语教学，2002 (3).

[82] 袁毓林. 汉语语法研究的认知视野 [M]. 北京：商务印书馆，2004.

[83] 张斌. 新编现代汉语 [M]. 上海：复旦大学出版社，2002.

[84] 张新武. 敦煌变文中的被动句式 [J]. 新疆大学学报，1987 (4).

[85] 张美兰.《祖堂集》语法研究 [M]. 北京：商务印书馆，2003.

[86] 朱德熙. 语法讲义 [M]. 北京：商务印书馆，1982.

[87] 朱德熙. 汉语方言里的两种反复问句 [J]. 中国语文，1985 (1).

[88] 钟书能，黄瑞芳. 汉语动补结构类型学的认知研究 [J]. 外国语，2016，39 (3).

[89] 香坂顺一. 水浒词汇研究（虚词部分）[M]. 植田均，译. 北京：文

津出版社，1992.

［90］陆丙甫，陆致极．某些主要跟语序有关的语法普遍现象［J］．国外语言学，1984（2）．

［91］Dryer Matthew. The Greenbergian word order correlations［J］. Language. 1992,68(1):43-80.

［92］Simon C Dik. The theory of functional grammar. Part I：the structure of the clause（second，revised edition，edited by K Hengeveld）［J］. Postepy Biochemii，1997，32(1-2):203-223.

［93］Comrie Bernard. Language universals and linguistic typology：syntax and morphology［M］. Oxford：Basil Blackwell Publisher Limited,1989.

［94］Song, Jae Jung. Causatives and causation：a universal-typological perspective［M］. London，New York：Longman,1996.

［95］Payne,Thomas E. Describing morphosyntax：a guide for field linguists ［M］. Cambridge：Cambridge University Press,1997.

［96］Whaley Lindsay J. Introduction to Typology：The unity and diversity of language［M］. California：SAGE Publications,1997.

［97］Jackson T-S Sun. Morphological causative formation in Shangzhai Horpa［C］// 何大安.中国语言学集刊:第2卷第1期．北京:中华书局,2007.

［98］Dixon R M W. Basic Linguistic Theory，Vol. 3：Further Grammatical Topics［M］. Oxford：Oxford University Press,2012.

［99］Dixon R M W. A Typology of Causatives：Form，Syntax and Meaning［C］// Dixon R M W，Aikhenvald. Changing Valency. Cambridge：Cambridge University Press,2000.

［100］Tuggy，David. Nahuatl causative/applicatives in cognitive grammar ［C］//Brygida Rudzka-Ostyn. Topics in Cognitive Linguistics. Amsterdam：John Benjamins,1988.

［101］Talmy L. Lexicalization patterns：Semantic structure in lexical forms ［C］// Shopen T. Language Typology and Syntactic Description，Vol. 3：Grammatical Categories and the Lexicon. Cambridge：Cambridge University Press,1985：57-149.

［102］Talmy L. Path to realization：A typology of event conflation［C］// Proceedings of the 17th Annual Meeting of the Berkeley Linguistics Society. Berkeley：University of California,1991:480-519.

［103］Talmy L. Toward a cognitive semantics(I & II)［M］. Cambridge：The MIT Press,2000.

［104］Matsumoto，Y. Typologies of lexicalization patterns and event integration：Clarifications and reformulations［C］// Chiba，S. et al. Empirical and Theoretical Investigations into Language：A Festschrift for Masaru Kajita. Tokyo：Kaitakusha，2003：403-418.

［105］Peyraube，A. Motion events in Chinese：A diachronic study of directional complements［C］// Hickmann M，Robert S. Space in Languages：Linguistic Systems and Cognitive Categories. Amsterdam：John Benjamins，2006：121-138.

［106］Tai，James H-Y（戴浩一）. Cognitive relativism：Resultative construction in Chinese［J］. Language and Linguistics，2003(4)：301-316.

［107］Slobin D. The many ways to search for a frog：Linguistic typology and the expression of motion events［C］//Stromqvist S，Verhoeven L. Relating Events in Narrative：Vol. 2. Typological and Contextual Perspectives. Mahwah，NJ：Lawrence Erlbaum Associates，2004：219-257.

［108］Chen L(陈亮). The acquisition and use of motion event expressions in Chinese［D］. Lafayette：University of Louisiana，2005.

［109］Chen，L（陈亮），J Guo（郭建生）. Motion events in Chinese novels：Evidence for an equipollently-framed language［J］. Journal of Pragmatics，2009，41(9)：1749 -1766.

［110］Croft，Barodal，Hollman，Sotirova，Taoka. Revising Talmy's typological classification of complex event constructions［C］// Boas H C. Contrastive Studies in Construction Grammar. Amsterdam：John Benjamins，2010：201-236.

［111］Miller，G. The magical number seven plus or minus two：some limits on our capacity for processing information［J］. Psychological Review，1956(63)：81-97.

［112］Cowan N. The magical number 4 in short-term memory：A reconsideration of mental storage capacity［J］. Behavioral and Brain Sciences，2001(24)：87-185.

后记

　　明代（1368—1644 年）刊行的拟话本通俗小说众多，具有独特的语言景观。其中的代表作品就是凌濛初编著的《初刻拍案惊奇》和《二刻拍案惊奇》。短篇小说集《初刻拍案惊奇》一共 40 卷，完稿于明天启七年（1627 年），和后来的《二刻拍案惊奇》合称《二拍》。因其语言通俗简练、形象生动，内容丰富多样、引人入胜，情节曲折起伏、扑朔迷离，人物刻划细微、栩栩如生，历来评价甚高，是中国古代短篇小说的宝库之一，具有重要的历史地位。

　　尽管《二拍》是拟宋代"话本"形式创作的可供阅读的书面语著作，但却明显具有"话本"的口语体底色，以市民为主要读者对象，语近俗俚，比较接近当时社会通行的口语，具有重要的语料和语言研究价值。它采用了白话和俚语的语言描写手法，这接近于明代末年人们的口头语，是研究明代末年人们语言面貌的重要语料库。

　　《二拍》的作者凌濛初是浙江乌程人，即今浙江湖州吴兴织里镇人。考虑到凌濛初是南方（长江以南）人，同时也为了称说方便，就使用一个具有地理语言学概念的"南方官话"来定性指称这些语料。《二拍》可以看作是明代南方官话的代表语料。

　　关于"南方官话"的概念内涵，学界的定义比较模糊，也有一些争议。一般认为，有明一代至清末的汉语官话分南北两支。南方官话是指曾经作为中国官方标准语的南京官话，跟以北京官话为基础的北方官话相对应。北方官话主要包括通行于北方地区的华北官话、西北官话、东北官话等，在这个意义上，南方官话就大致等同于江淮官话，它以江淮官话为基础方言，以南京官话为标准，长期处于主导地位，通行范围同样广泛。正确认识南方官话如何形成及其在汉语史上的地位，点面结合深度描写南方官话的语法特征，是准确认识近代汉语史的关键。

深度描写《二拍》的语法现象，可以窥见明代南方官话语法的基本面貌。本书在前人研究的基础上，坚持数据人文的理念，以定量统计的数据为依据，深度描写《二拍》尤其是《初刻拍案惊奇》中的语法现象和语法要素，包括代词、数量词、介词、连词、助词，以及动补结构、双宾语结构、被动结构、疑问句、"比"字比较句、致使结构、处置式等。本书立足于汉语文本的语言事实，对《二拍》的语法要素和语法现象进行描写，以真实语料为依归，有一分语料，说一分话，一般不涉及历时的溯源探索，只与现代汉语的相关问题进行比较。在方法和理念上，本书主要运用类型学的理念和视角进行共时的事实描写，点面结合，既对《二拍》中的语法要素和语法现象进行面上的描写，又对相关语法点进行专题阐释，尽力描写出明代南方官话语法的基本面貌。

本书在对《二拍》的语法现象和语法事实进行考察时，利用语言类型学理论的思路和视角，立足于事实描写，不做过多的类型学解释。主要有两点考虑，一是因为我们利用类型学来解释汉语事实的力度不够，二是因为类型学的解释和认知解释也只是一家之言，即使勉强解释了别人也不一定接受、认可。相反，本书立足于语言事实的描写并做适当的、有把握的解释应该更为适合。另外，由于明代南方官话的语料比较多，在语料的取舍上，本书坚持少而精的原则，以最为可信的《二拍》为明代南方官话的代表性语料，实事求是，凭语料说话，有一分语料，说一分话，立足于汉语事实，全面、深度描写《二拍》的语法现象和语法事实。这在新描写主义看来，全面的深度描写就是解释。同时，为了更为集中地说明明代南方官话的语法特征，我们集中精力，只做共时的考量，很多时候也只与现代汉语进行了比较分析，没有涉及历时的考察。在做共时的考察时，描写也尽量要小、要细、要扎实、要立足事实。总之，我们本着对一两本著作中的语料进行全面深入的语法描写与考察分析的初心，管中窥豹，以期了解明代南方官话语法的总体特征。

本书由邱庆山和邓雅分工撰写。第 1 章至第 5 章属于词类部分，主要由邓雅博士执笔，其中第 1 章第 4 节"明代南方官话代词的活用问题"，第 2 章第 4 节"'们、众、等、诸'复数标记词"，第 3 章第 2 节"'在'与相关成分组合时的语序问题"由邱庆山副教授执笔；第 6 章至第 12 章属于句法部分，由邱庆山副教授执笔。全书由邱庆山副教授统稿。

由于笔者的能力和水平所限，本书还存在诸多不足，请读者批评指正。

邱庆山

2022 年 8 月 29 日于湖大琴园

图书在版编目（CIP）数据

明代南方官话语法研究/邱庆山，邓雅著.—武汉：华中科技大学出版社，2023.4
（明清汉语语法研究丛书/石锓主编）
ISBN 978-7-5680-9382-8

Ⅰ.① 明… Ⅱ.① 邱… ② 邓… Ⅲ.① 官话-语法-研究-明代 Ⅳ.① H141

中国国家版本馆 CIP 数据核字（2023）第 063920 号

明代南方官话语法研究 　　　　　　　　　　　　　　　邱庆山　邓　雅　著
Mingdai Nanfang Guanhua Yufa Yanjiu

策划编辑：宋　焱　周晓方
责任编辑：张汇娟　宋　焱
封面设计：原色设计
责任校对：张汇娟
责任监印：周治超
出版发行：华中科技大学出版社（中国·武汉）　　电话：（027）81321913
　　　　　武汉市东湖新技术开发区华工科技园　　邮编：430223
录　　排：华中科技大学出版社美编室
印　　刷：武汉科源印刷设计有限公司
开　　本：710mm×1000mm　1/16
印　　张：23　　插页：1
字　　数：448 千字
版　　次：2023 年 4 月第 1 版第 1 次印刷
定　　价：98.00 元